在线教学 创新育人
北京林业大学教育教学改革优秀论文选编

专业探索
课程实践
课程建设
教学体系构建
教学模式探讨
改革与实践

2020

黄国华 / 主编

中国林业出版社
China Forestry Publishing House

图书在版编目(CIP)数据

在线教学 创新育人:北京林业大学教育教学改革优秀论文选编:2020 / 黄国华主编.
—北京:中国林业出版社,2021.5
ISBN 978-7-5219-1157-2

Ⅰ.①在… Ⅱ.①黄… Ⅲ.①北京林业大学-教学改革-文集 Ⅳ.①S7-40

中国版本图书馆 CIP 数据核字(2021)第 094194 号

策划编辑:杜 娟　　　　　责任编辑:杜 娟 李 鹏
电　话:(010)83143553

出版发行	中国林业出版社(100009 北京市西城区德内大街刘海胡同 7 号) http://lycb.forestry.gov.cn
经　销	新华书店
印　刷	北京中科印刷有限公司
版　次	2020 年 12 月第 1 版
印　次	2020 年 12 月第 1 次印刷
开　本	787mm×1092mm　1/16
印　张	22.75
字　数	590 千字
定　价	80.00 元

未经许可,不得以任何方式复制或抄袭本书之部分或全部内容。

版权所有　侵权必究

编委会

主　　任：骆有庆
副 主 任：黄国华
编　　委：（按姓氏笔画排序）

王　瑾	王毅力	尹大伟	冯　强	母　军
刘　松	刘晓东	刘笑非	孙　楠	杜艳秋
李　倞	李春平	杨智辉	汪　沛	张守红
张秀芹	张柏林	陈来荣	郑　曦	宗世祥
胡明形	姜志明	董世魁	程　翔	

编写组

主　　编：黄国华
编　　者：

杜艳秋	李蒙慧	高　瑜	谭文斌	向　燕
徐桂娟	李研豪	张　颖	邓志敏	赵红梅
马晓亮	田　慧	郅茜文	金　蓉	张　正
崔　璨	宋昭颐	郝　真	丁安邦	马　琳

执行编辑：杜艳秋

前 言

2020年是新中国历史上极不平凡的一年，对于教育系统而言，也是极具里程碑意义的一年。这一年，教育系统深入学习贯彻习近平新时代中国特色社会主义思想，全面贯彻党的教育方针，更加坚定了为党育人、为国育才的初心使命，更加坚定了教育强国、教育报国的自觉和担当；这一年教育系统抗击疫情取得重大成果，全系统尽锐出战，有序开展"停课不停学"，为抗击疫情做出重要贡献。

2020年，北京林业大学积极响应国家和教育部要求，进一步推进落实《深化本科教育教学改革总体方案》，依靠教育现代化、信息化，持续改进教学手段和技术，制定全面的在线教学技术保障方案，全力拓展技术路线，通过周密的在线教学技术培训与实时在线技术支持，将学校"停课不停教""停课不停学"推向了高潮，在线课堂呈现花开绚烂之势。春季学期开课首日，251门次课程顺利在线开课，16766人次成功完成线上学习，九成以上学生反馈满意，远超预期，开学前四周1389门必修课开课。

各教学单位和教师均以饱满的热情投入到在线教学，及时部署本院在线教学工作，组织具有信息化专长的教师组成课程在线教学技术支持专家组，探索新型在线教学模式，并收集反馈教师在线教学问题，对有技术困难的教师进行一对一帮扶，确保师生在云端如期见面。教师们面对从教生涯的第一次大规模在线授课，对技术和平台的使用从无到有，从有到优，从软件下载安装到平台测试，从教学实施到教学反馈都做了大量的工作，以保证课堂教学效果的落实落地。

在线教学实践的同时，广大教师不断总结、归纳和凝练教学经验、心得与体会，撰写了一篇篇在线教学论文，参加我校2020年教育教学改革论文的评选。获奖的优秀论文成为本论文集的主要来源，展现了我校教师在在线教学、教育扶贫等方面积极探索而取得的卓越成绩。

走过2020，我们收获感动；经历系列变革，我们懂得感激；面向2021，我们一起期待：愿我们的老师更加积极地投入本科教学，更加踊跃地参与教育教学改革，让我们携手迈上北林本科教育教学新台阶！

黄国华
2020年12月

目 录

前 言

在线教学

3　"土壤污染控制工程"慕课建设和授课设计
　　　　　　/ 王春梅　孙德智　王毅力　马伟芳　洪 喻
8　"水土保持监测"课程实践教学在线授课策略探讨
　　　　　　/ 张 艳　赵廷宁　侯 健　吴 川　王 彬
15　"机械控制与测试实验"线上实践教学及后疫情时代思考
　　　　　　/ 吴 健　刘圣波　李 宁　陈来荣
21　"环境毒理学"线上教学中的多元配置与科教融合
　　　　　　/ 洪 喻　王毅力
29　"金课"建设背景下协作式在线案例教学探索与实践
　　——以"管理学"为例
　　　　　　/ 刘雯雯　朱倩颖　仲思佳　林上康
36　"高等数学"在线教学的实践与探究
　　　　　　/ 顾艳红
42　"植物组织培养"慕课化教学改革探讨
　　——以北京林业大学为例
　　　　　　/ 孙宇涵　李 云
47　"螺旋式"教学在高校篮球教学中的应用研究
　　　　　　/ 宋 卓
52　不同认知特点大学生适应在线学习方式探讨
　　　　　　/ 杨智辉　胡 水　金思宇
56　在线学习指标影响因素差异性分析研究
　　——以北京林业大学为例
　　　　　　/ 孟 丽　李冬梅　申 磊　张 葳
61　有机化学实验线上教学的学情分析
　　　　　　/ 李 莉
68　网络教学中的疫情可视化设计研究
　　　　　　/ 董瑀强
75　传统实践实习与线上实习教学体验与评价
　　——以"草业科学概论（草坪学部分）实习"为例
　　　　　　/ 李富翠　张铁军　尹淑霞　韩烈保　董世魁

85　自主学习在线上教学中的作用初探
　　　——以北京林业大学环境工程专业必修课"固体废物处理处置工程"为例
　　　　　　　　／ 徐康宁　李若愚　程　翔

92　后疫情时代"高等代数"的"线上线下"混合教学模式建构
　　　——长周期"停课不停学"实践教学反思
　　　　　　　　／ 王　晶　张桂芳

98　后疫情时期强化"以学习为中心"的混合式实践教学的思考
　　　——以"林学专业综合实习"为例
　　　　　　　　／ 姜　俊　向　玮

103　多维度构建"线上实验课堂"，实施"分析化学实验"直播教学
　　　　　　　　／ 陈媛梅

110　问题驱动教学法在数学分析在线教学中的应用
　　　　　　　　／ 梁　斌

115　针对"通信原理"在线教学"痛点"的解决方案探讨
　　　　　　　　／ 孙　阳　赵　睿　李鑫伟　贾鹏霄　张　立

121　利用在线教学工具实施高效"科教融合"的思考与实践
　　　——以国际贸易课程的混合式协作学习为例
　　　　　　　　／ 万　璐　付亦重

127　应急情况下高校教师自主组织在线考试的方案设计与思考
　　　　　　　　／ 付亦重　万　璐

134　图像分析软件助力"草学试验方法"在线实验教学的探索
　　　——以根系功能性状测定为例
　　　　　　　　／ 郭倩倩　尹淑霞　纪宝明

138　法学类课程在线教学的优势及困难
　　　——以疫情时期的教学实践为样本
　　　　　　　　／ 韩静茹

143　学生特征、试题类型与在线教学对考试成绩的影响分析
　　　——基于"资源与环境经济学"课程的实证分析
　　　　　　　　／ 王　会　李　强　姜雪梅

148　实验课程线上线下"混合+翻转"教学模式的改革
　　　——以细胞生物学实验为例
　　　　　　　　／ 李　晔

153　线上线下混合式金课的 MS-EEPO 教学模式研究
　　　——以北京林业大学"土壤学"课程为例
　　　　　　　　／ 张　璐　孙向阳

158　面向新工科的"液压传动"实验在线教学探索与实践
　　　　　　　　／ 程朋乐　吴　健　陈来荣

164　科教融合案例在在线教学中的设计与实施
　　　　　　　　／ 杨　猛　肖　成

174　疫情下的"电子工艺实习"混合式教学改革
　　　　　　　　／ 刘圣波　吴　健　李　宁　陈来荣

180	疫情时期开展在线教学的模式探索	
	——以"微观经济学"课程为例	
	/ 于 畅 万 璐 程宝栋	
185	疫情背景下实践类课程视频教学探索与思考	
	——以"树木学实验"课为例	
	/ 尚 策 张志翔 董文攀 曲 红	
189	疫情背景下线上教学模式的学习效果与优化路径研究	
	——以北京林业大学为例	
	/ 侯 建 任紫娴	
195	疫情背景下理论力学线上教学设计与实践	
	/ 赵 健 苏勋文	
201	疫情期间"三位一体"在线教学的实践与思考	
	——以近200人的大课"植物生理学"为例	
	/ 孙立炜 庞有祝	
206	疫情期间学生心理状态及学习态度对学习过程的影响	
	/ 贾国梁 孙爱东 张柏林	
210	高校思政课线上线下混合模式教学创新研究	
	——以"马克思主义基本原理概论"课程为例	
	/ 王晓丹	
215	高校数学线上授课后疫情时代探索	
	/ 张晓宇	
220	课堂在线互动平台的教学效果评估	
	——基于"雨课堂"和"课堂派"	
	/ 樊 坤 胡 林	
228	探索新形式 拓展新资源 打造新课堂	
	——提升线上教学质量的思考与实践	
	/ 张 帆 柯 清	
233	基于BOPPPS模型的"结构力学"课程混合式教学改革实践与思考	
	/ 孟鑫淼 冀晓东 吕立群 程一本 李 珺	
240	基于CDIO的"食品工程原理"虚拟仿真实验教学改革	
	/ 任迪峰 翟星辰 张 瑜 赵宏飞	
245	基于SPOC模式的"园林植物景观规划"混合教学应用探索	
	——以北京林业大学为例	
	/ 范舒欣 董 丽 郝培尧	
253	基于STEAM理念的线上教学实践	
	——以"湿地工程规划设计"为例	
	/ 张振明 张明祥	
259	基于互联网资源的引领式教学的应用模式探索	
	——以高校心理学专业基础课为例	
	/ 杨 阳 雷秀雅	
265	基于知识地图的"气象学"微课程建设	
	/ 王鹤松 同小娟 姜 超	

269　基于项目驱动的单片机课程在线教学探索
　　　　　　　　　／颜小飞　赵燕东　赵　玥
275　基于授课内容切割、知识点分解、管理技能养成的"项目管理"在线教学总结
　　　　　　　　　／袁畅彦　贺　超
284　基于探究共同体理论的线上教学实践
　　　　　　　　　／尤薇佳
288　基于翻转课堂的"历史地段城市设计"教学模式研究
　　　　　　　　　／达　婷
294　综合开放，实践引领
　　　——"城市规划经济学原理"线上线下混合教学探索
　　　　　　　　　／钱　云　毕　波　杨婷婷
303　新冠疫情防控视域下"地信综合实习"课程"云实习"教学模式的探索与实践
　　　——以北京林业大学为例
　　　　　　　　　／于　强　曹云锋　岳德鹏
309　融合雨课堂和微信公众号的课程教学改革
　　　——以"高电压技术"课程为例
　　　　　　　　　／谢将剑　陈贝贝

教育扶贫

317　"以赛促学，教育扶智"乡村阅读空间设计大赛的组织与实践
　　　　　　　　　／柯　清　张　帆　常　乐　张宗玲
324　乡村振兴背景下林业人才培养的路径探析
　　　　　　　　　／杨　超　李芳芳　程宝栋
330　北林对口援教前旗二中的经验分析
　　　——以数学教学为例
　　　　　　　　　／司　林　李红军　王　远
335　高校助力教育扶贫的实践与思考
　　　——以北京林业大学为例
　　　　　　　　　／韩　瑜　王　佳　程堂仁　张启翔
339　基于扶贫攻坚装备的"科教融合"探索与实践
　　　——以"材料力学"为例
　　　　　　　　　／苏勋文　赵　东　汤耀宇
344　基于教育扶贫实践的中、高等教育衔接探析
　　　——以中学历史与大学园林史教学为例
　　　　　　　　　／黄　晓　王丹丹

在线教学

2020

"土壤污染控制工程"慕课建设和授课设计

王春梅　孙德智　王毅力　马伟芳　洪　喻

（北京林业大学环境科学与工程学院，北京　100083）

摘要：随着网络教学资源的高速发展和国家对土壤污染修复人才的紧迫需求，我校环境科学与工程学院的"土壤污染控制工程"于2018年被批准为省部共建的精品视频开放课程。经过1年的视频录制，已经完成了该课程建设。在此基础上，为了充分发挥视频开放课程的作用，计划在我院"土壤污染控制工程"课程的教学过程中充分利用慕课资源，以学生的学习效果为目标，实施把在线学习和面对面教学两种学习模式有机结合的混合教学的模式，改革教与学的环节，提倡进行教学行为的过程设计，不断提高该课程的教学质量，推进"土壤污染控制工程"课程的教授与学习效果的提升以及"土壤污染控制工程"精品视频开放课程的建设，为国家培养更多高素质的土壤污染修复方面的人才。

关键词：土壤污染控制工程；慕课建设；授课设计；混合教学模式

一、"土壤污染控制工程"慕课建设的背景

"慕课"（Massive Open Online Course，简称MOOCs）是指在线开放课程，具有开放、便利和免费的特点。身在任何地点的人都可以通过网络学习国际知名高校的课程。同时通过慕课，学生还能跟授课教师请教问题，进行充分的讨论互动，也可以给老师评教。完成课程作业任务并通过考试后，还可以获得认证证书。"慕课"被一致认为是高校改革中最重要的一部分。

国家对土壤污染控制工作提出了新的要求。2016年5月，国务院印发《土壤污染防治行动计划》，文件的颁布表示土壤污染控制已经成为继水体、大气污染控制之外，国家迫切需要解决的问题。土壤污染修复的市场迅速扩大，行业的发展需要更多的土壤污染修复方面的技术人才。"土壤污染控制工程"慕课可以使更多想从事相关工作的人员，根据个人实际需求选择学习内容，允许自定步调的学习，打破时间、空间的局限，非常灵活地提高土壤污染控制这个方面的从业能力。

二、课程建设背景、目标和授课团队

"土壤污染修复工程"是我校环境科学和环境工程两个本科专业的专业基础课程之一，

作者简介：王春梅，北京市海淀区清华东路35号北京林业大学环境科学与工程学院，副教授，sdwcm@126.com；
　　　　　孙德智，北京市海淀区清华东路35号北京林业大学环境科学与工程学院，教授，sundezhi@bjfu.edu.cn；
　　　　　王毅力，北京市海淀区清华东路35号北京林业大学环境科学与工程学院，教授，wangyilimail@126.com；
　　　　　马伟芳，北京市海淀区清华东路35号北京林业大学环境科学与工程学院，教授，mpeggy@163.com；
　　　　　洪　喻，北京市海淀区清华东路35号北京林业大学环境科学与工程学院，教授，yuhong@bjfu.edu.cn。
资助项目：北京林业大学精品课程建设"土壤污染控制工程"（BJFU2019JPZXKFKC040）。

其内容是阐述土壤的基本物质组成和物理化学性质、重金属和有机污染物在土壤中的环境行为，土壤污染修复的技术原理和工程案例。培养学生具有应用土壤污染修复的基本原理识别和表达复杂工程问题的能力、利用专业技术原理设计与开展土壤污染修复工程的能力，并为解决实际土壤污染修复问题打下坚实的专业基础。

为了应对环境工程专业对"土壤污染修复"的要求和满足国家迫切解决土壤污染的需求，2015年，"土壤污染控制工程"由"环境土壤学"改进而来[1-3]。在环境工程专业认证背景下，"环境土壤学"课程包括40学时理论课和24学时实验课，目前的"土壤污染修复工程"包括理论课48学时和实验课24学时；理论内容增加了土污染控制工程方面的内容；实验课增加了重金属的淋洗和稳定化实验，以及有机污染土壤热脱附的内容。我校"土壤污染修复工程"课程定位突出"工程性"和"应用性"，结合国家需求，瞄准专业目标，理论和实践并重，大力加强工程素质教育和实践能力培养。

该课程要求学生达到的知识目标如下：①熟悉土壤污染控制工程的发展历程，了解环境污染对土壤污染控制工程学科产生的影响；②掌握土壤的物质组成、基本物理化学性质、土壤的形成和分类；③掌握土壤中重金属和有机污染物存在、迁移和转化过程的基本规律；④掌握土壤污染修复技术的原理，掌握不同修复方法的适用范围及使用条件；掌握场地重金属污染和有机污染的修复方法。要求学生达到的能力目标如下：①能够结合土壤中的典型污染物的行为与效应原理，对分解后的涉及土壤污染的复杂环境工程问题进行正确表达；②针对复杂环境工程问题相关的土壤污染现象、过程以及控制方法，能够利用科学原理并采用科学方法进行实验方案设计，研究土壤污染控制工程技术的单元过程的关键因素的影响和优化参数；③识别土壤污染过程，针对复杂土壤污染环境问题，判断其关键环节和参数，设计满足特定需求的工艺流程的能力；④能够识别土壤污染物对健康与安全的影响，并能够提出减少、消除影响的技术手段、方法和措施。为从事环境监测、环境影响评价、生态修复技术与工程等工作打下坚实的基础。

"土壤污染控制工程"慕课建设团队人员组成包括4名讲授者，以中青年教师为骨干，具有较丰富教学经验。从师资配置来看，高级职称4人，其中教授3人，副教授1人。其中王春梅老师主要讲授土壤基本物质组成和物理化学性质，王毅力老师负责讲授重金属和有机污染物在土壤中的迁移和转化，马伟芳老师负责讲授污染土壤的物理和化学控制，洪喻老师主要讲授土壤污染的微生物修复技术和案例。

三、课程建设过程和主要内容

慕课建设与应用是顺应教育发展的趋势的，建设高质量的慕课课程需要教师与制作公司双方的全力投入。首先是知识点碎片化处理，每个知识点的视频10~20分钟，一共录制了40个知识点，共录制了650分钟的视频；其次以土壤学为基础，土壤污染和土壤污染修复为主线，理清知识点内涵，点拨知识点外延；第三是增加例题和案例分析，加强土壤污染修复原理的应用训练。

课程建设包括七个章节，第一章是绪论，包括三个知识点：①土壤和土壤圈；②土壤污染；③土壤污染防止研究进展。首先讲了地球表面的五大全层，是把土壤放在一个更宏观的背景下来认识，然后了解土壤污染的概况，以及土壤污染纺织研究进展。第二章是土壤学基础包括土壤物质组成和基本理化性质，让同学掌握土壤学的基本知识，为后面的土壤污染修复打好基础。第三章是物质循环及环境问题，这个部分掌握碳循环及全球气候变暖，氮的无效化带来的环境问题。另外，重点掌握污染物在土壤—植物体系中的迁移和它的作用机制，及主要农药和重金属在土壤中的迁移、转化和归趋。重金属和农药在土壤中的迁移原理与主要影响因素,以及主要农药和重金属离子在土壤中的转化规律与效应。第四到第七章是土壤污染控制工程部分,主要包括:①场地环境调查评估及污染场地修复的技术方法,使学生掌握污染场地环境现场调查、环境与健康风险评估、污染修复等技术方法。②介绍不同修复方法的适用范围及使用条件;明确关键因素和参数及其获取的实验科学原理,能够设计针对复杂工程问题的解决方案,设计满足特定需求的系统、单元(部件)或工艺流程,来解决复杂的土壤污染修复问题。③典型土壤污染案例分析:包括场地污染、农田重金属污染、废弃矿山生态修复案例,使学生能够学会筛选土壤污染修复技术方法,制订技术方案,增强学生实际工程的实践能力,并且能够正确认识复杂工程问题对环境及健康的危害(表1)。

表1 "土壤污染控制工程"课程建设内容

第一章 绪论	土壤和土壤圈	第五章 土壤污染的化学修复	化学修复技术
	土壤污染		化学修复案例
	土壤污染防止研究进展		
第二章 土壤学基础	物质组成	第六章 土壤污染的植物修复	植物修复技术
	土壤物理性质		植物修复案例
	土壤化学性质		
第三章 物质循环及环境问题	碳氮循环及环境问题	第七章 土壤污染的微生物修复	微生物修复技术
	重金属在土壤中的迁移转化		微生物修复案例
	有机物在土壤中的迁移和转化		联合修复案例
第四章 土壤污染的物理修复	土壤污染调查与评价		
	物理修复技术		
	物理修复案例		

四、基于"土壤污染控制工程"慕课的教学方法设计

针对"土壤污染控制工程"慕课,提出"以学生混合学习(Blended Learning)为主、教师混合讲授为辅"的混合教学模式,也就是把面对面地(Face-to-Face)课堂授课和在线地(Online)慕课学习两种方式有机地结合,其核心思想是依据不同问题、要求,采用不同的方式解决问题,以达到降低成本、提高学习效率的一种教学方式,它是学生接受学习、自主学习和合作学习的混合模式,已在教育领域展现出巨大的魅力[4-6]。混合教学模式不同于以前的单纯的面对面授课,也对老师提出了更高的新的要求。需要根据混合教学模式的框架流程,重新设计课堂授课的内容,建立"土壤污染控制工程"慕课实施该模式的流程:提前确立学习目标;依据学习者自身特征,制订学习计划和全过程评价方式;建立混合教学课程资料库;执行计划,跟踪过程并对学习过程进行评价[5]。

教师的混合讲授要实施讲授式、探究式、任务式、案例式、合作式等模式,根据讲授内容的特点,机动灵活的选择上述讲授模式,最大限度地激发学生的学习兴趣,提高学习效率。课堂教学和在线慕课学习优势互补,面对面教学、自主学习和合作学习相结合,充分发挥丰富的教学资源的优势。在该模式下,教师可将"土壤污染控制工程"慕课内容配以相关的教学活动(研讨、参观、习题、小测等),让学生在线进行自定步调地自主学习,而在面对面授课时则重点讲授各章节内容的重点、难点,并且回答学生的慕课自习过程中遇到的问题;同时,利用在线学习过程性学习数据对学生自主学习过程予以考察,并将过程

学习纳入课程评价体系。在课程讲授过程中，结合在线学习和课堂教学，增设了 Project 环节，相关环节设计见表 2。

表 2　部分研讨和 Project 设计表

课程内容	课堂讲授	研讨	Project
第四章 物理修复	6	我国土壤污染现状	污染场地修复：主要污染物为苯、氯苯、苯胺类等挥发性、半挥发性有机污染物，针对复杂的土壤环境工程问题，通过现场调研、风险评估，对土壤污染修复技术进行筛选，制订污染场地修复技术方案，增强学生污染土壤修复工程的实践能力。
第六章 植物修复	6	我国土壤污染修复技术研究进展	农田污染修复：主要污染物是重金属镉和砷，污染土壤修复，包括土壤环境复杂工程问题的识别、环境调查、风险评估、治理修复技术方案设计，掌握复杂工程问题对环境和健康的影响。

研讨内容主要培养学生了解我国土壤污染现状，以及土壤污染控制技术研究进展。在两个 Project 中，第一个是要求学生根据案例的污染类型和污染程度，以及修复目标等资料，设计出污染场地修复方案。通过该项目的训练，使学生掌握复合有机污染综合修复工艺的筛选，理解复杂工程实践对环境、人类健康及社会可持续发展的影响。第二个是重金属污染的农田修复案例，通过工程项目训练，使学生掌握利用超积累植物修复土壤镉和砷污染的模式，采用物理化学钝化，筛选弱吸收种植以及植物阻隔在重金属污染土壤修复中的联合应用。研讨和 Project 均需要同学们分组进行准备，通过查阅相关资料，制作多媒体进行汇报，最后由老师进行点评。实施混合学习模式后，课程的考核方式如下：过程考核和期末考试。过程考核方式为出勤率、在线学习过程评价、课内研讨、习题作业和 Project 环节的综合评定；期末考试采用笔试，单元测试占 55%，考试占 45%；考核总分的满分为 100 分，其中总分 60~84 分为合格，85 分及以上为优秀。

五、结　语

慕课建设与应用是顺应教育发展的趋势的，建设高质量的慕课课程需要教师与制作公司双方长期的全力投入；慕课的学习对学生的自律性、自学能力提出了新要求，如何培养学生自我学习的良好习惯，是需要各方面的努力；在混合式教学中，教学方式的设计给老师提出了新的课题和挑战。

参考文献

[1]陈怀满．环境土壤学[M]．北京：科学出版社，2010：1-10.
[2]赵秀兰，江长胜，胡必琴．基于创新型人才培养的《环境土壤学》课程教学改革探讨[J]．西南师范大学学报(自然科学版)．2010，35(6)：239-242.
[3]卢树昌，王小波．高校实验教学改革探讨：以《环境土壤学》为例．考试周刊[J]，2009，31：21.
[4]王佳利，李斌峰．基于网络教学平台校本混合课程教学效果的实证研究[J]．电化教育研究，2016(3)：101-107.
[5]李克东，赵建华．混合学习的原理与应用模式[J]．电化教育研究，2004(7)：1-6.
[6]Barnum C，Paarmann W. Bringing introduction to the teacher：A blended learning model [J] T. H. E Journal，2002，30(2)，56-64.

MOOC construction and teaching design of *Soil Pollution Control Engineering*

Wang Chunmei Sun Dezhi Wang Yili Ma Weifang Hong Yu

(College of Environmental Science and Engineering,

Beijing Forestry University, Beijing 100083)

Abstract with the rapid development of online teaching resources and the urgent demand of national talents for soil pollution remediation, the "*Soil Pollution Control Engineering*" of our school of environmental science and engineering was approved as an excellent video open course jointly constructed by the Ministry and the province in 2018. After one year of video recording, the course construction has been completed. On this basis, in order to give full play to the role of video open course, we plan to make full use of MOOC resources in the teaching process of "*Soil Pollution Control Engineering*" course in our college, and implement the mixed teaching mode of combining online learning and face-to-face teaching to reform the link of teaching and learning with the learning effect of students as the goal, we should promote the process design of teaching behavior, constantly improve the teaching quality of the course, promote the teaching and learning effect of *Soil Pollution Control Engineering* course and the construction of "*Soil Pollution Control Engineering*" excellent video open course, so as to cultivate more high-quality talents in soil pollution remediation for the country.

Keywords *Soil Pollution Control Engineering*, MOOC construction, teaching design, mixed teaching mode

"水土保持监测"课程实践教学在线授课策略探讨

张艳 赵廷宁 侯健 吴川 王彬

(北京林业大学水土保持学院,北京 100083)

摘要:突如其来的新型冠状病毒疫情,给高校教学工作的开展带来了严峻的挑战。为了阻断疫情向校园蔓延,本门课程采取"互联网+"的在线授课模式,笔者以"实践类课程在线授课"为教学切入点,阐明现阶段水土保持监测课程存在的问题,提出"课前—课堂—课后"三阶段授课的教学方法,课前布置导入问题、课堂引入实践案例、课后建立专题讨论,形成一体化的学习模式;制作趣味性高、可视化的教学多媒体激发学生的学习兴趣,促进学生自主学习;完善课程考核机制,引导学生主动学习最新的监测技术,提高教学效果。通过"水土保持监测"课程实践教学在线授课策略探讨,培养学生实践能力和创新精神,实现水土保持专业人才的培养目标。

关键词:水土保持监测;实践教学;在线授课

一、引 言

党的十八大报告中将生态文明建设融入到经济建设、政治建设、文化建设和社会建设中,形成建设中国特色社会主义五位一体的总布局,习近平同志在党的十九大报告中指出,加快生态文明体制改革,建设美丽中国。生态文明建设已被提升到了前所未有的高度。水土保持作为生态文明建设的重要组成部分,得到党中央、国务院的高度重视,水土保持监测工作是水土流失预防、治理和监督执法的重要基础和基本手段,是社会公众了解和参与水土保持的重要途径,是国家保护水土资源、建设生态文明、促进可持续发展的重要基础[1]。继修订后的《中华人民共和国水土保持法》的颁布实施也对水土保持监测提出了更高的发展要求和新机遇,强调水土保持监测是国民经济和社会发展的基础性公益事业,在政府决策、经济社会发展、水土流失预防等方面发挥着非常重要的作用。

课程是教育教学的根本,是高校实现教育目标的基本保证,对学生全面发展起着决定性的作用[2]。在水土保持与荒漠化防治及相关专业的课程体系中,水土保持监测是一门重要的专业课,是学生毕业后从事水土保持工作的能力保障[3]。水土保持监测工作要求从业者掌握遥感、调查和地面观测等技术,具备水土流失发生、发展、危害及水土保持效益定期调查、观测和分析的能力,此外还应熟悉国家相关法律法规、标准规范等。随着科学技术日新月异的发展,各类监测设备、监测手段不断更新,相关法律法规和标

作者简介:张 艳,北京市海淀区清华东路35号北京林业大学水土保持学院,讲师,bltjzhangyan@163.com;
　　　　　赵廷宁,北京市海淀区清华东路35号北京林业大学水土保持学院,教授,zhtning@bjfu.edu.cn;
　　　　　侯 健,北京市海淀区清华东路35号北京林业大学水土保持学院,副教授,houjian@bjfu.edu.cn;
　　　　　吴 川,北京市海淀区清华东路35号北京林业大学水土保持学院,硕士生,17302286960@163.com;
　　　　　王 彬,北京市海淀区清华东路35号北京林业大学水土保持学院,副教授,wangbin1836@bjfu.edu.cn。
资助项目:北京林业大学教育教学改革项目"水土保持监测课程案例教学、实践设计及考试方式研究"(BJFU2018JY030)。

准规范也日益完善。因此,水土保持监测课程在授课过程中实现基础理论创新的同时,还应增加实践应用强化演练及考核,从而培养出具有一定创新精神和实践能力的高水平水保人才。

2020年突如其来的"新冠疫情"给教育教学活动带来了重大挑战,教育部在1月29日发出了利用网络平台"停课不停学"的号召,因此在疫情防控阶段线上教学成为重要的教学形式。线上教学的核心是借助当前计算机技术、网络通讯技术等手段开展教学活动[4],线上教学的优势在于可充分利用当前先进的技术手段,制定教学材料;而不足之处在于不能与学生面对面授课,学生出勤情况、上课效果不能保障。因此,在新的挑战下,作为授课教师应适应新时代"互联网+"线上授课模式,结合我校水保监测人才培养方案、课程设置、教学计划等明确提高学生实践能力的具体方法,构建以培养创新能力为导向的课程实践教学体系。实践证明,通过完善教学多媒体课件、调整实践课程授课方案、改革课程考核机制等课程设置手段,能够保障实践课程线上教学的顺利开展,利于促进学生实践能力和创新精神的提升。

二、"水土保持监测"课程的现状

水土保持监测是水土保持与荒漠化防治专业一门重要的专业课,同时也有部分学院的非水保专业开设了此课程。针对本研究的内容与目的,设计了《水土保持监测课程调查问卷》,问卷调查了学生对于课程的学习兴趣与意愿,了解学生对现有教学模式和考核方式等课程设置的认可度,以及学生对新增实践课程的需求等。调查对象是北京林业大学水土保持与荒漠化防治专业和天津理工大学自然地理与资源环境专业的大三学生,调查样本详情见表1,发出问卷91份,收回问卷91份,问卷有效率100%。

表1 问卷调查样本特征

专业	男生(人)	女生(人)
水土保持与荒漠化防治	19	20
自然地理与资源环境	31	21
合计	50	41

(一)学生对课程重要性的认可度

学生对水土保持监测课程重要性认可程度结果显示(图1),总体上看,87.95%的学生认为水土保持监测课程对专业学习具有重要作用,其中33.36%认为非常重要,认为本课程不重要的学生为0。从调查结果可以看出,学生对于课程学习必要性的认可度高。

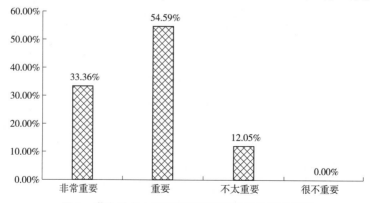

图1 学生对水土保持监测课程重要性的认可程度

(二)学习意愿调查

通过调查问卷对学生的学习意愿进行调研,结果显示67.03%的学生对课程学习充满兴趣，表示喜欢学习该课程；但有 32.97% 的学生认为学着没意思或者不愿意学，其中 28.57% 的学生对课程不感兴趣，4.40% 的学生认为课程太难不愿意学习。调查结果表明：从学生的需求角度出发，目前课程设置存在一些问题，课程改革势在必行。

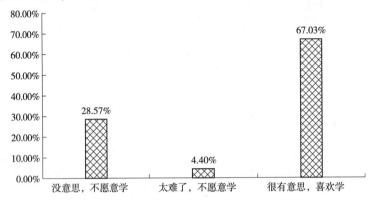

图2　水土保持监测课程选课学生的学习意愿

（三）"水土保持监测"课程设置的现存问题

根据调查结果可知，87.95% 的学生认为水土保持监测课程是一门重要的专业课程，然而 32.97% 的学生认为学着没意思或者不愿意学，因此在课程的设置上必然存在某些问题。为了进一步探讨当前课程设置存在的具体问题，试图通过设计调查问卷的方式找到答案。调查结果显示(图3)，47.78% 的学生认为目前的教学模式较为单一，27.78% 的学生认为考核方式不合理，17.78% 的学生认为课程内容不够丰富，仅有 6.67% 的学生认为课程教学难度较大。因此，教学模式单一、课程内容缺乏丰富性以及考试方式不合理是课程设置的主要问题。单向灌输式的学习模式改革显得尤为迫切，在课程改革中应重视单向灌输向参与式双向教学模式的转变。

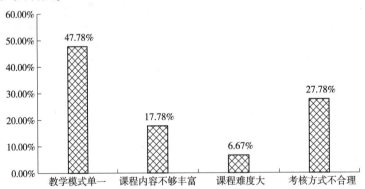

图3　水土保持监测课程设置存在的问题

（四）"水土保持监测"课程设置改革建议

调查问卷中课程设置改革建议详见表2。结果显示 76% 的学生建议增加实践教学环节，提升个人的实践操作能力以及工作后实际问题的独立解决能力。有 72% 的学生认为通过案例教学有助于对理论知识的理解和学习，可以将案例分析与理论讲解相结合。在考核形式上，学生建议采用开卷/闭卷、分组讨论汇报、撰写实践报告等多种考核相结合的方法。

表2　问卷调查样本详情

总体认知	比例(%)
增加实践环节	76
增加案例教学	72

三、当前"水土保持监测"课程实践教学存在的问题

（一）实践教学内容比例较低，与生产实际结合度不高

当前水土保持监测课程内容设计不合理，基础理论内容过多，比如在不同形式土壤侵蚀的概念、土壤侵蚀监测方法等方面的课时设置较多。实践性授课内容主要包括3S技术在水土保持监测中的应用、水土保持监测案例等，但课时数在整个课程中所占比例较低，且学生仅能通过老师讲解了解所学内容，无法身临其境的参与其中，这对于实践性较强的课程来说，学生学习效果大打折扣。

（二）现有实践性教学内容陈旧、教学方法单一

1. 教学内容前沿性、创新性不足

现有实践性教学内容陈旧，未能及时更新，对当前最新的研究成果引用较少。引用案例较为陈旧，最新的监测技术、国家对于水土保持相关的政策等都未能在案例中及时体现。比如对3S技术在水土保持监测中的应用虽有涉及，但深度和广度不足；无人机遥感监测现已成为水土保持监测中广泛应用的手段之一，在课程内容设置中也未明确提及。

2. 课程教学模式单一化

课程教学方式较为单一，多为老师讲、学生听的单向授课模式，多媒体授课过程中虽然可以增加图文来加深理解，但仍缺乏与学生的互动式有效交流，学生无法参与到实际的监测工作中，容易导致学生对水土保持监测工作认识不足，缺乏野外监测的实践能力。

3. 课程考核模式缺乏灵活性

目前"水土保持监测"课程考核形式还是以闭卷考试和课程考勤为主，且多为理论知识的考核，未将课程所学知识的灵活运用能力及实践操作加入到考核体系中，学生多为考前突击式学习，无法更好地反映教学成效，例如考查学生对于径流小区监测的掌握，只能考察其监测方法和定义等，但无法考察其实操能力，应增加除了闭卷考勤以外的考核模式。

四、"水土保持监测"课程实践教学策略建议

针对传统线下教学中存在的问题，以新冠肺炎疫情下线上教学为契机进行课程实践教学改革，主要从以下4个方面进行。

（一）制作实践课程教学课件

为有效解决疫情期间理论教学和实践教学相脱节的问题，运用网络教学代替传统实践课程线下授课是十分重要的手段。为提高课堂教学效率，增加课程的趣味性、实践性，在课件的制作过程中使用网络教学科研资源及积累的科研项目素材，如各类水土保持监测项目报告、科技示范园定点监测数据等。将网络素材与科研成果有机结合，归纳各类图片、影像、研究论文等，将其制作为具有典型案例及实践特色的教学课件，从而实现实践设计与理论教学充分融合，形成以创新为灵魂、以实践为基础的教学模式，培养水土保持创新型人才。

（二）主动式监测视频教学策略

在线教学是以电子设备和新媒体为媒介开展，教师与学生的距离被过度疏远，死气沉沉的以"看和听"为主要模式的教学方法往往显得枯燥，而具有动态感和趣味性的视频教学方法可以变被动为主动。因此，为了弥补野外实

图4 录像视频采集

践教学的缺失、调动学生的学习兴趣,通过搜集水保学院野外台站的宣传视频、制作无人机监测教学录像的方法,营造教学视角独特、授课方法新颖的实践教学模式,并且达到了较好的授课体验。

(三)制定在线实践课堂"课前—课堂—课后"授课方案

受新冠疫情的影响,很多企业平台均免费开放,供教师教学使用。考虑到课程实践环节授课的特殊性,选择腾讯会议作为主要授课软件。经测试发现,腾讯会议兼具流畅性和稳定性,可以随时实现授课PPT与教学视频的相互切换。不同于以往的教与学的传统授课模式,学生与教师的交流只能通过网络搭建的虚拟空间进行,缺少了面对面的、掌握实际情况的交流,特别是缺少了面对面的指导。在线授课需要教师、学生和环境反复的适应和沟通后才能达成,这是一个不同于以往的自组织学习的过程,教学情境的创设需要持续的时间和情感的真实投入[7]。为了更好地实现自组织教学情境,网络课堂打造以小组为团队的课前讨论、课堂探究、课后协作的授课模式,促进学生形成正面积极的学习情绪。

1. 课前讨论

水土保持监测新技术、新方法、新成果逐年增加,为适应新时代人才培养的发展目标,在教学过程中要及时更新相关的监测技术、成果等。通过雨课堂课前推送需要阅读的相关文献,让学生提前预习,并开展组内讨论,而不是简单的重复课堂教学的内容,既及时补充了新的监测技术、方法及成果,又帮助学生更好地理解课堂内容。

2. 课堂探究

特色"无人机"实践环节线下授课内容的网络化在线教学也成为了疫情期间的一大亮点。课堂上以张家口怀来某采石场水土保持监测方案为典型案例,为学生在线讲解如何通过无人机航拍获取遥感影像资料,指导学生利用PhotoScan软件对图像进行拼接,在生成密集点云、网格及纹理的基础上,导出数字高程影像(DEM)图和正射影像(DOM)图,最终获得可用于采石场遥感影像资料分析的航拍图像,实现了无人机"空中"授课。

拼接成果输出图　　　数字高程影像(DEM)图　　　正射影像图(DOM)图

图5　影像处理过程

3. 课后协作

课后2名博士研究生和3~4名硕士研究生加入到小组讨论中,开展航拍影像三维重建、图像特征提取、快速识别等相关专题讨论,鼓励本科生利用无人机开展现场实验、参与学科竞赛以及撰写学术论文。

(四)完善课程考核机制

水土保持监测是一门实践性非常强的课程,应综合运用多重考核方式,培养学生多维度的实践技能,因期末考试定成绩不能真实地反映学生的综合课堂表现,教师应该在如何螺旋式提升教学效果上下功夫。网络课堂应更侧重学生学习过程的考核,包括课前预习、课堂讨论、课后作业等环节。结合本门课程的实际情况,共采取分组讨论、实践专题报告、论文报告和分组答辩4种方式进行多维度考核,通过完善考核机制,促进学生有效学习,

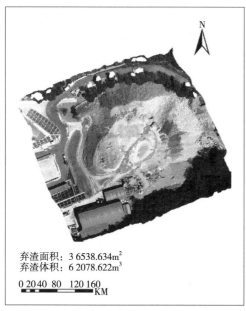 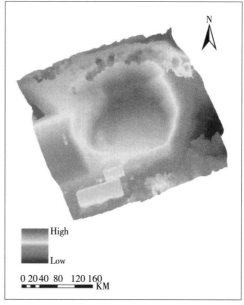

弃渣量专题图　　　　　　　　　数字高程模型专题图

图6　学生完成作业

避免投机学习,保证教学质量。课堂研讨、专题报告等课程环节的设置有利于加强学生之间的学习交流,促进形成积极的学习氛围,引导学生主动学习水土保持监测的最新研究成果,达到提高教学效果的目的。

五、结　语

综上,将"互联网+"的在线授课模式和"课前—课堂—课后"三阶段授课的教学方法引入水土保持监测的理论与实践课程教学中,能够极大地提高学生的自主学习和实践创新能力。尤其是提出在线课程中实践环节的教学方法,将单向性灌输式学习转换为双向性讨论式、引导式学习,促进了学生解决问题的综合能力,提高水土保持监测课程的教学效果。尽管新冠疫情为网络在线教学的快速发展带来了契机,但其未来发展面临更多的挑战,教育之路任重而道远,还需不断改进以满足水保复合型人才培养的需求。

参考文献

[1] 李智广. 水土保持监测[M]. 北京：中国水利水电出版社,2018.
[2] 刘献君. 大学课程建设的发展趋势[J]. 高等教育研究,2014,35(2):62-69.
[3] 马维伟,赵锦梅,李广,等. "水土保持与荒漠化监测"课程教学改革的探讨[J]. 中国林业教育,2015,33(4):55-58.
[4] 于磊鑫,徐珊珊,张芸栗. 疫情期间高校线上教学模式的探索与实践[C]//中共沈阳市委、沈阳市人民政府. 第十七届沈阳科学学术年会论文集. 沈阳：沈阳市科学技术协会,2020:1781-1784.
[5] 闫士展. 新冠疫情背景下体育在线教学的理论审视、现实反思与实践进路："疫情下的学校体育"云访谈述评[J]. 体育与科学,2020,41(3):9-16.

Discussion on online teaching Strategy of practical teaching of *Soil and Water Conservation Monitoring* Course

Zhang Yan Zhao Tingning Hou Jian Wu Chuan Wang Bin

(School of Soil and Water Conservation, Beijing Forestry Univerity, Beijing 100083)

Abstract The sudden outbreak of the COVID-19 has brought severe challenges to the development of teaching work in universities. In order to impede the spread of the epidemic, this course adopts the online teaching mode of "Internet plus". Taking "online teaching" as the starting point, the author expounds the problems currently existing in soil and water conservation monitoring and puts forward the three-stage teaching method in which problems are introduced before class, practical cases are introduced in class, and special discussions are established after class. What's more, we also make interesting and visual teaching multimedia to stimulate students' interest in learning and promote students' autonomous learning. Furthermore, we aim at improving the curriculum assessment mechanism and guiding students to proactively learn the latest monitoring technology. The online teaching strategy of "Soil and Water Conservation Monitoring" course practice teaching is discussed to cultivate students' practical ability and innovative spirit, so as to realize the talent training goal of soil and water conservation professionals.

Keywords *Soil and Water Conservation Monitoring*, practical teaching, online teaching

"机械控制与测试实验"线上实践教学及后疫情时代思考

吴 健 刘圣波 李 宁 陈来荣

（北京林业大学工学院，北京 100083）

摘要：新冠肺炎疫情对我国高等教育产生了巨大的影响，给部分强依赖实验设备的实践课程教学带来了极大困难，这是挑战更是机遇。按照教育部"停课不停学"的要求，北京林业大学及时调整传统实践课程教学的模式，"机械控制与测试实验"课程教学团队制定了"讲—学—研—讨—练"的线上实践教学新模式，满足教学大纲课程目标要求，圆满完成了教学任务，取得了较好的教学效果。最后，本文总结线上教学经验，并对后疫情期间最优教学模式开展探讨，对未来开展"线上—线下"混合式一流课程建设具有一定意义。

关键词：线上教学；实践教学；后疫情时代；混合式教学

一、引 言

2020年初遭遇百年一遇的重大疫情，教学秩序被严重打乱，在这种背景下，教育部印发《关于在疫情防控期间做好普通高等学校在线教学组织与管理工作的指导意见》（以下简称《指导意见》），要求采取政府主导、高校主体、社会参与的方式，共同实施并保障高校在疫情防控期间的在线教学，实现"停课不停教、停课不停学"。北京林业大学及时调整教学计划和方案，全面推动线上教学，实践教学信息化迫在眉睫，因此将云实习、案例实验、虚拟仿真等手段充分应用到实践教学中，取得了一系列反响较好的教学新模式的经验。

"机械控制与测试实验"2018年度获批北京林业大学第一届"好评课堂"荣誉称号，课程教学团队一直注重实践教学信息化工作，并开展了大量探索和研究，2017年就开始将虚拟仿真实验教学应用课程中。面对突如其来的疫情，迅速响应学校的教学要求，严格按照大纲要求做出及时调整，制定了符合疫情期间教学的线上实践教学方案。

二、疫情对"机械控制与测试实验"课程的影响

疫情防控期间学生无法实际应用实验设备，给线上实践教学带来了巨大的困难。部分大纲要求的实验项目利用现有虚拟仿真实验平台和慕课资源发现完全可替代实验资源较少，无法直接满足大纲要求的课程目标。"机械测试与控制实验"教学大纲按照学校对于工程教

作者简介：吴 健，通讯作者，北京市海淀区清华东路35号北京林业大学工学院，实验师，wujian@bjfu.edu.cn；
刘圣波，北京市海淀区清华东路35号北京林业大学工学院，实验师，podolski@bjfu.edu.cn；
李 宁，北京市海淀区清华东路35号北京林业大学工学院，高级实验师，liningbjfu@163.com；
陈来荣，北京市海淀区清华东路35号北京林业大学工学院，副教授，clrong@bjfu.edu.cn。
资助项目：北京林业大学教育教学改革项目"结合增强现实的虚拟仿真实验教学模式研究"（BJFU2019JY052）；
北京林业大学教育教学改革项目"实验教学预习在线考核方法研究"（BJFU2018JY052）。

育认证的统一要求修订，具体目标见表1，如何在线上保证课程要求是面临的最大挑战。同时，学生在线上，老师无法获知学生实验状态，导致实践教学反馈信息不足。

表1 机械控制与测试教学大纲课程目标

课程目标	目标要求
课程目标1	掌握数学、物理、电路、机电传动控制基本理论和工程测试技术基本理论及方法，通过实验设计及操作过程，使得学生将其运用于复杂工程问题求解
课程目标2	能够运用机电传动控制和机械工程测试技术所学理论知识，自主完成实验过程，并得出实验结论与理论数据作比较，分析误差原因
课程目标3	能够应用机械控制与测试的基本理论和方法，对典型机械系统中的控制与测试领域复杂工程问题进行理论描述、数学建模和优化分析，评价实验方案和结果
课程目标4	利用现有所学实验所用软硬件知识和实验设计方法，自主设计一个完整的实验方案，解决一个典型机械系统中存在的机械相关的复杂工程问题

三、"机械控制与测试实验"课程线上教学方案

"机械控制与测试实验"课程分为机械测试和机械传动2部分实验内容，共计1.5学分，其中机械测试部分0.5学分，本文以机械测试实验部分试点教学改革，课程教学大纲有6个实验项目，将实验按照线上可操作性和教学内容分为讲、学、研、讨、练六个不同环节贯穿整个教学过程，严格对应本课程的课程目标1，2，3，4，具体占比分布见表2。

表2 课程"讲—学—研—讨—练"教学模式

实验序号	实验项目	对应课程目标	教学模式				
			讲	学	研	讨	练
1	典型信号的频谱分析	课程目标1，2					
2	典型信号的相关分析	课程目标1，2					
3	力传感器标定及称重实验	课程目标3					
4	光电传感器转速测量实验	课程目标3，4					
5	振动传感器速度测量实验	课程目标3，4					
6	自主设计测控方案设计	课程目标3，4					

（一）"讲"——详细实验操作讲解

根据课程性质，利用LabVIEW软件开展本课程仿真软件的学习，在课程开始前2~3周开始在北京林业大学教学平台布置软件学习任务，提供尽可能的软件基础教程、软件教学视频等，使得学生有目的地学习跟本课程相关的软件操作和功能模块。

课程通过腾讯课堂开展实验教学，主要手把手讲解实验1和实验3的内容，利用线上电子板书详细讲解实验理论部分，尤其是理论与工程实际的结合，如图1所示。讲解中注重说明如何设置仿真环境和参数，让学生可以在课后也可以利用LabVIEW软件强大的仿真优势开展真实实验数据的信号处理过程，为学生下一个"学"的环节做好准备。

 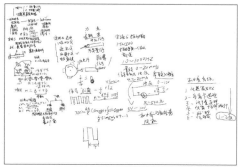

图 1 远程课程讲解和线上板书教学

（二）"学"——仿真软件自主学习

学生通过在线课程的讲解，了解了基本实验原理和实验软件仿真操作，可开展实验2和实验4，5的学习，以学生自主学习为主，利用实验1的"讲"的过程自主完成实验2，利用实验3的"讲"的过程自主完成实验4和实验5，为下一步"研"做好准备。

考虑到个人电脑可能存在无法安装LabVIEW软件的情况，借助企业社会力量的公共开放实验平台给所有同学都申请了机械工程学科虚拟仿真平台的账号，学生可在上面选修与课程相关的信号滤波、信号函数发生器、相关分析等实验，如图2所示。课程自学大纲要求无法安装软件环境的同学一定要完成网页平台实验。

图 2 利用社会开放资源开展教学

（三）"研"——虚拟仿真案例研究

课程实验6要求学生自主设计机械系统工程测试方案，学生了解实际工程应用案例可以通过访问国家级虚拟仿真实验平台（ilab-x.com）选择与本课程相关实验案例操作，实名制注册即可，并在平台上建立了课程班级方便管理，如图3所示。例如：很多学生选修北京林业大学2019年度获批的北京市级虚拟仿真实验项目，可以深入认识林业机械，学习装备作业原理，利用实验课程所学知识研究采伐头、机械臂、林用底盘等林业机械中存在的工程测试问题。"在完成整个虚拟仿真实验项目研究的基础上,可以贯穿整个实验过程开展'讨'这一环节开展互动和交流"。

图 3　虚拟仿真实验选修课程

(四)"讨"——课上课后实验探讨

本课程通过建立课程微信群的方式,在实验全环节都可以开展实时在线讨论。学生对于实验 1 到 6 中任何软件仿真中出现的问题、设计方案中的疑惑都可以开展讨论,这比线下教学来说更加拉进了师生的距离,可以做到学生的疑惑精准反馈,教与学的过程无缝衔接,如图 4 所示。学生在讨论中发现问题,分析问题,探讨问题,最终解决问题,但线上实验要想达到理论结合实际的要求还需要不断练习,开展下一步"练"。

图 4　实验讨论过程

(五)"练"——课后巩固反复练习

对于线上实验来说,存在着无法直观掌握学生学习程度,所以在课程中需要要求学生在课后对于实验 1~5 的操作不断练习,通过更改程序设计思路、虚拟仿真资源等方式有耐心有目地开展多次练习,从不同的设计思路和参数调整上多尝试不同的结果,以达到大纲的课程目标的要求。

四、后疫情时代混合式实践教学方案设计思考

虽然线上时间教学过程困难重重，但对于高等教育本身这既是挑战更是机遇，线上实践教学的优势凸显，具有高效性、互动性、展示性、过程性等四大优点。后疫情时代，教学回归课程和实验室，根据疫情防控常态化的需求，必须利用好线上实践教学的经验，将实验内容合理规划分为线上部分和线下部分。

（一）开拓线上虚拟仿真实验资源

2019年教育部提出涉及五大金课的"双万计划"课程目标，明确将虚拟仿真实验作为金课的一个重要体系。虚拟仿真实验在疫情期间有效地缓解了实践教学的种种困难，但也存在资源不足、大纲匹配性不高等缺点，在后疫情时代需要合理争取相关教学改革项目，在实践教学信息化上要下足功夫。将一些涉及实验安全、基础性验证性实验项目通过虚拟仿真方式开展教学，让线上教学充分发挥其不受时间和空间约束的特色。

（二）丰富线下创新实践教学项目

充分利用好大学生创新创业项目、科研项目转化实验等条件，开发与机械控制和测试相关的线下特色实验项目，以研促教。改革线下传统验证性实验项目，扩大创新型实验比例，拓宽学生的眼界和思维，激发学生的创新意识，使之达到自主高效学习。

（三）建立综合工程背景教学案例

聚焦新工科领域紧缺人才培养，融合北京林业大学特色涉林涉草涉工学科资源，整理其中的工科急需技能和要求，开展工科实践教学资源案例建设。包括建设视频、案例、实验项目、实训项目、数据集等教学资源，加强产教融合创新，以林业突出的复杂工程问题入手，协同企业开展产学研项目共建，多渠道形成优质实践教学资源库。

五、结　语

后疫情时代，线上线下混合式教学将会逐步走向常态化，信息技术与教育教学会进一步深度融合，教学模式会发生深刻改变。本文基于教学团队已有虚拟仿真实验研发经验，疫情期间制定了"讲—学—研—讨—练"的线上实践教学新模式，在后疫情时代，急需完善线上实验资源，注重线下综合创新，建设工程背景的实践教学案例，线上线下混合式实践教学模式不断完善，为建设品质金课打下坚实基础。

参考文献

[1] 冯建军．后疫情时期重构教育新常态[J]．中国电化教育，2020(9)：1-6．

[2] 叶波，刘蕾．后疫情时代教学模式变革的思考[J]．教育传播与技术，2020(4)：6-8．

[3] 房晓龙，王登勇，刘嘉，等．特种加工线上教学实践及后疫情时代思考[J]．科教文汇（中旬刊），2020(8)：79-81．

[4] 吴志红，刘学平．面向线上线下混合实验教学模式的研究与实践[J]．辽宁大学学报（自然科学版），2020，47(3)：284-288．

[35] 杨峰峰，徐宏武，张巨峰，等．疫情背景下线上教学模式的探索与实践[J]．化工管理，2020(22)：16-17．

[6] 曾德琨．实验类学科中进行混合式学习初探[J]．上海教育，2020(Z2)：34．

On line practice teaching of "Mechanical Control and Test Experiment" and thinking of post epidemic Era

Wu Jian   Liu Shengbo   Li Ning   Chen Lairong

(School of Technology Beijing Forestry University, Beijing   100083)

Abstract   The outbreak of novel coronavirus pneumonia has a great impact on Higher Education in China. It brings great difficulties to the practice teaching of some experimental equipment. This is a challenge and an opportunity. According to the requirements of the Ministry of Education, Beijing Forestry University adjusted the traditional practice teaching mode in time. The teaching team of "Mechanical Control and Test Experiment" developed a new online practice teaching mode of "teaching learning research discussion practice", which met the requirements of the syllabus, successfully completed the teaching task and achieved good teaching effect. Finally, this paper summarizes the online teaching experience and discusses the optimal teaching mode during the post epidemic period, which has certain significance for the construction of "online offline" mixed first-class courses in the future.

Keywords   online teaching, practical teaching, post-epidemic era, blended teaching

"环境毒理学"线上教学中的多元配置与科教融合

洪 喻　王毅力

（北京林业大学环境科学与工程学院，北京　100083）

摘要：本文总结了疫情期间开展专业选修课"环境毒理学"线上教学的心得与体会。从线上学习电子教材到位、辅助与测评材料到位、通讯联系到位、学习工具磨合到位等几个方面介绍了课前多元配置的落实；课上则主要利用腾讯课堂，结合问卷星做好课程签到，教师授课，讨论区互动，课间视频播放，居家易得的实物云互动与课后作业布置等几个环节做好在线授课。线上教学效果考查设置了自学阶段作业、课堂即时测、课后半开放式作业做好多元考查配置，并渗透科教融合。最后，主讲教师还根据课程进度，采用了多次匿名问卷的形式来获得反馈以了解教学效果并持续改进教学。

关键词：环境毒理学；线上授课；多元设计；科研渗透教学

一、线上教学配置的提前准备

为了助力线上教学，开课前主要做了几个方面的准备工作，基本实现了课前准备的多元配置，即线上学习电子教材到位、线上学习电子辅助材料到位、线上学习电子测评材料到位、线上学习通讯联系到位、线上学习工具磨合到位。以下为工作内容的具体介绍：

（一）交互式习题集的整理

整理出环境毒理学各章的章节习题，附载到"雨课堂"中，习题以考试题型为主，并附上参考答案，该材料提供给学生线上学习和线下复习使用，提前适应考试的方式，掌握好知识点。

（二）教学辅助用慕课建设

笔者早在 2018 年，便与山西大学孟子强老师、北京大学尚静老师等人共同完成了"环境毒理学"慕课的录制工作，2019 年对该慕课进一步改版，至此中国大学慕课与学堂在线上有该课程的两个版本的慕课。疫情期间，为了辅助线上教学，笔者向学生们推荐了"环境毒理学"慕课，希望在预习和复习阶段更好地帮助学生们的学习。

（三）电子教材与参考材料的收集

提前搜罗了"环境毒理学"的课上教材以及参考资料，主要以教材、论著为主。往年教材一直是教务处购买后分发给学生们，今年疫情情况特殊，多家出版社都不收费发放电子教材，也使得学生们有机会无纸化学习。为了让学生更深入地学习环境毒理学学科知识，除了环境毒理学的教材，延伸出去还让学生阅读颗粒物、农药、人工合成化学物、风险评价等在内的多本中英文论著，这些材料作为科教融合的素材逐步分发给选课同学用于课下学习。

（四）多工具组合开展教学

北京林业大学教发中心在疫情期间组织了教师们学习多种教学工具，笔者也随着各个

作者简介：洪　喻，通讯作者，北京市海淀区清华东路 35 号北京林业大学环境科学与工程学院，教授，yuhong@bjfu.edu.cn；

　　　　　王毅力，北京市海淀区清华东路 35 号北京林业大学环境科学与工程学院，教授，wangyilimail@126.com。

资助项目：北京林业大学科教融合项目"环境毒理学课程中的科教融合实践教学"（BJFU2019KJRHKC007）。

微信群，学习了包括钉钉、Zoom、腾讯课堂、腾讯会议、问卷星、雨课堂等网络工具。为了让教师教得顺心，学生用得顺手，笔者还调研了中国在线教育平台用户大数据报告[1]，初步选定了腾讯课堂作为线上授课工具，最终通过跟学生商量确定了"腾讯课堂+雨课堂+问卷星+微信群"的软件组合。

（五）线上教学的学生联络

结合北京林业大学教学平台发布课程开课通知、课程PPT、习题等资料外，建立起实时沟通的渠道对线上教学非常重要。开学第1周便联系上了各班班长建设了微信群，第6周开课前两周就开始通过扫码导入选课同学，通过核对微信群内学生信息，踢出不明人员，确保了微信群人员与教学平台选课名单一致，并允许了北京林业大学旁听的同学进群；开课后，课后答疑、上课提醒均通过微信群开展。学习材料会同步在微信群、教学平台发布。各班选出了学习委员，收集课后作业，并规定了每次作业学生提交以及学习委员提交到作业邮箱的截止时间。通过作业邮箱即能存档作业，又方便统计学生完成情况。

（六）课程调试

本课程第6周开课，选课学生之前适应了多门课程的教学工具，但是为了和学生们顺畅地沟通，适应教学方式、习惯以及风格，开课前进行了30分钟的试课，介绍了课程特点、学习要求、线上课开展的一些环节并布置了开课前自学阶段的作业。并且，后续每次上课前教师都会提前至少15分钟进入腾讯课堂，与同学们调试功能，确保线上教学顺利进行。

二、线上教学效果考查的多元配置与科教融合

（一）自学阶段作业

为了让学生们更好的在线学习，第4周周末就布置了自学作业，大部分同学们均在第6周周一中午12点前按照要求准时提交了自学作业（图1）。作业是针对环境病的调研，要求针对一种环境病，查阅网络资料包括文献资料，确定环境病的发病原因、机理与防治措施。作业属于半开放式，并未要求一定是针对环境污染物，自学阶段只要是涉及到环境因素的疾病都可以去选择性调研。希望学生经过第一章内容的学习，能够再反思自学阶段自己的选题偏差，自查自纠，对环境毒理学的主要研究对象以及环境病的定义强化理解。

图1 部分同学的自学阶段作业

（二）课堂即时测

线上课堂教学，为了让学生能够全神贯注，紧跟教师的教学节奏，保证听课效果，笔者在教学过程中，充分利用腾讯课堂的"讨论区"，边讲边输入，将讲解的重点以关键字的形式，敲进讨论区，另外为了提高专业英语水平，提高英文文献阅读能力，还会在讲解过程中输入一些关键词的英文翻译。上述过程在腾讯课堂中，教师做的再认真，也不知道是否到位。因此，为了让教师知晓教学实施的效果，获得学生的回应，在讲解的过程中，在合适的考查切入点停顿下来，在找到前后相关的知识点，以"是/否""对/错""ABC"的形式

出题，由同学们随堂选择，即时抓回学生的学习注意力，通过学生回答的情况，评判学习效果，然后螺旋式继续推进。另外，为了让学生动起来，不但动脑还能动手，笔者还设置了一些居家环境能够找得到的物件，课堂上合适的时候以提问的方式，给学生 5 分钟时间，先去找来，然后找到物件上的字眼，在讨论区大家发言，汇总信息，教师笔者则兴致勃勃地给予反馈。例如，讲到毒物剂量时，要求学生在家中找到驱蚊花露水，寻找其中"微毒""农药"的字眼，最后与学生们讨论网络上驱蚊花露水有毒的谣言，在理解了毒物与剂量的关系后，具备利用所学破除谣言的能力。上述即时测的方式，也是让学生们体会教师课上提到的切忌死记硬背，而要理解记忆、活学活用课程所学内容的用意。

特别要注意的是，腾讯课堂上讨论区的即时测，要求形式不要过于沉重，应该针对讲解内容结合恰当案例进行开展，学而有趣，学而有用，学生才乐于这样的即时测。通过前四章的实践，目前线上课堂即时测的气氛很融洽，学生反馈的学习效果良好。值得强调的是，即时测考查时以追溯为主，找到各节、各章之间的联系，以短回溯、长回溯，将知识点—知识点、节—节、章—章的联系，通过名词、数值、案例进行考查。即时测的设置注意前后衔接流畅，切不可生硬回溯。

（三）课后半开放式作业

环境毒理学与生活息息相关，因此寻找合适的素材相对容易。考虑到教师与学生们疫情期间居家学习，获取生活用品十分方便，借此机会，笔者在不同章节根据课程内容，设置了多次课后作业，诸如：①查找医药中的药物说明书。阅读说明书理解生活中常用药的适应症、禁忌证以及可能出现的毒副作用，毒作用机理；教师查阅学生们的作业后，进行汇总统计并在学生作业的基础上拔高提升，希望学生们重视 PPCPs 可能在环境中的污染问题，以及可能带来的风险，结合相关中文文献，深入解读；②查找个人护理用品（PPCPs）如洗面奶。阅读产品成分表，通过网络查找组成成分，了解各成分的分子量、化学式、化学结构、急性毒性 LD_{50}、慢性毒性 NOAEL、毒作用机理，以评估在洗面奶中的安全等级，同样教师在收到学生作业后，汇总调研的物质类型及信息，查漏补缺，特别是针对磨砂类洗面奶中微塑料这一类新兴污染物结合文献抛砖引玉，帮助学生更好地掌握课上内容，达成学习目标中的能力目标。另外还让学生们调研了家电与小型电子产品说明书。通过鼓励学生在家搜集大到电视机、电冰箱、抽油烟机、小至 iPod、计算器、剃须刀的电器/电子产品说明书，通过阅读产品说明书中"产品中有害物质的名称及含量"，结合 SJ/T-11364、GB/T-26572、欧盟 RoHS 指令环保要求，来查找超标物质的毒作用及机理，服务于正确理解和认识生活中常用的大型家电和小型电子产品中环境污染物的潜在影响。教师收到学生们的作业后，摘录汇总学生作业信息，以综述的形式，通过 PPT 给予学生一个完整的反馈，对深入思考和调研的同学给予鼓励和表扬，同时对于电器/电子产品回收过程中以及回收技术选择不当可能带来的环境生态风险结合文献进行探讨，将作业内容的思考凝练升华到一个新的高度。

上述课后作业均是有基本要求，但是不限于基本要求，通过半开放式的设置，给予学生更多的思考与调研的空间。通过几次作业下来，教师笔者深感学生对作业兴趣度很高，乐于进行调研，有的同学甚至做了超过 10 种药物说明书、多种洗面奶、多种家用电器电子产品的深入调研，还翻查知网文献，结合文献仔细分析具体物质的毒性与致毒机理，甚至拓展到具体修复的技术选择。学生们提交的半开放式课后作业，基本实现了科教融合的目的，也达到了教师期望学生勤于思考，勇于深究的意图。

三、 线上课堂教学的灵活开展

笔者开展的线上教学主要包括课程签到、教师授课、讨论区互动、课间视频播放、居家易得的实物云互动与课后作业布置几个环节。

问卷星一般用来给学生签到、调查学习情况用。腾讯课堂虽然也可以统计学生学习情况，包括线上课程学习时间以及回放生成后学习时间。但是为了方便，仍然选择问卷星，通过微信登陆，在规定的时间内完成签到，来直接生成结果，一目了然，提高工作效率。每次问卷星二维码都是在准点上课时在讨论区发放。

腾讯课堂画中画对线上教学而言，优点是能够看到老师的表情，更为亲切；而缺点则是视频信息的加载可能导致授课不流畅。腾讯课堂使用过程中，笔者并不常用画中画功能，这也是听取了同学们的建议，之前环境化学课的学生们已经对笔者熟识了，虽不常打开画中画，但是抑扬顿挫的声音加上对教师已有的印象，既避免了摄像头加载后对听课流畅度的影响，也不会影响教学效果。但是实物互动沟通时，还是打开了画中画。建议若学生并没上过老师的课，画中画最好还是打开，有助于学生对老师增进了解，对提升学习效果有积极作用。

授课过程中，笔者将 PPT 内容融会贯通地展开讲解，如第一章通过举例子让学生们对科学史有直观认识，串讲例子让学生理解学科发展、学科地位、研究对象与特点。各章讲到关键内容时，由于没有线下课程的黑板，笔者便利用画笔与讨论区，画笔圈出重点难点，讨论区输入关键字，带着学生们跟着节奏往下走。对于名词、概念、理论等，也多结合案例进行讲解，帮助理解，避免死记硬背，一般会在讨论区即时测，发问后鼓励同学们回答问题，恰当的问题也鼓励学生头脑风暴。譬如，考虑一般家庭都会备有驱蚊花露水，上课时间笔者给了同学们 5 分钟在家找，果不其然，不到 5 分钟许多同学都很兴奋地在讨论区里回复"找到了"，虽然品牌不同，也隔着屏幕，互相见不到，但是这样一场"实物的云互动"还是很好地调动了课堂气氛，引导着大家阅读产品上的说明文字，找到关键字眼，同时在教师引导下让学生们更好地理解了剂量决定毒性这一理念。

在授课过程中，学生们也乐于在讨论区提问。针对授课内容的发散思维，笔者首先给予肯定，认可学生的思维习惯，进一步给予正确的反馈。诸如，讲到环境毒理学研究对象时，学生在讨论区提到药物是用于特定病人的疾病治疗，但是进入环境后却成为了环境污染物，教师则接下这个话题，指出学生提到的这些污染物属于药品和个人护理品（PPCPs）大类，进入环境介质后对其环境毒理学的研究是近年来的热点问题。同时课后也布置了一个半开放式小作业，在家整理家庭药箱，查找药品说明书，如有可能，对比西药与中药的药物说明书的不同，让学生在生活中能够找到与毒理学直接相关的字眼并留下印象。

环境毒理学线上课程一次上两节，一节课 45 分钟，课间休息时间仅有 5 分钟。为了充分利用这 5 分钟，既可以让学生们居家走动，补给，又可以在课间汲取课程信息，笔者安排在课间时间播放课程内容相关视频。例如，目前仍在播放的是一起在日本发生的核辐射事故救治纪录片，这个珍贵视频清晰地陈述了电离辐射对机体的逐步瓦解，以及过程中医生竭尽全力的救治，视频中详细介绍了伽马射线给机体带来的损伤效应与潜在机制。视频播放期间，关键处笔者会进行点评，该部分内容也会在第六章环境物理因素的毒理里讲解。学生们对课间视频播放表现出很大的兴趣。

四、线上教学的匿名反馈

第一次课结束后，笔者利用问卷星开展了学习情况调查。在调查过程中，发现问卷星比预想设计的问题能够得到更多的信息[2]，特别是多因素的交互分析。翻开问卷，除了能够得到单题反馈外，诸如学生所在省市、学习习惯、听课收获、意见建议，还能够将对环境毒理学课程的学习兴趣、学习方式、网络授课的适应程度及第一次课学习后对课程的理解程度的差异，结合所在地区、学生性别的不同，按照百分比表征出来（图 2 与图 3）。笔者将会利用软件提供的分析数据，在后续课程中有针对性地融入到课程设计中去，帮助学生们更好地学习，达成教学目标。

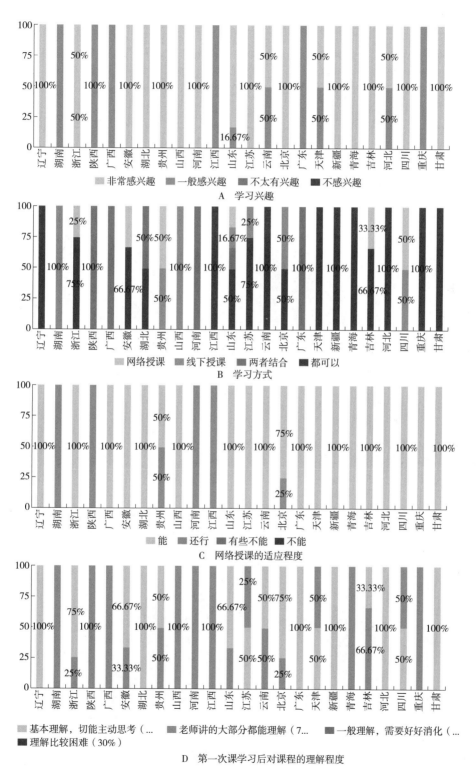

图 2 不同省的同学们对环境毒理学课程的学习差异

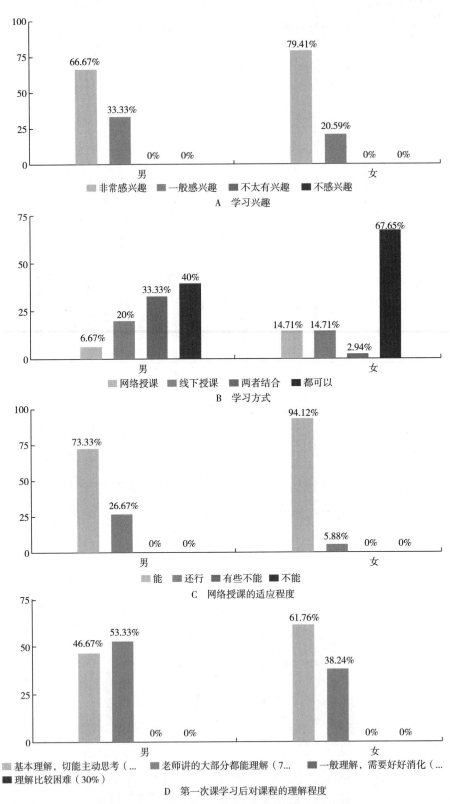

图2 课上男生与女生对环境毒理学课程的学习差异

第6~8周的课程结束后,笔者还在腾讯课堂在线进行了调查,调研发现约80%的同学对课程教学开展非常满意,课程内容接受起来没有问题或者基本没有问题,约20%的同学表示对环境毒理学课程感兴趣但是略有难度,愿意后续跟随教师授课克服困难,学好课程。通过问卷星、腾讯课堂的多种匿名反馈,提供了改进线上课堂教学的线索,也增强了笔者做好线上课堂教学的信心。最后结课,笔者还将安排一次课程学完之后的调查,期望结合反馈做好下一轮授课的改进工作。

五、结 语

近几年我国一直在大力推动慕课建设[3],期望线上线下结合,挑战传统的教学模式,提升学生的教学效果[4]。在2019年4月人民日报报道,我国已实现有1.25万门慕课上线,超过2亿人次参加学习,指出中国慕课大有可为。时隔不到一年,全球大流行的新冠肺炎却让我国的教师们和学生们都迫不得已,火速进入了100%的线上教学。并且这种进入方式,不仅包括慕课学习,更多的是线上不见面的实时教学。这是对我国网络的考验、对教育部落实线上教学能力的考验、更是对广大教师线上教学水平的考验、甚至是对广大学子学习习惯的考验。

自疫情开始以来,宅家学习,停课不停学推动至今,教师们积极开展云课堂建设,自学并展现了十八般"教"艺,笔者作为其中一员,在此总结了能够保障笔者线上授课以较高效率、较好效果推进的一些心得体会。经过总结凝练,认为做好课前多元配置,课上灵活教学,考查多元化并且尝试科教融合,教学效果匿名反馈,对帮助我校"环境毒理学"线上课程教师更好地线上教,学生更好地线上学有积极作用。笔者将努力完成本轮线上教学,同时在结课后做好总结,为今后更好地开展教学提供参考。

参考文献

[1] 上海艾瑞市场咨询有限公司. 中国在线教育平台用户大数据报告——腾讯课堂数据篇2020年[C]//艾瑞咨询系列研究报告(2020年第1期). 2020,446-491.
[2] 罗怀香,张潜,许家洲,等. 利用"问卷星"提升人体解剖学实验课随堂测试的教学效果[J]. 中国医学教育技术. 2020,34(2):217-220.
[3] 刘刚,李佳,梁晗. "互联网+"时代高校教学创新的思考与对策[J]. 中国高教研究,2017,2:93-98.
[4] 李斐,黄明东. "慕课"带给高校的机遇与挑战[J]. 中国高等教育,2014,7:22-26.

Multiple configurations and integration of science and education in the online teaching of *Environmental Toxicology*

Hong Yu Wang Yili

(College of Environmental Science & Engineering, Beijing Forestry University, Beijing 100083)

Abstract This article summarizes the reflections and experiences of conducting online teaching of the professional elective course *Environmental Toxicology* during the novel coronavirus epidemic. It introduces the implementation of multiple configurations before class from the aspects of online learning e-textbooks, auxiliary and evaluation materials, communication links, and learning tools in place. In class, Tencent classrooms are mainly used, combined with questionnaire stars to do course sign-in. Online teaching is implemented through several links such as teacher teaching, discussion area interaction, video playback between classes, easy-to-reach physical cloud interaction and homework assignments. The online teaching effect examination has set up self-study phase homework, classroom real-time testing, and semi-open homework after class to make multiple examination configurations, and penetrate the integration of science and education. Finally, the instructor also used multiple anonymous questionnaires according to the course progress to obtain feedbacks to understand the teaching effect and continuously improve the teaching.

Keywords   *Environmental Toxicology*, online teaching, multiple configurations, research infiltration teaching

"金课"建设背景下协作式在线案例教学探索与实践

——以"管理学"为例

刘雯雯[1]　朱倩颖[1]　仲思佳[1]　林上康[2]

（1. 北京林业大学经济管理学院，北京　100083；
2. 瑞琪美林(北京)商贸有限公司，北京　100015）

摘要：在教育部提出建设"金课"的背景下，一流本科教育、一流人才培养正成为高等学校立德树人的根本任务。本文基于协作式在线教学，以本科课程"管理学"为例，探索出一种新型的协作式在线案例教学模式，旨在打破"金课"建设背景下案例教学的困境，以具有高阶性、创新性和挑战度的"金课"体现"教师主导，学生主体"的教学理念，加强教师与学生、学生与学生以及教师和学生与知识内容的互动，帮助学生进行知识建构，培养学生解决复杂问题的综合能力和高级思维，并使教学案例具备本土性与动态更新性，从而建设一流课程。

关键词：金课；协作式在线教学；案例教学；管理学

一、引　言

2018 年，教育部提出淘汰"水课"，打造"金课"，合理提升学业挑战度、增加课程难度、拓展课程深度，提高培养人才的质量，近两年各高校正为不断打造"金课"而积极探索。2020年伊始，在新冠疫情的冲击下，在线教学大规模进入教学生活，教学形式的改变也为打造"金课"提出了更多要求。在"管理学"课程教学中，案例教学一直被公认为是成功的管理学教学方法中最重要的方法[1]。案例教学是一种以案例为基础的教学方法，通过引入典型案例，以小组讨论、角色扮演与案例撰写等方式来增进学生间交流并引发学生思考，从而使学生了解和掌握所学的知识[2]。然而，在"金课"建设背景下，案例教学也面临着三大困境：一是学生小组学习讨论过程教师参与不多，放任学生思考，缺乏有效引导，仅能看到最终的汇报结果，教师无法准确评估每个学生的参与度和学习情况；二是教学评价缺失导致案例教学缺乏高阶性和创新性，教学评价作为管理学案例教学中不可或缺的环节，在传统课堂中往往被教师忽略，不重视学生对案例的分析、探讨成果反馈，不利于教师对案例教学的更新和完善；三是学生缺乏学习主动性和探究性，在"以学生发展为中心"的教学理念下，学生学习知识的方式正由被动接受转变为主动获取，但三观还未成熟的大学生们学习意识、方法和能力都有待加强，需要在案例教学中培养学生主动发现问题并解决问题的能力。

作者简介：刘雯雯，北京市海淀区清华东路 35 号北京林业大学经济管理学院，副教授，wenwensummer@163.com；
　　　　　朱倩颖，北京市海淀区清华东路 35 号北京林业大学经济管理学院，硕士研究生，15600990276@163.com；
　　　　　仲思佳，北京市海淀区清华东路 35 号北京林业大学经济管理学院，硕士研究生，982100800@qq.com；
　　　　　林上康，瑞琪美林(北京)商贸有限公司，优梵艺术创始人兼 CEO。
资助项目：北京林业大学横向课题"新线营销价值报告：下沉市场案例研究"（2020HXZXJGXY001）；
　　　　　北京林业大学横向课题"消费升级下的餐饮行业洞察"（2020HXZXJGXY002）；
　　　　　北京林业大学横向课题"从客户体验中挖掘增长机会：深度案例研究"（2020HXZXJGXY003）。

如何在疫情防控常态化下进一步打造管理学"金课",完善案例教学方法,突破案例教学困境,增强管理学课程学习的高阶性、创新性和挑战度,推进一流课程建设是我们应该重点探讨和挖掘的现实问题。基于此,本文主要围绕协作式在线教学设计出一个新的协作式在线案例教学模式,希望通过此教学模式的应用突破案例教学的困境,打造管理学"金课"。协作式在线教学利用网络技术平台,在教师(助学者)指导下,学生通过小组协作学习的方式建构共享公共知识,将此方法运用在案例教学中,恰好解决了教师参与学生小组学习度不高的问题,同时增加了课程的创新性与挑战度,有利于培养学生解决复杂问题的综合能力和高级思维。

二、理论基础

(一)金 课

2018年6月,在新时代全国高等学校本科教育工作会议上,陈宝生部长第一次提出要把"水课"转变成有深度、有难度、有挑战度的"金课"。吴岩在第11届中国大学教学论坛报告中将"金课"归结为"两性一度":高阶性、创新性和挑战度,并提出要建设包括线下"金课"、线上"金课"、线上线下混合式"金课"、虚拟仿真"金课"和社会实践"金课"这五大类型"金课"[3]。崔佳提出了"金课"的教学设计原则:主体性原则是学习者有效参与、基础性原则是学习内容聚焦、科学性原则是全脑教学,"金课"教师应有教学设计意识[4]。马浚锋从大学生的视角出发,提出学生心目中的"金课"是在教学态度、教学方式、教学评价、教学设计以及教学内容的映射下,以及透过师风师德、授课水平、考试难易程度、成绩理想、作业量和课程实用性的具体呈现下形成的学生对课程质量的认知,当这些因素令学生学习需求得到满足时,进而有了学生心目中的"金课"[5]。

综上,本文对"金课"的理解为将知识、能力和素质有机融合,以培养学生解决复杂问题的综合能力和高级思维为目的,课程内容具有前沿性、教学形式具有互动性、学习结果具有探究性、课程开展具有挑战度的一流课程。

(二)协作式在线教学

在线协作学习的概念最早由加拿大学者琳达·哈拉西姆提出,她认为在线协作学习既是一种在线教育理论也是一种在线教育教学方法,是在线教育质量和效果的根本保证,其立足点是学生的讨论——学习者通过交流和协作理解和解决现实世界问题,并在教师指导下促进知识建构[6]。代亚萍认为协作式在线学习中的"协作"不仅是学习行为,也是教学手段和目的,学习者在教师(助学者)的帮助下开展讨论交流是教学的关键[7]。崔佳等提出协作式在线教学是以在线技术平台为辅助,以小组协作为主要形式,以教师指导为保障,以建构共享公共知识为目的的教学形式[8]。协作式在线教学强调教学交互的重要性,既重视同伴讨论、竞争、辩论及合作等交互行为,又重视学习者与各种在线学习资源之间的交互作用。

综上,将协作式在线教学融入案例教学中既是教学形式的创新,又增加了课程的探究性和挑战度,有利于培养学生解决复杂问题的综合能力和高级思维,打造管理学"金课"。协作式在线案例教学形成过程如图1。

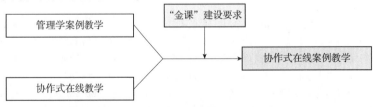

图1 协作式在线案例教学形成过程

三、协作式在线案例教学模式

(一)流程设计

本文将具体教学流程设计为前期准备、正式教学、后期总结3部分，依托慕课等在线教学平台，由教师联合助教、企业家，对30名学生左右的班级，进行时长为90分钟左右的协作式在线案例教学(图2)。

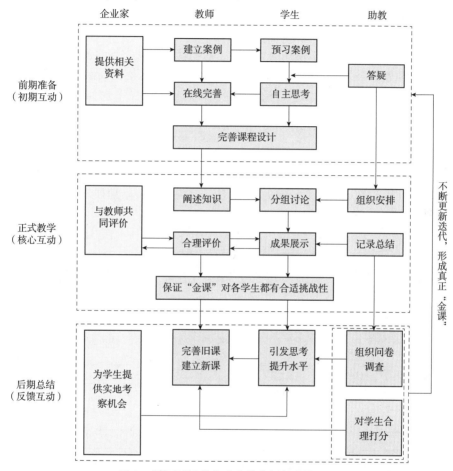

图2 "管理学"协作式在线案例教学模式图

前期准备阶段，首先应由教师参考企业家提供的资料及外部信息初步建立案例，并提出思考题，以加深学生对案例的理解。将案例及思考题上传教学平台后，教师通过平台通知学生进行课前预习和自主思考，学生可向助教提问，并在开课前将自己的发现和困惑提交给教师，教师根据提交内容进行案例的在线完善，形成"金课"的雏形并上传平台，完成初期的学生—内容及学生—教师的互动。

正式教学阶段，教师首先应阐明本节课的知识点，并引入案例；学生在教师(助教)的组织下进行随机分组讨论，并以小组为单位展示讨论结果；教师和企业家可根据每组的讨论过程和讨论结果做出有针对性的评价，对各层次学生都提出更高水平的建议，保证"金课"的挑战性。在该过程中，实现了学生—学生及学生—教师的核心互动。

后期总结阶段，学生在课后进行深度思考，可选择性地联系企业家进行实地考察，并将成果上传平台；助教对学生的整体表现进行合理评分，并对学生进行教学效果的问卷调查,将数据加以分析总结,最后将评分结果和反馈效果上传给教师;教师结合学生和助教的提交内容,一是提高对当前学生群体认知水平的了解,动态完善旧课程,强化教学针对性;二是根据此次教学的优势与不足,构思开发新案例,丰富适用于金课的案例库。

除此之外,协作式在线案例教学也可以选择性地进行一些线下活动,例如在分组讨论中支持线下互动,满足学生的情感需要;在答疑中支持线下辅导等,形成线上为主线下为辅的混合教学模式,保证"金课"切实提高学生的高阶思维。

(二)具体实践

1. 教学案例选取

为体现协作式在线案例教学模式的可行性,我们认为采用实际案例进行过程描述将使文章更加清晰可读。经过精心选取与多番讨论,我们在优梵艺术的创始人及CEO林上康的支持下,决定使用案例"优梵艺术:巧做家具新零售的'艺术者'"进行具体的教学实践。优梵艺术是一个泛家居领域的全域新零售时尚消费品牌,精准定位关注个性化和艺术性的新生代客群,以"艺术+科技+供应链"的商业模式,打破了新零售背景下传统家居行业的桎梏,对其他企业具有独特的借鉴意义[9]。该案例教学希望引导学生立足企业家角度,使用管理学理论分析行业环境、营销策略,发现并解决企业发展中发生或尚未发生的问题,将课本知识转化为自己分析情景、处理信息的方法论。为了更清晰地展现本案例的脉络,以下为案例分析思路图(图3)。

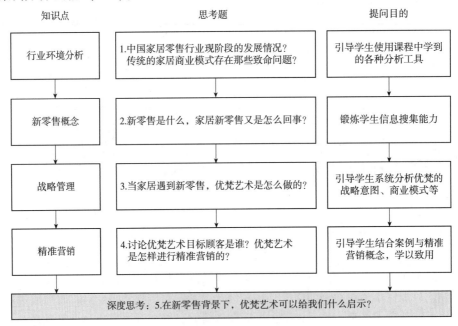

图3　案例分析思路图

2. 课程前期准备

教师将30名左右的学生分为5~6个小组,提前一周将案例和图3中的思考题布置给学生,并要求学生提前查阅资料,了解家居新零售行业的整体情况及优梵艺术的发展历程。在此阶段,学生将预习案例和查阅资料过程中发现的问题和建议提交给教师,助教则是将答疑时出现的各类问题记录并总结后反馈给教师,教师根据这些问题和建议在线完善案例,重点关注知识点与案例的对应以及学生的普遍疑问,提前预想学生们可能困惑的问题,加入到案例教学计划中,创新性地让学生参与到课程设计中来。

3. 课程正式教学

课程刚开始时教师简述重要的知识点、方法论等(时间控制在 10 分钟以内),以便学生能系统地分析案例,并引入案例和已准备好的思考问题,规定成果展示的方式,保证讨论具有明确目标。

接着进行小组讨论发言(每组 10~15 分钟,总时间控制在 60 分钟以内):学生按上述启发思考题的顺序依次作答。在学生讲解的过程中,教师应把学生总结分析的关键点在黑板上加以归纳。可以鼓励学生角色扮演,分别饰演优梵艺术的 CEO、供应链总裁、设计总监等角色。对思考题 3 和思考题 4 进行讨论结果展示。并鼓励学生对思考题 5 进行发散式讨论。该阶段可由教师和助教进组,解决组员间的思想冲突,启发一筹莫展的小组,保证每组都有足够与助学者互动的时间,使得"金课"的互动性与纪律性并存。

小组展示后教师点评(总时间控制在 20 分钟以内):在每组成果展示后,教师都应针对该组成果进行评价,对错误或离题的观点进行矫正,对正确的观点表示认同,并在此基础上提出学生忽略的、思考较浅的点,鼓励其在听其他组汇报时和课下能进行更深入的思考,培养高阶思维,助教应和学生共同进行记录。在此阶段,教师能感知到各组认知水平的差异,并以个人水平为基础,为学生提出可行的提升建议,保证每名学生都能体会到"金课"本身挑战度的同时,又不会因为提升建议与个人水平相距过远而产生排斥。

4. 课程后期总结

在此阶段,助教需以问卷调查等形式考量学生的教学满意度、课程收获等,结合分组讨论及成果展示中学生的表现进行初步评分,向教师统一反馈。学生则要在课后进行深入思考,在课程结束一周之内采用书面报告的形式提交案例讨论报告。教师综合助教初步评分和学生提交的案例讨论报告所得分数后录入学生的最终成绩,可从分数的分布情况分析当前课程难易度是否合适,从问卷调查结果了解到学生学习过程中的痛点,进而有目的性地完善旧课程、开发新课程。

在课程前期准备、课程正式教学和课程后期总结的整个教学过程中,学生、教师(助学者)和企业家的协作关系如图 4。

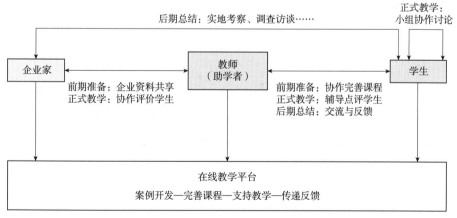

图 4 协作关系图

四、效果评价

根据上述对协作式在线案例教学的探索与实践,我们认为该教学方式的优势有以下 3 点,共同增加了"金课"特有的高阶性、创新性和挑战度:

一是充分体现"教师(助学者)主导,学生主体"的教学理念。教师与助教共同参与学生讨论过程,进行有效指导,可以较为准确地评估每个学生的参与度和学习情况,为各个层次的学生提供足够的挑战度。

二是使教学案例具备本土性与动态更新性。前期教师自主选择案例时,可有意识地避免落入基于西方理性的旧案例的窠臼;后期教师收到学生与助教的反馈信息,有利于案例的及时完善,从而为学生提供了内容和形式均有创新的课程。

三是有利于学生进行知识建构。20世纪80年代,美国教育界提出了建构主义(constructivism)。建构主义认为,知识除了通过教师传授,还要求学习者在一定的情境下,借助助学者的帮助,利用必要的学习资料,通过意义建构的方式而获得。本文中协作式在线教学使"协作"这一概念贯穿始终,在师生、生生及两者与内容的互动中完成了知识的建构,培养了学生的高阶思维。

研究的不足之处在于,课后学生脱离了教师的监管,可能缺少深入思考的主动性,导致最终反馈的成果质量良莠不齐,针对这一问题,是否需提出更有效的反馈激励机制,未来的研究还应做出进一步探索。

参考文献

[1] 宛娟. 在管理学课堂教学中运用案例教学法的几点思考[J]. 科教导刊(上旬刊), 2016(1): 98-99.
[2] 赵武学. 管理学案例教学法思考[J]. 智富时代, 2016(9): 196.
[3] 吴岩. 建设中国"金课"[J]. 中国大学教学, 2018(12): 4-9.
[4] 崔佳, 宋耀武. "金课"的教学设计原则探究[J]. 中国高等教育, 2019(5): 46-48.
[5] 马浚锋, 罗志敏. 什么是大学"金课":学生如是说[J]. 江苏高教, 2019(5): 60-66.
[6] 琳达·哈拉西姆, 肖俊洪. 协作学习理论与实践——在线教育质量的根本保证[J]. 中国远程教育, 2015(8): 5-16+79.
[7] 代亚萍. 协作式在线学习体验及其影响因素研究[D]. 兰州: 西北师范大学, 2019.
[8] 崔佳, 刘冲. 协作式在线教学交互模型及动力研究[J/OL]. 重庆高教研究: 1-14[2020-09-05]. http://kns.cnki.net/kcms/detail/50.1028.g4.20200820.1724.002.html.
[9] 刘雯雯, 侯娜, 张洁, 等. 优梵艺术:巧做家具新零售的"艺术者"[OL]. 中国管理案例共享中心 http://www.cmcc-dut.cn/Cases/Detail/4378.

Exploration and practice of collaborative online case teaching under the background of Golden Lesson construction: Take *Management* as an example

Liu Wenwen[1]　Zhu Qianying[1]　Zhong Sijia[1]　Lin Shangkang[2]

(1. Beijing Forestry University, College of Economics & Management, Beijing　100083)

(2. Ruiqi Merrill Lynch(Beijing)Trading Company, Beijing　100015)

Abstract　Under the background that the Ministry of Education proposes to build a "golden course", first-class undergraduate education and training of first-class talents are becoming the fundamental tasks of higher education institutions. This article is based on collaborative online teaching, taking the undergraduate course *Management* as an example, and explores a new collaborative online case teaching model, aiming to break the predicament of case teaching under the construction of "golden course", as well as "golden course" which is high-level, Innovative and challenging embodies the teaching philosophy of "Teacher-led, Student-oriented", strengthens the interaction between teachers and students, students and students, and teachers and students with knowledge content, helps students construct knowledge, and trains students the comprehensive ability and advanced thinking of solving complex problems, and make the teaching case local and dynamic update, so as to build a first-class curriculum.

Keywords　golden course, collaborative online teaching, case teaching, *Management*

"高等数学"在线教学的实践与探究

顾艳红

(北京林业大学理学院,北京 100083)

摘要:新冠肺炎疫情对"高等数学"的教学提出了严峻挑战。基于认知心理学理论,从合理开展在线教学设计、注重课堂互动、挖掘课程思政元素、加强和学生联系等方面介绍了"高等数学"在线教学中的实践与探索。通过期末卷面成绩的对比分析,表明教师积极的教学投入和一定的教学策略可以有效提高在线学习成效。

关键词:高等数学;在线教学;教学设计

高等数学是北京林业大学农、理、工、管、经等专业的基础课程,对培养学生的理性思维、提升专业素养具有重要作用。2020年年初突然爆发的新型冠状病毒肺炎导致学校无法如期开学,春季学期高等数学课程调整为线上教学。在"疫情之下,非常时期,非常教学"的情况下,如何做到使学生更好地掌握高等数学的基本理论和方法,培养学生的创新意识,提高学生的数学素养和能力,"保证在线学习与线下课堂教学质量实质等效",成为教育管理者和教师面对的重要课题。

一、高等数学在线教学面临的挑战

从广义上看,在线教学是"教师与学生在网际网络的平台上所从事的教学活动"[1]。在线教学虽然不是一个新名词,但是作为疫情防控下的一种"应急"教学形式,开课初期对大多数教师和学生来说仍然是一种前所未有的体验和挑战。作为在线教学的重要保障,平台的流畅度和网络的稳定性可能是教师和学生在整个在线教学过程中最感忐忑的方面。在线教学环境下,教师和学生被分割在不同的空间,师生之间眼神和表情的交流被阻隔,教师无法实时观察学生的学习状态,这也是很多教师在线教学焦虑的主要原因。对学生而言,居家在线学习会面临诸多不确定因素,容易影响学习心态和学习投入,尤其是深处边远乡村和贫困家庭的学生,网络覆盖情况、学习环境、家庭经济状况等客观因素可能导致他们无法获得和其他学生等质的教育。

以上情况同样是高等数学课程开展在线教学面临的挑战,除此之外,春季学期的高等数学还有课程自身面临的困难。众所周知,高等数学内容抽象、逻辑严密、理论性强,让很多学生望而生畏,春季学期的高等数学包括微分方程,多元微积分和级数等内容,相对一元微积分难度有所增加,学生学习起来感觉更吃力。利用SPSS26对某专业2015级、2016级、2017级第1学期和第2学期的高等数学期末考试卷面成绩做配对样本t检验,可以发现3个年级第1学期的卷面成绩从均值上来看大于第2学期的卷面成绩,3个配对组t

---

作者简介:顾艳红,北京市海淀区清华东路35号北京林业大学理学院,副教授,yanhong_gu@bjfu.edu.cn。
资助项目:北京林业大学科技创新计划项目"依托信息技术创新,加强数学公共课过程监控和教学资源建设"
(2019SG01);
北京林业大学教育教学研究项目"高等数学微课群的初步建设与实践"(BJFU2017JYZD0013)。

检验所对应的概率 p 值(显著性)均为 0.000，$p=0.000<0.05$，因此两个学期高等数学卷面成绩均值有显著差异，且第 2 学期期末卷面成绩相对第 1 学期显著下降。两个学期成绩差异与多方面因素有关，其中课程难度增加是一个重要因素，这为高等数学在线教学增加了新的挑战。

表 1 2015 级、2016 级、2017 级第 1 学期和第 2 学期成绩差异比较

		配对样本检验							
		配对差值					t	自由度	Sig.（双尾）
		平均值	标准偏差	标准误差平均值	差值95%置信区间				
					下限	上限			
配对 1	第 1 学期成绩—第 2 学期成绩（2015 级）	19.5248	12.8231	1.2759	16.9933	22.0562	15.302	100	.000
配对 2	第 1 学期成绩—第 2 学期成绩（2016 级）	5.8105	14.0662	1.4432	2.9451	8.6760	4.026	94	.000
配对 3	第 1 学期成绩—第 2 学期成绩（2017 级）	14.4286	13.7870	1.3927	11.6644	17.1927	10.360	97	.000

二、 高等数学在线教学探索

教师的教学投入是影响学生学业投入、学业成就、教学质量的重要因素[2-3]。高等数学在线教学要达到与线下课堂教学质量的"实质等效"，根据学生的认知规律，教师需要基于学生的基本学习过程：预习、听讲、复习、作业、答疑、测试等环节加强教学投入，促进学生积极主动学习。

（一）基于学生的认知特点， 开展合理的教学设计

教学设计是根据教学对象和教学目标，确定合适的教学起点和终点，将教学诸要素有序、优化地安排，形成教学方案的过程[4]。良好的教学设计是达成教学目标的基本保障，对于在线教学，教学设计尤为重要。良好的教学设计，不仅能激励学生积极参与在线学习，而且可以促进学生的认知过程，使学生获得类似于课堂学习的体验，提升师生教与学的愉悦感和知识获取度。

做好教学设计，首先要研究学习和学习者，知晓"人是如何学习的"。认知科学把"学习"视为一种"信息处理过程"，但人脑的思维同电脑的运算并不一样，认知心理学所发现的学习中固有的机制包含如下几个关键观念：①学习是建构的，即"学习"是学习者在已有知识经验背景下与外界新信息交互作用的过程；②学习依存于既有知识。既有的知识既可能促进知识理解，也可能妨碍理解，但对学习的形成有重要影响；③学习方略引导信息处理。恰当的"学习方略"能把短期记忆的信息引导到长期记忆，能将信息处理的水准由"低层"引向"高层"；④知识数据库决定教材理解方式；⑤强调动机作用[5]。

基于认知心理学理论，笔者在春季学期高等数学在线教学过程中进行了如下实践与探索。

第一，适度精简和调整在线授课内容。相对线下课堂教学，在线互动环节更费时，因此在线教学内容要在原有基础上进行适当精简和调整，其基本原则是保证精简后的内容要突出重点和难点，做到概念无盲点。实践中除了删除部分题型类似的例题，略讲非重点内容，还精选一些例题做到一题多用，如讲直角坐标系下二重积分计算的两种积分次序时，选用同一个例题作为两种方法的基本应用和比较。这种内容上的调整既关注了学生已有知

识经验背景，又较好地引导了学生对信息的处理。

第二，合理规划每堂课的时间安排。高等数学整个学期的教学采用腾讯课堂平台进行直播，用PPT模式呈现教学内容，直播的时间完全遵照原课表进行，由于缺乏实体课堂的临场感，教师对学生学习节奏的控制力会有所降低，因此需要对每堂课的时间安排进行合理设计。对于新授课，每堂课基本设置了内容导入、知识讲解、限时练习、随机点名回答问题、答疑、总结等环节。在实践中根据学生已有知识背景和知识本身的特点对每个环节的呈现形式、先后顺序、时间设置等做出提前规划。实践表明，合理的课堂时间规划对达成既定教学目标、实现有效教学提供了重要保障。

第三，设计课后作业。课后练习是高等数学学习的重要环节，是把短期记忆的信息引导到长期记忆的关键。课后作业环节，教师的主导角色不可或缺。高等数学课后作业以练习册为主，电子版练习册和参考答案分章提前发到班级微信群里。考虑到在线学习的特殊性，实践中把课后作业题分为两类：一类是必做题，另一类是选做题，后者相对较难，供学有余力的同学额外挑战。作业提交的方式采用拍照上传到小程序"作业登记簿"，该平台有布置作业、催交、登记成绩等功能，教师布置完作业后，平台对提交情况有相应反馈，会显示未提交名单，教师批改时可以在作业上留痕，有圈画错误功能，也有文字提示功能。作业一周收一次，教师全批全改。实践表明，疫情期间课后作业的设计实现了学生巩固知识、教师了解学情的预期目标。

第四，设计章节测试。除了课堂互动和课后作业，测试也是提升和检验在线学习成效的重要方式。2019-2020学年第1学期，笔者在所教班级利用雨课堂开展过在线测试的实践，学生对雨课堂平台比较熟悉，因此春季学期继续利用雨课堂开展课后小测试，基本上是2周1次，共设计了7次小测试，主要考查学生对基本概念和基本方法的掌握情况，题型以客观题为主，1~2个主观题，主观题拍照上传。

第五，设计习题课查漏补缺。英国课程专家惠勒认为课程编制模式不是线性模式，而是一个环形的模式，习题课就是完成章节教学闭环的关键一步。高数B(下)共包括5章内容，实践中以章为节点设置了5次习题课，主要帮助学生梳理本章的主要知识点和教学要求，构建本章的知识脉络，在此基础上，基于本章的重点和难点，同时结合作业和测试的学情反馈设计典型例题和综合应用题，帮助学生进一步丰富其知识数据库，引导学生将信息处理的水准由"低层"进入"高层"。

第六，设计在线集中答疑。由于部分实习课延迟，高等数学的教学安排相应提前，笔者所在班级的高等数学课在13周提前结课，为了督促学生做好复习，结课后安排了3次在线集中答疑，每次1小时，由于不是课内学时，答疑自愿参加，每次参与的学生大约70%左右。为了提高在线答疑的效率，通常提前1周布置复习范围和任务，同时为学生提供1套检测题，建议学生在规定的时间内完成，在约定的答疑时间前一天通过问卷了解学生的复习情况、困难所在，据此设计答疑的内容并准备相应的PPT，使答疑真正做到有的放矢。

第七，安排考前串讲和线下答疑。由于参考学生数量较多，在线考试存在困难，高数期末考试统一安排在秋季学期前的准备周。由于考试时间和结课时间隔了3个多月，因此教学准备周安排了4学时考前线下课堂串讲。串讲前通过问卷对学生暑期复习情况、学习困难、期末考试期望和学习需求等做了详细了解，在此基础上规划串讲的内容和形式，串讲前给学生布置了2套综合练习题，在串讲时间有限的情况下，结合例题分章节对基本内容进行了系统复习，尤其对重点和难点进行了较深入的讲解，如归纳总结了二重积分的典型问题，直角坐标和柱面坐标下投影法计算三重积分的基本步骤和异同等，帮助学生理顺了知识之间的联系。

（二）注重交流互动，激励学生积极思考质疑

在线教学的特点决定教师无法实时关注到学生的表现，要实现有效教学，注重交流与互动是重要途径。在高等数学在线教学实践过程中，既有教师主导的互动环节，也有学生的主动质疑，课堂内教师主导型互动有口头提问、推送限时练习、随时点名等形式，而学生则通过讨论区、语音、选择项提交等方式反馈信息。课堂内学生的疑问主要通过讨论区提交，教师会择时进行答疑，经常有这种情况，老师还未来得及回复，已经有其他同学做出解答，教师此时只要根据情况给予总结与鼓励，还有就是学生可以通过"举手"功能申请语音提问交流。微信群是师生课外交流的主渠道，另外作业批改也是一种重要的非即时交流方式。实践表明，课堂内外师生、生生的交流与互动不仅能活跃在线教学的气氛，安慰教师在线教学、学生在线学习的焦虑情绪，更为重要的是为教师掌握学情、调整教学设计提供了关键数据，同时对激励学生积极思考、主动学习创造了机会，搭建了一个答疑解惑的学习平台。

（三）挖掘课程思政元素，实现多方位育人

高等数学是一门抽象的理论课程，但该课程中很多抽象的数学知识蕴含了丰富的思政元素，有人称高等数学是一门隐性的思政科目。挖掘高等数学课程中的思政元素，并将其有机融入到在线教学中是实现高等数学有效教学的重要方面。讲到可分离变量微分方程时，引入了以下例题：一艘游轮上有800人，一名游客患了某种传染病，12小时后有3人发病，由于这种传染病没有早期症状，故感染者不能被及时隔离，邮轮将在60至72小时返航，试估算邮轮返航时患此传染病的人数。这是一个简单的数学建模问题，通过这个例题不仅可以在高等数学教学中渗透数学建模的思想，提高学生应用数学的意识和能力，而且该例题与当时疫情形势相关，是很好的课程思政素材。根据建立的传染病模型，从发现首例病人开始计算，第60小时感染的人数约为188人，而第72小时感染的人数将达到385人，由此得出结论：在传染病流行时及时采取措施是至关重要的。教学实践中，以此为出发点，引导学生认识党中央面对疫情果断决策、疫情工作领导小组提出"早发现、早报告、早隔离、早治疗"的防控要求的重要意义，引导学生认识延迟开学、居家学习的必要性，进一步通过白衣天使、解放军战士的"最美逆行"引导学生学习典型，弘扬伟大的抗疫精神，同时激励学生积极学习，投身强国伟业。

（四）加强和学生联系，关注学生的困难和需求

心理学认为，需求是动机的根源，因此，关注学生的需求，坚持以生为本的理念是提升在线教学成效的重要途径。高等数学在线教学实践中，通过多种方式与学生沟通，倾听学生的心声，把学生的需求作为在线教学设计和调整的参考。班级微信群和企业微信群除了用于发布通知、教学材料，也是学生反馈信息、开展课后交流与答疑的主要平台。班级负责人微信群是教师了解学生需求、学生反馈信息的另一平台。对个别学习困难的学生，开课后主动与学生建立微信联系，针对学生的困难和需求，开展个性化的指导。除此之外，高等数学在线教学期间，还开展了5次问卷调查，跟踪了解学生的学习状况和需求。

三、在线教学效果分析

2020年春季高等数学课程采用线下闭卷考试的形式，下面基于期末考试卷面成绩，对高等数学在线教学效果进行分析。

（1）与第1学期期末卷面成绩相比，两个学期成绩差异不显著。利用SPSS26对笔者所教班级两个学期的期末卷面成绩做成对样本t检验，可以发现，第1学期和第2学期期末成绩的平均值分别为75.98分、75.86分，且两个学期期末卷面成绩的相关系数为0.743，相关系数检验的概率p值（显著性）为0.000，小于0.05，表明第1学期和第2学期期末卷面成绩有较强相关性。从表2可以看出，"第1学期成绩-第2学期成绩=0.116分"，相对第1

学期，第 2 学期期末卷面成绩从均值上减少 0.116 分，自由度为 42，概率 p 值（显著性）为 0.951>0.05，说明两个学期成绩差异不显著。需要指出，从以往情况看，同一班级高等数学第 2 学期的期末卷面成绩显著低于第 1 学期的期末卷面成绩属于常态。

表 2 2019–2020 学年第 1 学期和第 2 学期成绩差异比较

配对样本检验								
		配对差值				t	自由度	Sig.（双尾）
		平均值	标准偏差	标准误差平均值	差值95%置信区间			
					下限	上限			
配对 1	第 1 学期成绩-第 2 学期成绩	.116	12.352	1.884	-3.685	3.918	.062	42	.951

（2）与往年春季学期期末卷面成绩相比，成绩有不同程度提升。笔者所教班级 2020 年春季学期期末考试命题难度不低于往年，从卷面平均分看，2020 年卷面平均成绩比 2017 年春季学期笔者所教授的高等数学大班期末卷面平均成绩高 3.73 分，但要远远高于 2016 年和 2018 年春季学期高等数学大班期末卷面的平均成绩。

综上，从同一班级两个学期期末卷面成绩、不同年级春季学期期末卷面成绩的对比分析来看，实现了 2020 年春季学期高等数学在线教学成效与以往课堂教学的实质等效。

四、结　语

疫情防控期间，在线直播教学保障了高等数学课程教学工作的正常开展，实践表明，教师积极的教学投入和一定的教学策略可以有效提高在线教学的成效。这次大规模的在线教学是教育教学改革的一次重要实践与探索，在线教学期间积累的一些经验和做法为"后疫情时代"开展线上线下混合教学提供了重要的参考和借鉴。随着教育信息化的进一步推进，需要每一位教育工作者更新教育观念，积极探索和创新，同时也要摆正技术与教育的关系，始终把教育摆在首位。

参考文献

[1] 杨家兴. 在线教学的理论基础与制度选择[J]. 中国远程教育，2006(7)：14-19.
[2] 何旭明. 教师教学投入影响学生学习投入的个案研究[J]. 教育学术月刊，2014(7)：93-99.
[3] Bakker, A. B., Bal, M. P. Weekly work engagement and performance: A study among starting teachers [J]. Journal of Occupational & Organizational Psychology, 2018, 83(1): 189-206.
[4] 郭成. 课堂教学设计概述[M]. 北京：人民教育出版社，2011：5.
[5] 钟启泉. 从认知科学视角看两种教学范式的分野[J]. 中国教育学刊，2017(2)：13-19.

The practice and exploration of online teaching of *Advanced Mathematics*

Gu Yanhong

(College of Science, Beijing Forestry University, Beijing　100083)

Abstract　Covid-19 offered a severe challenge for *Advanced Mathematics* teaching. Based on the theory of cognitive psychology, the practice and exploration on Online teaching of *Advanced Mathematics are introduced from the following aspects: teaching design, teacher-student interaction, ideological and political education, the contact with students.* The examination results show that the teachers' teaching engagement and certain teaching strategies can effectively improve the effectiveness of online learning.

Keywords *Advanced Mathematics*, online teaching, teaching design

"植物组织培养"慕课化教学改革探讨
——以北京林业大学为例

孙宇涵　李　云

(北京林业大学生物科学与技术学院，北京　100083)

摘要： 针对现有"植物组织培养"教学存在的不足，本文从教学方式、教学内容、平台建设、课程设置和考核方式等角度，探讨"慕课"在"植物组织培养"课程教学中的应用，进而全面提升"植物组织培养"课程的教学效果。

关键词： 慕课；植物组织培养；教学改革

植物组织培养(简称：植物组培)技术由现代生物技术引申发展而来，是其重要的理论组成和技术基础[1]。它不但快速推动了现代生物学各相关学科的发展，同时也使其在植物资源、利用以及植物药物工业化生产等方面得到了非常广泛的应用。为了更好地教授和推广此技术，"植物组织培养"教学在20世纪应运而生，作为高等院校相关专业的一门基础性技术课程，它具有较强专业性和实践性，要求学生能够熟练掌握相关理论和专业技能并完成较为复杂的实践操作[2]。该课目前是北京林业大学现在开设的"基因工程"等有关专业选修课程的基础，也是"生物技术""林学"和"园艺学"等方面相关专业的重要必修或选修课程。近年来随着高等教育院校"慕课"教学的不断推广，"植物组织培养"课程也将迎来全新的教学发展方向，本文就"植物组织培养"的"慕课"化教学相关准备和教学改革提出了一些建议。

一、"植物组织培养"现有教学的不足

北京林业大学"植物组织培养"课程总计40学时，其中理论课5次共10学时，实验课10次共计30学时。教学模式为首先理论课讲授相关知识要点，然后伴随相关知识点开展实验课程。由于"植物组织培养"课程特点决定了其必须优先保证实践课时数，教学目标更加倾向学生的植物组织培养实操技能学习，因此在总体课时有限的情况下，教师要在理论课每次2学时的教学中向学生讲授大量的知识点和相关技能，学生如果没有及时进行充分的课下准备，很多内容无法吸收领会，所得教学效果存在较大的局限性；而在实验课上，由于实验空间有限，学生需以多人实验组为单位自行操作练习，教师在实验室按组进行指导。这种传统方式很难做到一一对应指导，无法完全实现教学目标。

同时，由于学生前期理论知识储备存在差异，再加上课程学生人数较多，实践讲授教师由于人员有限分身乏术，无法根据每一个学生的理论和技能水平的差异做到对其进行更

作者简介：孙宇涵，北京市海淀区清华东路35号北京林业大学生物科学与技术学院，副教授，syh831008@163.com；

李　云，通讯作者，北京市海淀区清华东路35号北京林业大学生物科学与技术学院，教授，yunli63@163.com。

资助项目：北京林业大学教育教学改革项目"植物组织培养实验课程数字平台化教学探索"(BJFU2018JY048)；

北京林业大学一流学科建设项目"林木遗传育种学创新教学条件提升项目"(2019XKJS0103)。

加专业和精细的指导，导致学生经常完成全部课程学习后仍然对重要知识点掌握不够，实践操作不规范，实验走过场、随大流、无想法、无思路等。这些都给传统的"植物组织培养"教学带来了很大的挑战，也导致了学生学习积极性降低以及课程学习效果下降。"植物组织培养"的"慕课化"也许能够给我们带来一些解决这些问题的新办法。

二、什么是"慕课"

"慕课"一词来自"Massive Open Online Course"的英文缩写MOOC的发音，中文意思可解释为"大规模的开放性在线课程"，是一种新型在线课程讲授模式，旨在通过以联通主义理论的自由化远程参与和更加开放的网络化访问形式来开展教学[3]。其特点是"开放式、大规模和网络化"。其在内容上除了传统的教学资源展示，如电影讲座，阅读和问题集，还有一些慕课会提供互动模块与社群论坛用于支持教师和学生之间的社交互动，并且能够进行快速的随堂测验和即时的学习成果反馈[4]。它是最近在远程教育领域广泛采用的一项教学技术，在2006年时由加拿大阿萨巴萨卡大学首次推出，并在6年后逐渐推广成为一种新潮的学习模式。

由于其新颖的教学方式和较好的教学效果，从其国外推广开始教育部就高度关注外国高等院校的慕课建设发展态势[5]，还在2015年时就印发了关注"高等教育慕课化"的相关文件，2018年更是将慕课作为现代高等教育的重要手段加以大面积推广和支持[6]。"慕课"被我国教育机构如此看重，并不是因为它时髦或新奇，也不是为了跟风国外的"慕课"大潮，而是因为"慕课"的授课方式对比传统授课教学，其本身有着强大的优势：①学习者碎片化的时间利用率更高效，教学资源和评价体系实时对接，学习者比在课堂上更易集中注意力，自主学习更加简便；②名校名课资源是开放式无偿使用，加快了高等教育资源的再平衡，使全世界所有人都有机会平等地获取各类优质教育资源；③基于教学平台的实时大数据可以为教师和学生提供教学效果的精确和即时分析，便于"慕课"学习者及时更正和调节学习计划，也可为教师一对一的精准指导提供帮助；④能够形成具有共同学习目标的网络社群，使群体内学生兴趣和学习质量获得提升；⑤在网络上教学所需硬件设备投入少，实施成本相对较低，课程建设更加模块化和规范化，教育资金投入较少，但投资收益率更高。

三、"植物组织培养"慕课化的准备

(一)教学方式

"植物组织培养"课程现有的传统教学方式主要以讲授法为主，并配合演示法在课堂上展示各种组培物品、实物教具或开展示范性实践操作。但由于前面提到的课程时间问题，教师很难在课堂上将所有内容全部展开，除了重要知识点，其他一些包括组培实践技巧、拓展知识和实例只能挑选部分内容进行讲解和演示。这就会导致学生如果不做相应的课前准备和课后自学，就无法完整掌握相关知识，对主动性较差的学生教学效果也会大幅下降，再加上部分知识点在教学时无法直观地给予展示，部分理解力较差的同学也会出现听不懂的情况。

基于以上情况，"植物组织培养"的"慕课"在设计上可以将视频教学和3D互动相融合，充分利用互联网的先进技术，将教学分解成若干个知识点，使知识内容有规律的碎片化和细小化，使学生能够在较短时间的学习过程中也能将知识消化和吸收，并将知识点以电影和动画的方式呈现出来，如果学生遇到不理解的内容，可以通过重复多次阅览直至弄懂为止；可适当将部分知识点采用"翻转课堂"的形式授课，增加教学互动和提高学生自学能力。

"先学后教"不是"慕课"的优势,如果说"慕课"在传授知识之外,还特别给予了学习者什么东西的话,那就是它通过一系列教学方式的创新引导学生自觉和主动学习。

(二)教学内容

由于"慕课"的教学受众不在只仅仅为高等院校相关专业类的学生,而是还要面向网络上不同知识水平层次的有兴趣参与的所有学习者,也就是对全体大众开放。所以原来"植物组织培养"课程中面向高等院校具备一定相关基础理论学生的专业型教学内容必将无法满足"慕课"化授课的需要。

应该对现有的"植物组织培养"课程内容进行重新梳理,去除过时的老旧知识保留精炼经典的课程内容的同时,增加部分科普和基础理论相结合的介绍内容,使学生有一个理论知识由浅入深、循序渐进的学习过程;同时为了满足基础学习者理论知识提高以及高端学习者的拔高型学习需求,教学内容也应加入最新的植物组培技术和科研成果,并及时更新最新的前沿研究内容,聘请最优秀、最专业的授课一线教师来进行内容的审核、规划以及脚本设计,保证内容的"精品化"和"精细化",同时充分激发学生的求知欲和能动性。在主要教学知识点之外,加入大量精彩丰富的课外拓展内容,适当引入一些交叉学科的知识,给学有余力的"学霸"们一个充分吸取知识营养的平台。较为难懂的内容还可以采用虚拟 VR 或 AR 仿真等方式立体地呈现在学生眼前,使学生对"植物组织培养"相关知识内容和实践技术理解得更加透彻,另外还应配以精美的图片和详细的讲解音频,提升学生的参与兴趣,引导学生自主学习。

(三)平台建设

目前,国内外有包括 Coursera、edX 和中国大学 MOOC 等 10 余个大型"慕课"平台,并且还有部分高等院校自建的校园型"慕课"平台,绝大多数平台的资源形式仍停留在简单的分享式发布为主,后台管理仍以简单的理论式课程视频展示为主,缺乏互动性和趣味性,并且对适合"植物组织培养"等一类偏实践型课程的后台技术支持不够。另外,"慕课"学习者大多以单个学习为主,这种学习方式由于缺乏学习伙伴,容易在学习过程中产生心理孤独感,所以平台还应在学习中提供更多的互动交流支持。

建议应更加重视"慕课"的"网络交互参与性"和学生的"个体差异性"。即增加"慕课"教学中的师生互动,通过交互式社交软件,把传统的单面播放式教学改变为一种界面友好的"一对一聊天"和互动过程;建立大数据分析平台,针对不同基础水平学生在慕课教学中的互动反馈,实现教学的"个别化"和"个性化",充分整合各种植物组培技术的教学资源,为其配备一个高素质的教学团队和专业的教辅人员。具体到建设内容方面,该平台最好能够为教师提供一套学生线上答疑、批改作业、考核和反馈的子系统模块,还应提供配套的讨论区、课程百科等助学子系统模块,最好还能够配套有一个简单的虚拟植物组培操作实验软件模块用于进行线上实践演练。

(四)课程设置

"慕课"相比传统课时在时间设置上有明显的不同,教学时间一般不宜过长,单节时间多为 10~20 分钟,整体教学周期也一般设置为 2 个月左右,学习者知识层次相对差异较大。因此,现有"植物组织培养"课程的设置需要进行重新编排,课程设置应该给予 2 个特点:片段化和综合化。

片段化是指应打破原有的以植物组培技术大类为依据所设置的传统授课时长和内容限制,因为"慕课"的主要学习平台是在互联网上,学生是利用其自身的零碎时间来进行学习,传统的长视频讲授不适宜于短时间和零碎化的浏览学习,并且学生在网络上学习目的也主要是对各个知识点的掌握,因此在课程设置上应该主要以阐明"植物组织培养"

知识点为主,以简短的植物组培实物视频、文字或图片让学生更加容易地获取知识;综合化是指应以片段化的知识点为基础,打破原有的课程章节限制,以植物组培的基本操作流程为主干,将所有知识点全部串联在一起,并以基于植物组培技术的包括林木育种、基因工程和细胞生物学等相关技术体系,形成一个各学科相互交叉、结构更加连贯的综合性课程。

另外,还可按照植物组培技术的难易程度,将课程内容细分为两大类,即:视频公开课程和网络"私播"课程。公开课程主要面向普通大众的基础课程,而"私播"课程是教师和学生通过网络一对一的进行定制授课,属于面向具有相关专业基础和兴趣爱好的拔高课程,课程设置由浅入深,学习者先学习视频公开课程,中间通过相应理论和基础评价考核后,再根据个人实际需求进入网络"私播"课程学习阶段,在实践操作中还可与高等院校校内课程配合开展"线上线下混合式"教学,有效提高学习效率和教学效果。

(五)考核方式

传统的"植物组织培养"课程考核方式也不再适用于新型的慕课教学,需要建立更加灵活且全面的评价考核体系,将由原来教师单一监督的机制,改为由"学生自评+同学互评+教师评价"相结合的评价监督方式。最终成绩应在学期末以随机抽取试题库的开卷考试为主(占总成绩的40%),结合学生平时表现进行综合考核,学生平时成绩可以由以下几部分组成:网上慕课完成情况(占总评价的30%),随堂测验及作业(占总评价的10%,),慕课互动情况(占总评价的20%,每次讨论都由慕课平台的互动软件自动计分)。通过学习监督和分解考核的机制来保证"植物组织培养"慕课教学的顺利推行。另外,在教学考核中还应加入适当的学生辨识机制,有效防止他人代考等作弊行为的发生,从而严格保证教学考核后证书发放和相关教学学分获得的权威性。

四、结 语

慕课的兴起可以理解为一个高等教育革新前进的新契机。利用慕课教学必将大幅提高"植物组织培养"的教学效果,但我们也要看到慕课并不是万能的,它也有一些目前无法解决的问题。教学改革还是要以学生为中心,不断提升教师自身素质,不断在改进中探索前进。

参考文献

[1] 周索,庞发虎,李映霞.《植物组织培养》实验教学改革与实践[J].新课程研究(中旬刊),2010(10):27-29.

[2] 孙姗姗,王惠,于相丽.植物组织培养课程的教学改革初探[J].科技视界,2019(26):68-69.

[3] 吴长伟,杨茹.慕课与翻转课堂混合教学模式的研究与实践[J].教书育人(高教论坛),2018(30):107-109.

[4] 张景富,孙浩,张慧超,等.慕课背景下高校在线开放课程建设问题浅析[J].中国多媒体与网络教学学报(上旬刊),2019(11):15-16.

[5] 郝兆杰,肖琼玉,常继忠.慕课学习者完成课程的影响因素研究[J].成人教育,2018(10):10-16.

[6] 张海燕.慕课、微课应用于高校课程教学改革的探索研究[J].教书育人(高教论坛),2018(27):89-91.

Discussion on course reform of *Plant Tissue Culture* in MOOCs: Take Beijing Forestry University for example

Sun Yuhan Li Yun

(College of Biological Sciences and Biotechnology, Beijing Forestry University, Beijing 100083)

Abstract In view of the shortcomings of existing plant tissue culture teaching, this paper discussed the application of MOOC in the teaching of Plant Tissue Culture from the perspectives of teaching methods, teaching content, platform construction, curriculum setting and assessment methods. The aim was to improve the teaching effectiveness of Plant Tissue Culture.

Keywords MOOC, *Plant Tissue Culture*, course reform

"螺旋式"教学在高校篮球教学中的应用研究

宋 卓

(北京林业大学体育教学部，北京　100083)

摘要： 为进一步提高高校篮球教学效果，本研究采取实验法对"螺旋式"教学法在高校篮球教学中的应用进行研究。研究选修选择篮球作为公共体育课的学生作为实验对象，随机分成对照组与实验组，对照组采取传统教学法，实验组采取"螺旋式"教学法，实验持续13周。研究结果发现：通过为期13周的高校篮球课"螺旋式"教学和传统教学对比发现，在实验前两组学生篮球技术成绩不存在显著差异，在实验后采用"螺旋式"教学的实验组被试篮球技术测试评价成绩显著优于对照组。得出结论：证明在高校篮球教学中，"螺旋式"教学法相比传统篮球教学法教学效果更好。

关键词： "螺旋式"教学；高校篮球教学；应用；研究

一、 研究背景及研究意义

篮球是高校公共体育课的常见教学项目，也受到大学生的喜爱。参与篮球运动，能对促进大学生体质健康、培养积极向上的精神和品德、增进心理健康发挥积极的作用[1]。"螺旋式"教学法最初由美国教育学家、心理学家布鲁纳于20世纪60年代提出，他认为知识或技能的掌握和学习应该是循序渐进、螺旋上升的，学生通过对所学知识或技能反复琢磨并在不同的情境中应用，从而不断提高知识或技能掌握的广度和深度，使所学的知识呈现螺旋式上升。"螺旋式"教学也是一种差异性的教学，让学生根据自己身体素质及运动水平和学习需要选择自己的学习目标，在"螺旋式"上升的过程中允许学生的学习目标与进度存在差异性。因此"螺旋式"教学是一种符合学生知识、技能掌握规律及教育教学原理的教学方式[2]。本研究将"螺旋式"教学法应用于高校篮球教学，希望进一步提高高校篮球教学效果，帮助学生更好地掌握篮球这项运动技能，对学生体育运动习惯养成和身心健康发展发挥更大的作用。

二、"螺旋式"教学在高校篮球教学中的教学实验研究

本研究采取教学实验的方法检验"螺旋式"教学在高校篮球教学中的教学效果。在开展实验前，利用中国知网和其他数据库查阅了"螺旋式"教学及高校篮球教学相关文献，对当前"螺旋式"教学的理论研究及应用研究现状、高校篮球教学研究现状进行系统了解，在深刻理解"螺旋式"教学本质内涵的基础上制定了实验方案。具体实验方案如下：

选取某大学一年级选修篮球的学生71名，都为男生，随机分成2个教学班，其中1个为对照组，1个为实验组，所有学生身体健康状况良好，自愿参与教学实验。其中对照组学生采取传统篮球教学方法，实验组采取"螺旋式"教学法。常规篮球教学为根据高校篮球教学大纲制定教学目标、选取教学内容。"螺旋式"教学则将高校篮球教学内容分为4个由易

作者简介：宋　卓，北京市海淀区清华东路35号北京林业大学体育教学部，讲师，459522369@qq.com。

到难大致分为 4 个模块：篮球基本动作技术、篮球比赛技术、场上队员配合、篮球技战术。在 4 个模块上，合理安排好衔接过渡，形成螺旋式上升的教学和学习过程。教学实验共持续 13 周，每周 2 个课时，由同一篮球教师进行授课教学。

在实验前后分别对两组学生的篮球技战术进行测试，主要测试指标为：跳投个数、跳投规范性、跑篮速度和跑篮规范性进行测试，由同一教师进行测试及评价。跳投规范性按 10 分制评分，其中 9~10 分为优秀，评价标准为动作准确、协调，熟练自如，左右手运球，投篮一次命中；7~8 分为良好，评价标准为动作较正确、熟练，投篮一次命中；4~6 分为及格，评价标准为动作基本正确，较熟练，身体不够协调；1~3 分为不及格，动作不正确，不熟练，身体不协调。

采用 SPSS22.0 统计软件对 2 组学生教学实验前后测试篮球技术测试成绩进行统计分析，主要统计项目有平均值、标准差和差异显著性系数。

三、研究方法

(一)采用 SPSS22.0 统计软件对 2 组学生教学实验前后测试篮球技术测试成绩进行数据统计分析.

(二)文献资料法

(三)对比分析法

四、实验结果统计与分析

(一)在实验前，实验组与对照组所掌握和运用篮球技术的测试结果分析，调查结果见表1—表6。

表 1 对照组实验前在固定的距离每人跳投 20 次以及命中情况

投篮个数/命中个数	人次
20 命中 5 个以下	5
20 命中 5~9 个	16
20 命中 10~14 个	7
20 命中 15 个以上	3

表 2 实验组实验前在固定的距离每人跳投 20 次以及命中情况

投篮个数/命中个数	人次
20 命中 5 个以下	4
20 命中 5~9 个	17
20 命中 10~14 个	6
20 命中 15 个以上	3

表 3 对照组在实验前投篮规范性的得分分布情况(0~10 分)

得分	人次
1~3 分(不合格)	7
4~6 分(合格)	12
7~8 分(良好)	11
9~10 分(优秀)	1

表 4 实验组在实验前投篮规范性的得分分布情况(0~10 分)

得分	人次
1~3 分(不合格)	6
4~6 分(合格)	12
7~8 分(良好)	10
9~10 分(优秀)	2

表 5 对照组在实验前跑篮规范性的
得分分布情况(0~10分)

得分	人次
1~3分(不合格)	12
4~6分(合格)	11
7~8分(良好)	8
9~10分(优秀)	0

表 6 实验组在实验前跑篮规范性的
得分分布情况(0~10分)

得分	人次
1~3分(不合格)	10
4~6分(合格)	12
7~8分(良好)	6
9~10分(优秀)	2

教学实验前,实验组和对照组所掌握和运用篮球技术的测试结果进行统计分析,结果表明,实验组和对照组的跳投个数成绩平均值非常接近,几乎无差别。独立样本T检验结果得出其 p 值大于0.05,即差异不具有显著性,说明两组被试在实验前跳投命中个数不存在显著差异。同理对实验前两组被试跳投规范性、跑篮速度及跑篮规范测试评价成绩进行独立样本 t 检验发现,其 p 值均大于0.05,说明在上述指标上,实验前两组被试不存在显著差异。因此,上述结果表明在实验前,随机分成的实验组和对照组两组学生在篮球技术上不存在显著差异,具有一致性。

(二)在实验后,实验组与对照组所掌握和运用篮球技术测试结果分析,调查结果见表7—表12。

表 7 对照组实验后在固定的距离每人
跳投20次以及命中情况

投篮个数/命中个数	人次
20命中5个以下	3
20命中5~9个	14
20命中10~14个	10
20命中15个以上	4

表 8 实验组实验后在固定的距离每人
跳投20次以及命中情况

投篮个数/命中个数	人次
20命中5个以下	1
20命中5~9个	10
20命中10~14个	13
20命中15个以上	6

表 9 对照组在实验后投篮规范性的
得分分布情况(0~10分)

得分	人次
1~3分(不合格)	3
4~6分(合格)	10
7~8分(良好)	15
9~10分(优秀)	3

表 10 实验组在实验后投篮规范性的
得分分布情况(0~10分)

得分	人次
1~3分(不合格)	0
4~6分(合格)	4
7~8分(良好)	20
9~10分(优秀)	6

表 11 对照组在实验后跑篮规范性的
得分分布情况(0~10分)

得分	人次
1~3分(不合格)	4
4~6分(合格)	17
7~8分(良好)	8
9~10分(优秀)	2

表 12 实验组在实验后跑篮规范性的
得分分布情况(0~10分)

得分	人次
1~3分(不合格)	2
4~6分(合格)	8
7~8分(良好)	14
9~10分(优秀)	6

在教学实验后，实验组与对照组所掌握和运用篮球技术的指标进行测试和评价结果进行统计，结果发现实验后实验组和对照组的跳投个数均值相差较大，独立样本 T 检验 T 值等于 2.83，P 值<0.05，差异具有显著性，说明在实验后两组被试的跳投个数存在差异性，且实验组被试跳投个数均值大于对照组，说明实验组被试在篮球技术跳投个数指标上显著优于对照组被试。同样，对跳投规范性、跑篮速度及跑篮规范性测试评价成绩进行统计分析，发现其独立样本 t 检验 p 值均小于 0.05，差异具有显著性，且在 3 个测试指标上均为实验组成绩平均值大于对照组成绩平均值。因此，上述统计结果说明在实验后，实验组被试的篮球技术测试评价成绩显著优于对照组。

五、结　语

（一）结　论

通过为期 13 周的高校篮球课"螺旋式"教学和传统教学对比发现，在实验前两组学生篮球技术成绩不存在显著差异，在实验后采用"螺旋式"教学的实验组被试篮球技术测试评价成绩显著优于对照组，证明在高校篮球教学中，"螺旋式"教学法相比传统篮球教学法教学效果更好。

（二）建　议

高校篮球教学应该与当前高校人才培养要求相一致，坚持"健康第一"原则和"立德树人"根本任务，改革教育理念和教育方式，大胆采用符合学生发展需求的教学方法，不断提高教学效果，促进学生体质健康与全面发展。

参考文献

[1] 仝东峰. 普通高校篮球教学改革的设想与思路[J]. 福建体育科技，2005，6：42-43.
[2] 张华平. 螺旋式教学模式在高校足球选项课中的构建及应用研究[J]. 广州体育学院学报，2018，38(1)：125-128.
[3] 徐程程. 基于微视频手段下领会教学法在高校篮球普修课教学中的实验研究[D]. 北京：北京体育大学. 2019.
[4] 靳厚忠，范宏伟，刘晚玲，等. 高校篮球课程教学改革思考[J]. 体育学刊. 2010(8)：68-71.

The application research of spiral teaching in *College Basketball* teaching

Song Zhuo

(Physical Education Department, Beijing Forestry University, Beijing　100083)

Abstract　In order to improve the effect of *College Basketball* teaching, this study adopts the experimental method to study the application of "spiral" teaching method in *College Basketball* teaching. The students who choose basketball as a public physical education course were randomly divided into the control group and the experimental group. The Control Group adopted the traditional teaching method, and the experimental group adopted the "spiral" teaching method. The result of the research shows that there is no significant difference between the two groups of students' basketball skill scores before the experiment by comparing the "spiral" teaching and the traditional teaching of the basketball course in colleges and universities for 13weeks, after the experiment, the result of basketball skill test in the experimental group was significantly better than that in the control group. It is concluded that the spiral teaching method is better than the traditional teaching method in *College Basketball* teaching.

Keywords　spiral teaching, *College Basketball* teaching, applications, research

不同认知特点大学生适应在线学习方式探讨

杨智辉　胡　水　金思宇

（北京林业大学人文社会科学学院，北京　100083）

摘要：随着网络信息化时代的日益发展，加之2020年初新冠肺炎疫情客观条件的改变，在线学习方式成为学生参与课堂学习的重要方式。在线学习的学习环境与传统学习方式相比干扰因素更多，不同学生对在线学习方式的适应程度不同。学生自身的认知风格、自控能力，学习类型以及在线学习的学习方式等众多因素都会对学生的学习效果产生影响。因此，在线教学也应根据学生自身的认知特点进一步改善学生的在线学习方式，从而达到提高学习效果的目的。

关键词：大学生；认知特点；在线学习；学习方式

一、在线学习的发展、现状及其影响因素

随着先进技术和移动互联网的逐步发展，我国的在线教育发展迅速。2020年3月中国互联网络信息中心（CNNIC）发布的第45次《中国互联网络发展状况统计报告》显示，我国在线教育用户数量占网民总数的46.8%。在2020年初的新冠肺炎疫情期间，为响应国家"停课不停学"的号召，在线学习方式成为广大学生的学习必需品，在线课程的数量迅猛上涨。据统计，截止到2020年5月，全国1000多所高校已经开出100多万门在线课程。

尽管在线课程为广大学生提供了更新及时、内容丰富、形式新颖的学习资源，有些学生从中获益良多，但也有一些学生感觉收效甚微。曾有研究者对上海的学生进行调查，发现在86%的进行在线学习的学生中，只有28.5%的学生认为在线学习对自己有较大的帮助。而一份疫情期间的调研也显示超过半数的家长或学生认为在线学习的效果要比在校期间要差，这种两极分化的现象说明学生进行在线课程的学习效果是"因人因式"而异的。

因此，我们为莘莘学子提供丰富的教学资源的同时，应重视学生的特点，"以学生为中心，为学而教"正是约翰·比格斯3P教学模型的核心理念，比格斯按时间节点将学习分成前提（Presage）、过程（Process）和结果（Product）3个阶段，即3P学习分析模型。3P模型很好地阐述了学生自身特性、学习环境和学习方式对学习效果产生的影响。根据比格斯的3P学习分析模型，学习者的自身特点和学习环境是学习前提阶段的重点。与传统学习方式相比，在线学习过程中的干扰因素更多，其具有弱控性、自主性的特点，很多学生在学习的过程中不可抑制地进行网络闲逛，造成注意力不集中、分心等问题，导致对当前学习任务

作者简介：杨智辉，北京市海淀区清华东路35号北京林业大学人文社会科学学院，教授，zhihuiyang2008@126.com；
　　　　　胡　水，北京市海淀区清华东路35号北京林业大学人文社会科学学院，研究生，hushuihsg@163.com；
　　　　　金思宇，北京市海淀区清华东路35号北京林业大学人文社会科学学院，研究生，xljinsiyu@163.com。
资助项目：北京林业大学教育教学重点项目"应用心理学专业"本研一体、产教融合、校际联合"教育教学模式的探索与实践"（BJFU2019JYZD014）

产生干扰，进而影响学习效果。这使得学习者自身的认知风格、自控能力等认知特点成为影响在线学习效果的重要因素，即学习者特征成为影响在线学习效果的一个重要方面。

二、不同认知特点学生的在线学习效果

（一）不同认知风格学生的在线学习效果

认知风格（cognitive style）体现的是学习者在获取、组织和使用信息来解决问题和作出决策过程中稳定的知觉、记忆和思维方式。"场依存型"和"场独立型"是2种不同的认知风格，"场依存型"学习者对学习环境较为敏感，容易受到学习环境中无关因素的干扰，从而偏离原本的学习轨迹；而"场独立型"学习者则能很好地排除外部线索的影响，将注意力集中于当前的学习任务中，从一而终地完成教学任务。目前，互联网形式的在线学习环境中无关因素颇多，例如视频动画、新鲜网页、头条动态等，它们充斥着学生视野。"场依存型"的学习者更容易受到这些无关因素的吸引失去学习方向，而"场独立型"的学习者可以排除无关因素的干扰，享受在线学习带来的便利。

（二）不同自控能力学生的在线学习效果

自控能力（self-control）体现的是个体对自我心理和行动能力的掌控，包括思考长期目标、抵制诱惑、延迟满足、控制情绪冲动等方面的能力。其中，延迟满足能力尤为重要，延迟满足是指个体甘愿为更有价值的长远结果而放弃即时满足的抉择取向，研究发现，关注未来的大学生普遍都有合理的长远规划，为实现学业上的成功更倾向坚持学习目标，主动积极克服困难，尽量排除无关因素的干扰，因此，学业延迟满足能力相对较高。而延迟满足较低的学生更倾向于即刻满足，易冲动，易分心，对外界刺激比较敏感，更易受到干扰。而在线课程的学习过程中干扰信息较传统课堂更多，同时缺乏教师的有效监管，这使得自控能力较差的学生在学习过程中很难做到持续学习。有研究发现超过半数的家长或者学生认为在线学习的效果不如在校期间。自控能力较差的大学生更容易拒绝在线学习，而自控能力较高的大学生可以抑制网络闲逛，达到更好的学习效果。

（三）不同学习类型学生的在线学习效果

学习类型（learning style）又叫学习风格或学习方式，是个人对学习情境的一种特殊反应倾向或习惯方式。由于个人身心特点的差异，不同的人对不同的学习刺激会表现出不同的偏向和习惯化的方式，比如有的人喜欢视觉刺激，有的喜欢听觉刺激，还有的喜欢动觉刺激。有研究表明，学习类型可大致分为视觉型、听觉型、动觉型。视觉型的学生更倾向于通过视觉的方式接受信息，约占总体学生的80%。听觉型的学生更喜欢通过听觉了解外在世界，约占总体学生的15%。动觉型的学生则更喜欢通过动手或身体运动来探索外部世界以获取信息，约占总体学生的5%。在在线课程的学习过程中，播放课件或视频会使视觉型学生的学习效果较好，而如果只有声音没有文字，视觉型学生的学习效果则不如听觉型学生，对于动觉型学生来说，他们更适合能够动手操作的课程。

三、不同学习方式的在线学习效果

根据比格斯的3P学习模型，学习方式是影响学习效果的另一个重要因素，包括学习者的学习动机和学习策略。重复学习是普遍运用的一种学习方式。目前，在线课程一般有视频授课和音频授课两种。视频授课可以采用腾讯课堂，老师以讲授为主，但可以保存视频，随时回放，进行复习，这种授课方式更加适合视觉型学生。而音频授课则可以通过腾讯会议，倾向于以讨论为主，学生可以即时在课堂中发表自己的想法，这种授课方式更加适合听觉型学生，这都是重复学习的方式。在重复学习过程中如果有被间隔项目和间隔时间打

断的设计,则称之为间隔学习(spaced learning),反之为集中学习(massed learning),一般来说,在学习次数相同的条件下,间隔学习更能促进学习,这也被称之为间隔效应(spacing effect)。

另外一种促进学习效果的学习方式为——提取练习(retrieval practice),也就是最常用的测试法,这是一种有效检验学生学习效果的方式。在已有的研究中,大量研究都证实了测验对学习效果的积极影响。与重复学习相比提取练习更有助于学生对学习内容的记忆。当提取与反馈相结合时,尤其是初始测试成功回忆率很低时,提取练习效应会显著增加。在对慕课学习的考察研究中发现,每周1次的测评是学生期末考最有力的预测因子。总体来说,不同认知风格的学生,对学习内容记忆加工的方式有所不同,会影响提取练习的效果。当学生运用其偏好的加工方式进行学习记忆时会获得更好的成绩。

四、为不同认知特点的学生设计不同的在线学习方式

认知风格和自控能力等认知特点都具有很大的个体差异性,在线学习的方式应满足大多数学生的需求,所以针对不同认知特点的学生应采取不同的在线学习方式。对场依存型或者自控能力较弱的学生来说,在线学习过程中采取间隔学习的方式并且加入测试,通过这种方式得到及时反馈也许能够加强其对学习内容的记忆程度,帮助其保持记忆。在集中学习过程中,学生在一段有限的时间内接受大量信息,这些信息之间的相互覆盖也会导致印象不深刻容易遗忘的结果。而场依存型的学习者同时又需要克服学习环境中的其他无关因素,这将会加大场依存型学习者的加工负荷。而采取间隔学习就是通过降低集中重复学习时的重复抑制效应,增加学习过程中大脑的工作强度,从而提升记忆。在学习结束后使用提取练习的方式作为一种反馈方式对学生的学习效果进行评估,不仅可以帮助其加深以及还可以增强其对学习内容的理解。提取练习相比较重复学习的方式,可以达到更好的记忆效果和更深刻的理解。同时,在设计课程时应将视频、音频和文字相结合,如果条件允许也可加入实践环节,这样既可以满足视觉型学生的学习偏好,也可以使听觉型学生和动觉型学生都能够更好地理解课程内容。

五、结 语

在新时代飞速发展的中国,人才是第一资源。随着网络信息化的普及,我们应更加重视在线教育,在教学设计时应充分考虑到不同认知风格、不同自控能力以及不同学习类型的学生与不同学习方式的结合,使场依存的学生能够尽量避免学习环境中无关信息的干扰,减少其信息加工负荷,将认知资源尽可能多地集中于学习任务上;使自控能力较弱的学生将注意力保持在课程中,通过及时反馈帮助其保持记忆;设计课程时也应尽量顾及所有学习类型的学生,避免单一的在线授课方式,这样既可以提高在线课程的趣味性,使学生的兴趣增强,寓教于乐,也可以满足不同学生的接收信息的方式,从而使教学效果更加完善。

参考文献

[1] Chen, S. Y., & Macredie, R.. Web-based interaction: a review of three important human factors [J]. International Journal of Information Management, 2010, 30(5): 379-387.

[2] Chen, S. Y., & Liu, X. Mining students' learning patterns and performance in web-based instruction: a cognitive style approach[J]. Interactive Learning Environments, 2011, 19(2): 179-192.

[3] DeTure, M. Cognitive Style and Self-Efficacy: Predicting Student Success in Online Distance Education[J]. The American Journal of Distance Education, 2004, 18(1): 21-38.

[4] Pavalache-Ilie M, Cocorada S. Interactions of students' personality in the online learning environment[J]. Proce-

dia-Social and Behavioral Sciences, 2014, 128: 117-122.
[5] Vlach H A. The Spacing Effect in Children's Generalization of Knowledge: Allowing Children Time to Forget Promotes Their Ability to Learn[J]. Child Development Perspectives, 2018, 8(3): 163-168.
[6] Vlach H A, Sandhofer C M, Kornell N. The spacing effect in children'sA memory and category induction [J]. Cognition, 2008, 109(1), 163-167.
[7] Zheng B, Lin C, Kwon J. The impact of learner-, instructor-, and course-level factors on online learning [J]. Computers & Education, 2020, 6: 150.
[8] Yu S, Chen I J, Yang K F, et al., A feasibility study on the adoption of e-learning for public health nurse continuing education in taiwan[J]. Nurse Educ Today, 2007, 27(7), 755-761.
[9] 雷玉菊, 衡书鹏, 张冬静, 等. 网络闲逛对学习倦怠的影响: 一个有调节的中介模型[J]. 第二十届全国心理学学术会议: 心理学与国民心理健康. 2017: 1256-1257.
[10] 马小凤, 王斌强, 周爱保. 提取练习的发展特点: 8~9岁儿童与成人的比较[J]. 心理与行为研究 2018, 4: 484-489.
[11] 苗莉芸. 不同学习方法和语境对幼儿词汇记忆的影响[D]. 重庆: 西南大学, 2019.
[12] 周世杰, 李锋. 上海中学生网络学习现状调研与对策研究[J]. 上海课程教学研究, 2018(6): 56-61.
[13] 刘佰桥. 场依存型与场独立型两种认知风格对教学效果的影响[J]. 佳木斯教育学院学报, 2003(1): 30-31.
[14] 刘海燕, 李浩然, 邹文. 学习类型的理论研究简介[J]. 心理学动态. 1998(2): 27-31.
[15] 张云霞. 时间洞察力对大学生学业延迟满足能力的影响: 以河南省洛阳市三所高校为例[J]. 才智, 2015, 36: 158-159.

Discussion on the adaptation of college students with different cognitive characteristics to online learning

Yang Zhihui　Hu Shui　Jin Siyu

(School of Humanities and Social Sciences, Beijing Forestry University, Beijing　10083)

Abstract　With the increasing development of the network information age, and the development of novel coronavirus pneumonia in the early 2020, the online learning method has become an important way for students to participate in classroom learning. Compared with traditional learning methods, online learning environment has more interference factors, and different students have different adaptability to online learning mode. Many factors, such as students' cognitive style, self-control ability, learning type and online learning methods, will have an impact on students' learning effect. Therefore, online teaching should further improve students' online learning methods according to their own cognitive characteristics, so as to achieve the purpose of improving the learning effect.
Keywords　college student, cognitive characteristics, online learning, learning style

在线学习指标影响因素差异性分析研究
——以北京林业大学为例

孟 丽　李冬梅　申 磊　张 葳

（北京林业大学教务处，北京　100083）

摘要："互联网+"技术深度影响社会生活。高校传统课堂模式在"互联网+"推动下，正在发生深刻变化，混合式教学模式成为未来高校课程实施的主流模式。笔者以北京林业大学为例，总结了在线教育的发展情况，运用高等教育部教育处的问卷对该校14个学院学生进行了调研。根据调研结果，笔者从年级、性别、专业3个因素，分别对在线教育学习指标影响因素进行了方差分析。分析结果表明，低年级学生在课程预习习惯、在线教育平台适应多样性方面对在线学习具有显著性特征，高年级学生在课堂提问环节上更有主动性；男生比女生更喜欢在线教学方式，但在在线教学效果和提问环节中男生要弱于女生；工学专业的学生相比农学专业的学生更喜欢在线教学这种模式，在教学平台的选择方面存在多样性特征；农学专业的学生相比较其他专业的学生更倾向于课前预习，更注重在线课程的课后作业及课堂上的小测验。

关键词：北京林业大学；在线教育；性别；年级；专业；混合式教学

一、基本背景

在"互联网+"时代，传统课堂教学模式必定有所变革，混合式教学模式成为未来学校课程实施的主流模式。教育部提出了《教育信息化2.0行动计划》，截至2019年底，北京林业大学精品在线开放课程建设取得突出成效，已建设在线课程82门，上线运行66门，5项虚拟仿真实验教学项目完成新一期开课，并面向社会开放。据统计，超过6万人选修了该校课程和实验。北京林业大学在中国大学MOOC平台开课57门，学堂在线平台开课9门。

2020年年初，中国发生新型冠状病毒肺炎疫情。2月4日，教育部发布《教育部应对新型冠状病毒感染肺炎疫情工作领导小组办公室关于在疫情防控期间做好普通高等学校在线教学组织与管理工作的指导意见》。北京林业大学根据该意见，开展线上教学活动。截至5月15日，北京林业大学934位教师开课953门（2139门次），1 256 900人次学生进行了在线学习。

二、调查问卷的发放与回收

依据教育部高教司疫情期间学生版在线课程调查问卷，笔者展开调查。

该问卷涉及5个方面、25个问题，包括学生基本信息（专业、年级、性别等），准备情况（网络经验与偏好、学习方式和平台等），课程开展情况（出勤率、预习、分组讨论发言、随堂测验考试、课后答疑和作业等），课程辅助（网络运行等），整体评价（可持续度、整体

作者简介：孟　丽，北京市海淀区清华东路35号教务处，副研究员，865094043@qq.com；
　　　　　李冬梅，北京林业大学信息学院，教授，lidongmei@bjfu.edu.can；
　　　　　申　磊，北京市海淀区清华东路35号教务处，助理研究员，leishen@bjfu.edu.cn；
　　　　　张　葳，北京市海淀区清华东路35号外语学院，副教授，extrabonus@163.com。

满意度、具体意见建议等)。调查向全校 14 个学院开放端口,每个学院各由 1 名任课教师组织发放二维码。经过两天的数据收集,调查共收回学生问卷 689 份。

调查样本全面,涵盖了北京林业大学农学、理学、管理学、工学、经济学、法学共 7 个本科专业门类。该校在校学生男女比例为 3∶7,收回问卷学生的男女比例为 1∶3,基本相符。调查样本年级主要集中于大一到大三年级,大一到大四年级样本数据比例为:343∶109∶236∶1,这是因为毕业年级课程相对较少。

由于某些样本数量较少,在进行差异性分析时,我们剔除了哲学专业 1 人、艺术学专业 3 人、文学专业 1 人、法学专业 5 人、理学专业 24 人、其他专业 12 人,最终对 643 份问卷进行了分析。问卷结果针对年级因素采用方差分析,针对性别因素采用 T 检验方法,针对专业因素采用方差分析。

三、年级、性别对在线课程学习的指标差异性分析

1. 北京林业大学学生所在年级与在线课程学习指标差异性分析(表 1)

表 1 北京林业大学学生年级与在线学习影响因素方差分析结果

	方差分析结果				
	您的年级是(平均值±标准差)			F	p
	大一(n=313)	大二(n=100)	大三(n=230)		
您在疫情防控之前上过网络课程么	1.91±0.63	1.99±0.58	1.89±0.55	0.975	0.378
您是否喜欢网络在线学习这种方式	2.45±0.80	2.41±0.74	2.39±0.77	0.445	0.641
疫情期间在线授课教师选用的平台包括	3.86±0.67	3.68±0.78	3.08±1.33	43.315	0.000**
您在网络课程出勤率是	1.03±0.20	1.05±0.22	1.04±0.22	0.435	0.647
您在网络课程中是否愿意发言	1.73±0.62	1.81±0.63	1.97±0.71	8.763	0.000**
您是否对网络课程进行了预习	1.57±0.50	1.30±0.46	1.24±0.43	35.465	0.000**
您的网络课程是否有随堂测验和考试	1.43±0.50	1.25±0.44	1.25±0.44	11.555	0.000**
您的网络课程是否安排了课后答疑	1.11±0.31	1.13±0.34	1.23±0.42	8.476	0.000**
您的网络课程是否有课后作业	1.07±0.25	1.01±0.10	1.05±0.21	2.591	0.076
您的网络课程是否出现过网络平台不畅通等技术问题	1.97±0.50	1.95±0.44	1.90±0.49	1.626	0.197
您认为网络的学习效果,与课堂面授相比哪个更好	1.73±0.88	1.82±0.94	1.89±0.99	1.954	0.142
您认为网络教学是否能够代替课堂面授	2.36±0.65	2.41±0.67	2.33±0.64	0.479	0.619
疫情结束后,您还愿意使用网络课程学习方式吗	2.07±0.89	2.03±0.90	1.89±0.91	2.834	0.060

$^*p<0.05$　　$^{**}p<0.01$

调查发现,年级对疫情期间在线授课教师选用的平台,网络课程中是否愿意发言,是否进行课程预习,网络课程是否有随堂测验,网络课程是否安排课后答疑等 5 项指标呈现出 0.01 水平显著性(表 1)。根据指标差异性分析,低年级学生更易适应以及选择多种教学平台进行学习,随着年级的增加,选择的教学平台越来越固定。低年级学生课程预习习惯要高于较高年级同学。由于低年级课程偏重于过程化教学,学习过程中加入较多的随堂测

验与考试,对于在线课程质量监控有较好的警醒作用。在课堂活跃度方面,高年级学生在在线课堂上会更活跃,对主动性提问有迫切愿望。

由此可以得出,对于不同年级的学生,在教学方法上应有所区分。对于低年级学生,要鼓励他们提出问题,主动思考;教师在鼓励学生预习过程中,应不断强化专业书籍课外阅读,开阔学习事业,提升专业认知。对于高年级学生,要适当加强过程化考试,巩固学习效果。

2. 北京林业大学学生性别与在线课程学习指标T检验分析(表2)

表2 学生性别与在线教育在线学习影响因素t检验分析结果

t检验分析结果				
	您的性别是(平均值±标准差)		t	p
	男(n=162)	女(n=481)		
您在疫情防控之前上过网络课程么	1.87±0.63	1.93±0.59	-1.082	0.280
您是否喜欢网络在线学习这种方式	2.56±0.79	2.38±0.77	2.486	0.013*
疫情期间在线授课教师选用的平台包括	3.61±0.96	3.53±1.06	0.817	0.414
您在网络课程出勤率是	1.07±0.31	1.02±0.16	2.033	0.043*
您在网络课程中是否愿意发言	1.73±0.69	1.86±0.65	-2.031	0.043*
您是否对网络课程进行了预习	1.37±0.48	1.42±0.49	-1.121	0.263
您的网络课程是否有随堂测验和考试	1.28±0.45	1.36±0.48	-1.715	0.087
您的网络课程是否安排了课后答疑	1.14±0.34	1.16±0.37	-0.860	0.390
您的网络课程是否有课后作业	1.03±0.17	1.06±0.23	-1.579	0.115
您的网络课程是否出现过网络平台不畅通等技术问题	1.89±0.47	1.96±0.49	-1.576	0.115
您认为网络的学习效果,与课堂面授相比个更好	1.62±0.90	1.86±0.94	-2.794	0.005**
您认为网络教学是否能够代替课堂面授	2.44±0.66	2.33±0.64	1.766	0.078
疫情结束后,您还愿意使用网络课程学习方式吗	2.07±0.87	1.97±0.91	1.267	0.206
您对本校网络课程的满意度是	1.95±1.14	1.76±0.85	1.943	0.053
*p<0.05 **p<0.01				

调查发现,男女性别对是否喜欢网络在线学习这种方式、网络课程出勤率、网络课程中是否愿意发言、网络的学习效果与课堂面授相比等4项指标分别呈现出0.05和0.01水平显著性(表2)。根据T检验分析结果发现,男生更喜欢网络在线学习,在网络课程出勤率中也明显高于女同学,但上课发言情况要落后于女生。在学习效果方面,男生认为在线学习效果比课堂学习要低,这与男性的性格有相关性。传统课堂教育需要从宿舍走到教室,而在线课程学习省去了这一过程,降低了时间成本,这对于男生来说比较有吸引力。

根据指标T检验分析,我们建议教师在创新教学模式班级发动研讨,推动男生与女生展开交流,在商议中交换信息,在争论中提高认识,推动提高教学效果。"鉴于协商对学习的好处,建议教师在在线教育中多通过让学生在网上合作解决问题的方式来鼓励进行在线讨论中的有意义协调"(摘自《在线学习中对话风格,性别差异,对话风格》)。

3. 北京林业大学学生所在专业与在线课程学习指标差异性分析(表3)

表3　北京林业大学学生专业与在线学习影响因素方差分析结果

	方差分析结果					
	您的专业类别是(平均值±标准差)				F	p
	经济学 (n=112)	工学 (n=172)	农学 (n=135)	管理学 (n=224)		
您在疫情防控之前上过网络课程么	2.02±0.54	1.85±0.63	1.89±0.61	1.93±0.59	1.969	0.117
您是否喜欢网络在线学习这种方式	2.37±0.78	2.55±0.76	2.30±0.74	2.43±0.81	2.733	0.043*
疫情期间在线授课教师选用的平台包括	3.25±1.17	3.80±0.70	3.94±0.50	3.29±1.27	19.194	0.000**
您在网络课程出勤率是	1.09±0.34	1.02±0.15	1.01±0.09	1.04±0.21	3.506	0.015*
您在网络课程中是否愿意发言	1.79±0.67	1.84±0.70	1.73±0.59	1.90±0.67	2.009	0.111
您是否对网络课程进行了预习	1.28±0.45	1.39±0.49	1.72±0.45	1.30±0.46	27.340	0.000**
您的网络课程是否有随堂测验和考试	1.22±0.42	1.28±0.45	1.47±0.50	1.36±0.48	7.127	0.000**
您的网络课程是否安排了课后答疑	1.18±0.38	1.15±0.35	1.08±0.27	1.20±0.40	3.243	0.022*
您的网络课程是否有课后作业	1.05±0.23	1.01±0.11	1.13±0.34	1.03±0.17	9.005	0.000**
您的网络课程是否出现过网络平台不畅通等技术问题	1.95±0.46	2.00±0.48	1.87±0.50	1.94±0.49	1.913	0.126
您认为网络的学习效果,与课堂面授相比哪个更好	1.91±0.96	1.67±0.93	1.94±0.89	1.75±0.93	2.798	0.039*
您认为网络教学是否能够代替课堂面授	2.34±0.59	2.45±0.67	2.30±0.66	2.34±0.64	1.581	0.193
疫情结束后,您还愿意使用网络课程学习方式吗	1.86±0.90	2.10±0.89	2.05±0.95	1.96±0.88	2.054	0.105

*p<0.05 **p<0.01

调查发现,学生的专业类别对于是否喜欢网络在线学习这种方式,疫情期间在线授课教师选用的平台,在网络课程出勤率,网络课程是否有随堂测验和考试,网络课程是否有课后作业,网络的学习效果与课堂面授相比较,网络课程是否安排了课后答疑,是否对网络课程进行了预习等8项指标呈现出显著性差异,分别呈现出0.05和0.01水平显著性(表3)。

根据指标差异性分析,工学专业比农学专业的学生更喜欢线上学习;工学、农学专业的线上平台要比管理学、经济学专业的选择种类更多样化;线上课程出勤率方面,经济学专业学生最好;农学专业课程更注重线上课程测验方面以及课后作业的布置;经济学与农学认为线上课程的效果要高于传统课堂;经济学与管理学专业的学生安排了更多的课后答疑时间;农学专业的学生更注注重线上课前的预习工作。

四、结　语

新时代赋予教师教书育人的使命更加艰巨。教师不是一个简单的名称,而是一个厚重的职业,不仅是向无数青年学子传播知识、思想、真理的践行者,更是塑造高尚灵魂、灿烂生命、时代新人的促进者。

按照计划到2020年年底,北京林业大学将投入资金200多万元,再建设在线教育课程27

门,使在线教育课程总数达到109门。在线课程教学不仅是教师的单兵作战,而是学校的系统工程,应该从顶层设计的高度进行全过程规划。在线课程教学从设计开发、到在线学习实际应用,需要多个领域人员参与,包括信息技术人员、课程设计者、教授形成团队等。

另一方面,从传统课堂模式向线上教学转变,不仅是硬件的转变,还有要有"软件"——认知理念——跟进。可以概括为:从教到学的转变,从学习的促进者向学习的引导者的转变,从以内容导向向以学习导向的转变。

北京林业大学14个学院的老师在短期内主动学习,掌握了在线教学平台的运行应用方法、测试了在线教学系统和运行网络运行环境,充分发挥了课程教学团队作用,群策群力提升在线教学水平。这次疫情迫使高校线上教学开展"总演习",北京林业大学部分课程依托线上课程进行混合式教学试验,总结这次在线学习的指标影响因素,是一件很有意义的事情。

此次问卷的效度KMO值为0.752,效度较好;信度为0.014,不够好,需要进一步改进。

参考文献

[1]北京林业大学教务处.北京林业大学本科课程在线教学工作报告.
[2]王敏娟,克里斯蒂娜·塞拉,赵晓楠.在线学习中对话风格,性别差异,对话风格[J].中国远程教育,2007(2):25-29.
[3]刘敏.从法国教育信息化思考技术挑战[N].中国教育报,2020-3-13(5).
[4]王巍巍.美国教育开放数据计划:背景、内容与行动策略[J].中国教育信息化,2018(9):24-26.
[5]张荣华.高校教学信息化"六维一体"推进模式探索与实践[J].中国教育信息化,2018(9):40-44.

Research on the differences of influencing factors of online learning indicators
——Take Beijing Forestry University as an example

Meng Li   Li Dongmei   Shen Lei   Zhang Wei

(Academic affairs office, School of information, School of foreign languages,
Beijing Forestry University, Beijing   100083)

Abstract   "Internet plus" technology has a profound impact on social life. The mixed teaching mode will become the mainstream mode of the future university curriculum implementation. Taking Beijing Forestry University as an example, this paper investigates the students of 14 colleges of Beijing Forestry University by using the questionnaire. The results show that junior students have significant characteristics of online learning in terms of course preview habits and online education platform adaptability diversity, while senior students are more active in classroom questioning; Boys are weaker than girls in the learning effect and questioning process of online teaching; The students of engineering major prefer the online teaching mode to those of agriculture major; Compared with other majors, students majoring in agronomy tend to preview and pay more attention to homework of online courses and quizzes in class.

Keywords   Beijing Forestry University, online education, gender, grade, major, the mixed teaching mode

有机化学实验线上教学的学情分析

李 莉

(北京林业大学理学院，北京 100083)

摘要：线上有机化学实验课程的教学中，及时根据学情调整教学方法，统计并分析同学对线上课程的接受程度、对教学方法的喜好、对课堂各个环节的喜好、课堂参与度、学习难点等学情信息，尝试在考试结果与同学的学情信息以及自我评价之间建立关联，以期通过对该课程在线教学经验的总结，为今后的线上以及线下课程的教学给出有益的建议。

关键词：有机化学实验；线上教学；学情分析；教学环节；教学方法

2020年新冠疫情下，我校的有机化学实验课程迎来了有史以来的第1次线上授课。由于实验课程不同于理论课程，它不仅需要学习有机化学实验室安全知识、有机化学实验的原理和实验方法，而且更重要的是需要在实验中提高同学的动手能力、掌握和规范同学的实验操作技能。历来在化学实验室进行的化学实验课程，线上如何开展呢？尤其教育部于2020年2月5日印发的《关于在疫情防控期间做好普通高等学校在线教学组织与管理工作的指导意见》中指出"保证在线学习与线下课堂教学质量实质等效"。如何在老师和同学无法面对面共处同一间实验室的情况下，把疫情的影响降到最低，做到在线学习与线下课堂教学质量实质等效呢？为此，在线教学期间，笔者对教学方法做了许多调整，想方设法提高同学的到课率以及学习的积极性和主动性，在课前、课中以及课后用调查问卷的方式多次调查了同学在学习过程中对教学环节、学习状态等方面的感受和心声，并积极进行合理调整。在疫情期间共开展了5个班的有机化学实验的在线教学，这5个班分属于环境学院、草业学院和保护区学院，同学总人数为124人。文中对教学方法的调整以及同学的反馈情况进行了分析，并且尝试分析了考试结果与过程学习的数据以及同学的调查问卷之间的关联，以期通过对该课程在线教学的总结，为今后的线上以及线下课程的教学给出有益的建议。

一、调整教学内容和教学方式适应在线教学

每一个有机化学实验都包含实验原理、实验装置、实验操作等环节，其中实验装置和实验操作是学习的重点和难点，是需要动手操作的。可想而知，线上教学让同学理解实验操作以及实验的进程变得更困难。为了解决理解困难和不能动手操作的问题，首先需要重新设计每个实验的授课内容，把实验中的原理、仪器、装置、操作进行合理拆分，提出问题作为预习题课前发下去；课堂上由同学回答、讲解、讨论，老师补充。同时也提供相关实验的视频并给出公开课、MOOC等优质资源鼓励同学使用。还联系到了适合的虚拟仿真实验资源，供同学利用虚拟仿真实验室熟悉实验的操作。在讲授中采用了多种教学方式，有教师主讲、课上提问、同学以小组为单位把课前做的PPT在课上讲解、教师补充等等。

作者简介：李 莉，北京市海淀区清华东路35号北京林业大学理学院，副教授，lily_chem@bjfu.edu.cn。

课堂上采用了腾讯会议和雨课堂相结合的方式,通过雨课堂的实时测试功能检验教学过程的学习效果,也有利于同学学习过程注意力的集中,保证了在线听讲率。测试内容包括对上一次实验课主要内容的回顾、对当次实验的预习程度、每个重要知识点的掌握程度以及当次课程的整体学习情况等等。在讲授过程中也通过腾讯会议的评论区和雨课堂的弹幕与同学实时互动,鼓励同学用语音、评论区、弹幕或投稿给出自己的思考和判断。图1(a)给出了课堂上雨课堂多选题实时答题情况的示例,图1(b)是某次实验课上腾讯会议评论区部分截图。这种多次实时在线交流与考核既有助于激励同学认真预习和专注地在线学习,也有助于教师实时掌握同学的状态,从而更加有的放矢地讲解。

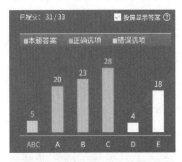

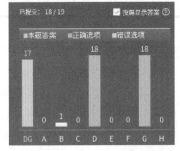

(a)课堂上雨课堂多选题实时答题情况截图　　(b)腾讯会议评论区截图

图1　线上授课实时情况

二、学情统计与分析

(一)线上有机化学实验课开展前后的学情统计分析

在有机化学实验课进行线上教学之前,同学们已经进行了12周其他课程的线上学习。实验课开课之前的调研结果如图2(a)所示(参与调研的同学有113人,均为匿名投票),只有28%的同学同意完全线上教学,其他同学都希望有实验室实验环节。经过一个半月的线上实验课,同学们对线上教学的认同度提高了,如图2(b)所示,有43%的同学喜欢或非常喜欢线上教学,只有9%的同学不喜欢这种方式。这也说明对于实验课的这种全新的线上教学模式,老师和同学都有一个渐进适应和接受的过程。图3(a)给出了关于同学们对任课老师线上实验课教学优点的评价以及词云分析的结果,可以看到"详细的讲解""互动的增加""自学能力的培养""自由方便的学习"等是同学们在充分体验线上教学后感受到的其优势所在,也为同学所喜欢。

同时必须注意到还有近一半的同学对线上教学反映一般般,通过对同学们关于有机化学实验课(包括虚拟仿真实验)不足之处的评价进行词云分析,如图3(b)所示,可以看到虽然在教学中引入了部分虚拟仿真实验,但同学们依然感觉"没有实验的实验课失去了灵魂"。最大的遗憾是"无法体验亲身做实验的感觉"。

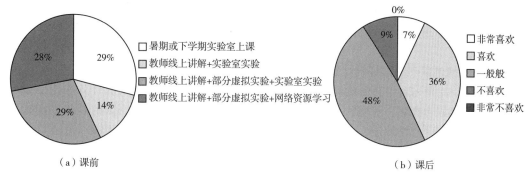

（a）课前　　　　　　　　　　　　　（b）课后

图2　线上有机化学实验课开展前后的学情统计图

（a）对同学关于有机化学实验课（包括　　　（b）对同学对任课老师在有机化学实验课
　　虚拟仿真实验）不足之处评价的词云　　　　　线上教学优点的评价的词云

图3　词云

（二）对教学方式的喜好统计分析

统计了同学们对3种教学方式的喜好，结果如图4所示，学习自主性越强的教学方式，越受同学们青睐。即同学们课前根据老师给的预习题去查找资料制作并在课堂上讲述PPT，且老师给予补充的教学方式，拥有最多喜欢的同学，比例高达53%。而教师全程主讲只有10%的同学最喜欢。另一种除了老师讲解、同学参与到授课环节中讲授思考题的方式介于两者之间。对于自主性最强的教学方式，许多同学在反馈中有如下的描述："自主学习能力得到锻炼，尤其是分组时制作PPT讲解环节，使合作分工能力提高了，也有助于语言表达能力的提升。有些课前思考题有难度，有助于自己在学习过程中的思考，而不只是在课堂上直接的接受，印象会更深刻，其实收获还是蛮多的""最大的收获是学会在实验之前认真查找关于实验的资料，预习的内容更加广泛而且预习更加主动""有的思考题内容比较难，

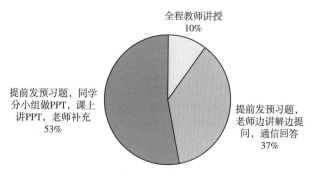

图4　同学对三种教学方式的喜好统计图

要参考很多的资料做很多准备,但是这个过程有学到很多""最大收获就是学到了实验操作知识,锻炼了小组合作查找资料做 PPT 的能力,以及在小组讨论过程中的学会思考质疑"等。

(三)对教学环节的喜好统计分析

在关于各个学习环节喜好的调查结果中(图5),可以看到同学喜欢的环节排名在前的是老师讲授和观看视频,优质的 MOOC 课程中的实验视频有助于同学直观的看到实验装置和实验操作,很受同学欢迎。紧随其后的就是同学自己制作 PPT、讲解 PPT、比较学习他人的 PPT。这些环节远比老师上课提问更吸引同学。这也从另一方面反映出同学自主学习意识以及思考质疑能力的提高。从图5(a)和(b)的对比中,可以看到,只有对于查资料做 PPT 这个环节的喜好是矛盾的,一方面由于查资料和做 PPT 确实有一定的难度,会花费许多时间和精力;另一方面在这个过程的成就感也是最大的,不仅收获了知识,也加强了小组合作能力,收获满满。至于最不受同学喜欢的完成实验报告环节主要是由于同学没有亲自做实验,没有代入感,无论用往届同学的数据还是虚拟仿真实验中的数据,依然缺乏兴趣。

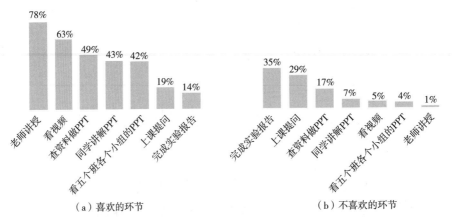

图 5　学习过程中同学喜欢的环节(a)和不喜欢的环节(b)的调查结果

(四)虚拟仿真实验使用调查分析

线上实验教学中有一半实验可以做虚拟仿真实验。关于虚拟仿真实验的使用有 57% 的同学认为很有必要,但是也反馈其在使用中也还存在许多不足。例如:"基本挺好的,但是没有操作感""虚拟没有真实的触感,感受肯定不完全相同。""十分程序化,没有做实验的感觉。""实验现象不明显,不知道是不是真的现象。操作演示不直观""虚拟仿真实验只是清楚了过程,但是我认为少了最重要的实验细节,做虚拟仿真实验并不能真正地理解实验"等等。

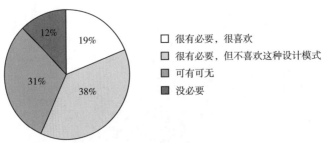

图 6　虚拟仿真实验的使用反馈统计图

线上实验课上同学多次表示想到真实的实验室去做实验,调查问卷中有一个问题就是"如果开学后可以去实验室做 4~8 个学时的实验,你的选择是?"。统计结果如图 6 所示,有 83%的同学明确表达会去真实的实验室做实验。因此在同学返校后的准备周我们将 4 个学时的串讲放在了有机化学实验室,让同学熟悉各种仪器,搭建多套实验装置,实践各个基本操作,并完成一次完整的有机化学实验。在实践中同学真切地感受到真实的实验装置和实验操作,也认识到自己在动手方面的不足。虽然一次实验对同学的动手能力提升作用不大,但是同学能感受到实践的重要性,这种感受会像一粒种子一样留在同学的心间,有需要的时候就会发芽成长,在自主意识的促进下会更主动地去提高动手能力和实验技能。

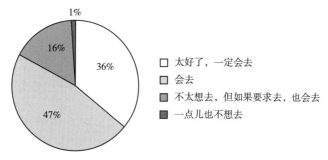

图 7　同学去真实实验室做实验的意愿统计图

三、 考试结果与过程学习及同学自我评价之间的关联

线上课程对师生来说都是全新的体验,无论采用哪种教学平台,使用什么样的教学方法,最终的目的都是希望同学能真正学习掌握课程的知识,达到教学目标的要求。在学习过程中,同学们对线上教学的接受度和课堂参与度如图 8 所示。可以看到同学们也是在积极适应线上课程,并且有 71%的同学紧跟了课程进度。在所学内容中,同学认为实验操作是最难理解的(图 9)。这就类似有些人看了美食制作视频自己就可以仿做,而有些人必须经过多次实践才能成功。

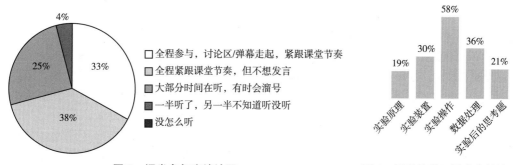

图 8　课堂参与度统计图　　　　图 9　同学的学习最难点统计图

同学对自己在线上实验课的学习效果也有自己的判断,如图 10 所示。可以看到只有 24%同学认为自己完全掌握了所学的知识,有 66%的同学认为自己是大概了解所学是什么,但还不是特别明晰;而有 11%的同学认为自己只掌握了最多一半的知识。

表 1 给出了期末考试的卷面成绩分布,可以看到从考试结果来看,80 分以上的同学占比 24%,与认为自己完全掌握了所学的同学的比例相当,但 90 分以上的占比只有 5%。及格率为 73%,与认为自己紧跟课堂进度的同学的占比相当,但低于认为自己完全或大概了解所学的同学占比总和(90%),这说明各个成绩段的比例分布还是和自我认知以及学习态

度的比例分布是一致的。另外也可以看出同学对学习效果的自我评价普遍比较乐观。这一现象在线下教学时也经常出现，是正常的。

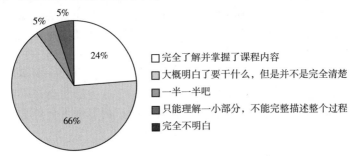

图 10　同学对线上实验课学习效果自我评价的统计图

表 1　期末考试卷面成绩分布

分数段	90~100	80~89	70~79	60~69	50~59	40~49	<40
人数(%)(5 个班)	5	19	26	22	15	9	3
人数(%)(25 个班)	2	14	31	26	18	7	2
人数(%)(2019 年的 29 个班)	16	27	30	19	6	1	1

将这五个班的成绩分布与全年级 25 个班的成绩分布也进行了对比，可以看到差别不大。但是将今年的成绩与去年的进行对比，可以看到两者明显的差距，主要表现在优秀率的显著降低和低分比例的显著增大，这一结果也与许多因素有关，最主要的一个因素应该是没有实践操作的实验课使得对实验操作和原理等内容的掌握变得困难了，其他的因素如同学无法与教师面对面交流、重返校园重新适应线下学习方式和节奏、实验课结课时间与考试时间间隔较长、准备周课程和考试过于集中等等。

四、结　语

通过以上分析，一方面可以看到线上教学有很多优点，可以有效地进行知识的传授、自学能力和合作能力的培养等，教师需要根据同学的学情调整教学方法，积极调动同学的积极性与参与度；同学们也能表现出很好的适应性和自律性，考试结果也反映出大部分同学达到了教学要求。这就意味着实验课程的相当一部分内容是可以通过线上教学的方式进行讲授或传授的，仔细分析并设计这一部分内容，以期让同学通过自学、查阅资料、分组讨论等方式来掌握，将会使同学的学习自主性、合作能力、科研能力等素质得到很大的提升。

另一方面对于这种实践性的课程，仅仅只是依靠线上教学在目前的条件下还是很难实现与线下课程的教学质量实质等效。虽然可以用虚拟仿真实验进行模拟操作，可以上 MOOC 观看优质实验视频，但是这些并不能完全取代真实的实验操作，因此还有待于依靠技术的进步使虚拟实验的体验更加接近真实操作，也还是需要足够的线下实际操作才能真正提高同学的动手能力、规范操作技能，才能通过实践发现问题从而解决问题。

线上实验课的经验难能可贵，要将线上课程的经验与优势及时总结用于线下课程，从而使有机化学实验课程的教学质量更上一层楼，也使北林的学子拥有更高的综合素质。

Analysis of learning situation in Online Teaching for *Organic Chemistry Laboratory Course*

Li Li

(College of Science, Beijing Forestry University, Beijing 100083)

Abstract In the teaching of online organic chemistry experiment course, the teaching methods were coordinated according to the learning situation in time. The learning situation, including the students' acceptance of online courses, their preferences for teaching methods, their preferences for various aspects of the classroom, class participation, learning difficulties et al, were statistically analyzed. Also the correlation was attempting to set up between the test results and students' learning situation and self-evaluation. The summary of online teaching experience would provide useful suggestions for the teaching of online and offline courses in the future.

Keywords organic chemistry experiment, online teaching, analysis of learning situation, teaching link, teaching methods

网络教学中的疫情可视化设计研究

董瑀强

（北京林业大学艺术设计学院，北京　100083）

摘要：总结新冠疫情期间网络授课阶段关于疫情可视化选题的教育教学经验，为可视化设计教研工作的不断推进提供参考。方法：以研究背景、教学实践、可视化呈现为框架，问题导向为依据，强调引导学生在逻辑线索与表现方式中不断渗透交融。结论：实用价值、人文价值、体验价值需兼顾与平衡，通过易于阅读的方式展现设计作品。同时在教学中加强社会责任意识、服务设计意识的培养。

关键词：网络教学；数字媒体；可视化；设计教育；疫情信息

2020年以来，一种不明来源的新型冠状病毒逐渐肆虐蔓延，从武汉至全国再到欧洲北美乃至全世界，疫情下人与人息息相关、紧密联系，休戚与共。没有任何一个独立个体乃至一个国家可以做到独善其身。而在移动互联网与信息传播已然如此发达的当下，如何面对爆发的公共疫情，全球依然没有充足的经验。我们正在经历前所未有的历史，当代世界的发展进程将伴随着疫情的起落而彻底被改变。

通过此次新冠疫情在全球范围的影响可以得见，社交媒体与通信技术的发达使得信息以无法想象的广度与速度传播。国际、国内众多媒体以多样的可视化方式向公民群众与政府各个职能部门呈现着疫情的态势。恰如加缪在《鼠疫》中曾写道："经历一次重大疫情，人们能赢得的全部，就是知识和记忆。"疫情终将好转，我们不能忘记曾发生在周遭的这一切。而从众多实例中不难看出：可视化设计由于其直观性、通达性、便捷性的特征恰为表现疫情信息的绝佳载体。

新冠疫情事件承载了医学资讯、舆情动向、行业变革、经济态势等多层次、多方面的信息与数据。我们如何将抽象、枯燥的内容形象化、具体化，从而生动性的予以呈现是本文将要研究与探索的课题。

一、研究背景

伴随疫情，原有教学秩序面临着破坏与冲击，高校教师也需应对网络教学带来的挑战和机遇；鉴于此，笔者认真研读了教育部有关疫情防控期间在线教学工作指导意见的精神，尝试着以全新的网络教学手段优化调整自己的教学方法与内容设置。

笔者承担北京林业大学艺术设计学院"交互设计"本科教学工作已逾五年时间，作为一门针对本科大三年级的专业核心课，该课程主要目的是带领学生理解人的认知行为与交互之间的有机联系，并以社会问题为导向，跳脱局限性的移动端界面思维，以宏观的视角解决交互议题。其教学内容具备着社会性、共通性、前瞻性的特征，且融入了较多服务设计的理念与思考。在该课程的中后阶段，信息数据可视化的部分作为教学工作的重点起到了融会贯通的作用，它不仅是对原有数字媒体及交互知识的综合与重塑，也应对了高效率、

作者简介：董瑀强，北京市海淀区清华东路35号北京林业大学艺术设计学院，讲师，378630042@qq.com。

创意表达这一教学难点。

在具体执行中,针对艺术设计学院同学的专业特点,笔者强调的并非"什么是信息可视化",而是"信息可视化可以是什么"。我们认为:它不能局限在某种视觉传达(诸如平面海报)或者动态影像(类似抖音短视频)的表达形式;更重要的是一种创作风格及解读讯息的认知方法。它是技术与艺术、理性与感性的高度统一。题材的选定、获取、整理是必要的技术手段,而诠释方法、建构形式、感知表达又是升华的艺术内核。

二、教学实践

(一) 发挥网络授课特性

网络教学模式自带先天内容分发优势,便于学生及时留存教学资源,是数字化共享式的优良平台。不过目前该模式尚无法提供针对性强的学习环境与教学内容,尤其是艺术设计教育强调因材施教、对症下药的特点,更需要教师在网络授课的具体执行中注重个性化、定制化、引导性的方式方法。

疫情期间的可视化设计教学过程,由于无法真正做到与学生面对面交流,我们建立了每周实时教学课程网络后台评价及留言机制,方便师生之间的密切交流与教学内容的及时修正。同时学生群体分组选题、组长负责的规定优化了沟通交流的层级。在学生命题选定阶段,笔者利用微信、腾讯会议等应用软件进行师生间的分组交流、逐一讨论,强调挖掘学生自身特点,培养学生的沟通协调能力、创意执行能力与团队协作精神。这同样是数字媒体专业人才需求要素所决定的,有利于提升学生创作的应用价值与专业指向性。

(二) 探究可视化设计流程

疫情相关信息可视化面临着大量数据录入、分析、量化的步骤,而数据正如雕塑家手中的初始原生材料,需要逐一进行修饰、简化、塑形。设计过程往往由树状分析图或思维脑图开始,在我校艺术设计学院数字媒体专业的教学体系中,学生于该课程的大三阶段已历经界面设计课、用户体验分析课的学习,基本掌握了使用框架分析工具的能力,便于学生在创作的初始阶段理清流程、梳理逻辑。

数据可视化是图像处理、信息处理的艺术,在确定了逻辑框架之后,下一步提炼基础图形的环节有利于学生从中寻找设计亮点与形态规律。笔者在教学中强调化繁为简,去粗取精;要求学生在实践过程中融合表达方式的跃迁,注重在简洁与繁缛、理性与感性、随机与严谨间寻求平衡。这一环节的推进与确立整体视觉风格的步骤双管齐下,同步进行;二者在你中有我、互相渗透中,彼此又形成了互文关系。俗话说:好的开始是成功的一半。有意识地把创作中的重点难点集中于前半阶段解决便于让学生理性评估工作量和问题点,也有助于及时把前期头脑风暴的成果予以深化落实。

(三) 聚焦疫情命题特点

信息与数据依照逻辑关系、层级结构,实现清晰的传达是基础需求。而疫情相关主题的选定要具备一定的社会价值,此前提下,我们要注意在设计中尽力降低民众的恐惧焦虑心理,避免产生"共情伤害"[1]。创作中要善于使用"隐喻""借喻"的手法:包含色彩隐喻,借用颜色的氛围营造,创立某种积极的心理暗示;也包括材料借喻,通过构建材质的亲切感与温度感,触发良性的欣赏体验。

疫情命题中,信息与数据的可读性与科普价值尤为关键;这要求我们在呈现信息的手法上需时刻注重简洁直观的特性,数据粒度[2]细化适中、详略得当。图表的结构元件应具备较强的感染力和表现力,降低认知门槛,防止阅读中可能带来的枯燥观感。

如果把可视化设计比喻成舞台,那么线条、图形、色彩、比例、材质就是其中形形色色的出场演员;设计师作为导演要不断尝试他们的组合关系,寻求那理想的动人瞬间。数据的可信度和"有趣度"是把握这一瞬间的游标卡尺;顾此失彼就会导致作品的失衡。在学生创作疫情相关主题设计的中后期阶段,容易陷入数据信度与视觉观感二者中的某个单一维度停滞不前;这时,教师的及时引导与思维疏通显得尤为必要。引领学生以宏观角度去进行思辨,利用该阶段中已有的设计元素与结构不断优化调整,从而走出信息过载或过度设计造成的困境,是一剂良方,亦是笔者教学实践中的行进指南。

(四)利用数字媒介优势

互动性与动态表现力是数字媒介的独有魅力,它们的存在也将使得可视化设计变得更为"有机"、更具价值与人情味儿。二者标志着视觉化艺术的发展方向;如今也愈发占据主流。受众不再限于被动观看,而是作为使用者、参与者构成可视化作品中的一部分。从本质而言,数据自身就是流动的存在;动态化可以放大这部分特质,也赋予了其某种生命感的表达。同时动态的表现力具备着一种潜能:它使得数据可以放大到全球的规模,也能缩小至个人的尺度,并且让其能够从容不迫的在时间维度上溯回穿梭。在数字化、网络化与媒介终端不断发展的背景之下,人们对于获取信息、理解消息、消化信息的方式也不停更迭,互动性的考量显得尤为重要,它与受众的参与程度和方式紧密相关。这需要设计者具备一定的用户体验思维。在视觉美感的基础上,更多考虑友好性、有用性、与易用性的问题,预判出使用者面对作品时的动机、期许、情绪与认知。从而实现心理与情感上的认同效应,也使得可视化设计不再单一、呆板,从而更好地表达数据,更易被用户理解。

三、可视化呈现

经过系统的教学推进和师生之间的多次研讨互动,同学们提交了形式各异,却立意鲜明的信息可视化作品,此处以"趋势变化""舆情动态"与"数据地图"三个类别的作品为例,逐一进行说明与解析。

(一)趋势变化

《陨护》表现了从 2020 年 1 月 22 日至 4 月 10 日以来河北省地区疫情的相关数据与趋势,小组的成员恰巧都来自河北;该命题的选定也体现着几位成员的一份社会责任感。设计利用 Form 粒子效果汇聚为陨石形态,以小融大;采取日期为单位逐一推进演变,其中粒子球的颜色变化与凹凸程度分别对应了治愈人数与确诊人数,从而赋予了其独特的解读意涵,而包围的形态又象征着守护的意义。

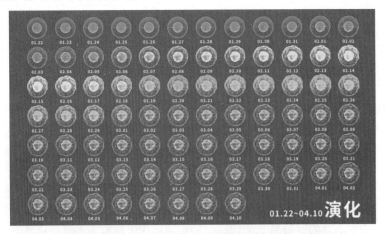

图 1 《陨护——河北省疫情可视化日期演变》局部

图 2 《陨护——河北省疫情可视化信息图表》局部

在信息化图表中,球体的聚散构成了视觉形式单元,既有效直观的传递了相关扩散的数据内容,又形成了一种结构中的形式美感。笔者引导学生采用 CRAP 原则(即对比 Contrast、重复 Repetition、对齐 Alignment、亲密性 Proximity 原则)指导设计,注重其中出现的颜色、形状、材质与空间关系。在整体的信息密度层面上,注重主次分明,视觉上构建呼吸感与节奏感。以此向观众传达与叙述一则可视化的疫情故事。该组同学同期创作了动态演示视频,使信息数据的传播更具备感染力,也丰富了作品的欣赏维度。

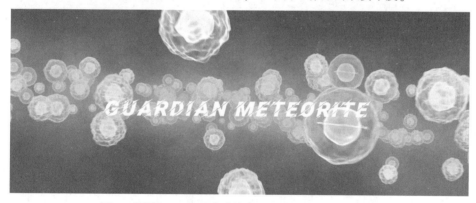

图 3 《陨护——河北省疫情可视化动态图形展示》截图

陨石与粒子球体看似形散,却正因为这无数个体的存在与生生不息才构成了广阔无垠的宇宙,也恰如疫情之下的我们,只有团结一心,在一点一滴的行动中秉承着共同抗击疫情的信念,方能取得胜利。

(二)舆情动态

作为主流的社交平台,微博不仅是诸多新闻媒体、政府机构、企业单位的重要根据地,也为亿万民众提供了内容消费和自由表达的空间。作品《微博记"疫"》记录了从 2020 年 1 月 20 日至 2020 年 4 月 12 日的时间区间内新浪微博中热搜词条话题的变化。截取了每日排名前 20 名中与疫情有关的部分,将获取到的数据按 7 天周期进行划分,信息内容与花同构,赋予数据"生命力"的表达。每朵花从形态上由 7 片花瓣组成,分别对应境内疫情、境外疫情、全民抗疫、科研成果、国际影响、疫情科普、与其他七个类别;花瓣尺寸的大小寓意该类别中话题数量的多寡;花瓣颜色的异同代表了话题正负面情绪的分布:白色喻示正面;深蓝灰色象征负面。整体的可视化设计反映了民众对疫情讯息关注视角的更迭与伴随其间的情绪起伏。同时,为了直观传达设计理念并加强用户体验感知;该作品采用了信息交互的体验方式。观众点击花瓣上的亮点,随即弹出相应花朵中微博热搜内容、浏览量与在榜时长等相关信息。构建了数据与观众的情感联系。

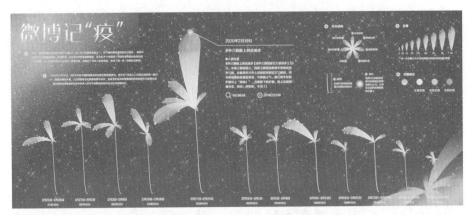

图 4 《微博记"疫"——信息可视化设计》部分

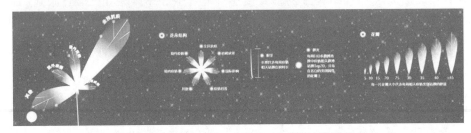

图 5 《微博记"疫"——信息可视化设计》说明

该组同学在主体图形的创作阶段曾陷入瓶颈,笔者建议他们将表现情绪变化的主题延展至"数据+生命"的概念;以生物的形态、动势用于数据的呈现之中。花朵充满生机又象征了美好,实为恰当的设计语义。不过该组作品在色彩的选择与把握上略显单一、调性上有些凝重,尚存在提高的空间。

（三）数据地图

该作品基于新冠疫情中意大利七个区域的确诊人数、环比游客数字递减、以及旅游业的预估经济损失为数据蓝本进行可视化展现。视觉主体使用了各地区代表性旅游景点的三维模型。整体的视觉风格有较为强烈的科技感,三维模型的线性布局结构与色彩填充样式给予数据呈现以较为新颖的观感。最终的表现形式为可交互式的数字影像;用户佩戴 VR 眼镜川行于虚拟空间中,使用数控工具点按地标式建筑,模型随之被点亮,镜头机位相应进行拉伸,显示该地区的有关数据信息。暗色调的场景与呈现数据信息的光带效果相得益彰,其动效和穿梭中的第一人称视角又带来了较为强烈的互动感受。需指出的是这件作品在数据呈现的标准性与逻辑性上仍可以润色。

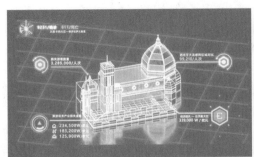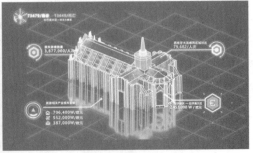

图 6 《"意"情——疫情下的意大利旅游业》数字影像截图 1

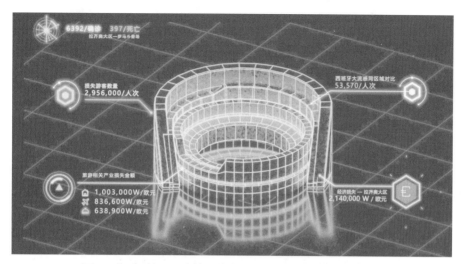

图 7 《"意"情——疫情下的意大利旅游业》数字影像截图 2

四、结 语

可视化设计立足于服务"信息优化"的目的，旨在方便民众"数据阅读"的方式。依笔者看来：其创作过程类似于文字写作，需要不停地对结构进行编排、对修辞进行取舍。而设计成品要平衡于数据的信度与叙事的质量之间。针对疫情相关的可视化，更要求做到抽象事物的具象化、形象化展现；从而降低认知难度，解决"理解困境"。数据是冰冷的，为了更好的通过它与观者进行交流，数据本身需要设计师思想的暖化。教学实践的过程，是与同学们一道去探索如何用情感的温度加工润色信息数据的过程。在这样一个信息碎片化的时代，我们认知世界、了解事物的方式要构建自己的主轴，具备自身的精神主体性。而恰逢疫情的特殊时期，笔者与同学们一道通过网络教学的方式展开了相关议题的研究。指导学生完成的作品呈现了形式多样的表达，虽尚存不足之处，但足见鲜活之感。亦带给自己诸多收获思考，同时也留下了些许遗憾。不过探索的道路是无止境的，笔者也愿意与各位同仁一道不断优化、修正自己的教学方法、凝结智慧，从而创作出更多更优质的数据可视化设计作品，以此服务大众。

注 释

(1) 共情伤害：属于心理学概念，当一个人长期关注灾难信息，同情心导致代入感，会间接伤害自己的心理健康，从而产生一定的抑郁、焦虑心理。

(2) 数据粒度：指数据的细化和综合程度；细化程度越高，粒度越小；细化程度越低，粒度越大。

参考文献

[1] 白净，吴莉：《健康传播中的可视化应用_以新冠肺炎报道为例》[J]，《新闻与写作》2020，4：31-36.

[2] 龙心如，周姜杉：《信息可视化的艺术—信息可视化在英国》[M]. 北京：机械工业出版社，2014：63-67.

[3] 孙远波. 新型冠状病毒肺炎疫情数据可视化设计综述[J].《包装工程》2020，4：51-62.

[4] 向帆. 可视化设计视野中的视觉艺术研究[J].《文艺理论与批评》2020，2，46-53.

Research on the visual information design of epidemic situation in Network Teaching

Dong Yuqiang

(School of Arts and Design, Beijing Forestry University, Beijing 100083)

Abstract This paper summarizes the education and teaching experience on the topic selection of epidemic visualization in the network teaching stage during the new epidemic situation, so as to provide reference for the continuous promotion of the teaching and research work of visual design. Methods: Based on the research background, teaching practice and visual presentation as the framework and problem orientation as the basis, students should be guided to continuously penetrate and blend in the logical clues and expression modes. Conclusion: practical value, humanistic value and experience value need to be balanced, and the design works should be displayed in an easy to read way. At the same time, we should strengthen the cultivation of sense of social responsibility and service design in teaching.

Keywords network teaching, digital media, visualization, design education, epidemic information

传统实践实习与线上实习教学体验与评价

——以"草业科学概论(草坪学部分)实习"为例

李富翠　张铁军　尹淑霞　韩烈保　董世魁

(北京林业大学草业与草原学院，北京　100083)

摘要：本科生参加野外实践实习有利于培养其创新能力、观察能力、动手能力、想象力和分析协调能力，培养其创新与创业精神，能够全面提高大学生的综合素质，是培养创新型人才的有效途径之一。"草业科学概论实习"是北京林业大学草业与草原学院为本科生开设的一门重要实践课程，具有跨专业领域、综合性强、学生规模大的特点。针对今年出现的"新冠"疫情突发状况，通过精心策划，多方寻求支持，优选指导教师等手段，该课程通过线上实习圆满完成实践教学内容，达到预期实践教学目标。本文通过深入调研和比较同一门课程线上实习和传统野外实践两种教学方式，分析了线上和实地教学实践的设计和效果，为进一步做好北京林业大学乃至全国草学学科本科生实践教学活动和教育教学改革提供重要的参考和数据支撑。

关键词：草业科学概论；线上实习；传统实习；效果评价

　　实习实践课程是本科培养和教育的重要组成部分，是深化课堂教学的重要环节，是学生接触生产实际，获取、掌握生产现场相关知识的重要途径，在培养学生实践能力、创新精神等方面发挥重要作用[1]。重视实践教学环节，加大对实践教学的投入，有利于创新型、应用型高素质人才的培养[2]。为了应对突如其来的"新冠"疫情，根据教育部下发的《关于在疫情防控期间做好普通高等学校在线教学组织与管理工作的指导意见》，全面贯彻"停课不停学、停课不停教"的总体要求[3]，北京林业大学教务处在做好线上教学顶层设计的基础上，组织全校各个学院精心策划，克服困难，周密安排，保障了本科生线上教学的有序开展和平稳运行。

　　草业被称为 21 世纪的朝阳产业，对我国国民经济发展、社会进步、生态保护、文化发展和农业产业结构调整的作用越来越重要，有着巨大的发展潜力。同欧美发达国家相比，我国的草业发展仍处于相对较低水平，但其发展速度却随着社会的巨大需求而不断加快[4]。"草业科学概论实习"课程是北京林业大学草业科学专业一年级本科生开设的专业基础课（必修）。本课程内容主要包括草坪与城市绿地、草原生态、牧草生产与管理 3 个模块的社会实践实习。课程指导教师通过带领学生参观高水平的城市草坪绿地、天然草原、现代化的草产品生产加工企业，采用多学科参与互动、现场观摩的教学方法和培养方式，学生能更加直观、全面的了解现代草业科学专业涵盖的内容，充分认识草业科学专业特点和未来

作者简介：李富翠，北京市海淀区清华东路 35 号北京林业大学草业与草原学院，讲师，li_fucui043@126.com；
　　　　　张铁军，北京市海淀区清华东路 35 号北京林业大学草业与草原学院，副教授，zhangtiejun@bjfu.edu.cn；
　　　　　尹淑霞，北京市海淀区清华东路 35 号北京林业大学草业与草原学院，教授，yinsx369@bjfu.edu.cn；
　　　　　韩烈保，通讯作者，北京市海淀区清华东路 35 号北京林业大学草业与草原学院，教授，hanliebao@163.com；
　　　　　董世魁，北京市海淀区清华东路 35 号北京林业大学草业与草原学院，教授，dongshikui@sina.com。
资助项目：北京林业大学教育教学研究项目"草地植物营养学"课程混合式教学模式研究与实践(BJFU2020JY107)。

发展方向和应用前景,培养学生热爱草业科学专业和投身草业科学事业的决心和热情。

2019级草业科学专业本科生的"草业科学概论实习"课程安排在2019—2020年春季学期进行。由于受疫情影响,该课程推迟到2020年秋季学期开学前开展。鉴于当时严峻的防控形势和疫情防控政策,尽管学生已返回学校,但仍不能出学校进行现场实习,只能进行线上教学,由任课教师负责联系实习地点并去现场录制实习视频,然后在教室集中播放观看和现场讲解答疑的形式开展。2020级学生的"草业科学概论实习"课程安排在2020—2021学年的秋季学期,由于疫情防控政策调整,授课形式调整为线下的现场实践实习。本文旨在比较和分析同一门课程的线上教学实习与线下现场实习的实践设计与教学效果,进而利用丰富的互联网开放资源,采取高效的教学手段,保证特殊时期实践实习课程的教学质量,提高学生学习的积极性和对所学专业的兴趣,提高实践教学水平,为进一步做好新形势下实践教学活动提供参考。

一、 线上实习课程的设计与实践

(一)实习内容准备

"草业科学概论实习"草坪学部分主要涵盖三个模块的实习内容:①参观草皮生产基地。②参观足球场草坪。③参观高尔夫球场草坪。主要通过专业教师亲临优选的实习教学基地进行现场拍摄和讲解,录制视频资料,然后后期加工处理和剪辑,形成一个完整的实习教学视频。在三大板块内容播放前,用幻灯片放映和讲解的形式从草坪的三大功能、草坪的科研领域、草坪学实习的内容和应用前景四个方面对草业科学概论实习草坪学部分进行了讲解介绍,有效的帮助学生回忆理论课上所学的知识,对该实习包含的内容有清晰的理解,并能带着问题去观看实习视频,对学生进行综合的专业知识训练和想象思考能力的培养,增强学生对草业科学专业的认识,从而为学生打下更坚实的专业基础。

1. 草皮基地视频录制

草皮基地实习视频(图1)是在北京沃野飞歌草皮生产基地进行的录制,主要由基地负责人进行了专业讲解。实习的内容包括基地总体情况介绍和草皮的生产工艺流程,草皮的生产工艺流程主要包括整地播种、养护管理和起草皮卷等。整地播种步骤主要包括"平/耕/旋/压/平/播/肥/压/铺网"等。养护方面包括喷除草剂,浇水等。在视频录制完成之后,将

2019级草皮基地实习录制讲解视频

2019级草皮基地实习整地视频截图

2019级草皮基地实习播种视频截图

2019级草皮基地实习起草皮卷视频截图

图1　2019级草皮基地实习视频

相对应的整地播种、养护管理和起草皮卷等十几个步骤的视频剪辑在讲解的视频里面，形成一个完整的草皮基地实习视频。该部分视频时长30分钟。

2. 足球场视频录制

足球场草坪实习视频（图2）是在河北省廊坊华夏幸福足球俱乐部进行的录制，由"运动场草坪"专业课教师进行了讲解。实习内容包括：运动场草坪所包含的类别、足球场场馆整体情况介绍、运动场草坪与运动安全、运动场草坪的设计、建造、养护管理与质量评测。在提到坪床结构的时候现场采集了坪床结构的土样进行讲解和录制，并在后期剪辑的过程中插入了剪草、浇水、打孔等养护措施的视频；提到移动式草坪的时候插入了2008年奥运会所采用的移动式草坪的视频资料，使学生更加形象地了解各个养护措施和移动式草坪。视频总时长20分钟。

2019级足球场实习录制讲解视频

2019级足球场实习讲解解坪结构

2019级足球场实习打孔视频截图

2019级足球场实习剪草视频截图

图2　2019级足球场实习视频

3. 高尔夫球场视频录制

高尔夫球场实习视频（图3）是在北京清河湾高尔夫球俱乐部进行的录制，由"高尔夫球场草坪"专业课教师进行讲解。实习内容包括：介绍高尔夫礼仪、高尔夫球场整体情况、以三杆洞和四杆洞为例介绍了高尔夫球场每一个球洞所包含的发球台、高草区、球道、沙坑、水域和果岭等组成部分。视频时长29分钟。

（二）课堂播放实习视频

所有录制的视频经过后期处理和剪辑之后，都要进行室内讲解、播放和答疑（图4），播放的过程中教师再进行穿插讲解，学生可以随时提问并进行讨论，课程深入浅出，通过大量的图片和素材对学生们的思维能力进行培养、启发，同时引导学生要综合运用所学知识来分析问题、解决问题。

二、线下实习

（一）草皮基地参观实习

2020级草业科学专业本科生草皮基地的线下实习（图5）同样在北京沃野飞歌草皮生产基地进行，由基地负责人进行了讲解介绍。内容主要包括：草皮基地的总体规模和概况，

(a)高尔夫球场实习视频录制——发球台

(b)高尔夫球场实习视频录制——球道

(c)高尔夫球场实习视频录制——沙坑

(d)高尔夫球场实习视频录制——果岭

图 3 2019 级高尔夫球场实习视频

(a)2019级线上视频播放

(b)2019级线上视频播放并讲解

图 4 2019 级室内播放实习视频

以及草皮的生产工艺流程等。参观了不同生长阶段的草皮,包括刚播种尚未出苗的、刚出苗的幼坪和已经成坪的草皮,同时参观了播种机、剪草机等草皮基地应用的大型机械,使学生对不同时期的草皮有了直观的印象。学生们积极主动提问,围绕草皮生产的成本、环境影响以及施肥情况等与基地负责人进行了深度的交流。实习时长共 4 小时,其中在实践基地交流参观的时间是 1.5 小时。

(二)足球场草坪参观实习

足球场草坪的线下实习(图6)在北京市高鑫足球俱乐部足球训练场进行,由负责草坪建造和养护的基地负责人和"运动场草坪"专业课教师进行了讲解介绍。内容主要包括:运动场草坪的设计建造以及养护等。同时也采集了坪床的样品给学生进行展示和介绍。实习讲解结束之后,部分同学在足球场进行了踢球练习,切身体验了高质量运动草坪所提供的专业化、标准化服务。实习时长共 3 小时,其中在足球场参观现场交流的时间是 1.5 小时。

(a)2020级草皮基地实习讲解　　　　　　　(b)2020级草皮基地实习参观

(c)2020级草皮基地实习参观机械　　　　　(d)2020级草皮基地实习现场

图 5　2020 级草皮基地实地实习

(a)2020级足球场实习讲解　　　　　　　(b)2020级足球场实习观察坪床结构

(c)2020级足球场实习学生踢球　　　　　　(d)2020级足球场实习合影

图 6　2020 级足球场实地实习

（三）高尔夫球场参观实习

高尔夫球场的线下实习（图 7）在北京香山国际高尔夫球会进行，由高尔夫基地负责人和"高尔夫球场草坪"专业课教师进行了讲解介绍。内容主要包括：高尔夫礼仪、高尔夫球场整体情况、以三杆洞、四杆洞和五杆洞为例介绍了高尔夫球场每一个球洞所包含的发球台、高草区、球道、沙坑、水域和果岭等组成部分。教学过程中学生们积极主动提问，围绕不同区域草种的选择、草皮的养护、环境影响以及高尔夫行业就业形势等与基地负责人进行了深度的交流。实习时长共 3 小时，其中在高尔夫球场参观交流的时间是 2 小时。

(a)2020级高尔夫球场实习讲解

(b)2020级高尔夫球场实习交流讨论

(c)2020级高尔夫球场实习自由参观

(d)2020级高尔夫球场实习合影

图 7　2020 级高尔夫球场实地实习

三、实践教学改革效果调查

（一）调查问卷反馈结果汇总

"草业科学概论实习"课程草坪学部分线上教学与线下现场实习在我校 2019 级和 2020 级草业科学专业本科生中实施后，为逐步完善草业科学概论实践教学策略，教师设计了调查问卷，了解学生对线上与线下实习效果的反馈和评价，2019 级共有 34 名学生参与调查，2020 级共有 44 名学生参与调查。调研结果见表 1。

表 1　草业科学概论实践教学改革效果调查问卷反馈

调查问题	平均分	
	线上实习（2019 级）	线下实习（2020 级）
教学满意度	9.21	9.27
对草坪学相关领域的了解	8.35	8.32
对草坪学的兴趣	8.62	8.34
对草坪学相关产业的了解	8.44	8.39
考核方式满意度	8.59	8.50

从表 1 可以看出，两个年级学生对线上与线下实习两种方式的教学满意度都比较高，线下实习略高于线上实习。而对草坪学相关领域了解程度、对草坪学的兴趣、对草坪学相关产业的了解以及考核方式满意度是线上实习略高于线下实习。可见，从教学满意度和教学效果上来看同一门课程不同的实习方式差异并不显著。

(二)教学效果调查结果

图8—图12是每一项调查问题的柱状图分布情况。从调研结果来看,学生的评分基本集中在5~10分的范围内,期中8~10分占了很大比例。关于教学满意度调查2019级有8.82%的学生评分是5分和7分,91.8%的学生评分在8~10分。而2020级仅有4.55%的学生评分是7分,95.45%的学生评分在8~10分之间。增强了对草坪学的兴趣方面,2019级有26.47%的学生评分在5~7分之间,73.53%的学生评分在8~10分之间。2020级有22.72%的学生评分在5~7分之间,77.28%的学生评分在8~10分之间。

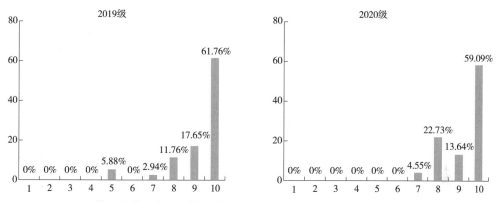

图8 草业科学概论实习草坪学部分教学满意度(1~10分满意度逐渐升高)

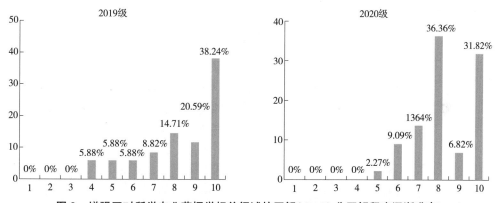

图9 增强了对所学专业草坪学相关领域的了解(1~10分了解程度逐渐升高)

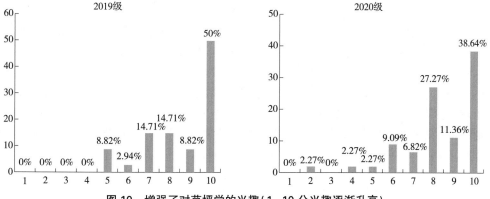

图10 增强了对草坪学的兴趣(1~10分兴趣逐渐升高)

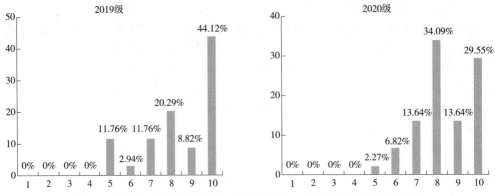

图 11 增强了对草坪学相关产业的了解（1~10 分了解程度逐渐升高）

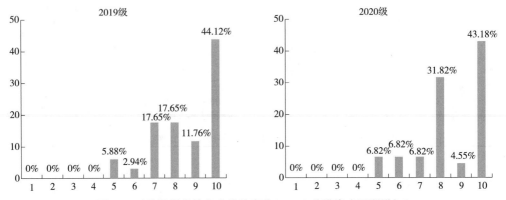

图 12 对该课程考核方式的满意度（1~10 分满意度逐渐增加）

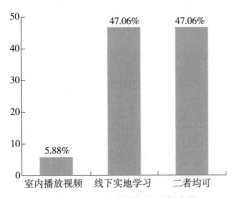

图 13 2019 级学生对喜欢的实习方式的投票结果

（三）学生对实习范式的喜好程度

2019 级 34 名学生对喜欢的实习方式的投票结果表明，16 名同学喜欢线下实地实习，16 名同学认为线上和线下均可，期中有两名同学喜欢室内播放视频的形式。因此，结合当前的疫情防控形式，完善线上实习的方式和质量，提升学生对线上实习的兴趣进而达到较好的实习效果，我们仍然面临着很大的挑战。

四、结 语

线下实地实习是培养学生创新和实践能力的不可替代的实习方式，但在特殊的情况下，用线上实习方式临时替代线下现场实习，融合"互联网+智能+技术"的在线教学，需要教师对教学方法、模式等进行创新实践，这也对新时期授课教学提出新的要求，同时将落实立德树人根本任务摆在线上教学的首要位置，坚持以学生为中心，以质量为导向，在课程设计、教学组织、资源建设等方面，找到培养质量要求和学生学习需求的结合点，提高人才培养达成度。目前，对于如何提高线上实习的教学质量提出以下几点思考和建议：

（1）实践教学不仅仅是理论教学的延续，更与理论教学密切相关、相辅相成[5]。因此，需要紧扣理论教学的内容设计实践教学的地点和内容。

（2）教学准备阶段，经过精心拍摄和剪辑，制作专业的实习视频，需要学校和学院投入一定的教学经费进行视频专业化剪辑和制作，以制作高质量的实习视频供学生观看和学习。

（3）增加师生和同学间互动。由于是线下实习转为线上，单纯的视频播放会很枯燥乏味，视频播放的同时穿插老师的讲解和及时的提问讨论，同时增加互动频率，使学生真正学有所用。

（4）作为特殊时期临时代替线下实习的一种方式，线上实习也有优点，比如，中间可以穿插各种机械操作的视频，这是在实地实习的时候不一定能看到的内容，因此线下实地实习结合线上实习的方式也是一种行之有效的实践教学改革的方向。

总之，实习实践教学需要不断完善、更新实习内容，不断改革实习模式，为培养品德优良、基础宽厚、专业良好、实践能力较强，具有一定解决实际问题和学术研究能力的优秀专业人才发挥作用，同时，也为我校的草业科学"双一流"专业建设奠定坚实的基础。

参考文献

[1] 常智慧. 草学专业本科实践教学效果的调查研究[J]. 中国林业教育，2013，31(6)：9-13.

[2] 王数，李保国，吕贻忠，等."资源环境野外综合实习"课程的创新与实践[J]. 中国农业教育，2014(1)：63-66.

[3] 沈颖. 停课不停学之线上教育模式探索[J]. 教育教学研究，2020：15-16.

[4] 李治国，韩国栋，王忠武，等. 草业科学专业本科野外综合实习模式的探索与启示[J]. 草学，2020(6)：83-88.

[5] 赵良庆，蔡敬民，魏朱宝. 应用型本科院校实践教学的思考和探索[J]. 中国大学教育，2007(11)：79-80，96.

Teaching experience and evaluation of traditional practice and online practice: Taking *Practice for the Introduction to Grassland Science(Turf Science)* as an example

Li Fucui　Zhang Tiejun　Yin Shuxia　Han Liebao　Dong Shikui

(School of Grassland Science, Beijing Forestry University, Beijing　100083)

Abstract　The field practice of undergraduates is conducive to the cultivation of their innovative ability, observation ability, practical ability, imagination, analysis and coordination ability, as well as their innovative and entrepreneurial spirit. It can comprehensively improve the comprehensive quality of college students, which is one of the effective ways to cultivate innovative talents. "Practice for the Introduction to Grassland Science"is an important practical course for undergraduates in the School of Grassland Science, Beijing Forestry University. It has the characteristics of interdisciplinary, comprehensive and large-scale students. In view of this year's"novel coronavirus"epidemic situation, through careful planning, seeking support from various parties, selecting instructors and other means, the course successfully completed the practical teaching content through online practice, and achieved the expected practical teaching objectives. Through in-depth investigation and comparison of the two teaching methods of the same course: online practice and traditional field practice, this paper analyzes the design and effect of online and traditional practice, and provides important reference and data support for further improving the practical teaching activities and educational reform of undergraduate students in Beijing Forestry University and even the whole country.

Keywords *Practice for the Introduction to Grassland Science*, online practice, traditional practice, effect evaluation

自主学习在线上教学中的作用初探

——以北京林业大学环境工程专业必修课"固体废物处理处置工程"为例

徐康宁　李若愚　程　翔

(北京林业大学环境科学与工程学院，北京　100083)

摘要：我国高等院校工科教育中普遍存在"重授课、轻自学"的现象，限制了大学生自主学习能力的培养。新冠肺炎疫情期间，我校环境工程专业必修课"固体废物处理处置工程"变更为在线教学，教学形式更为灵活，成为开展自学能力培养教学实践的契机。本文进行了10次问卷调查以及10个章节随堂测试，分析了625份调查问卷以及840份随堂测试试卷，对比分析了"自学辅助+重点讲解"的新教学模式和传统的"全讲解"模式。结果表明，新教学模式下学生对知识点的掌握程度良好，但是，多达45%~71%学生不能按时完成自学任务，58%的学生更倾向于传统教学模式，缺乏规律性的居家学习和相对较满的课程安排是自学受限的主要因素。这次教学实践和研究可以为今后在线教学模式的探索以及我国高等教育中自学能力的培养提供参考。

关键词：固体废物处理处置工程；环境工程；自主学习；在线教学

　　区别于小学和中学基础教育中教师讲授为主的教学模式，高等教育中更注重大学生自学能力的培养[1]。然而，现实问题却是，我国高等院校工科教育中普遍存在"重授课、轻自学"的现象，刘伟等[2]曾经比较中美大学生课程学习投入，发现86%美国大学生每学期课程数为0~4门，而66%中国大学生则高达5~7门课程，这导致64%中国大学生上课时间大于自学时间，而65%的美国大学生自学时间大于上课时间。即便少数专业培养方案中明确了自学能力培养的目标，但是却通常缺乏具体可执行的细则。这将不利于大学生自学能力的培养，长此以往，甚至会影响我国科技、经济和社会的发展，因此，亟需正视高等教育中自学能力培养的缺失，并在教学过程中加入自学能力培养的具体实施细则。

　　"固体废物处理处置工程"（以下简称为"固废课"）是我校环境工程专业必修课，是工程能力培养的重要支撑课程[2]，也同时是环境科学专业的选修课，课程共计32个授课课时，10个教学章节，教学大纲中教学内容划分为若干个知识单元，其中概念以及原理等知识单元难度较低，可以通过自学等完成，但是在传统教学中都是教师讲授授课。虽然任课教师一直希望能够在专业核心课中探索自学辅助的作用，但是培养方案和教学大纲细致规定了每一个教学课时的授课内容，改动教学方式的难度非常大。2020年新冠肺炎疫情肆虐，学生居家不能返校，根据我校《北京林业大学关于2020年春季学期延期开学的工作方案》规定，"任课教师向学生提供课程自学指导大纲"，"有条件的任课教师和学生可利用网络教

作者简介：徐康宁，北京市海淀区清华东路35号北京林业大学环境科学与工程学院，副教授，xukangning@bjfu.edu.cn;
　　　　　李若愚，北京市海淀区清华东路35号北京林业大学环境科学与工程学院，实验师，bjfuliry@163.com;
　　　　　程　翔，北京市海淀区清华东路35号北京林业大学环境科学与工程学院，教授，chengx@bjfu.edu.cn。
资助项目：北京林业大学教育教学研究重点项目"多维目标体系下环境工程一流专业建设的探索与实践"（BJFU2020JYZD003）。

学平台、各类在线课程平台开展线上课程教学"。这时候的教学安排受到疫情未知因素以及教学条件等多重限制，教学形式更为灵活，这为探索自学辅助的教学模式提供了可行机会。

针对疫情期间"固废课"在线教学形式，任课教师设计了"自学辅助+重点讲解"的新教学模式进行了教学实践，并与传统"全讲解"的教学模式进行了比较分析，通过大量的问卷跟踪调查了解大学生自学情况以及对新教学模式的接受程度和反馈，并通过随堂测试分析大学生对主要知识点的掌握情况，以评估两种教学模式的影响，最后根据教学研究结果提出了对教师开展自学辅助教学以及大学生自学能力培养等方面的建议，以期望为今后在线教学模式的探索以及我国高等教育中自学能力的培养提供参考。

一、在线教学模式设计与研究方法

（一）在线教学模式设计

在第1至4章教学中使用了"自学辅助+重点讲解"的新教学模式，而在后续5~10章节教学中，根据学生对于教学模式的反馈，变更回"全讲解"的传统教学模式。新教学模式下要求学生上课前完成自学内容，传统教学模式下则鼓励学生开展自学。由表1可知，自学内容多为概念型、原理型知识点，而重点讲解则主要侧重工程应用的知识点以及难点等，自学材料包括教学大纲、前一年的教学幻灯片以及北京师范大学在慕课网站公开的"固体废物处理与资源化"精品课。北京师范大学"固废"精品课经过认真比选确定，该课程具有优秀的师资力量，制作精良，跟我校"固废课"教学大纲内容最贴切。在重点讲解时，首先使用一页幻灯片简要回顾自学内容，之后进入重点知识点讲解。根据授课实践情况，新教学模式下重点讲解时间大概能压缩到原教学时间的一半，之后的答疑时间则取决于学生，通常情况下答疑不会超出原有教学时间。课程结束前10分钟进行在线随堂测验，使用问卷星设计10个选择题，覆盖主要知识点，了解学生的知识掌握情况。

表1 "固废"课第1~4教学章节自学内容和重点讲解内容

章节	自学内容	讲解内容
第1章，绪论	①固体废物的概念 ②固体废物的污染及其控制对策	固体废物的界定以及来源、分类等
第2章，固体废物的产生及性质分析	①固体废物的产量预测 ②固体废物的基本性质及采样方法	城市生活垃圾产量的预测方法，固体废物基本性质分析方法
第3章，固体废物的收集、分类与运输	①固体废物的收运系统及收集方式 ②生活垃圾的运输和中转	城市生活垃圾收运方式、路线设计与优化分析
第4章，危险废物的鉴别特性及其收运	①危险废物的鉴别特性 ②危险废物的收运系统	危险废物的鉴别特性和判定

（二）教学研究方法

在全部10个章节的教学中，在考勤之后进行随堂问卷调查，了解学生对教学幻灯片和北京师范大学"固废"精品课的自学情况，并分别在第1章和第4章教学时针对未完成自学安排的学生进行了原因调查。在第4章教学结束时，还调查了学生对新教学模式的评价，包括满意度、教学模式的倾向以及学习负担等。所有调查都使用即时在线调查，选课人数合计84人，共计进行了10次问卷调查、10次随堂测试，分析了多达625份调查问卷和840分随堂测验试卷，回收问卷的覆盖率为62%~99%，结果可信。

二、自学情况调查结果及原因分析

第 1~4 章节教学使用了"自学辅助+重点讲解"的新教学模式，此时，开展教学幻灯片自学的总体比例在 80% 以上，而进行了北京师范大学"固废"在线精品课自学的比例却仅为 40%~80%，低于教学幻灯片的自学情况。但是，自学完成情况整体上都不乐观，10 个教学章节中教学幻灯片和北京师范大学"固废"在线精品课的自学完成情况都是逐渐降低的，幻灯片自学完成比例为 10%~55%，而在线精品课的自学完成比例仅为 0~41%，不考虑第 1 章自学情况，在线精品课的自学完成比例不足 1/5。这其中，在线精品课自学情况最差，多达 60%~90% 的学生没有进行在线精品课自学。

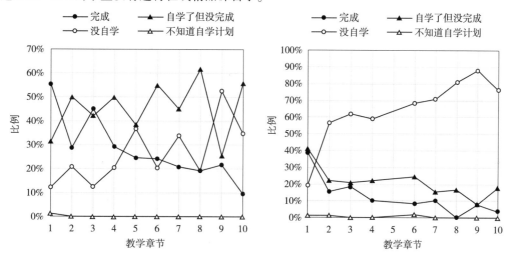

图 1　"固废"课程各教学章节幻灯片和在线精品课自学情况

分别在第 1 章以及第 4 章教学时针对未能有效完成自学情况的学生进行了原因调查，结果如图 2 所示。结果表明，所有学生都了解自学安排与要求，但是，居家成为未能完成自学的主要因素，约 57%~62% 学生认为居家杂事太多没时间自学或者居家自学没有学习状态，也有约 26% 的学生不喜欢自学而更喜欢听老师讲课，其他原因不能完成自学的比例约为 12%~16%，例如缺乏必要的电子设备、网络条件、生病等。

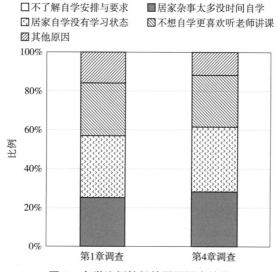

图 2　自学比例较低的原因调查结果

三、教学模式评估与分析

针对"固废课"在线教学情况,调查了学生对教师的满意度以及自我满意度,根据图3的调查结果可知,整体上,对教师授课满意度100%,其中42%学生非常满意,没有不满意;学生自我满意度评价中,满意比例为94%,但是其中自我评价非常满意的学生仅占15%,满意和基本满意的学生分别为42%和37%。另有6%学生自我评价不满意。对教师的满意度高于对学生自我满意度,这表明教师教学得到了学生的认可,但是学生自我评价中有对自己不满意的地方,这也可能与学生居家学习期间被杂事干扰或者没有学习状态等因素有关。

对于新教学模式和传统教学模式的倾向性调查结果表明(图4),倾向于"自学辅助+重点讲解"新教学模式的学生比例为42%,而倾向于"全讲解"传统教学模式的学生比例为58%,更多的学生倾向于传统教学模式,学生对新教学模式的接受度不高。这可能与新教学模式加重了学生学习负担有关,仅有10%的学生认为新教学模式更轻松,46%的学生认为新教学模式学习负担更重,而认为两种教学模式学习负担一样的比例为44%。也有部分学生单独表示了新教学模式负担更重的意见,典型意见如下:

"现目前上课既需要学习慕课内容,又要提前学习PPT,又需要听老师讲课,相当于一门课要多花2倍以上的时间,但是本学期课程太多,每门课都是这样要求,且存在难度和课后作业需要完成,时间上感觉很紧迫、不充裕。"

"还是希望老师能够像正常上课一样讲课。录制好的视频课没有重点!没有重点!没有重点!说话和机器人一样没有感情,听起来很费劲,上学年老师尝试用慕课上环境化学感觉效果就不太好。"

"希望老师可以合理划分线上线下教学时间,如果所有课程都是线下自学为主(观看MOOC等),线上讲重点的话,时间会有一点安排不过来。但是每节课的小测真的很好,方便及时掌握重点,希望老师可以及时下发小测的文档!"

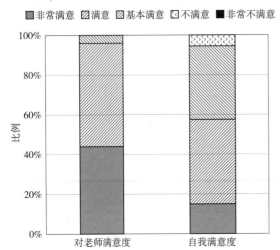

图3 学生对教师满意度以及自我满意度调查结果

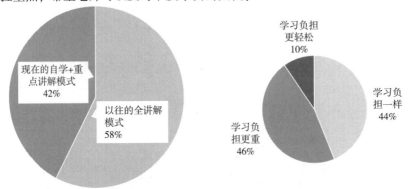

图4 学生对两种教学模式的倾向性以及新教学模式学习负担调查结果

学生对于新教学模式的倾向性并不高,更多学生倾向于教师"全讲解"的传统教学模式,根据文件调查以及学生课表分析来看,大概有以下四方面原因:

(1)学生课业负担较重,没有自学时间。"固废课"面向对象是环境科学与环境工程大三学生,本学期专业必修课较多,根据环境工程专业学生每个教学周课程时长统计结果(图5),在"固废课"新教学模式在线教学期间,每周教学时长长达 30.75 个小时,以周一至周五来计算的话,平均每天约有 6 个小时的课程教学,约占满课程总时长的 70%,再加上课程通常还会有课后作业等情况,严重限制了学生自学时间。

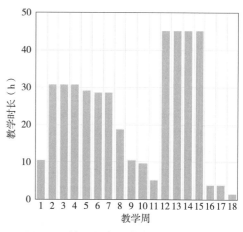

图 5　环境工程专业学生每个教学周课程时长统计

(2)自学内容负担过重,加重了学习负担。教学幻灯片自学时间约为 0.5~1 小时,而在线精品课学习时间为 1.5 小时,自学总时间大约为 2~2.5 小时,再加上重点讲授时间 0.75 小时,每次课程学习总时间约为 2.75~3.25 小时,远大于原课程 1.5 小时的学习时间,这也体现在学生意见反馈中,新教学模式下学习时间翻倍。

(3)严苛的课程教学时间安排进一步限制了自学时间。根据学校要求,第一阶段线上教学以学生居家自学和教师在线辅导为主,但是,学校在教学时却要求需要上满课程原要求时长,以第 1 章内容为例,学生自学后,教师重点讲解时长仅为 0.75 小时,虽然会有辅导答疑时间,但是通常情况下重点讲解和答疑辅导时间约 1 小时,不上满 1.5 小时原课程要求时间的话,教师有教学事故的风险,因此,教师会延长答疑辅导时间,从而进一步限制了自学时间,加重了学生学习负担。

(4)居家学习影响学习效率。学生普遍反映居家学习会受到家庭杂事影响,而学习时学习状态也明显不如在学校的学习状态,这也是导致自学任务不能完成的一个不容忽视的因素。

四、 两种教学模式下知识点掌握情况分析

在每一个教学章节结束时,通过 10 分钟的随堂测验来分析学生对主要知识点的掌握情况,结果如图 6 所示。从结果来看,各章节知识点正确率约为 64%~95%,这不仅取决于学生对知识点的掌握情况,还取决于每个章节知识掌握的难易程度以及随堂测验的难易程度。在新教学模式下,知识点的平均正确率为 78.0%,而传统教学模式下的知识点平均正确率为 77.6%,略低于新教学模式。但是整体样本的方差分析(Analysis of Variance,简称 ANOVA))结果中 P 值为 0.16(> 0.05),这表明,两种教学模式下学生在随堂测试中的知识点正确率没有显著性差异,新教学模式虽然仅讲授重点和难

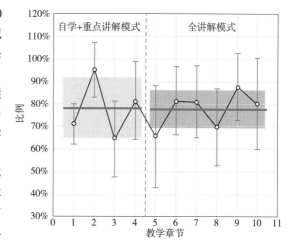

图 6　"固废课"10 个教学章节随堂测验中的知识点掌握情况(灰色区域表示该教学模式下知识点正确率的平均值及其标准偏差范围)

点，同时学生自学完成情况并不乐观，但是学生对知识点的掌握情况与传统教学模式相当。

五、关于在高等教育中强化自学能力的一些思考与建议

自学能力是公认的高等教育目标之一，但是，实际上并未有明确的执行细则，而在大学课程教学中强化自学能力非常重要，尤其是当今在线课程发展迅速，将学生自学与在线课程结合可能会是未来的一种新发展方向。基于"固废课"在线教学中"自学辅助+重点讲解"新教学模式实践和分析总结来看，可以在以下方面多做工作，以有效推动大学生自学能力的培养。

（1）重构培养方案和教学大纲，降低课程数量和授课时间。正如刘伟等调查中发现我国大学生课程安排过满[2]，如果要推行自学辅助的课程教学，必须压缩教师的授课时间，精简课程数量，给学生更多时间开展自学。

（2）优化教学大纲，区分学生自学和教师讲授的知识单元，明确自学任务与要求。高等教育中应该不讲、少讲概念型、记忆型知识点，而主讲重点、难点，这就要求能够在教学大纲中明确自学内容和教授内容，并明确自学要求，以帮助学生开展自学，而这一措施也能够压缩课程教学时间，同样能够给予学生更多自学时间。

（3）更严格的考核考试制度是良好自学能力培养的保障。从教学实践来看，即使要求完成自学，也会有部分学生不能按要求开展自学，因此，需要在教学过程中通过随堂测验、课后作业、课堂研讨以及期末考试等多种形式强化对学生掌握知识点的考核，改革目前课程考核学生通过率过高的弊端，"宽进严出"，切实保证教学效果。

（4）增加更多答疑辅导渠道，并针对性开展后进学生的帮扶。随堂测验是一个重要的实时学生知识点掌握评价方法，可以了解学生学习中的弱点和后进学生，适当增设辅导答疑时间和渠道，鼓励学生自学以及复习中遇到问题积极答疑，帮助学生更好掌握课程知识。

六、结　语

在新冠肺炎疫情期间的"固废课"在线教学中开展了"自学辅助+重点讲解"新教学模式的实践，通过10次问卷调查、10次随堂测试以及多达625份调查问卷和840分随堂测验试卷的统计分析，总结了新教学模式与传统教学模式在课程教学中的差异，虽然新教学模式下学生对知识点的掌握情况没有显著差异，但是总体上学生自学情况不容乐观，对新教学模式的接受度不高，通过原因分析为今后高等教育中学生自学能力培养的强化提供了一些思考和建议，以期望为今后在线教学模式的探索以及我国高等教育中自学能力的培养提供参考。

参考文献

[1] 江芳，刘晓东，李健生，等. 工程教育认证背景下国际化人才培养模式的探索与实践—以南京理工大学环境工程专业为例[J]. 教育教学论坛，2018，371（29）：147-149.

[2] 刘伟，孙志强，谢红卫. 中美大学生课程学习的比较研究[J]. 电气电子教学学报，2016，38（2）：5-7+17.

[3] 程翔，孙德智，王毅力，等. 基于工程教育认证标准的环境工程专业课程教学体系的构建—以北京林业大学为例[J]. 中国林业教育，2017，35（1）：35-38.

Preliminary Investigation of the Effect of Self-Study on the Online Teaching: Taking *Engineering of Solid Wastes Disposal and Treatment*, a Compulsory Course of Environmental Engineering in Beijing Forestry University, as an Example

Xu Kangning　Li Ruoyu　Cheng Xiang

(College of Environmental Science & Engineering, Beijing Forestry University, Beijing　100083)

Abstract　There is a common phenomenon of "emphasizing teaching and neglecting self-study" in engineering education in colleges and universities in China, which reduces the cultivation of self-study ability. During the epidemic of the novel coronavirus disease, the *Engineering of Solid Wastes Disposal and Treatment*, a compulsory course of environmental engineering in Beijing Forestry University, was carried out using the online-teaching. The online-teaching mode was flexible, which provided an opportunity for the practice of developing self-study ability of students. This study compared a new teaching mode of "self-study assisted key points teaching" and a conventional one of "full teaching" through conducting 10 questionnaires and 10 in-class quizzes, and analyzing 625 copies of 625 questionnaires and 840 copies of quizzes. Results showed that the students had a good grasp of knowledge under the new teaching mode. However, 45%–71% of the students could not finish the self-study task and 58% of them preferred the conventional "full teaching" mode. Lack of regular home-based learning and relatively full curriculum arrangement were the main factors restricting self-study. This teaching practice can provide reference for the exploration of online teaching mode and the cultivation of self-study ability in Higher Education in China.

Keywords　*Engineering of Solid Wastes Disposal and Treatment*, environmental engineering, self-study, online teaching

后疫情时代"高等代数"的"线上线下"混合教学模式建构

——长周期"停课不停学"实践教学反思

王 晶 张桂芳

(北京林业大学理学院,北京 100083)

摘要: 为了响应教育部提出的"停课不停学"措施,北京林业大学理学院数学系"高等代数"课程采用了"微信群+百度网盘+哔哩哔哩"线上授课的教学模式。该课程在课前用百度网盘发布教学大纲以及同类优质课程的导读推荐,同时利用哔哩哔哩平台发布知识点视频讲解;课上以哔哩哔哩直播平台作为虚拟教室进行在线直播;课后利用百度网盘搭建课后回放以及课后习题讲解视频在线课程资源。该模式保证了疫情间的教学进度和教学质量,也为疫情过后的混合式教学奠定了基础。疫情过后,针对"线上"教学效果、以及学生的体验进行了问卷调查,结合考情分析,笔者结合"线上"授课的优势,建构了"线上线下六步"混合式教学模式,该教学模式将传统的学习模式和网络化学习的优势充分结合起来。从三个维数"网络—教师—学生",三个阶段"课前—课堂—课后"充分发挥了学生在"线上"学习时激发的主观能动性,有效地解决了后疫情时代学生学习差异进一步增大等教学难题,提升了学生的自主学习能力,促进了学生的发展和教师的专业成长,提升了教学成效。

关键词: 高等代数;"线上线下"混合教学模式;自主学习;有机融合;混合教学;课堂教学

一、疫情期间"高等代数""线上"授课教学模式

针对新型冠状病毒感染肺炎疫情对高校正常开学和课堂教学造成的影响,教育部提出"停课不停教、停课不停学"的倡议[1]。为了响应教育部的倡议,北京林业大学理学院数学系"高等代数"课程采用了线上授课的教学模式。

"线上"授课与面对面的授课模式最根本的区别是教与学的时空分离以及教师和学生处在不同的物理空间中。在这种授课模式中,学生没有教师的直接关注,学生也没有同伴的陪伴,这样的模式就会使得教与学的相互作用减弱。因此如何借助于资源和工具强化教与学的相互作用,以及如何达到预期的教学效果应该是教师们最关注的。

在此过程中,笔者遇到了多方面的挑战。首先,线上资源何其多,选用何种平台更合适?其次,学生学习方式何其多,线上学习怎样更有效?最后,身处不同时空,学习质量如何管控?针对这三个问题,最关键的是重新设计和实施符合学习规律的、有效的完全线上教学模式。针对"高等代数"课程的特点,笔者将以往的教学模式转变成"线上"的远程教学模式。

首先,线上教学课前准备包括:

(一)笔者安装哔哩哔哩直播平台、微信以及超星学习通并建立课程表获取课程二维码,

作者简介:王 晶,北京市海淀区清华东路35号北京林业大学理学院,讲师,wang_jing619@163.com;
　　　　　张桂芳,北京市海淀区清华东路35号北京林业大学理学院,副教授,gfzhang@bjfu.edu.cn。
资助项目:北京林业大学教改项目"'线性代数'课程的教学应用案例探讨"(BJFU2019JY094);
　　　　　北京林业大学校级教育教学研究名师项目"智慧教学理念下的公共数学基础课教学模式研究"(BJFU2018MS004)。

录制难点和重要知识点微视频；

（二）建立课程微信群，告知学生上课平台，并要求安装哔哩哔哩软件注册会员以便进行良好的弹幕互动交流；要求学生安装超星学习通扫描二维码进入课程以备答疑和收集作业；

（三）提前在微信群发布课程大纲，发布提前录制的知识点微视频，发布哔哩哔哩直播房间号以及同类课程导读推荐。

其次，在课表上课时间利用哔哩哔哩进行直播课程，笔者对大纲相关知识点串讲，学生利用弹幕以及连麦两种方式和进行交流和反馈，串讲有助于学生对难点和重点深入理解，以及帮助学生对整体知识进行把握。另外，在直播过程中，对课堂进行录屏。

最后，笔者将录屏资源上传到公共视频平台以及百度网盘，学生可以利用此资源进行回放，对知识点加以巩固；同时，学生将作业上传至超星学习通，笔者进行作业批改，同时学生如果感兴趣也可以对同班学生的作业进行互评，除此之外，笔者对课后题录制答案或者在微信群发布详细讲解。

上述教学模式利用了"微信群+百度网盘+哔哩哔哩"线上授课，如结构图1所示。

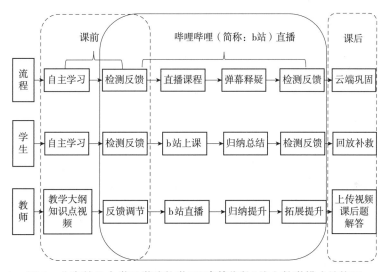

图1 北京林业大学理学院数学系"高等代数"线上教学模式结构图

二、"高等代数""线上"授课模式优势以及考情分析

在这场疫情中，教师们不得不抛弃传统教学课堂，走出熟悉的舒适圈，在家研究如何进行线上教学，如何做一名网络主播。这也是一场全员性的教师信息技术应用能力实战性培训，作为疫情防控期间的应急之举，广大教师主动或被动地接受了在线教育这一方式，在教与学的过程中提高了信息素养和应用能力，这个过程客观上成了师生信息素养提升的培训过程，对运用信息技术推进教学方式改革具有历史性意义，而网络在线上授课这个过程中，起到了必不可少的作用，图2所示。

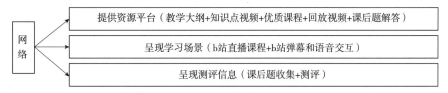

图2 "线上"授课模式网络的作用

笔者采用的"高等代数""线上"授课极大的减少了教与学的时空分离以及教师和学生处在不同的物理空间中造成的后果。

（一）"线上"授课最大的优势是突破了时空限制，将原来班级授课制的同步以及同一个物理空间变换为"时空分离""师生分离""教学分离"。这种教学模式极大地扩大了受众面，实现了优质资源共享，学生可以随时随地进行学习。同时，教学过程可以被记录保存下来，允许回看和查找，师生的活动留下了丰富的数据，方便收集教学反馈和反思总结。我们对本次授课模式受众学生进行问卷调查，调查显示有超过80%同学认为"学习时间可以自由安排"以及"教学视频可以反复观看"是"线上"授课的极大优势，有一半以上的同学认为网络上"大量的学习资料可以参考"也是"线上"授课的另一优势所在，如图3所示。

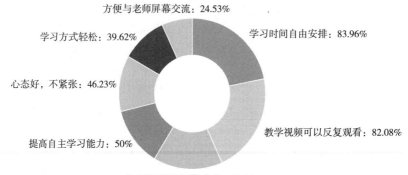

图3　疫情期间"线上"授课教学效果问卷调查——"线上"授课优势

（二）从学生角度来看，在"线上"授课几个环节中，最有效的学习方式依然是教师的直播课程，如果因为不可抗力参加不了直播课程，那么约有四分之一的学生会通过教师录播的课程获取知识，完全通过互联网自学的占10%。数据表明"线上"直播授课模式中，教师的教授对学生的学习起到了不可或缺的作用，如图4所示。

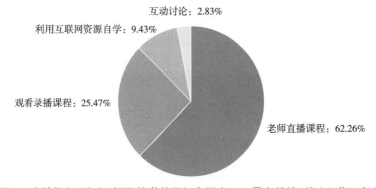

图4　疫情期间"线上"授课教学效果问卷调查——最有效的"线上"学习方式

（三）从师生互动角度来看，"线上"授课过程中，虽然师生互以视窗的形式呈现和交换信息，但是由于笔者采用了哔哩哔哩进行直播，哔哩哔哩有自由的弹幕实时交流以及连麦功能，接近100%的学生跟笔者互动，这在一般的课堂是少见的，其中有近三分之一的同学与笔者互动频繁。数据表明，"线上"授课弹幕互动可以弥补学生确实的情感交流，也可以感受到共同学习的气氛，不易产生倦怠感，如图5所示。

（四）从同期课程数学系的考情分析看，"线上"授课的班级较往年的班级成绩要好。其中,"线上"授课的及格率高达83.67%，平均分为75.87，而同期课程往年及格率为66.67%，平均分为67.45。更重要的是，从图6中可以看出，"线上"授课的班级分数在80~100的同

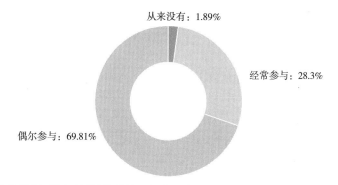

图 5 疫情期间"线上"授课教学效果问卷调查——是否经常参加"网上"课程互动?

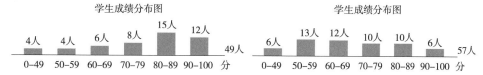

图 6 疫情期间"线上"授课(左)和正常期(右)"高等代数(下)"学生考试成绩比较
(其中,左图为数学 19-1,19-2;右图 5 为数学 18-1,18-2)

学们占了总人数的 55.1%,而往年的班级只占了 28.07%。

(五)从"线上"授课对象的反馈来看,其中,73.58% 的学生认为"线上"授课提升了自身的学习主动性;一半以上的学生认为在网上授课的过程中自身的文献搜索能力得到了提升,同时,对课外知识的了解也增加了。接近半数的学生认为自身分析能力和解决问题的能力比线下学习也得到了锻炼。这些调查结果说明了"线上"授课使得学生自律能力更强,知识掌握得更加扎实,同时知识面拓展的更广。从这里可以看出"线上"授课的班级较往年的班级成绩要好的原因,如图 7 所示。

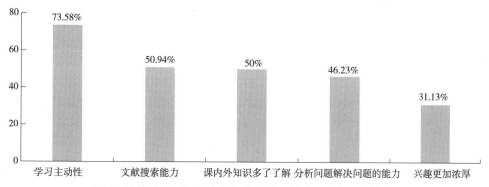

图 7 疫情期间"线上"上课比线下学习提升了哪方面的能力?

三、后疫情的"线上线下六步"混合式模式教学探索

随着新冠肺炎疫情防控形势的好转,高校大学生已复课。结合疫情期间"线上"教学的经验,通过对"线上"教学模式优势的调查分析以及考情分析,笔者认为"线上"教学模式在多方面有一定的优势而且教学效果更加明显,因此笔者尝试在后疫情时代,进行"线上线下 366"混合式教学模式改革。笔者认为,"线上线下六步"混合式教学模式,可以充分发挥"线上教学"与"面授教学"的优势并有机融合,是解决各校难题,提高教学成效的有效途径。

"线上线下六步"混合式教学模式共有六个环节:"自主学习—检测反馈—课堂教学—实时释疑—检测反馈—云端巩固",如图 8 所示。

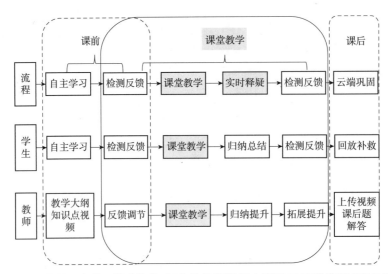

图 8　北京林业大学理学院数学系"高等代数""线上线下 336"教学模式结构图

自主学习：笔者发放教学大纲，设计学习任务单，制作微视频，发布学习资源包（学习任务单、微视频及其他相关学习资源、自我检测题等）到网盘。学生按照大纲和学习任务单要求，进行自主学习。

检测反馈：检测可在自主学习时进行也可在开始上课时笔者用几分钟时间对相关知识点进行检测，了解学生的疑难点，把握教学内容的选取以及难易程度。

实时释疑与课堂教学：针对检测反馈的结果，了解学生疑难点，选取针对性的、更精确的课堂教学内容，推进教学，使得学生形成知识的建构。

后续的检测：后续检测是对学习过程的每个知识点进行达标检测以决定是否转入下一个环节学习及查漏补缺。笔者在每章知识点形成检测，及时了解学习效果。对笔者来说，了解所有学生的学习状况，及时调整教学策略，对共性问题当堂及时补救，能更好地达成教学目标；对学生来说，及时了解学习的结果，以便查漏补缺，提高的成效。

云端巩固：笔者上传上课视频到百度网盘，针对问题，学生回看，查漏补缺。

笔者认为，"线上线下六步"混合式教学模式将传统的学习模式和网络化学习的优势充分结合起来。从三个维度"网络—教师—学生"，三个阶段"课前—课堂—课后"充分发挥了学生在"线上"学习时激发的主观能动性，充分体现学生作为学习过程主体的主动性、积极性与创造性。

参考文献

[1]教育部. 教育部工信部印发通知部署中小学延期开学期间"停课不停学"有关工作[EB/OL]. http：//www.moe.gov.cn/jyb_xwfb/，2020-2-12.

[2]周灵. 融合创新 构筑后疫情时代教学新常态："336"混合式教学模式的构建与实践[N]. 福建教育学院学报，2020(6).

[3]冯晓英，王瑞雪，吴怡君. 国内外混合式教学研究现状述评：基于混合式教学的分析框架[J]. 远程教育杂志，2018(3)：13-24.

[4]陈鹏宇，冯晓英，孙洪涛，等. 在线学习环境中学习行为对知识建构的影响[J]. 中国电化教育，2015，(8).59-63+84.

[5]鲍建生，周超. 数学学习的心理基础与过程[M]. 上海：2009-10.

Construction of "Online and Offline" Blend teaching mode of *Advanced algebra* in the post-epidemic era
——Reflection on practice teaching with long period of "suspended class, ongoing learning"

Wang Jing　Zhang Guifang

(School of Science, Beijing Forestry University, Beijing　100083)

Abstract　In response to the "suspended class, ongoing learning" measures proposed by the ministry of education, the mathematics department of the school of science of Beijing forestry university "advanced algebra" course adopted the "WeChat group + Baidu network storage + Bilibili station" online teaching mode. Before class, this course uses Baidu online disk to release the teaching outline and the introduction and recommendation of similar high-quality courses. At the same time, bilibili.com is used to release the video explanation of knowledge points. Bilibili live platform is used as the virtual classroom for online live broadcast in class. After class, baidu network disk is used to build online course resources for after-class playback and after-class exercise explanation video. This model ensures the progress and quality of teaching between epidemics, and also lays a foundation for the mixed teaching after epidemics. After the epidemic, a questionnaire survey is conducted on the effect of "online" teaching and students' experience. Combined with the analysis of the situation and the advantages of "online" teaching, the author constructed the "online and offline six steps" Blend teaching mode, which fully combines the advantages of traditional learning mode and online learning. From three dimensions of "network-teacher-students," three stages "pre-class-class-after class" give full play to the students in the "online" when studying arouse the subjective initiative, effectively solve the further the student to study the differences between outbreak era problems such as teaching, improve the students' autonomous learning ability, promote the development of the students and teachers' professional development, and improve the teaching effect.

Keywords　Advanced algebra, "online and offline" mixed teaching mode, self-directed learning, organic fusion, blend-teaching, classroom teaching.

后疫情时期强化"以学习为中心"的混合式实践教学的思考

——以"林学专业综合实习"为例

姜 俊 向 玮

(北京林业大学林学院，北京 100083)

摘要：随着国内疫情防控形势好转，如何在后疫情时期的背景下强化"以学习为中心"混合式实践教学，是保障本次疫情期间线上教学成果与探索混合式教学模式必要途径。该研究在后疫情时期线上教学成果的基础上，以北京林业大学林学专业综合实习为例，阐述了在疫情时期催生的三大教育教学新趋势作用下，"以学习为中心"混合式实践教学如何在教学流程的设计，核心素养的培养，教学环境的设计三个方面加快线上理论教学与线下实践教学的再次有效对接，提出了林学专业综合实习的教学思路，推动疫情结束后"线上+线下"混合式实践教学的进一步改进和完善。

关键词：疫情；学习为中心；混合式实践教学；线上教学

  随着"新型冠状病毒疫情"的爆发，全国高等院校的教学工作的开展也遇到了前所未有的挑战，疫情发展的变化莫测使得教学计划的开展都增添了诸多的阻碍。各高校积极响应教育部"停课不停教，停课不停学"的要求，为保证教学进度和质量，设计和开展线上教学活动。随着我国疫情防控形势的好转，结合"线上教学"的持续深化，复学后与学生们面对面的常规教学，理应在内容和形式上有所创新[1]。与理论教学相比，林学专业综合实习对教学内容、实践场所、教学仪器、师资水平等都有更高的要求，同时实践教学的评价也存在着一定的复杂性，因此在实践教学推进信息化建设，改变目前实践教学存在的实践内容设计不合理、实践场所受限制、教学互动性不强等问题，实现教学内容的系统性和连贯性。在疫情期间，林学专业的教学以线上课堂讲授理论知识为主，实践教学为辅；在后疫情时期，则要巩固和深化"线上教学"的成果，衔接好"线上"与"线下"两种教学形式的转换与配合。因此，总结"线上教学"的优劣势并结合后疫情时期的教学局面，开展"混合式"教育模式的探索是人工智能背景下发展"智慧教学"的必然途径。

一、疫情时期催生的教育教学新转变

(一)从"单边传授"到"学习互动"的转变

  后疫情时期的林学专业课程经历了"传统课堂教学—完全线上教学—疫情后混合式教学"的过程。传统课堂教学中的即时互动依靠的是现场语言表达，同时提问会面对在场班级集体的压力，而在线教学的互动是基于互联网平台发生的时空分离的延迟互动，学生可以有充分的思考时间，保持学术最佳的上课状态，教师可利用学情数据分析学生学习过程，

作者简介：姜 俊，北京市海淀区清华东路35号北京林业大学林学院，实验师，jiang@bjfu.edu.cn；
     向 玮，北京市海淀区清华东路35号北京林业大学林学院，副教授，wxiang@bjfu.edu.cn。
资助项目：北京林业大学科教融合教研教改项目"以科研促进实验教学改革的理论研究与实践探索"
    （BJFU2019KJRHJY012）。

判断学生知识掌握、认知能力，掌握教学的效果，达到适时调整教学计划和激发学生学习热情的目的[2]。

(二) 从"技术手段"到"思维价值"的转变

疫情期间的在线教学打破了传统课堂教学中的知识单一性、封闭性和权威性，让更多的教师重新审视线上课程并不是简单地将互联网、人工智能技术植入课堂，而是一种学习型思维的教学范式革新。思维价值的转变形成了在线教学的高度互动、密切协同和不确定性，整合了适合学习者学习活动的环境，从而形成主体介入学习过程能力，培养了独立思维能力，批判思考能力，这也是学习思维的主体性和去中心化效果。

(三) 从"知识积累"到"素养提升"的转变

教学的质量与效果是通过学生学习能力的提升得到体现的，目前大部分的教学评价体系中，依然是把关注点放在掌握多少知识点，积累多少知识量，对于让学生站在更深刻的角度看待学习本身这件事的意义，还缺乏探索和鼓励。线上教学的新模式下，学生获得的教学资源与传统课堂教学相比，无论从知识拓展度和知识获得效率都有明显的提升，显然提高学生对求学意义的认知程度，让学生的学习动机最大化的提高学习效率，已经成为新的关注点或关键指标。

二、后疫情时期"以学习为中心"混合式实践教学的内涵

(一) 后疫情时期"以学习为中心"教学理念

"以学习为中心"是认知主体在与人际关系、教具与媒介、学习资源等教学因素互动中主动构建出来，并赋予学习行为以意义[3]。有以下特点：(1)学生"学"的主体地位；(2)"以学生的问题导向"为中心的教学；(3)有效的学习软环境。教学理念强调在线上线下各种教学要素的共同作用下，"教、学、管"等各要素共同作用形成的教学形态，通过合适的融合与转型，促进教师"主动变革"，发现学习的价值，保持自我的学习动力。

(二) "以学习为中心"教学理念与混合式教学融合的内涵

教育部高教司在2020年6月15日召开的全国高教处长会上提到，疫情期间的线上教学使教学形态发生了新鲜感转变为新常态、单声道转变为双声道、教师中心转变为学生中心三个转变[4]。树立"学习者核心素质"的质量观，以"学生、学习"为中心，围绕"学生"进行教学，建立新型师生关系和课堂关系，把课堂变成师生共发展的学习共同体，助推师生核心素养的提升。混合式教学将线上、线下教学的优势深度融合的教学范式对教学发展的进行有积极的作用，一方面教师能够享受线上教学的高效、便捷与个性化特点，体会到线上教学的可重复性带来的体力解脱，混合教学模式能够营造个性化的沉浸式学习体验[5]，为学生个性化学习提供多元平台，提升学生构建知识和自主解决问题的能力；另一方面，利用大数据分析线上教学效果以探索尝试个性化、自适应的学习诊断，进行对症性指导。

三、林学专业综合实习"以学习为中心"混合式教学实践

林学专业实践教学内容具有范围广、周期长、实践性强、实验场所开放性强等特点，要求最大的限度的体现课程的实践操作性和知识专业性，传统混合式教学模式无法将知识点生动地呈现，辅助实习操作加深理解，林学专业综合实习是实践教学模式内容的综合体现，通过以"学生、学习"为中心对实习内容设计、学习环境、学习素养培养等进行环节，

最终使学生具备森林培育、森林经营和森林监测的综合能力[6]。

(一)从"教"到"学"的实践教学内容设计

1. 精炼科学知识的学习内容

疫情期间的教学强调对教学内容的设计,主要体现在线上理论内容聚焦,线下实践内容开放。林学专业实践教学包含了林学专业各个课程的实验和综合实习等教学活动。以"测树学"为例,线上课前,教师将学习资源按照实习的知识点进行统一归纳整理,引导学生学习慕课、微课等数字资源自学模块内容,了解学生在实践教学中的实际需要、能力水平和认知倾向,有效地实现教学目标,提高教学效率。课程过程坚持鼓励开放研究式学习,实习课教师和实验员在线上同步评价指导。在学生与教师、学生与学生的互动中完成线上实习任务,对实习知识点做好记录和经验积累,到线下实操的时候才能达到预期实习效果。

2. 把握知识再建构的关键节点

在学习过程中关节点的提升,是学习者对于理论层次和实践层次认识的交替,通过实习也是知识的再建构[7]。以"测树学"实习课为例,由于课程接受和认知水平不同,学生所遇到的知识关键节点是有差异的,这就涉及到课前、课中和课后的知识建构,课前提出假设和问题,进行网络教学资源的自主学习;课中教师设置测树学问题,例如设计对林木采集的进行计算和指标评价。将学生分为若干学习小组,从问题导向出发,分析本组的设计方案,通过教师和课程实验师的建议和引导,运用自身学习过的理论知识,以合作学习的方式完成实习方案,以达到理论知识到实践操作知识的更替。课后重视学习者的反思和总结,让学生把对理论的理解和实践的经验联系起来,促进持续性学习的发生,找出在林学专业实践教学的内在价值并赋予学习意义。

3. 注重持续发展的学习评价

混合式教学过程中线上教学和线下实习的学习评价是通过对课程的性质进行分数占比评价,预测和分析学生学到了什么,能做什么,还需要哪方面进一步引导。实现学习评价的关键在于通过学情数据掌握学生的学习行为,实践教学中开放式和半开放式方式能客观反映学习效果达成情况,实现对学生学习评定的推测。最后,借鉴线上学习的投票、举手、分组、点名等,督促学生保持专注的同时还能进一步加强教学互动,调动课堂气氛。另外,组织学生作业打卡、学习报告、互动情况观察、小组学习进行同伴互评,给出分数和评语,增进生生互动,能及时了解学生的知识掌握情况,从而为有需要的学生提供个性化的指导。

(二)从"教"到"学"的学习环境优化

线上教学的大面积实施,使教学环境接受了一次从"教"到"学"的深刻变化和发展,主要体现在:第一是培养学习共同体的意识。让教学在向"协同学习"为主的课堂形态、学习形态转变,尊重每个学生微妙的个别差异,洞察其差异之间相互学习的可能性线上教学打破了时间和空间的界限实现了林学专业实践课程学习。第二是提供有效客观的评价。例如,学生线上课程的生生互动的评价形式,使得学习的范围在时间和空间上延伸,为线下的实践教学课程提供了更多的开放性和创造性。第三是记录实习的过程。通过教学实习信息化课堂,反思自己的学习过程,例如借助虚拟仿真系统对野外实习进行补充,以无人机和高清相机拍摄,结合森林的图片和动画模拟,能丰富的展示实习地的森林资源情况;在 VR (Virtual Reality)头盔中可以进行野外实地体验和进行不同森林资源的环境体验。四是交互作用的学习,通过线上模拟如沉浸式虚拟仿真实验、线下实习和线上探究的过程,给学生创设的林学实习虚拟情景,让学生从枯燥抽象的理论学习中抽身进入模拟情境实操,能带来更好的学习体验和效果。

(三)从"教"到"学"的核心素养培养

教师从引导"学"开始转变传统课堂观念，发挥信息技术创设课堂学习软环境，减少过多的知识碎片化内容，以问题导向促进"学"的思考，对学生受教育过程信息进行追踪分析，从而为核心素养落实和综合素质评价提供技术支撑。针对线上学习留下的可视化"学"的情况，实时记录学生的练习、视频观看、参加讨论，将实践教学涉及的技术环节录制成简短的小视频，让学生在课程网站进行预习，实习后进行复习，开展重复性学习。另外，在教学实习过程中协同学习触发"学"的素养：疫情期间对学生的疫情后挑战就在于降低对教师的依赖转向自我学习能力的开发，协同线上线下教学之间形成浓厚"学"的素养。以实习中综合实习的《森林调查与规划》为例，课前针对林学专业综合实习模块，录制了森林规划设计外业调查实习步骤和内业数据的处理、小班绘制、林业规划设计等重要步骤的视频，并引导学生课前预习内容。课中，教师提出问题，通过整理小组成员课前所学内容，以及比较各组完成的实习设计书；接着教师要求学生掌握调查和统计方法，以小班调查簿的建立及林相图的绘制的要求得出二次结果；根据学生线下野外实习操作，师生共同进行内业工作与总结研讨，完善了自然观测、认知实习。整个实习过程中，学生、教师和实验师协作性学习，形成"生生互惠"的学习共同体[8]。

四、结　语

经过调整的混合式实践教学模式，不应是只针对疫情的不确定性应急预案，而是强调应完善内容设计、优化学习环境、培育核心素养等方面，这既是后疫情时代实践教学的常态化模式，更是为推动育人模式转变提供的新路径。在新的教育教学发展十字路口，对教师而言，需要重构教学内容，把按部就班的书本知识，通过师生、生生的互动性、探究性、实践性、体验性学习范式，转化为实践教学的"活"知识；对学生而言，需要重新定位角色，成为学习行为的"主角"，激发并保持学习的积极性与创造性，在多种情景学习过程中，学习、创新与体验，从而解决问题。总之，沿着适应后疫情时期特点，总结线上教育的问题和经验，促进师生教学相长，以线上教学的"小杠杆"撬动优质实践教学的"新变革"，真正实现实践教学新样态。

参考文献

[1]胡小平,谢作栩.疫情下高校在线教学的优势与挑战探析[J].中国高教研究,2020(4):18-22,58.
[2]周芬芬.课堂教学改革推动高校人才培养模式改革——基于"以学习为中心"课改理念的思考[J].华中师范大学学报(社会科学版),2017(4):169-176.
[3]刘湉祎,李立国.覆盖学习全过程:"以学习为中心"评价的趋势[J].中国大学教学,2020(5):68-74.
[4]黄光生.被动应对与主动变革:疫情下的高校教学范式转型[J].高等理科教育,2020(4):12-13.
[5]陶侃.沉浸理论视角下的虚拟交互与学习探究——兼论成人学习者"学习内存"的拓展[J].中国远程教育,2009(1):20-25,78.
[6]罗杰,周靖靖,梅莉,等.教育信息化背景下林学专业本科实践教学体系的重构[J].中国林业教育,2020,38(3):11-13.
[7]吕静静.开放大学混合式教学新内涵探究——基于SPOC的启示[J].远程教育杂志,2015,33(3):72-81.
[8]左璜,黄甫全.试论同伴互助学习的涵义及研究的主要课题[J].课程.教材.教法,2008(9):16-19.

A Preliminary Study on the Learning-centered Blended Teaching Mode in the Post-epidemic Period: A Case Study of *Integrated Practical Training of Forestry*

Jiang Jun Xiang Wei

(College of Forestry, Beijing Forestry University, Beijing 100083)

Abstract With the improvement of the situation of epidemic prevention and control in China, how to strengthen the "learning-centered" integrated practice teaching in the background of the post epidemic period, and promote the deep change of practice teaching paradigm in universities, is the necessary way to guarantee the online teaching results and explore the integrated teaching mode during the epidemic period. Based on the results of online teaching in the post epidemic period, taking the comprehensive practice of forestry specialty as an example, this paper expounds how to promote the online theoretical teaching and offline teaching in three aspects: the design of teaching process, the cultivation of core literacy and the design of teaching environment This paper puts forward the teaching idea of comprehensive practice of forestry specialty, and accelerates the further improvement and perfection of online-offline integrated practice teaching after the end of the epidemic.

Keywords post-epidemic period, learning-centered, integrated practical training, online teaching

多维度构建"线上实验课堂"，实施"分析化学实验"直播教学

陈媛梅

（北京林业大学理学院，北京　100083）

摘要：将中国大学 MOOC 优质视频资料、北京林业大学教学平台上的"精品课程"网络资源、自制实验操作视频、虚拟仿真化学实验整合成课程教学资源，对实验教学的各个重要环节进行精心设计，以腾讯课堂作为智慧教学工具，构建了立体"线上实验课堂"，实施了"分析化学实验"线上直播教学。该教学实践不仅提高了学生主动学习成效，而且为疫情后开展线上线下混合实验教学提供借鉴和帮助。

关键词：线上实验教学；分析化学实验；直播授课；腾讯课堂；教学设计

2020 年春季学期，新冠肺炎疫情给教育教学带来了巨大影响，然而，教育教学改革也在这场危机中孕育"新机"。

教育部部署各高校推迟开学，在"停课不停教、停课不停学"中[1]，几乎所有课程不得不转为线上教学，当然也包括实验课在内。我校"分析化学实验"线上教学在 5 月中旬开课，此时历经"全面网络授课"已有三月。师生们经过一段时间线上教学实践的摸索，逐渐适应了这种新的教学环境[2]。显而易见，居家学习时学生家中不具备实验条件，无法亲自动手操作，实验课通过线上教学很难达到理想的教学效果，进而难以保证与线下课堂教学质量的实质等效[1]。但是，线上教学在打破时空限制、进行师生和生生互动、利用教学资源等方面有绝对优势[3]。如何扬线上教学之长，避实验操作难以实现之短，这是我们在开展"分析化学实验"线上教学中面临的挑战。

"分析化学实验"是高等农林院校的公共基础课之一，是我校环境、食品、生物、林化等"双一流"或重点学科相关专业的必修课。延期开学期间，本课程授课对象为相关专业的一年级本科生，涉及学生 300 余人。为了激发学生学习兴趣、最大化保证教学效果，我们通过以下方式，对"分析化学实验"线上教学进行了探索和实践。

一、整合优质网络资源，构建"线上实验课堂"

经过课程组充分讨论，慎重决定 2020 年春季学期的"分析化学实验"教学分两个阶段：第一阶段，疫情期间开展"完全线上教学"，完成六个实验项目；第二阶段，学生返校后实施"线上、线下混合教学"，学生进入实验室完成剩余的两个实验项目。这里讨论的只是第一阶段的教学，即使用"腾讯课堂"等在线教学平台进行线上直播授课。

为了多手段多渠道实施"分析化学实验"线上教学，基于我校教学平台上"精品课程"网和"中国大学慕课"网，结合"微瑞虚拟仿真化学实验"平台和微信群，采用腾讯课堂、腾讯会议等线上交流媒介，为学生构建了立体"线上实验课堂"。

作者简介：陈媛梅，北京市海淀区清华东路 35 号北京林业大学理学院，教授，chym11@bjfu.edu.cn。
资助项目：北京林业大学"科教融合"项目"基于'科教融合'的分析化学实验课程建设"（BJFU2019KJRHC006）。

(一) 教学资源重建和重整

在疫情防控形势下,学生分散各地、学习条件受限、学习资料不齐全,开展线上教学时,准备教学资源尤为重要。课程组教师通过几次线上集体讨论,制定线上实验教学的内容体系,统一了线上教学所需资料。这些资料包括教学课件和教学视频、实验学习指导、思考题解答、虚拟仿真实验、MOOC 资料等。然后经过细致的备课后,完成了我校"分析化学实验"教学资源的重建和重整,为保证线上课堂的教学质量提供了支撑。

1. 选用在线课程平台中的优质资源

在疫情防控期间,国内优秀的在线课程平台都启动了相应的支持高校开展在线教学活动的服务,包括中国大学 MOOC(爱课程)、学堂在线、智慧树、超星尔雅等。这些平台上的优质教学资

源中,相当部分可用于我校"分析化学实验"线上教学。

根据我校"分析化学实验"的实际情况,课程团队主要选用了中国大学 MOOC 上的实验视频。例如,"酸碱滴定练习,比较滴定"(北京化工大学/基础化学实验/实验 I-2)、"水的硬度测定"(大连理工大学/分析化学实验/实验 4.1)、"碘量法测 Cu^{2+} 离子的含量"[湖南大学/基础化学实验(分析化学)/实验 4]、"碳酸氢钠的制备及组成测定"(苏州大学/无机及分析化学实验/十九)等。但是,这些视频资料几乎全都是由高等综合院校或者高等工科院校制作,与农林院校相关专业对教学的要求有所不同,所以即便是相同名称的实验项目,其实验内容,或者所用的仪器及设备,或者操作过程也有所差异。基于上述原因,MOOC 上的实验视频只是用作辅助教学,比如,用于学生预习或复习、在直播授课中用作视频资料进行插播等。

2. 利用本校教学平台"精品课程"网络资源

我校教学平台的"精品课程"网上有相应的"分析化学实验"教学资料。这些资源在延期开学期间发挥了重要作用。

2009 年实施我校"分析化学精品课程建设"项目时,建成了"分析化学精品课程"网站。与此同时,也对"分析化学实验"课程进行了改革实践,编制了实验学习卡片、编写了实验思考题参考答案,除此以外,还录制了基本操作视频等学习资料、收集了与实验项目有关的学科前沿知识及应用案例。所有这些,都一同上传到了"分析化学精品课程"网站的相应栏目中。之后,我校启用新版教务系统,"分析化学精品课程"网站上的所有资料经过进一步完善后,整体转入教学平台的"精品课程"网中,其中也包含"分析化学实验"的相关资料。

"精品课程"网上的分析化学实验教学资源有限,疫情期间无法在短时间实现全面建设,但是对现有资源进行了局部更新,还新增了 PPT 教学课件、学习大纲、测试题、实验教材的 PDF 电子文档等其他必备资源。

3. 采用虚拟仿真化学实验资源

虚拟仿真化学实验平台可为学生提供实验操作、反复训练的机会。有的化学实验项目中还会用到操作危险性高、对人身或环境造成危害的化合物,而虚拟仿真实验通过动画的形式表达实验过程,让本科生可以学习新的实验方法,同时规避了安全风险。因此,从 2017 年起课程组一直申报虚拟仿真实验平台建设,但由于某种原因始终没能实现。

在疫情防控期间,国内许多虚拟仿真化学实验平台都启动了相应的支持高校开展在线教学活动的服务。根据我校的具体情况,"分析化学实验"课选择了"微瑞虚拟仿真化学实验"平台(http://weishi.dlvrtec.com)。这个平台为在 8 月 1 日前我校免费开放了绝大部分虚拟实验项目,几乎涵盖了我校"分析化学实验"课的全部内容。然而,平台上的虚拟实验项目存在诸多缺陷,比如化学试剂颜色失真,仪器设备比例失调等。另外,相同名称的虚

拟实验项目与我校的实验不完全相同；我校开出的综合实验，如"小苏打的合成与分析""蛋壳中碳酸钙含量的测定"以及创新综合实验等，虚拟平台还没有开发出来。因此，虚拟仿真实验仍然只能用于辅助教学。

4. 自制实验操作微视频

如上所述，中国大学MOOC的资源固然优秀，虚拟仿真化学实验虽然极具体验感，但都与我校的"分析化学实验"教学要求有较大差异。本校教学平台上"精品课程"网已有一些学习资料，但仍然不能满足线上直播教学所需。剩下可用的选项是：①现场实验演示直播；②先录制实验操作视频，再插入直播课堂中进行播放。综合考虑了各种因素后，最终选择了后者。

录制实验视频的方案是分段录制实验操作的全过程。具体是：把指定教材《分析化学实验》[4]中相应实验的"操作步骤"完整地录制下来，不能缺少任何一个步骤；每个实验步骤单独录制成一个微视频，每个视频控制在10~20分钟之间。录制视频期间，正值疫情防控严峻时期，为了防止疫情蔓延，人员不能聚集，教师只能独自完成视频录制；因缺乏录制器材，教师只能用自己的手机当录制工具。

任课教师在短时间内"自编、自导、自演、自拍"的"实验操作"视频，虽然在录制水平上不能和专业团队相比，但是，关键操作环节、实验注意事项、仪器的正确使用方法等，这些教师想要强调的内容，都能在视频中清楚、完整地呈现出来。因此，这些由教师亲自制作的实验操作视频，更实用、更有个性、更具针对性。

（二）线上教学平台选用

将中国大学MOOC优质资源、本校教学平台上"精品课程"资料、虚拟仿真化学实验和教师自制的操作视频等加以整合，组成了"分析化学实验"线上教学资源。如何有效利用这些优质资源，为完全线上教学服务，使教学效果最大化，线上教学平台的选择尤为重要。

"分析化学实验"线上教学之前，已经完成了分析化学（理论）线上教学，积累了相当的经验、对各平台使用也较为熟悉。综合考虑各种情况，在"分析化学实验"线上教学中，主要使用腾讯课堂，而腾讯会议用作备选，微信群为辅助教学工具。

腾讯课堂具有易于操作、多端授课、直播流畅、教学功能齐全等特点，是成功实现线上教学的重要条件[5]。腾讯课堂虽在交流互动方面稍显弱势，如学生不能自由发言，只能举手并征得老师同意后才能开启话筒发言，或者在课堂讨论区以文字形式进行交流，但这却能保证教师对课堂进行有效管理。除了课后考勤数据一键导出、答题卡、签到功能外，在延期开学期间，根据用户的需求或建议，腾讯课堂不断升级改造，开发了若干新功能，如无限次直播回放、直播回放下载及分享等。"分析化学实验"开课时，又有"作业"和"课件"等功能问世，可以用于实现作业布置和批改、作业上传、授课资料上传等。这些功能足以弥补其互动性有限的不足。

二、精心设计教学环节，多手段多渠道实施完全线上实验教学

（一）充足的前期准备

正式开展完全在线教学前，需进行充分准备。主要准备工作包括以下内容。

师生提前加入企业微信，由组建企业微信班级群，将授课班级学生拉入其中。然后，建立班级微信群或者QQ群，用于发布消息或者进行个别答疑解惑。同时，在腾讯课堂上建立"分析化学实验"课程、开辟相应的"作业"专区，获得课程邀请码。通过企业微信群，邀请学生加入微信班级群、进入腾讯课堂中的相应课程。

将课程文件或相关教学资料上传到本校教学平台的"精品课程"网站。公布本学期的教学

计划、延期开学期间的自学大纲，便于学生提前规划学习进度；发布实验（内容）卡片、中国大学 MOOC 优质资源链接、虚拟仿真化学实验平台网址，便于学生预习或者复习；提供每个实验项目的 FDF 电子文本，或者发布购买《分析化学实验》教材的渠道，助力学生深入学习。

设计并制作直播授课的"专属"PPT 课件。制作课件前，首先，确定每个实验项目中用于直播的硬核内容，主要包括实验原理、基本操作、实验步骤、关键点提示和思考题解答等；再把每项教学内容分解成若干"教学单元"，具体分割依据是：实验原理依据知识点来分，每个完整的基本操作为一个单元，实验步骤中的每一步为一个单元，每条关键点提示是一个单元，整个思考题解答作为一个单元。每个"教学单元"需量身定制 1~2 个问题，用于互动环节供学生思考或作答，以巩固所学知识。制作 PPT 时，页面尽可能具体、形象、生动。尽量少用文字，多用流程图、图片、实物照片或者视频插入，比如，介绍操作步骤时用流程图、讲解原理时搭配示意图、展示实验仪器和试剂时多用实物照片、介绍基本操作时插入 MOOC 视频、演示实验步骤时插播自制视频。

另外，在正式开课前 2~3 天，邀请各班班委进入腾讯课堂，进行直播授课测试，听取学生意见和建议，并及时加以修正。

（二）精心设计教学过程

基于前期多方面的教学积累，以尽可能减小因隔空上课带来的师生间的距离感、最大化促进学生的主动学习成效为目标，对"分析化学实验"线上直播授课进行了精心设计。

1. 直播授课前

学生实验预习不充分，实验疏于记录，报告文档不规范等，这是在以往的实验教学中长期存在的问题。这里采取了以下措施予以改观。

直播授课前 1~2 天，在微信群或 QQ 群发布相关消息，主要包括本次实验名称、上课时间、授课平台、所需的教学资源链接、课前需要完成的任务等。如果使用腾讯会议或企业微信会议授课，还要公布会议号或会议连接。通常还把自制的授课"专属"PPT 上传到群里，或上传至腾讯课堂的指定"课件"专区。

上课前，通过观看中国大学 MOOC 的实验视频等资料后，学生必须完成预习测试题和预习报告，两者都要求是纸质、手写文档，拍照后上传到腾讯课堂中的指定"作业"专区。

针对每个实验项目中所涉及的基本原理、基本操作、实验现象及注意事项等，编制了课前测试题，供学生预习所用。测试题一般控制在 3~5 个。测试题难度不宜过大，借助于前期发布的 MOOC 优质资源、授课 PPT、操作视频等教学资源，学生完全可以正确解答测试题。预习报告包括实验目的、实验中涉及的化学反应式及其实验条件的控制、实验操作流程、实验中所用试剂的用量计算、实验记录表等。

2. 线上直播课堂

在课表安排的时间段，"分析化学实验"课主要采用腾讯课堂的"分享屏幕"模式，以在线直播、分段讲解的方式授课。

通常需要提前几分钟开启直播课堂，等待学生陆续进入。利用课前几分钟以及课间，可以给学生展示一些与教学内容相关的"背景知识"，或者介绍一些面向学科前沿和生活的拓展知识。最好以视频插播或图片呈现形式，激发学生的上课热情。

直播课堂的初期，教师首先针对前次实验教学中存在的问题进行讲评，包括实验报告、习题、测验题中的问题。还会对学生在微信群等交流平台中提出的问题进行解答，对本次实验的预习测试题进行讲解，让学生对本次实验有一个大致的了解。

在直播授课过程中，教师利用腾讯课堂主要进行 PPT 演示直播讲解。直播过程中，学生如果有疑问可以直接举手连线提问，或者在讨论区发布文字提问，教师随时在线解答。

硬核内容直播讲解时，按照PPT中设计的"教学单元"依次进行分段讲解，其中，实验原理、关键点提醒和实验思考题解答等内容，主要为"PPT演示+讲解"的直播形式；基本操作采用"PPT演示+MOOC视频播放"直播形式，教师用PPT介绍基本操作要点，中间穿插播放MOOC视频资料；实验步骤采取"PPT演示+自制视频播放+即兴讲解"直播方式，教师借助于PPT演示，穿插播放自制的实验视频，同时对实验流程进行讲解。

在各"教学单元"的讲解之间，以提问、答题等互动环节进行衔接。一个教学单元完成后，根据PPT上预设的问题，随机选择学生在线回答问题，或者鼓励学生在讨论区答题，或者用腾讯课堂的"答题卡"功能以选择题形式布置全体学生做题。答题完毕，教师对答题情况进行点评。这样可以实时了解学生的学习状态和出勤情况，真正实现师生之间零距离、零延时的交流与互动，增强学生线上课堂的参与度。

结束直播课堂前，教师还会随机选择学生进行在线互动，或者鼓励学生在聊天区发言，了解学生对本次实验知识的掌握情况，对学生的疑问或不懂之处及时进行答疑解惑。

3. 课后虚拟仿真实验

虚拟仿真作为科技感很强的教学形式，在激发学生的兴趣、提高实验参与度方面具有一定优势。为此，在线上直播授课之后，学生需在虚拟仿真实验平台上完成独立的实验操作。

将虚拟仿真化学实验软件操作要点、平台使用说明及使用手册等资料，提前发布到微信群或QQ群，布置学生自学，并要求学生参加虚拟仿真实验平台提供的培训。学会使用虚拟实验平台后，学生便可进入到实验操作环节，逐步完成实验全部流程，包括试样的称量、溶液的配制、移液、滴定、数据记录、结果计算等步骤。如果学生发现操作有误，还可以通过返回或撤销等操作及时纠错，直至成功完成实验内容。同时，教师可利用班级微信群答疑解惑，随时登录实验平台了解学生的学习进度、练习时间及操作成绩，并适时鼓励及督促。虚拟实验平台根据学生的操作时间、是否存在操作提示等因素，评价学生的学习效果，给出线上实验成绩。虚拟仿真实验以动画形式展示实验过程，方便学生学习新的实验方法，同时规避安全风险。虚拟平台具备了实体实验所没有的优势，即可多次试验，容错纠错；难以实现实验过程控制是完全线上实验课的不足，而虚拟仿真实验在很大程度上可加以弥补。这些都为返校后线下实验打下一定的实验操作基础。

为了帮助学生掌握实验知识，每次直播课和虚拟实验结束后，完成实验报告也是对学生的硬核要求。在微信群或QQ群发布提交实验报告的通知，并设置截止提交日期，提醒学生及时完成纸质、手写实验报告，拍照后提交到腾讯课堂的指定"作业"区。教师及时批改实验报告，统计报告提交情况、完成情况。在下次直播实验课中，通报这些统计信息，讲评报告中存在的问题。

三、注重学习过程的考核评价

建立多元化综合考核评价学生的办法。从以往的"平时成绩+期末考试成绩"的考核模式，调整为形成性(或过程性)与终结性相结合的考核方式，使考核评价环节更具客观、可靠和全面。

形成性考评，具体就是将每个实验项目分解为预习和测试、考勤、参与课堂互动、虚拟仿真实验和实验报告等不同的模块，并针对每个模块给出详细的评分细则，每个模块的得分合计为本次实验的总得分。对于预习和测试、实验报告环节考评模块，学生将手写纸质材料上传到腾讯课堂的指定"作业"区，教师在线上进行评判。腾讯课堂的"一键下载考勤"和"签到"功能为课堂考勤提供客观依据。教师在课堂上提问，可随机点名学生连麦回答问题，或者要求所有学生都在讨论区发布文字答题。因学生是实名进入腾讯课堂，是否积极参与课堂互动一目了然。在虚拟仿真实验模块，由虚拟仿真实验平台在学生完成实验后自动给出成绩，评分内容包括操作过程是否使用提示、实验过程问答环节的正确率、操作过程是否超时等。

对于终结性考核，则制定为学生返校后进行线下闭卷笔试。考试主要目的是考查学生对实验操作技能的理解和掌握程度、灵活运用知识解决实验问题的能力。试卷题型包括选择题、填空题和解答题。采用阅卷系统，课程组老师用电脑进行流水阅卷。

上述多元化考评方案，更加注重考察平时环节、注重考核学习过程，使考核评价更趋于合理、公平和公正，从而促使学生注重平时的学习积累、积极参与教学全过程。

四、结 语

在新冠肺炎疫情期间，"分析化学实验""被迫"转为线上教学，促使教师探索出了一条线上实验教学新途径。综合利用自制实验操作视频、中国大学MOOC优质资源、本校教学平台中"精品课程"资源，辅以虚拟仿真实验，结合微信群和腾讯课堂/腾讯会议等线上交流媒介，构建了立体"在线实验课堂"，开展了"分析化学实验"线上直播教学，最大程度调动不同层次学生的学习积极性，顺利完成了教学任务，实现了教学效果最大化。

然而，"学生不能亲自动手操作"是线上实验教学的短板。"分析化学实验"作为一门实践类课程，训练学生基本操作技能、培养学生动手能力是课程的基本教学目标，这一目标在完全线上教学中难以实现。因此，实验课还是应该回归"初心"，亦即，让学生进入实验室亲自进行操作。尽管如此，延期开学期间，"分析化学实验"开展完全线上直播教学所积累的经验，仍然为返校后在日常教学中实施线上、线下混合教学提供参考和借鉴。

参考文献

[1] 教育部印发指导意见"疫情防控期间做好高校在线教学组织与管理工作". [2020 – 02 – 05]. http：//www. moe. cn/jyb_ xwfb/gzdt_ gzdt/s5987/202002/t20200205_ 418131. html.
[2] 陈立，周金梅，胡菁，等. 有机化学与实验课程在线"双练教学"模式的探索与实践[J]. 大学化学，2020，35(5)，191 – 196.
[3] 马艺，张伟强，薛东旭，等. 多维度构建和实施线上实验课堂的探索与实践[J]. 大学化学，2020，35(5)，229.
[4] 陈媛梅，张春荣. 分析化学实验[M]. 北京：科学出版社，2012.
[5] 韩锡斌，葛文双，周潜，等. MOOC 平台与典型网络教学平台的比较研究[J]. 中国电化教育，2014，324(1)，61 – 68.

Constructingonline laboratory teaching in multiple dimensions to carry out *Analytical Chemistry Experiment* live teaching

Chen Yuanmei

(College of Science, Beijing Forestry University, Beijing 100083)

Abstract By integrating MOOC high quality video materials, the network resources of "Excellent Courses" on the teaching platform of Beijing Forestry University, Self-made experimental operation video, as well as virtual simulation chemistry experiment into curriculum teaching resources, designing all important links of experimental teaching carefully, and using *Tencent Classroom* as a smart teaching tool, the three-dimensional online experimental classroom is constructed to implement the "*Analytical Chemistry Experiment*" online live teaching successfully. The teaching practice not only improves the effectiveness of students' active online learning, but also provides reference and help for the online and offline mixed experimental teaching after the epidemic.

Keywords　online experimental teaching, *Analytical Chemistry Experiment*, live teaching, Tencent Classroom, instructional design

问题驱动教学法在数学分析在线教学中的应用

梁 斌

(北京林业大学理学院,北京 100083)

摘要:2020年年初,新冠疫情突然爆发,扰乱了春季正常的教学计划,全国高校均延期开学。为了积极响应教育部的"停课不停教,停课不停学"的号召,在线教学成为了疫情期间主要的教学方式。为了保证教学质量,提高在线教学的效果,高校教师做了大量的教学实践,本文中,作者将根据自身的实践,介绍问题驱动教学法在数学分析课程在线教学中应用。

关键词:问题驱动;数学分析;在线教学

一、研究背景

(一)课程与学情分析

数学分析是高等院校数学专业最重要的基础课程之一,也是数学专业本科新生入学后首先接触到的基础课程之一。"数学分析"课程涵盖了四大板块的教学:极限论、微分学、积分学、级数理论,不仅在内容上为后继课程,例如"大学物理""常微分方程""复变函数""实变函数""泛函分析"等课程,提供了必要的基础知识,而且在培养学生抽象思维能力、逻辑推理方法、数学创新能力、辩证与统一思想等方面具有重要的作用。另外,在数学分析的培养方案中,其教学时数最多,学分数最多,且跨时三个学期,一直受到学院领导、教师及学生的高度重视,许多重点高校也多将数学分析课程作为重点课程来建设。

由于数学分析内容较多,学时相对较少,所以在传统的教学模式中,多注重纯理论教学,往往以课堂讲授为主,再辅以疑难研讨,学生"接受式"学习,学生并没有真正参与到发现问题、分析问题及解决问题的过程中去[1]。单一的教学形式和庞杂堆砌的理论,使得学生对纯理论的学习兴趣不高,缺乏主动思考、主动参与课堂的机会,阻碍了学生进一步的学习,致使科学素养和创造力的培养大打折扣[2]。此外,由于疫情的突然出现,数学分析课程由传统的面授,改为在线网络教学,这种改变使得原本存在的问题更加明显,学生更容易对数学感到抵触和害怕。因此,教学方法的改革势在必行。

(二)问题驱动教学的发展和应用

爱因斯坦曾说"提出一个问题往往比解决一个问题更重要",美国教育家布鲁巴克也曾说过"最精湛的教学艺术,遵循的最高准则,就是学生自己提出问题"[3]。高等教育的一个重要目的就是培养学生的创新意识与创新能力,培养问题意识和问题解决能力正是当前教学改革中的热点问题之一,而创新意识与创新能力主要表现在能不能"提出问题,提出好问题,提出有价值的问题"[4]。注意到数学本身就是一个不断发现问题、分析问题、解决问题

作者简介:梁 斌,北京市海淀区清华东路35号北京林业大学理学院,讲师,liangbinmath@163.com。
资助项目:北京林业大学教育教学改革项目"数学分析课程的教学研究"(BJFU2019JY093)。

的过程，所以在数学教学中实行问题驱动教学，将更加适合数学教学工作的开展。

适宜的教学法有利于营造良好的教学氛围，有利于优化教学效果，有利于教学质量的提高。问题驱动教学模式（Problem-Based Learning，简称PBL），最早由美国实证教育学家杜威提出，指的是基于问题的教学模式，与传统教学模式相比，其更加强调以学生为主体，以问题为核心规划学习内容，通过引入、分析、解决、探索的教学设计，引导学生开展知识探索和科研工作。问题驱动式教学法是一种建立在建构主义教学理论基础上的教学法，核心在于"问题构建"，教师从学生已有的知识储备出发，设置一系列一步步接近教学目的的梯度问题，并对这些问题进行分析，并逐个解决，从而达到教学目的[5]。问题驱动式教学法，可明显提高学生课堂上的参与度，提高学生的积极性与主动性，充分激发学生的求知探索欲望，对全面培养和提升学生的综合素质，提高学生创新意识和创新能力有积极的作用。

因此，在教学工作中，受到老师们的关注，已经有着较广泛的应用。但在数学分析的教学中，应用还较少，作者希望结合自身的教学经验谈一谈这种教学模式在数学分析教学中的应用。

（三）问题驱动教学在数学分析教学中的意义

数学分析作为一门逻辑思维能力极强的课程，在教学过程中需要层层推进，而以问题驱动的数学分析教学，教师通过提出一系列层层深入的问题，将教学内容进行分解，给学生自由思考、充分展现自己思维的空间和时间，引导学生积极主动地思考问题，分析问题，解决问题。这样更容易激发学生的能动性、自主性和创造性，锻炼学生思考问题的能力、与他人合作竞争的能力、交流沟通的能力，逐渐培养学生的创新意识和创新精神，促进和强化教学的互动效应，达到良好的教学效果。

此外，问题驱动下的数学分析教学，需要教师坚持学习，将理论与实际生活进行有效结合，设计出好的问题情境，以吸引学生的注意力，这也将有助于提高教师自身的教学和科研水平。

在数学分析的网络教学中，老师和学生在网络的两端，看不到彼此，缺少相互间必要的眼神和身体语言的互动交流。在这种情况下，如果仍然沿用传统的教学方式，学生将难以跟上老师的思维，势必会导致学生更加茫然，学习效果可想而知。而将问题驱动教学融入数学分析的在线教学，一方面就会使得教学目标变得非常明确，使得每一个知识点都清晰明了；另一方面，在问题驱动下，学生更能主动思考，参与到课堂学习中，增加了在线教学的互动。

另一个值得注意的现象是，由于在线授课的特殊性，有相当一部分同学存在网络不够畅通、或听课环境不适宜打开音频等问题，很难有效融入课堂讨论中，使得在线教学不宜过多的采用课堂讨论。在这个情况下，问题驱动教学正好弥补了在线教学互动的不足，学生可以通过聊天框、微信、QQ等方式融入在线课堂中。

二、问题驱动教学在数学分析在线教学中的应用

本节中，我们将结合具体的教学过程，来介绍问题驱动教学在数学分析在线教学中的应用。

数学分析课程的特点，决定了该课程不管是线下教学还是在线教学，都应该坚持以讲授为主，在这样一个特殊时期，首要的任务是要保证教学质量，通过多次尝试，基于网络的通畅性和稳定性，我们选择了腾讯会议作为本课程的线上教学平台；另外，由于本课程讲解时需要大量的板书，我们选择Ipad Air 3+Apple Pencil作为辅助硬件，以便学生在家中

有更好的教学体验。

在调整教学设计时，采用"问题—理论与解决—深层次问题—应用"的教学模式，使其更加符合线上教学。在运用问题驱动方式进行教学时，以任务和问题为导向，提出一些需要学生深思的问题，牵引学生开展自主学习。学生通过思考和解决一个个的小问题来掌握零碎的知识点，在不断解决问题的基础上，学生可以逐渐掌握知识内容，建立数学分析的整体框架[6]。

下面我们将以二元函数的极限和累次极限的教学为例，具体说明问题驱动教学在数学分析教学中的应用。

在引入二维以上欧氏空间点列收敛的概念之后，类似于一元函数的极限，人们可以定义二元函数的极限，由其定义可知，二元函数的极限 $\lim_{(x,y)\to(x_0,y_0)}f(x,y)$ 并不依赖变量 (x,y) 趋于定点 (x_0,y_0) 的方式。注意到，二元函数的变量 (x,y) 其实是有两个变量 x,y 在变化，我们自然想到下面的问题：

问题A：对于二元函数 $f(x,y)$，在某一定点 (x_0,y_0) 处，是否可以定义其他形式的极限？

经过简单的思考，学生很容易会想到，在处理二元函数的极限时，会考虑下面形式的极限，当自变量 (x,y) 趋于定点 (x_0,y_0) 时，固定其中一个分量 x，先对自变量 y 取极限，然后再对 x 取极限。从而，很自然地引入了累次极限的概念。

在介绍了累次极限的概念后，通过简单的例题计算，学生很容易理解累次极限本质上就是多次计算一元函数的极限，认识到累次极限的计算远比计算多元函数的极限要简单。由于多元函数变量不止一个，自然会想到累次极限中取极限的先后顺序是否影响累次极限的结果，即

问题一：若累次极限 $\lim_{y\to y_0}\lim_{x\to x_0}f(x,y)$ 存在，那么累次极限 $\lim_{x\to x_0}\lim_{y\to y_0}f(x,y)$ 是否存在？如果存在，它们是否相同？

例1：设 $f(x,y)=\begin{cases}x\sin\dfrac{1}{y}, & y\neq 0\\ 0, & y=0.\end{cases}$，易见累次极限 $\lim_{y\to 0}\lim_{x\to 0}f(x,y)=0$，但 $\lim_{x\to 0}\lim_{y\to 0}f(x,y)$ 不存在。

问题一及例1说明累次极限的值与对自变量取极限的先后顺序有很大的关系，一个累次极限存在，另外一个累次极限甚至可能不存在。在其均存在的情况下，我们自然想到：

问题二：如果多元函数累次极限都存在，那么累次极限是否相等？

例2：设 $f(x,y)=\dfrac{x^2-y^2}{x^2+y^2}$，易见累次极限 $\lim_{x\to 0}\lim_{y\to 0}f(x,y)=1$，但 $\lim_{y\to 0}\lim_{x\to 0}f(x,y)=-1$。

问题三：如果多元函数累次极限存在且相等，那么多元函数的极限是否存在？

例3：设 $f(x,y)=\dfrac{x^2y}{x^2+y^2}$，易见累次极限 $\lim_{x\to 0}\lim_{y\to 0}f(x,y)=\lim_{y\to 0}\lim_{x\to 0}f(x,y)=1$，但极限 $\lim_{(x,y)\to(0,0)}f(x,y)$ 不存在。

上面的例3说明，累次极限并不能保证多元函数极限的存在性。我们知道函数的极限是自变量以任何方式趋于定点的极限，似乎多元函数的极限要比累次极限要求更为严格，自然容易想到：

问题四：如果多元函数的极限存在，那么累次极限是否都存在？

例4：设 $f(x,y)=\begin{cases}(x+y)\sin\dfrac{1}{x}\sin\dfrac{1}{y}, & xy\neq 0,\\ 0, & xy=0.\end{cases}$，易见 $\lim_{(x,y)\to(0,0)}f(x,y)=0$。但累次极限

$\lim\limits_{x\to 0}\lim\limits_{y\to 0}f(x, y)$ 和 $\lim\limits_{y\to 0}\lim\limits_{x\to 0}f(x, y)$ 都不存在。

问题四及例 4 告诉我们：累次极限并不一定是动点 (x, y) 以某种特殊方式趋于 $(0, 0)$ 的极限。否则，由极限 $\lim\limits_{(x,y)\to(0,0)}f(x, y)$ 存在，则必有累次极限存在，这将与例 4 矛盾。

在教学过程中，针对教学内容，给学生提出相关的数学问题，学生学习理论知识并解决问题，然后教师与学生一起提出新问题或深层次问题，再研究新方法和新理论解决新问题，最后实际应用。比如在教学的最后，老师和学生可以提出这样的深层次问题：在多元函数极限存在的前提下，能否加上其他条件，保证累次极限和函数极限相同？

这样的模式，使得学生的逻辑思维能力得到进一步训练，并将自主学习与科学探究紧密地结合，从而有利于学生养成正确的学习和科研方式。经过一定时间的训练，学生在学习中，就可以慢慢地去探索或者提出问题，这既为学生提供了科学探究的机会，又可以培养学生的自学能力及创新能力。

三、结　语

问题驱动作为一种行之有效的教学方法，教师在具体实践过程中，仍然要遵循基本的教学规律和教学规则，强化问题意识，加强问题导向，创新开展"问题驱动"教学。值得注意的是，问题驱动教学法未必适用于数学分析每一部分知识的教学，教师在教学过程中应根据教学内容灵活选用教学方法。

实践表明，相比于传统的教学方式，在数学分析教学中坚持问题驱动教学方法，凸显了数学知识间的联系，增强了师生之间的互动，有利于激发学生学习数学的兴趣，提高学生的创新思维能力，有助于培养学生的问题意识、创新意识和实践能力，实现教学实效的提升。

参考文献

[1] 邹倩."问题驱动式"教学法在独立学院高等数学教学中的应用探索[J].教育现代化，2020，7(27)：128-130.
[2] 陈建文，向浩楠，赵军产.问题驱动式数学基础课教学模式探析[J].教育观察，2018，7(17)：17-19.
[3] 杨宪立，赵自强.问题驱动原则在高等数学教学中的运用[J].2014，23(1)：49-52.
[4] 张玉灵，冯改红.在高等数学中尝试"问题驱动"教学模式[J].成都师范学院学报，2013，29(3)：110-111.
[5] 赵立博.《高等代数》教学中的问题驱动式概念教学[J].教育现代化，2018，5(13)：246-247.
[6] 郎禹颀.问题驱动式教学模式在高等数学教学中的探索[J].山西煤炭管理干部学院学报，2016，29(4)：120-121.

Application of Problem-based Learning in Online Teaching of *Mathematical Analysis*

Liang Bin

(College of Science, Beijing Forestry University, Beijing　100083)

Abstract　Early in 2020, the outbreak of COVID-19 disturbs the normal teaching plan of spring semester. And all colleges and universities are postponed. In order to respond to the call of "classes suspended but learning continues", all colleges and universities chose the onling teaching as the main teaching methods. In order to ensure the quality of teaching and improve the effect of online teaching, many teaches have done a lot of teaching practice. In this note, based on our own practice, we will introduce the application of problem-based learning in online teaching of *Mathematical Analysis*.

Keywords   Problem-based learning, *Mathematical Analysis*, online teaching.

针对"通信原理"在线教学"痛点"的解决方案探讨

孙 阳 赵 睿 李鑫伟 贾鹏霄 张 立

（北京林业大学理学院，北京 100083）

摘要：新冠疫情促使高校教师积极探索开展在线教学。"通信原理"是电子专业的重要专业基础课，其在线教学存在着一些"痛点"，包括设备网络故障导致直播卡顿中断、课堂互动不足导致听课状态不佳、实验部分缺乏导致理论实践脱节、考试形式未知导致学生焦虑恐慌。为了不让这些"痛点"成为影响学生学习效果的障碍，探讨了一系列具体实用的解决方案。方案实施后，"痛点"得到有效缓解，帮助实现课程从线下到线上的"硬件升级"和"软件升级"。

关键词：通信原理；在线教学；"痛点"；解决方案

新冠疫情为高校新学期的教学工作带来了前所未有的挑战。根据"停课不停教、停课不停学"的教学工作基本原则[1]，在延期开学期间，高校教师要在短时间内与学生建立联系机制，完成在线教学方案的制定和实施，保证学生的学习效果。这无疑对从未采用过在线教学模式的教师的自身学习力和执行力都提出了严苛的考验。但从另一个角度来说，困难就是机遇，紧迫的任务促使高校教师不断探索和思考，积极应对和解决在线教学的诸多难题，有利于加快推进高校信息技术与教育教学的深度融合[2]。

学院对在线教学提出的要求是：教师撰写课程自学指导大纲并发给学生，为学生提供视频课程资源和电子版学习材料，在原课表规定的课程上课时间对学生进行线上上课、答疑或辅导。那么到底是让学生自学、教师只负责答疑辅导，还是教师亲自上阵开展直播授课，这是每个教师都斟酌过的问题。虽然目前在诸如中国大学慕课、爱课程等在线学习平台中有不少可以利用的视频课程资源，但从适用专业、教学大纲、学生情况等方面来对比，都难以和任课教师自身的授课情况做到很好地匹配。所以，为了保证学生的学习效果，学院95%以上的课程都采取了直播授课方式，逐步探索形成了"网联八方连心连线"的教学模式[3]。

"通信原理"是电子专业的一门重要的专业基础课。它的教学目的是让学生掌握通信系统的基本概念、基本原理、关键技术和分析方法，熟悉各种通信技术的特点、性能和应用。它的教学内容丰富，系统性强，应用领域广，强调理论和实践的融会贯通[4]。在"通信原理"直播授课的探索和实践过程中，笔者深刻体会到：从传统线下课到线上直播课，只做到"硬件升级——在形式上从线下转为线上"是远远不够的，还必须做到"软件升级——让原

作者简介：孙　阳，通讯作者，北京市海淀区清华东路35号北京林业大学理学院，讲师，sunyang@bjfu.edu.cn；
　　　　　赵　睿，北京市海淀区清华东路35号北京林业大学理学院，副教授，nzzrljn@163.com；
　　　　　李鑫伟，北京市海淀区清华东路35号北京林业大学理学院，讲师，xwli_1989@163.com；
　　　　　贾鹏霄，北京市海淀区清华东路35号北京林业大学理学院，讲师，jiapengxiao@126.com；
　　　　　张　立，北京市海淀区清华东路35号北京林业大学理学院，副教授，zlbeil@163.com。
资助项目：北京林业大学教育教学改革项目"基于任务驱动的5G通信虚拟仿真实践教学研究"（BJFU2020JY077）。

有内容兼容线上教学",切实解决在线教学中存在的一些"痛点",不让这些"痛点"成为影响学生学习效果的障碍。

一、"通信原理"在线教学的"痛点"

(一)设备网络故障导致直播卡顿中断

上直播课需要电脑或手机、麦克、摄像头等设备,家中要安装网络,电脑上要安装直播软件,如腾讯课堂、企业微信等。一堂声音、图像、视频都能顺畅播放、感官效果好的直播课需要教师和全体学生的设备、网络、直播软件都能在上课期间保持正常、稳定地运行状态,而这种理想情况往往是无法实现的。现实情况是,由于教师或个别学生的电脑等设备状态不稳定或出现故障,或者网络发生拥堵和延迟,或者直播软件运行出现故障,在直播过程中会出现卡顿或中断的现象,这会大大影响师生的课堂感官体验和授课、听课的状态和心情。而且学生不得不利用课后时间弥补课上缺少部分,大大降低了学习效率。

(二)课堂互动不足导致听课状态不佳

在线下课的教室里,教师和学生直接面对面,方便进行课堂互动,这在直播课上却很难实现。为了保证直播的顺畅,笔者没有采用对网络要求更高的视频直播方式,而是选择了状态更稳定的音频直播方式。这样,教师和学生互相看不到,双方的通信方式类似于"单工"的广播,教师是"电台主播",而学生是"听众",几乎全部时间都是教师说、学生听,双方没有沟通交流,这使得教师难以获悉学生对知识的掌握情况,学生的问题也难以得到及时的解答。教师长时间自说自话,很容易产生迷失感,进而调整不好后续的讲课节奏;而学生长时间面对枯燥的内容讲述,很容易注意力不集中,导致听课状态不佳。

(三)实验部分缺乏导致理论实践脱节

"通信原理"课程强调理论与实践的融会贯通,所以有与之配套设置的实验课。疫情期间学生无法返校,不能走进实验室做通信实验,这无疑会导致理论学习和实践操作的脱节。另外,原有传统的通信实验也存在着一定的局限性。一方面,实验操作步骤是事先设计好的,学生只需按部就班地重复前人工作即可,影响了其自主创新能力的提升。另一方面,实验内容多是验证性实验,很少涉及新理论、新技术和新成果,不利于提高学生的工程实践能力。

(四)考试形式未知导致学生焦虑恐慌

以往"通信原理"课程考试采用线下闭卷笔试的形式,题型包括选择题、填空题、简答题和计算题。由于学生对考试形式和题型都比较熟悉,所以在复习备考阶段心理上比较稳定、从容。而疫情期间无法实现线下考试,很多课程在即将结束或已经结束以后,其考试形式都还是未知的,这使学生们产生了一些焦虑恐慌的情绪。根据学院的建议,不同课程确定下的考试形式不尽相同。有的课程采用撰写论文或完成大作业的形式,有的课程采用线上考试的形式,有的课程将考试推迟到下个学期,仍然坚持线下闭卷笔试形式,这为学生们对不同考试形式的适应能力带来了挑战。

二、针对"痛点"的解决方案

(一)设备网络故障的解决方案

1. 建立多渠道连接,及时沟通

当直播出现卡顿或中断现象时,教师作为在线课堂的整体把控者,应当迅速发现问题,及时与学生沟通,安抚学生情绪,并给出解决方案。要做到及时沟通,不能单独依靠直播软件中的语音互动和文字聊天功能,因为这些功能很可能随着软件出现故障而无法正常使用。应当在课前就和学生建立好 QQ 群、微信群或邮箱群组等多渠道的连接方式,保证在直播卡顿或中断时至少有一种简单、有效又可靠的连接方式,能够及时给学生发送通知消息。

2. 设计好备用方案,随时切换

由于设备网络故障的出现是无法预知的,即使课前调试时正常也不代表正式授课时会一直正常,所以必须未雨绸缪,提前设计好几个备用方案,以应对突发状况。笔者在备课时共准备了 3 个方案。方案 1(直播课):教师利用直播软件语音直播上课,若一种直播软件出现故障则切换至另一种直播软件;方案 2(自主学习+答疑):学生利用教师下发的学习资料进行自学,教师在 QQ 群或微信群里在线答疑;方案 3(网课学习+答疑):学生观看爱课程网站中的资源共享课视频,教师在 QQ 群或微信群里在线答疑。

3. 利用好回放功能,方便补课

当个别学生的设备或网络出现故障时,会导致他们在一段时间内无法正常收看直播,错过课程的部分或全部内容。针对这种情况,回放录像就能很好地解决。腾讯课堂这款直播软件具有录制课堂回放录像的功能,教师只需在开始上课前设置好记录回放,下课以后学生就可以随时查看回放录像,自己完成补课。另外,看回放录像还能方便学生解疑、巩固和复习。

(二)课堂互动不足的解决方案

1. 多设停顿多提问题,增加线上互动

在语音直播课中,教师无法利用眼神和动作吸引学生的注意,全部依靠课件展示配合语言讲解,所以有必要在语言的节奏上和问题的设置上多下功夫。一方面要多设置停顿,让学生有时间思考和消化;另一方面要多提问题,包括自问自答和师生问答,让学生的头脑保持清醒和思考状态,始终跟住教师的思路。

2. 建立有效督学机制,掌控听课状态

在直播课中,学生对于教师来说处于一种隐蔽状态,他们是否正在听课、听课认不认真、知识掌握如何,这些教师都很难及时获悉。针对这个问题,有必要建立起有效的督学机制,包括不定时、不预先通知的考勤打卡、抽查提问、课堂测验、互动答疑、问卷调查等,并且与学生的平时成绩挂钩,从而起到督促学生认真听课、积极参与课堂互动、及时反馈学习效果的作用。

3. 增加课后互动频次,弥补互动不足

由于线上课堂用于互动的时间很有限,所以有必要将互动延续到课后,增加课后互动的频次。课后互动的方式包括教师布置作业或任务让学生限时完成并提交,还包括教师和学生在 QQ 或微信群里随时交流,进行在线答疑、作业讲评、问题讨论、经验和资料分享等活动。

(三)实验部分缺乏的解决方案

1. 虚拟仿真实验锻炼软件编程能力

通信虚拟仿真实验利用目前通信领域中广泛使用的 MATLAB 软件和 Simulink 仿真工具[5]进行,学生在自己的电脑上即可完成实验,可以突破传统实验对时间、地点的限制,弥补师生无法进入实验室的缺憾。首先,教师对学生进行 MATLAB 和 Simulink 仿真的基础指导,课后布置小型练习题,帮助学生快速掌握仿真工具的使用方法。然后,在完成"模拟通信"和"数字通信"这两部分核心内容的理论学习以后,布置两个虚拟仿真实验大作业,要求学生分别实现一个模拟通信系统实例和一个数字通信系统实例(如图 1 所示)。

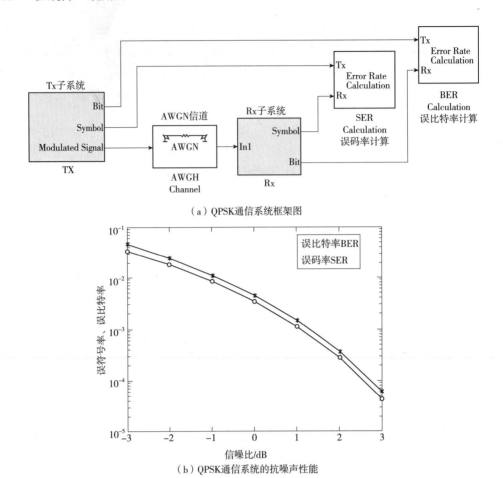

(a) QPSK通信系统框架图

(b) QPSK通信系统的抗噪声性能

图1　一个数字通信系统实例

2. 线上硬件实训培养硬件研发能力

在硬件实验方面，课程组设计并开展了线上硬件实训课程，为学生邮寄硬件开发套件（FPGA综合训练板），在线带领学生完成若干综合性的项目。学生在家中将开发套件与电脑连接使用，亲自动手完成了电路板上所有功能的逻辑实现和验证，深入掌握了FPGA系统应用中的核心技能要点，实现了FPGA在通信方向的多种应用，例如：PWM的实现及应用、SPI接口驱动OLED显示器、单总线实现温度传感器的数据采集、UART实现PC数据传输、DDS实现任意波形发生器（如图2所示）等。

（四）考试形式未知的解决方案

1. 确定考试形式既要充分考虑又要尽快操作

在学院给出考试形式的指导建议以后，笔者立刻根据"通信原理"课程特点制定出考试方案并上报教研室和学院，审核通过后第一时间通知学生，帮助他们尽早消除焦虑恐慌情绪。当然，考试方案的制定过程虽然快，但也充分考虑到了多方面的因素，包括是否推迟考试时间、具体考试时间和考试时长、题型的取舍和考题的数量、基础知识和综合技能的比例、实施考试和试卷评分的可操作性和公平性、学生对新型考试形式的认可程度，等等。

2. 确定考试形式既可有所创新又要维护公平

"通信原理"最终采用"线上开放式开卷考试"的形式，题型包括简答题、计算题和论述题，考试时间不推迟，考试时长2天，考试地点是学生各自家中。与以往考试相比，此次

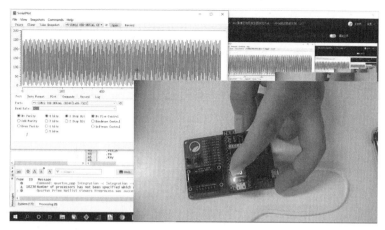

图 2 线上硬件实训项目案例

考试的形式变化较大。题型新增了论述题，考察学生的文献分析能力，引导学生关注行业动态。考试时间不推迟可以让授课环节和考试环节自然衔接，有利于学生的正常发挥。相较闭卷考试，开卷考试题目的难度和广度增大，教师为学生提供开放式考试环境，引导学生自觉专注于自己的试卷，主动维护考试的公平性。

三、解决方案的成效

（一）故障出现不迷茫、听课状态不影响

设备或网络一旦出现故障，教师可以通过多渠道连接方式与学生及时沟通，安抚学生，尽快排除故障，必要时启用备用方案。这样，在面对直播卡顿或中断时，教师能够做到不慌不乱、从容应对，而学生在教师的指引下能够做到耐心等待，不急躁、不迷茫，自觉有序安排自学时间，在故障排除后尽快恢复听课状态。课后，学生还可以随时观看课堂回放录像，弥补课堂上错过的内容，从而保证良好的学习效果。

（二）线上课堂不枯燥、学习氛围日渐好

以停顿和问答为主要方式的线上互动增加以后，课堂的趣味性增加，学生不会感到枯燥，更容易集中注意力，听课状态明显变好。通过有效的督学机制，教师能够及时获悉学生的听课状态和对知识的掌握情况，有针对性地对讲课节奏进行必要的调整，有利于后续阶段课程的顺利开展。课后互动是对课堂互动的补充，通过解疑、讨论和分享帮助学生扩展和提高。这样，教师和学生积极合作促成课堂互动，逐步达成良性循环，良好的学习氛围日渐形成，教学效果日益改善。

（三）理论实践不脱节、工程能力促提升

虚拟仿真实验和线上硬件实训分别对应"通信原理"课程的软件实验和硬件实验，突破了时间、空间甚至原有实验内容的限制，不仅能很好地替代实验室实验，实现理论与实践的融会贯通，还在培养学生的工程实践能力和自主创新能力方面更上了一层楼。在虚拟仿真实验中，学生通过基础指导、小练习和大作业几个环节，既可以有效巩固理论知识，又可以锻炼软件编程能力。在线上硬件实训中，学生通过若干综合性实战项目，掌握了被誉为"数字世界万能积木"的 FPGA 的系统应用，"短、平、快"地入门了硬件企业刚需的研发技能。

（四）稳定备考不恐慌、正常发挥护公平

"通信原理"考试形式的确定和公布遵循"以学生为本"的原则，充分考虑了大多数学生

在面临考试时所产生的知识层面和心理层面的问题。尽早公布考试形式消除了学生们的焦虑恐慌情绪,减少不必要的精力分散,保证复习备考阶段稳定、从容的心理状态。所采取的"线上开放式开卷考试"形式通过修改考试题目的类型、数量、难度和广度,引导学生主动维护考试公平。学生卷面成绩分布(图3)符合一般常见的统计规律,反映出试卷区分度好,多数学生做到了正常发挥,考出了真实水平。

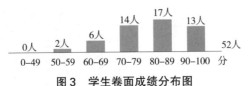

图3　学生卷面成绩分布图

参考文献

[1] 教育部应对新型冠状病毒感染肺炎疫情工作领导小组办公室. 关于在疫情防控期间做好普通高等学校在线教学组织与管理工作的指导意见, 教高厅发, 2020, 2号.

[2] 胡国强, 王敏, 韩苏建. 高校信息技术与教育教学融合现状调查分析[J]. 黑龙江教育(高教研究与评估), 2019(11): 77-79.

[3] 李靖元, 黄国华, 李佳, 等. 北林大全面启动网联八方连心连线教学模式[N/OL]. 搜狐新闻, 2020-2-17. https: //www.sohu.com/a/373654500_407315.

[4] 孙阳, 赵睿. "新工科"建设背景下"通信原理"课程教学改革探讨[J]. 中国林业教育, 2019, 37(1): 67-69.

[5] 潘子宇. Matlab/Simulink 通信仿真案例设计[J]. 教育现代化, 2018, 5(16): 122-123.

Discussion on the solutions of the pain points of *Communication Principle*'s online teaching

Sun Yang　Zhao Rui　Li Xinwei　Jia Pengxiao　Zhang Li

(College of Science, Beijing Forestry University, Beijing　100083)

Abstract　The epidemic situation of novel corona virus has prompted teachers in universities and colleges to explore the online teaching actively. *Communication Principle* is an important professional basic course of the electronic major. There are some pain points in its online teaching, including the pause and interrupt during the live course caused by the failure of the equipment or the network, the bad state of the students when attending a lecture caused by the lack of the class interaction, the separation of the theory and the practice caused by the lack of the experiment and the anxiety and fear of the students caused by the unknown examination means. In order not to let these pain points be the obstacles that can influence the learning effect of the students, a series of specific and practical solutions are discussed. After these solutions are carried out, the pain points have been relieved effectively and the hardware upgrading and the software upgrading from offline to online of the course have been achieved.

Keywords　*Communication Principle*, online teaching, pain points, solutions

利用在线教学工具实施高效"科教融合"的思考与实践

——以国际贸易课程的混合式协作学习为例

万 璐 付亦重

(北京林业大学经济管理学院，北京 100083)

摘要：19世纪初诞生于德国、后在美国大力应用的"科教融合"思想在中国高等教育领域历经30余年的发展，正处于从浅层应用到深度实践的提质发展阶段，如何实现高质量的"科教融合"成为本科创新人才培养中的关键问题。国际贸易课程基于学习共同体思想，从在线教学环境中探索通过混合式协作学习(BCL)促进"科教融合"高效实施的方法，在分析BCL关键要素后提出了实施步骤，并讨论了任务目标、评价机制、教师作用等内容的关键策略，在课程实践后取了较好的学生反馈。

关键词：在线教学；科教融合；学习共同体；混合式协作学习

学习行为从本质上讲是一种社科性活动，具备社会属性；课程学习则是个体认知与群体对话共同作用的过程。从这种意义上看，学习共同体就是指在课程实施过程中，围绕实现具体目标而参与教学实践的学习者、教育者、辅导者以及对其产生影响的学习环境、学习资源、学习规则和技术等的总和[1]。从学习及教育的发展趋势特别是现代大学的发展历程看，科学研究进入高等教育系统并体制化是激发高等教育活力并提高教育质量的关键[2]。"科教融合"已成为现代大学培养高层次、高素质、高创新能力人才的重要手段和主要途径之一。从19世纪初在德国(柏林大学)兴起，到19世纪下半叶在美国研究型大学被大范围发展(约翰霍普金斯大学)，再到20世纪末"以学生为中心的研究型大学"理念在美国本科生教育中的大力推广(卡内基教学促进会)，"科教融合"作为现代大学知识生产及创新根本途径，其功能得到了充分证明。在中国高等教育领域，"科教融合"历经30余年的发展，正处于从浅层应用到深度实践的提质发展阶段，如何实现高质量的"科教融合"成为本科创新人才培养中的关键问题。

一、在线教学环境促进"科教融合"思想下学习共同体的形成及其作用高效发挥

(一) 本科创新人才培养需要"科教融合"向深层和高效发展

从教育理论上看，高等教育下的教学和科研是一个存在内在相关性的、不可分割的统一整体。就高等教育而言，教学活动和科学研究都是培养高级专门人才的重要途径，二者相辅相成、互相促进。凝结了密集知识要素投入的科学研究成果，一般来说需要通过专利化或政策/决策支持服务来实现其价值，但总的来说往往转化率较低，因此为了提高优秀科研成果的价值实现需要拓展更广泛、有效的途径。其中教育转化就有形成巨大创新能力的基础和潜力，

作者简介：万 璐，北京市海淀区清华东路35号北京林业大学经济管理学院，副教授，wanlu@bjfu.edu.cn；

付亦重，通讯作者，北京市海淀区清华东路35号北京林业大学经济管理学院，教授，fuyizhong@bjfu.edu.cn。

资助项目：北京林业大学"科教融合"项目"国际贸易'科教融合'课程建设"(BJFU2019KJRHKC005)。

实现科研成果进入课堂并最大化使用。特别地，通过以解决问题为目的的科研训练，能有效调动和重组知识体系，有助于提升学生的实践能力、跨领域能力、创新能力。

(二)在线教学环境加速"科教融合"中学习共同体的结成

从根本规律上看，高水平科技创新与高层次人才培养是密不可分的，科教融合能够促进教师和学生形成"师生学习共同体"，实现良性互动，达到师生共同体的双位提升。传统教学环境下"师生学习共同体"更加依赖于实体课堂的时间分配、内容安排、面对面环节组织，大大限制了学习者和教师参与的共同学习、共同促进成长的时间和空间范畴。随着现代信息技术的快速发展，传统的实体面对面学习共同体开始受到巨大冲击，远程教育技术首先推动了基于基本计算机网络的学习共同体的发展，师生能够逐渐摆脱时间和空间的限制。21世纪以来，"互联网+"无线协同技术飞速发展，更加仿真和自由的网络生态环境逐渐建立，大大加速了融入在线教学环境的混合式协同学习（Blended Collaborative Learning, BCL，即协作学习、自主学习、研究型学习在线上线下的综合实施）向纵深发展，为科教高效、高质量融合打下了重要的技术和工具基础(图1)。

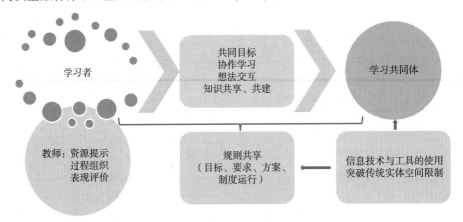

图1 在线教学环境下的课程学习共同体

(三)线上学习及研讨工具的使用降低"科教融合"协作学习成本，提升学习活动效果

互联网技术在改变知识传播途径和方式的同时，也在改变着教育实践活动及在此基础上形成的教育理论和教育原则，而业已形成的教育理论或教育原则又反过来促进和引导人们对于教育技术手段的利用[4]。线上学习一方面增加了学生学习活动的弹性、实现随时随地展开学习的理想状态，利用"在线即时协同表格"让学生们的组间协作学习更为便利。另一方面，对于教师来说，科教融合的传统教学方式，要求教师提供大量的与自身科研相关的材料、论文等，线上学习摆脱了学生对纸质讨论资料的需求，而单个学生的口头反馈让教师难以留下记录并进行学习绩效评价，线上的研讨工具则为教师提供了足够的评价依据。师生均在实时的状态下开展协作学习，学习效率和效果明显获得提升。

二、利用在线教学工具在国际贸易课程中实施高效"科教融合"的步骤设计

(一)发掘问题与需求，确定"科教融合"的任务目标

"科教融合"的任务目标制定是课程设计中的第一步，也是最关键的一步。对于学生来说，该目标必须是可达到的、可检验的、可评价的。本课程实施"科教融合"的任务目标是：运用"基于问题学习"(PBL，problem based learning)的原理，紧密围绕课程知识点与学术研究前沿并结合学生的研究兴趣，设置若干实际问题为科教融合课堂的专题，引导学生在专

题方向下基于不同产品、行业、国别等具体案例视角开展研讨、展示、思辨，提高学生在不同情境下对专业知识/方法的创新应用能力。在高互动、主动式学习的情形下，全面提升学生提出问题、分析问题和解决实际问题的能力。

（二）根据教学内容及科研动态，提出 BCL 任务主题

结合"科教融合"的任务目标，教师需要提炼核心知识点，深入挖掘国家社会科学研究的前沿、热点问题。在该课程准备阶段，教师搜集了大量的经济新闻、科研动态，并汇集了本科生研究层次能够达到的难度方向，进一步提炼成若干个选题，最终以"科教融合"课题方向的形式向学生发布（图 2）。

根据近年国家社会科学基金项目年度课题指南、结课教学内容拟定的选题

1. "丝绸之路经济带"与口岸经济发展研究
2. "21世纪海上丝绸之路"现状、前景与战略研究
3. 加快自由贸易试验区建设研究（上海自贸区经验及复制推广研究）
4. 新一轮国际贸易保护主义对我国对外贸易的影响及对策研究
5. 中美贸易摩擦的经济效应及对策研究
6. 加快服务业对外开放与发展研究（我国服务贸易创新发展研究）
7. "一带一路"与中华文化产业"走出去"研究
8. 通过国际转移消化过剩产能问题研究
9. 中国东北亚区域合作战略与对策研究（中国东北深度参与东北区域合作研究）
10. 亚太自贸区及相关问题研究（RCEP、CPTPP）
11. 英国脱欧的经济影响研究
12. 国际贸易术语惯例的新发展及其应用策略
13. 我国跨境电商物流模式研究
14. 中国数字经济测度与国际比较研究

注：标红的为根据2020年指南新增拟定的选题方向

图 2　2019-2020-2 学期国际贸易课程"科教融合"课题方向

（三）建构 BCL 规则与机制

接下来，教师将构建明确的 BCL 规则与机制。首先，学生们结合自己的兴趣与研究特长自愿组合成队伍，选择某个课题，并且在搜集一定材料后与老师讨论执行该课题的角度、方法，在组内展开小组互动式学习来研讨课题，展开分工合作来进行研究。小组的成员之间可以根据彼此的贡献程度交互打分来评价学习效果。

每次课前老师为大家提前公布本周即将展示的小组选题，完成研讨的小组将在腾讯会议视频上向全体同学汇报研讨。非汇报小组的同学至少要针对该选题提出一个问题交给教师进行汇总，也可以在听取汇报的过程中进行实时提问，教师将全部的问题集中并作为作业布置给汇报小组进行答疑和反思。听取汇报的同学具有大众评审的权利，可以在小组间相互打分（图 3）。

同行评议表

请根据汇报小组的表现在下表中打分，并给出你的评语（即打分原因/优缺点）

该小组的优点：

有待改进的地方：

评价标准	打分 尚需较大改进>>>>>>>>>>>优秀			
1. 内容（汇报内容是否围绕主题展开，各部分与主题紧密相关）	1	2	3	4
2. 准备（该小组是否对此次汇报做了较充分的准备）	1	2	3	4
3. 结构（汇报结构是否层次清晰、重点突出、逻辑合理）	1	2	3	4
4. 表达（小组汇报是否表述准确、语言流畅、观点鲜明）	1	2	3	4
5. 效果（引用的证据/案例/数据是否有说服力、有吸引力）	1	2	3	4
6. 方法（为论证观点、分析问题，是否使用了科学、合理的方法）	1	2	3	4
7. 合作（分工是否合理，各部分/各成员间衔接是否流畅）	1	2	3	4
8. 热情（你是否感受到该小组对探索该主题、展示其观点的热情）	1	2	3	4
9. 问答（该小组是否能较好地对问题进行回答）	1	2	3	4
10. 技巧（ppt美观性、数据图表的直观性、时间控制、声音清晰等）	1	2	3	4

图 3　国际贸易课程使用的同行评议表

小组汇报结束后,该小组将结合教师评价、同行评价、同行问题等几个视角提出的问题和建议进一步修正自己的研究,并形成最终的研究报告提交给教师。教师在课程结课之际也将采集学生反馈的课程建设信息,对课程涉及的内容进行修正。

(四)在实施中师生发挥交互作用,即时总结反馈、动态调整

采用分步、分范围推进的"科教融合"模式,建立"教师大班讲授+师生小组研讨+学生团队研究"的科研教学模式,使学生在学会做研究的过程中培养信息搜集、选题、综述、科学分析、汇报释疑等方面的能力以及跨专业整合能力和创新能力,使教师通过对研究成果的应用转化,批判性深化科研思考,推动基于实用性的创新。实施过程根据学生问题解决和新问题反馈,不断完善师生共同体的教学和科研实践,利用迅捷的在线教学环境(如微信群组、视频会议工具、在线即时协同表格等)及时总结反馈意见和新问题,形成深度、高效的以"师生学习共同体"为中心的教育教学模式,促进科研和教学相互支撑、有效融合,作用路径如图4所示。

图4 在线环境下国际贸易"科教融合"学习共同体互促提升的路径

三、利用在线教学工具在国际贸易课程中实施高效"科教融合"的关键策略

(一)设计合理、最大化利用现有在线教学工具的 BCL 安排

在线教学实现了教师职能向多样化转变,从单纯的知识传播者变成了知识的组织者和学生学习的观察者。教师在每一个 BCL 环节都为学生提供了足够的支持:从自愿小组确定开始,教师就按以下步骤开始教学:研究时间计划安排—引导学生搜集文献、数据—讨论分析可行性并确定选题方向下的细化题目—形成研究计划—指导学生实施计划、对学生遇到的方法和执行问题给予启发、提示或一定的解决建议。而学生也能够通过同伴学习(peer study)的方法迅速地查缺补漏,在相互促进的气氛下展开小组学习。整个教学流程不再局限于单一教室,而是通过紧凑的 BCL 环节,注重师生互动、注重实施中的动态调整、强调总结和反馈机制,在最大化利用在线教学工具的基础之上最大程度地实现师生交互、生生交互、自主学习。

(二)充分的过程评价机制

在线"科教融合"的国际贸易课程采用 BCL 学习,最大的一个优势就是为过程评价的形成提供了丰富的素材与依据。通过在线小组讨论的参与,观察学生在即时协作表格中的互动,教师能及时掌握学生学习动态、效果并评价每位学生的表现。学习小组内部有基于贡献度的匿名小组评价表格,组间有小组评价表。而完成"科教融合"课题之后的总汇报则体现出了学生的最终学习成果。整个学习过程可评价、可观察,学生也可以通过多元反馈,修正自身的学习状态和学习方法。

(三)教师投入度、与学生交互动态

在线"科教融合"教师不仅活跃在当堂课内,更活跃在学生的各种讨论活动之中,这极大增加了教师的投入度。随着对前沿和热点的追踪,推动学生的脑力风暴,在另一层面上,也实现了教师自身的知识提升。通过示范性引入实事问题的知识点关联和解析,不仅仅传授了知识点,还帮助学生建立思考习惯,用具有时效性和吸引力的现实问题,激发学生解

决问题的兴趣，充分培养了他们的探索能力，这也从根源上促进了学生建立自主“科教融合”的思考方式。这些均是实施高效“科教融合”的关键策略。

四、 利用在线教学工具在国际贸易课程中实施“科教融合”的现实效果

笔者在 2019-2020-2 学期的疫情期间，结合腾讯课堂、腾讯会议等在线教学工具开展了国际贸易课程的“科教融合”教学工作。在金融、工商、营销等专业均开展了 BCL 式“科教融合”学习，学生共计 132 人，涉及“科教融合”课题共 8 项(图 5)，小组展示共计 8 次，师生互动、小组互动共记 70 余次。

国际贸易小组活动统计（金融等专业）

序号	组长	组员1	组员2	选择主题	备注（如具体国别、行业等）
1	王宁金融172	王梓霖金融172	李平金融172	4（5.15）	SPS对中国农产品出口的影响——基于美国对中国水产品贸易限制措施的分析
2	刘舒新金融171	董庆琳金融171	刘烨娇金融17-2	11（5.29）	英国软/硬脱欧的经济效应--基于计量估计和局部均衡的分析
3	薄羽桐林经17	卢仲甫金融17-1	陶炜晨金融17-1	7（5.22）	“一带一路”背景下基于贸易联系持续期理论分析影响我国文化产品走出去的因素

国际贸易小组活动统计（工商、营销等专业）

序号	组长	组员1	组员2	选择主题	备注（如具体国别、行业等）
1	张向伟（营销17-2）	潘佳颖（营销17-2）	郝博容（营销17-2）	13（6.4）	疫情全球蔓延对中国跨境电商的发展是冲击还是机会?
2	张羽暄（营销171）	何佳依（营销171）	杨懿纯（营销171）	5（5.26）	中美贸易摩擦对我国跨境电商物流的冲击及其突破路径
3	杨梦瑶（工商17-1）	苏婧淇（工商17-1）	耿冉（信管18）	7（5.28）	“一带一路”沿线国家孔子学院的设立对中国文化创意产品出口贸易影响研究
4	卢嘉悦（电商18）	王佳琦（电商18）	张荣秋（电商18）	3（5.14）	负面清单制度对上海自由贸易试验区服务业开放程度的作用——基于频数分析视角
5	代耀华（工商171）	张玉卓彤（工商171）	马诗怡（信管18）	11（6.2）	脱欧是英国汽车行业的噩梦还是救赎?

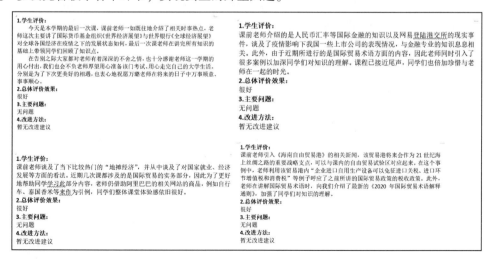

图 5　2019-2020-2 学期实行“科教融合”的国际贸易在线课程的学生选题情况

在每次课程与汇报分享后，都陆续有学生发回详细的反馈(图 6)。教师结课问卷结果显示有 98%的学生认为“这种在线方式极大地促进了本科生科研性学习”。在师生的学习共同体之下，学生充分体验到教师的倾情付出，这对学生未来的学习态度与学习热情，都将产生正面的影响。而教师根据学生的反馈，积极地反思知识点的传授方法和案例的使用，进一步去完善教学各个环节，实现真正的师生共进。

1.学生评价：
今天是本学期的最后一次课，课前老师一如既往地介绍了相关时事热点，老师这次主要讲了国际货币基金组织《世界经济展望》与世界银行《全球经济展望》对全球各国经济在疫情之下的发展状态如何，最后一次课老师在讲完所有知识的基础上带领同学们回顾了知识点。
在告别之际大家都对老师有着深深的不舍之情，也十分感谢老师这一学期的用心付出，我们也会不负老师厚望用心准备该门考试、用心走完自己的大学生活。分别是为了下次更美好的相遇，也衷心地祝愿万璐老师在将来的日子中万事顺意、事事顺心。
2.总体评价效果：
很好
3.主要问题：
无问题
4.改进方法：
暂无改进建议

1.学生评价：
课前老师介绍的是人民币汇率等国际金融的知识以及网易登陆港交所的现实事件，谈及了疫情影响下我国一些上市公司的表现情况，与金融专业的知识息息相关。此外，由于近期所进行的是国际贸易术语方面的内容，因此老师同时引入了很多案例以加深同学们对知识的理解。课程已接近尾声，同学们也倍加珍惜与老师在一起的时光。
2.总体评价效果：
很好
3.主要问题：
无问题
4.改进方法：
暂无改进建议

1.学生评价：
课前老师谈及了当下比较热门的“地摊经济”，并从中谈及了对国家就业、经济发展等方面的看法。近期几次课都涉及的是国际贸易的实务部分，因此为了更好地帮助同学学习此部分内容，老师仍借助阿里巴巴的相关网站的商品，例如自行车、泰国香米等来作为引例，同学们整体课堂体验感依旧很好。
2.总体评价效果：
很好
3.主要问题：
无问题
4.改进方法：
暂无改进建议

1.学生评价：
课前老师引入《海南自由贸易港》的相关新闻，该贸易港将来会作为 21 世纪海上丝绸之路的重要战略支点，可以与课内的自由贸易试验区对应起来。在这个事例中，老师利用该贸易港内“企业进口自用生产设备可以免征进口关税、进口环节增值税和消费税”等例子呼应了之前所讲的国际贸易政策的税收政策。此外，老师在讲解国际贸易术语时，向我们介绍了最新的《2020 年国际贸易术语解释通则》，加强了同学们对知识的理解。
2.总体评价效果：
很好
3.主要问题：
无问题
4.改进方法：
暂无改进建议

图 6　2019-2020-2 学期实行“科教融合”的国际贸易在线课程的学生反馈截图节选

参考文献

[1] 文军萍,陈晓端.超越课堂:课程学习共同体的建构[J].课程·教材·教法,2017,37(4):42-48.
[2] 周光礼等.科教融合,学术育人:以高水平科研支撑高质量本科教学的行动框架[J].中国高教研究,2018(8):11-16.
[3] 彭绍东.从面对面的协作学习、计算机支持的协作学习到混合式协作学习[J].电化教育研究,2010,208(8):42-50.
[4] 邬大光.教育技术演进的回顾与思考:基于新冠肺炎疫情背景下高校在线教学的视角[J].中国高教研究,2020(4):1-11.

Design and practice of efficient "Integration of Scientific Research and Education" with online learning tools: Take the blended collaborative learning in *International Trade* as an example

Wan Lu　Fu Yizhong

(School of Economics and Management, Beijing Forestry University, Beijing 100083)

Abstract　Born in Germany at the beginning of the 19th century and then vigorously applied in the United States, the thought of "Integration of Scientific Research and Education" has experienced more than 30 years of development in the field of higher education in China. It is in the stage of quality improvement from superficial application to in-depth practice. How to achieve high-quality "Integration of Scientific Research and Education" has become a key issue in the cultivation of undergraduate innovative talents. Based on the idea of learning community, *International Trade* explores how to promote the efficient implementation of "Integration of Scientific Research and Education" through blended collaborative learning(BCL) in the online teaching environment. After analyzing the key elements of BCL, the implementation steps are proposed. Then it explores task objectives, evaluation mechanism, teacher role, etc. The application has obtained a better practical feedback.

Keywords　online learning, Integration of Scientific Research and Education, learning community, blended collaborative learning

应急情况下高校教师自主组织在线考试的方案设计与思考

付亦重 万 璐

（北京林业大学经济管理学院，北京 100083）

摘要：在新冠肺炎疫情之下，高校"停课不停学"并积极组织和开展在线考试。面对这种崭新的方式，教师和学生对于考试的公平性、考试方式、考试技术等方面都有若干需求与顾虑。本文在此基础之上，比较了多种在线考试平台的优劣势，结合教师与学生的需求分析了在不同的学生数量、考试课程的特征和知识点强记忆的差异制下可能采取在线考试的组织实施方式，并提出了"两阶段混合式"在线考试的实施方案。最后总结了实施"两阶段混合式考试"的一些思考与建议。

关键词：在线考试；混合式考试；过程考察

《教育事业"十三五"发展规划》中指出，优化育人环境、严格考试纪律，强调了"坚持高校学生学习过程性和结果性评价相结合，严格课程考核标准和管理，探索基于真实任务的评价方法，注重考核学生运用知识系统分析问题和解决问题的能力"，更是提出"着力加强诚信教育，把诚信教育纳入人才培养各环节，引导学生养成诚实守信的道德品质"。[1] 上述指导意见是组织在线考试的重要参考原则，也是解决当前在线考试存在的若干问题的依据。文章将从学生和教师的需求两方面出发，根据"规划"提出的原则和指导建议，设计在线考试的方案并探讨注意的事项。

一、教师与学生对于在线考试的需求与顾虑分析

（一）教师对于在线考试的需求与顾虑

1. 考试的公平性是首要问题

根据对大学生诚信考试的调查[2]，高等院校特别是重点学校学生认为作弊动机中为了"考高分获得奖学金和其他利益"的比例最高（占19.5%），其次为一般高校（占15%）。而学生为了通过考试实施作弊的可能性更是高达"77%~80%"。鉴于多年来评价体系的改革与学习利益复杂性的变迁，以上数字只增不减。因此，从获得优异成绩、通过考试等多种成就动机来看，作弊将是极难避免的行为，特别是在线考试可能缺乏老师的监考与严格的考场环境震慑，更容易引发作弊行为。如何设计考试流程来最大程度上避免学生出现作弊的问题，保障大多数学生的利益，成为在线考试时教师们最大的顾虑所在。

2. 如何命题并发布，来实现知识点的有效考察

线下考试时，教师可以根据所教科目的特点用多种考题的方式来检验知识点的学习情

作者简介：付亦重，北京市海淀区清华东路35号北京林业大学经济管理学院，教授，fuyizhong@bjfu.edu.cn；
　　　　　万　璐，通讯作者，北京市海淀区清华东路35号北京林业大学经济管理学院，副教授，wanlu@bjfu.edu.cn。
资助项目：北京林业大学课程思政教研教改专项课题"面向'十四五'经济规划前沿的（国际技术贸易）思政课堂建设"（2020KCSZ069）。

况。而线上考试由于技术的限制，不仅命题方式可能发生改变，而且题目的展示方式、题目发布和展示途径也会有所改变，这些都需要详细考虑，以便能够保障知识点的有效考查。特别是如何选择各类在线考试软件，如何防止学生拿到题目之后进行相互沟通，在缺乏监考条件的情况下是否可以进行开卷，在线上考试时能多大程度进行有效的学生测评，学生又是否能够信服，这些是在线考试时教师们实际操作遇到的若干主要问题。

（二）学生对在线考试的顾虑分析

根据笔者考前开展的学生对在线考试的态度问卷显示，学生对在线考试的顾虑主要包括以下几方面：

1. 网络的不稳定性(70%)和自身操作技术不佳(74%)

学生担心在在线考试过程中，发生信号不稳定、手机卡机、电脑死机、照片发不出去等情况，导致考试过程受到打扰，甚至是心情受到影响进而影响成绩。而根据调查，学生所在的各个地区网络设施有差别，学生的设备也参差不齐，例如：有的学生家中没有配备电脑、当地网吧因疫情没有营业、电脑没有摄像头、网速慢等各种硬件差异。特别是如果需要操作特殊软件等，学生担心自己的操作出现问题导致考试环节受阻。心理素质较差的同学对此更是感到焦虑。

2. 对在线考试存在焦虑心理(56%)，也愿意尝试此权宜之计(33%)

在提到在线考试之后，大部分学生的第一反应是"老师我想开学后在线下开展考试""不确定因素太多""会不会因为不适应线上考试导致成绩下滑""有人作弊影响考试公平"。而在这些隐忧和拒绝声音的背后，反映的是学生对自身在线学习效果不确定的这个深层次的原因。线上学习的过程中，很多同学表示最影响自己上课效果的原因是自控能力不足(50%)和在线程序缺乏学习监督体系(48%)，自己无法全程投入到线上学习中去，学习效果较线下打了"折扣"。线上考试的结果可能就是"折扣上的折扣"。如果老师能够及时进行辅导，扫除学生的担忧，很多同学也表示愿意通过在线考试作为权宜之计。

3. 担心在线考试的公平性(52%)

从学生的动机来看，成绩中等偏上的同学对于成绩非常看重，鉴于保研、出国等考虑，同学们对于每一分都比较看重。而达到及格水平通过考试更是学生们毋庸置疑的追求。

总体来看，学生对于在线考试存在较为突出的焦虑心理，一方面是设备上、技术上的担心，另一方面是对于线上考试诸多不确定性、平时学习效果的担心，此外，就是对于考试公平的关注。

二、目前在线考试软件与解决方案特点比较

鉴于以上的顾虑和需求，本研究比较了国内主要考试平台。目前在线考试平台可以分为3类：①独立研发的商业平台，提供部分免费的服务内容；②跟MOOC平台结合一起使用的考试平台，如超星；③学校自行开发的教学系统和平台，如华东师范大学的大夏平台。大部分平台基本支持PC端和移动端，部分支持APP（如考试星）。教师可以结合自己的出题需求、使用成本、工作量的考虑以及对于学生防作弊和考试体验的相关要求，来进行平台的灵活选择（表1、表2）。

从整体情况来看，如果想同时实现教师出题便利并保障用多种题型来考查学生，与此同时进行作弊行为的控制，选用付费的商业平台较为合适。此外，在教师单独组织考试的过程当中，成本是需要考虑的一个重要问题。具备相应防作弊行为的平台对设备要求比较高，比如说只能在电脑端作答、摄像头数目有要求等，囿于学生各地不一的设备数量以及硬件限制，教师在设置考试时需要考虑设计一个完整的、具备针对性的解决方案，从试题的命题、上交方式、考试时间控制等方面出发，最大程度遏制作弊行为。

表1 国内主要在线考试平台功能比较表(教师体验)

教师体验	出题					批阅				考后管理		成本
	题库形成(分类管理和任务分配)	支持多媒体试题(公式、图片、音频)+	组卷	题目、选项乱序	题型	客观题自动批阅	批量/多人阅卷	答案相似度查询	主观题批阅	试卷导出	考试数据分析	免费/商业平台
考试星	模板导入+手动	√	手动+随机	√	7种	—	—	×	—	—	√	25人免费
优考试	模板+智能	√	手动+随机	×	7种	√	×	×	自动+手动	√	√	大部分功能收费,免费项目限制人数限制功能
超星泛雅	模板导入+智能导入+平台直接导入	√	智能+手动	√	7种	√	×	√	整卷+流水	√	√	结合MOOC平台。需要有教师账号。
讯飞AI考试	批量录入;支持英语听说音频在线智能生成	√	智能+手动	√	5种	√	批量	√	智能评阅+人工复评	√	√	详询
考试酷	手工+自动识别	√	智能+随机	√	7种	√		×	人工	√	√	免费;红蜘蛛部分功能收费
雨课堂	模板+手动	√	固定+随机	√	5种	√	×	×	人工	√	√	免费
赛事星	模板+手动	√	固定+随机	√	5种	√	×	×	人工	√	√	免费
问卷星	批量录入	√	手动+随机	√	6种	√	√	×	智能+人工	√	√	免费

注:以上数据截至2020年6月1日。

表2 国内主要在线考试平台功能比较表(学生体验)

学生体验	防止作弊							作答便利		
	身份验证	人脸识别	禁止多点登陆	异常行为关注	过程抓拍	在线监考	全程视频录制	锁屏技术/切屏监控	恢复考试、设置延时	多种形式作答(文字+图片上传)	限制作答次数、避免重复提交
考试星#	√	√	√	—	√	√	√	√	—	—	√
优考试*#	√	√	√	√	√	√	√	√	√	√	√

(续)

学生体验	防止作弊								作答便利		
	身份验证	人脸识别	禁止多点登陆	异常行为关注	过程抓拍	在线监考	全程视频录制	锁屏技术/切屏监控	恢复考试、设置延时	多种形式作答（文字+图片上传）	限制作答次数、避免重复提交
超星泛雅#	√	√			√	√	—	√	—		
讯飞AI#		√	√	√	√	√	√（协同腾讯/钉钉）		√	√	√
考试酷#	√	√	√	√	√	√	√	√	√	√	√
雨课堂#	√		√	√	√	√	√	—			
赛事星	—	—	—	—	—	—	—			√	√
问卷星	—	—	—	—	—		√	—	—		√

注：＊为收费项目，#表示在某些终端上（如电脑端）可以实现。

三、在线考试的实施方案设计

结合学生的需求以及目前相关平台的各项功能，教师在自主组织在线考试的过程当中，可以遵循以下几个步骤。

（1）考前双评估。首先是学生端设备的评估。用问卷采集学生的设备、网络功能。其次是教师对考试课程的评估，可以参考"需背诵的基础知识点的比重""参加考试的学生规模"这两个维度来进行判断（图1）。

图1 教师评估在线考试模式的双重考虑模型

如果学生规模小（25人以下）、且需要背诵的知识点比重较低，教师可以使用腾讯会议、钉钉等设备进行手机全程在线监考，用若干灵活的应用题进行笔答，完成知识点的考查。此外，在单次滚动题目、限时回答的情况下，甚至可以选择不监考。即使在需背诵的基础知识点比较高的情况下，只要学生规模小，老师都可以使用在线会议软件进行视频在线监考，学生可以使用电脑看题，但全程禁用手机，需要在自备的答题纸上进行笔答（控制双手，极大避免操作手机与电脑）。

如果学生规模非常大（100人以上），监考的难度大大增加，同时打开摄像头对于教师端和学生端的网络要求和计算机硬件要求都比较高。此时，仅能通过教师对考试流程进行严密的设计来降低学生的作弊可能。如果需要背诵的知识点比较少，可以用应用题、案例题、解决问题这种题目来考查知识点的灵活应用能力，采用限时播放、限时笔答来降低学生互相沟通的可能性。教师出题时候在搜索引擎上试验一下，确保无法搜到类似题目或答案。如果需要背诵的知识点很多（如法学、英语等），尽量考虑线下考试。如果考虑线上考试，则可以使用"雨课堂"等软件，进行"题库乱序""试题乱序""选项乱序"等功能，提供差异性的试卷。同时，增大题量并限制考试的时间。

上述所说的考试方式，可以用"混合考"来实现对学生的不同难度层次知识点的考查要求。笔者在130人的专业选修课堂尝试了"混合考试模式"，即"雨课堂在线考试+腾讯会议笔答考试"。第一阶段，使用"雨课堂"等在线考试软件进行基础知识点的考查，开展手机限时在线笔答。全程采用腾讯会议进行考试流程提示与阶段性监考。第二阶段，使用"腾讯会议"分享屏幕的方式，进行单题目发送、限时笔答的方式，考察知识点的应用能力。

(2)确定考试方式，进行考前动员。通过上述双评估，教师就能够选择何种在线考试模式并匹配合适的线上考试工具。接下来就是对学生的在线考前动员。首先，充分理解和关注学生的感受，帮助学生消除心理顾虑。告诉学生考试将在严谨的流程下进行，学生能得到足够的支持与辅导。其次，加强诚信教育，强调作弊的后果，提示学生在考试中的切屏行为、可疑动作会被监测和抓拍等。在环节中，重视仪式感，跟学生连线、依次检查学生桌面等。

(3)考前一两天进行设备调试和预答题。考前约定线上进行调试和答疑，告知学生整个考试流程，并及时为学生提供技术支撑。如考试分成两阶段进行(软件在线考试+腾讯会议笔答考试)，要制作一个测试版试卷放到软件上让学生试答一下，帮助学生适应在线考试并建立自信。告诉学生应对紧急情况的预案，比如说学生软件在线考试上遇到的切屏试卷被强制提交等问题，或是腾讯会议笔答过程中掉线等问题的处理方法，等等。经过这个环节，学生基本上能够消除对即将进行的考试的忐忑心理。

(4)考试时，注意提示学生。在线考试，师生无法见面，不管使用何种软件平台进行考试，都建议使用实时通讯软件与学生保持语音上的联系，提示学生重要环节、事项。人数少的班级，可以选择手机监考、学生机答或笔答的方式来进行，人数多的班级可以采用分阶段、混合考试的模式来进行考试。这两种方式，均可以选择在手机上开启腾讯会议全程对学生进行提示。一方面提供足够的信息支持，另一方面占用学生的手机，预防学生进行频繁切屏或操作手机等。

四、在线考试的实施效果、问题以及建议

在笔者组织的"两阶段混合式"在线考试中，全程开启腾讯会议作为通讯工具，将其作为主考场，学生完全使用手机作答，考前，教师连线学生检查考场环境。第一阶段在雨课堂完成在线限时考试(共占45分)，题型：单选、多选、简答、判断。第二阶段返回腾讯会议，使用分享屏幕的方式，每道题单独进行推送，并限时进行笔答(共占55分)，考试结束后要求学生把笔答内容拍照上传至微信群，教师清点后要求学生退群，完成考试。在整个过程中，教师都是通过腾讯会议来提示和通知，整个过程既有足够的紧张感又有很好的节奏感。在线考试判卷显示，成绩呈正态分布，可以进行学习程度的区分(图2)。而在考后学生进行反馈的时候，学生普遍觉得考试的流程比较紧凑和清晰，没有觉得慌乱。

总结在线考试，笔者有以下几方面想法与建议：

一是注重过程性评价的全过程考核。在多大程度上能够实现考试的公平性、知识点考察的全覆盖性，对教师来说是较大的挑战。为了保障学生的学习成果能够得到公正的检验，建议教师降低在线考试的成绩比重，注重在授课过程中形成的全过程考核。

二是建议各软件公司结合在线考试的痛点，如设备限制下的监考、试题相似度的辨认、主观题判卷、题型限制等问题，来提升在线考试平台的功能。有条件的大学，也可以研究如何依托自己的教学系统来建设教师友好型的在线考试系统。

三是教师要对在线考试做好心理准备。在线考试是教师能够突破教学限制和固定思维

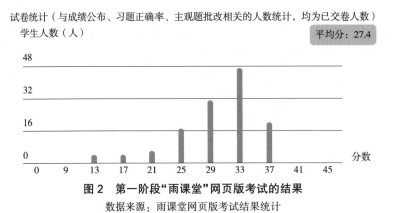

图 2　第一阶段"雨课堂"网页版考试的结果

数据来源：雨课堂网页版考试结果统计

的契机，要摒弃畏难情绪，正确意识到在线考试的缺点和优点。此外，考试后主观题判卷工作量比线下考试要难，会涉及大量图片答卷整理/图片不清晰等问题。因此一定要将工作做到前面，清晰流程、明确统一的要求，对学生做好辅导，尽量避免增加额外工作量。

四是从记忆能力的考察提升到能力的考查。如果考察深度仅停留在知识点记忆层面，很难实现考试公平性，也难以区分学习效果。提高考试中能力测试与培养题目的比重，特别是解决实际问题的题目的比重，能够最大程度检查学生的学习效果，并激发出学生们的学习热情。这也将实现考试的终极目的。

五是实行诚信教育，从根源上促进学生对考试态度的转变。在混合式考试的组织中，教师并没有强化作弊惩罚的警示，而是强调了"10 分"诚信的观念。设置了"10 分"的红线分数，让学生在考试过程中，避免不诚信行为，防止被老师"误伤"而导致扣分。这一观念受到了学生们的拥护。由于考试过程的紧凑性和节奏感，学生无法分心去做其他事，也特别注意自己在视频中不出现"可疑"行为，从内心中关注考试诚信。

参考文献

[1] 教育部．国家教育事业发展"十三五"规划，http：//www.moe.gov.cn/jyb_xxgk/moe_1777/moe_1778/201701/t20170119_295319.html．2020-7-8．

[2] 董娅，廖小明，刘维．大学生学习诚信的现状调查与深度分析[J]．西南大学学报（社会科学版），2008（3）：60-66．

The Design and Discussion of Online Examinations Independently Organized by University Teachers Under Emergency Situations

Fu Yizhong　Wan Lu

(School of Economics and Management, Beijing Forestry University, Beijing　100083)

Abstract　Under the COVID19 pneumonia, colleges and universities "suspend classes without suspension", and actively organize and conduct online examinations. In the face of this new pattern, teachers and students have certain needs and concerns about the fairness of the examination, the examination methods, and the examination techniques. On this basis, this paper compares the advantages and disadvantages of various online examination platforms, discusses the needs of teachers and students under this new type of evaluation, and analyzes the organization and implementation of online examination considering the differences in the number of students, the characteristics of courses and the extent of strong memory of knowledge. Finally, it puts forward a "two-stage mixed" online examination plan. Useful thoughts and suggestions on implementing the "two-stage mixed examination" are summarized.

Keywords　online Examination, mixed Examination, process Inspection

图像分析软件助力"草学试验方法"在线实验教学的探索

——以根系功能性状测定为例

郭倩倩　尹淑霞　纪宝明

(北京林业大学草业与草原学院，北京　100083)

摘要："草学试验方法"课程是草业科学专业本科生接受系统实验方法和实验技能训练的开端，对科学实验素养形成起到重要作用。该门课程以实验教学为主，进行线上教学具有较大困难。以利用计算技术开发的、能够自动提取图像结构并对图像进行处理的软件 RootNav，应用于草类植物功能性状的在线测定与统计，使实验课程线上教学变得简便易行，能够提高学生学习积极性，深入理解实验原理知识。图像分析软件辅助"草学试验方法"实验课程在线教学中，有利于提高学生的独立思考和创新能力，符合北京林业大学培养创新型、应用型人才的需求。

关键词：草学试验方法；在线教学；RootNav；人才培养

　　随着草业科技的快速发展，尤其是党的"十九大"提出"统筹山水林田湖草"，把草业放在前所未有的重视高度，对草业科学研究相关各类人才的需求会越来越大。"草学试验方法"课程是为草业科学专业本科生开设的实验教学课程，目的是充实草业科学专业课理论知识，锻炼学生动手操作能力，培养学生实验基本技能，为草业科学专业本科生学习后续课程、参与草业实践及科研打下基础。这门课程是草业科学专业学生进入大学后接受系统实验方法和实验技能训练的开端，对科学实验素养形成起到非常重要的作用。

　　实验教学是高等院校培养创新型人才的重要环节。疫情期间，为进一步落实教育部《关于在疫情期间做好普通高等学校在线教学组织与管理工作的指导意见》文件精神，结合当前疫情防控现状，北京林业大学按照"停课不停教，停课不停学"总体工作部署，制定了《疫情防控期间本科实验教学工作方案》，鼓励教师利用信息技术进行实验课程在线教学改革探索，充分利用校内外优质教学资源，采用不同形式，多形式多途径开展在线实验教学。在此期间，各大高校充分利用虚拟仿真实验教学项目等线上资源进行实验教学[1]。尽管已取得一定效果，但在实践中大多数在线教学平台只适合教师进行讲解授课，无法让学生亲自进行实验设计、操作步骤的模块[2]。此外，有些在线实验教学平台所有上课学生只能共用一个数据中心，无法让所有同学都拥有自己的数据中心。这导致实验课程在线教学在很大程度上变成了实验演示，学生的参与度较低，进而严重影响了实验教学的效果[3]。利用信息技术进行实验课程在线教学改革探索与实践，是做好疫情防控期间实验课程教学工作的重要内容。

作者简介：郭倩倩，北京市海淀区清华东路 35 号北京林业大学草业与草原学院，讲师，guoqianqian@bjfu.edu.cn；
　　　　　尹淑霞，北京市海淀区清华东路 35 号北京林业大学草业与草原学院，教授，yinsx369@bjfu.edu.cn；
　　　　　纪宝明，北京市海淀区清华东路 35 号北京林业大学草业与草原学院，教授，baomingji@bjfu.edu.cn。
资助项目：北京林业大学教育教学研究项目"基于科教融合的《专业英语》课程个性化教学实践研究"(BJFU2020JY109)；
　　　　　北京林业大学教学改革研究项目"基于翻转课堂教学模式的草地学实践教学研究"(BJFU2019JY120)。

"工欲善其事，必先利其器"，好的计算机软件对实验课程的在线教学提供了有力的教学工具。科研工作者利用计算技术开发了一些能够自动提取图像结构并对图像进行处理的软件。RootNav 是一种可在各种成像设备中自动提取植株复杂根系结构的新型图像分析方法[4]。基于多任务卷积神经网络体系结构的 RootNav 软件，能够在高分辨率图像中准确地获取小型根系特征。此外，该方法能够同时定位种子、一阶和二阶根尖来驱动搜索算法在整个图像中寻找最优途径，在没有用户交互的情况下提取精确的根系结构[5]。RootNav 软件简便易用，使用者无须具有深厚的计算机技术，即可实现自身对于图像处理的需求。无须支付版权费用即可使用此软件进行探索学习，对于草业科学专业的本科生来说简便易学。"草学试验方法"课程中根系功能性状测定是非常重要的模块。在此模块相关实验教学中，利用图像分析软件辅助学生进行实验数据的测定与处理，使学生亲自参与并主导整个实验测定过程，提高学生在线实验的参与度，从而提高实验课程在线教学的质量，同时实现实验数据获取的标准化与准确化，具有较高的在线实验教学应用价值。

一、应用图像分析软件助力"草类植物根系功能性状测定"在线实验教学

实验课程在线教学主要包括课前准备、在线"实验"并记录数据、课后分析数据撰写实验报告等内容。下面以本课程中"草地植物表型生理"模块第二讲根系功能性状测定为例，讲述如何利用 RootNav 图像分析软件进行一次完整的在线教学活动。

（一）课前准备

根据《草学试验方法》教学大纲，授课教师提前将需要实验教学的牧草植物种植在装有琼脂糖培养基的透明培养皿中，如图 1(a)(b) 所示。利用培养基中添加高或低浓度的硝酸钾溶液，将植物分为高氮和低氮处理组，以便学生观察并测定氮营养对植物根系功能性状的影响。利用爱普森（Epson）扫描仪对实验处理的植物根系进行扫描成电子图片，并将电子图片保存，如图 1(c) 所示。

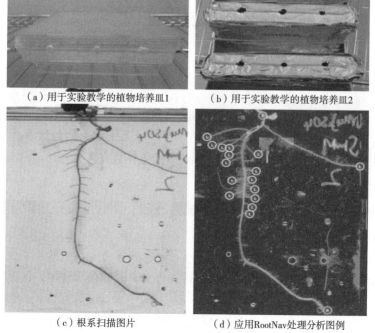

(a) 用于实验教学的植物培养皿1　　(b) 用于实验教学的植物培养皿2

(c) 根系扫描图片　　(d) 应用RootNav处理分析图例

图 1　利用图像分析软件 RootNav 在线测定根系功能性状图例

在线课程上课之前要求学生将 RootNav 软件安装在个人笔记本或台式计算机上。RootNav 可在个人计算机的 Windows、macOS 系统中运行，也可安装在智能手机中，这使得 RootNav 辅助测定根系功能性状指标和结果分析随时随地都可操作。

（二）在线"实验"并记录数据——利用 RootNav 在线测定植物根系功能性状

1. 理论知识的在线讲授

在线课程开始前，授课教师将扫描的根系图片传给学生以供直播授课时使用。该次课程的第一部分内容主要是讲授理论知识，包括植物功能性状的定义与分类、植物根系性状响应和适应氮营养胁迫的机制等。该次课程的第二部分内容是让学生观察授课教师拍摄的实验处理的植株生长表型图片，让学生更加直观地观察到高氮处理和低氮处理下的植物生长发育的显著差异，包括根系差异的表型观察。该部分内容能够进一步巩固学生在前半部分学到的理论知识。

2. 在线测定根系性状

该课程的第三部分内容是学生利用 RootNav 软件在线测定植物根系性状的各个指标。首先在计算机中运行 RootNav 软件，在程序中打开需要测定的根系扫描图片，学生通过手动选择植株的根茎结点、每条根系的根尖，点击"Run"，软件会根据计算路径自动识别并显示每条根系，如图 1(d) 所示。若出现识别的红线与扫描图片的根不吻合的状况，可用鼠标手动拖拉红线直至完全吻合。当该扫描图片的根系全部识别后，点击"Analyze"，软件会自动测定出总根数、总根长、平均根长、主根长、根系夹角、根表面积等主要根系性状指标，并可自动将数据保存在 Excel 中，方便记录数据。并通过观察图像文件，辅助加强学生个人对于根系结构各个主要性状的学习与认知。

（三）课后分析数据并撰写实验报告

学生可将其 RootNav 软件分析的数据保存并进行统计分析，根据数据比较高氮和低氮下植株根系性状的差异，得出该实验的结论，最后撰写实验报告。

（四）实验成绩考核

植物根系功能性状测定实验成绩考核总分为 100 分制，并折合该实验所占整个实验课比例，乘以 0.25 的权重，计入实验课总成绩中。在线实验课中考核过程除了考查实验报告质量和出勤外，还要求学生上传利用 RootNav 处理的图像，以此评估各小组的软件使用效果。分析处理的图像上传，可督促学生积极完整地在线完成实验流程。其中，在线实验课程中，上课期间的认真态度占 20 分，主要通过在线课堂举手提问、回答问题等；实验报告占 40 分，主要通过考核实验报告是否认真规范、数据分析是否独立完成、是否在实验中加深对理论知识的理解等。实验图像处理占 20 分，主要考核利用软件处理图像是否细致规范，学生对软件参数使用的理解，以及个人对图像处理数据是否得出正确可量化的结果；出勤考核占 20 分。

二、图像分析软件应用于"草学试验方法"实验课程在线教学的效果调查

多名任课教师试用图像处理分析软件后，认为 RootNav 软件应用于"草学试验方法"实验课在线教学有助于准确测定植物根系功能性状，有助于植物功能性状知识点的理解。同时，通过调查发现 95% 的学生喜欢利用计算机进行实验课的在线教学，认为图像处理分析软件的应用能够使在线实验课易学易操作，并具有趣味性，使实验课更具有吸引力。90% 的学生认为应用图像处理分析软件的在线教学跟线下实验课效果一样，希望能够学习使用相关软件。

综上所述，在"草学试验方法"实验课程在线教学中具有良好的应用潜力，使学生亲自

参与并主导整个实验测定过程,提高了学生在线实验的参与度,具有同线下实验的同等效果,而且更能激发学生对实验课程数据分析的兴趣,促进学生对理论知识原理的理解和灵活应用,提高了学生独立思考能力,符合学校培养创新型、应用型草业人才的目的。

参考文献

[1] 徐卜一,胡岩. 面向在线教学的课程资源及教学模式设计[J]. 教育教学论坛. 2020(43):202-203.
[2] 王鑫,刘力. 新冠肺炎疫情时期在线教学的实施现状及反思[J]. 教育教学论坛. 2020(40):86-87.
[3] 樊妍. 新型冠状病毒疫情背景下高校在线教育的挑战与对策[J]. 教育教学论坛. 2020(43):146-147.
[4] Pound MP, French AP, Atkinson JA et al. RootNav:Navigating Images of complex root architectures[J]. 2013(162):1802-1814.
[5] Guo Q, Love J, Roche J, et al. A RootNav analysis of morphological changes in Brassica napus L. roots in response to different nitrogen forms[J]. 2017(83):83-92.

Exploration for online teaching of *Experimental Techniques and Methods in Grassland Sciences* based on image analysis software RootNav: Take root functional traits analysis for example

Guo Qianqian　Yin Shuxia　Ji Baoming

(School of Grassland Science, Beijing Forestry University, Beijing　100083)

Abstract　The "Experimental Techniques and Methods in Grassland Sciences" experimental course is the beginning of the training of systematic experimental methods and experimental skills for grassland science students after entering the university. It plays an important role in the formation of scientific experiment literacy. It is difficult to conduct online teaching as this course is mainly experimental teaching. The software RootNav developed by using computing technology that can automatically extract the image structure and process the image is applied to the online measurement and statistics of the functional traits of grass plants, making the experimental courses online teaching become simple and easy to implement, improving students' enthusiasm for learning, and in-depth understanding of experimental principles. From the feedback effect of new online teaching, image analysis software assists in the teaching of the experimental course, which helps to improve students' independent thinking and the ability of innovation meets the needs of Beijing Forestry University to cultivate innovative and applied talents.

Keywords　*Experimental Techniques and Methods in Grassland Sciences*, online teaching, RootNav, talented person training

法学类课程在线教学的优势及困难

——以疫情时期的教学实践为样本

韩静茹

（北京林业大学人文社会科学学院，北京　100083）

摘要：2020年初新型冠状病毒肺炎疫情的出现，对高校传统的线下教学模式提出了新挑战，也为在线教学模式的全面推开提供了新契机。法学类课程兼具理论性与实践性、专业化与多元化，因此线上教学的灵活性、开放性、丰富性以及个性化等特点，决定了其与法学类课程的契合度较高。但线上教学模式可能降低学生的能动性和参与度，引发学生的精神焦虑，并且在某些环节无法发挥替代性功能。为了实现在线教学效果的最佳化，需要对课程的具体流程进行分阶段把控，为不同的科目配置相适宜的教学平台和软件，转变传统的考试考核模式，并理性认识线上教学与线下教学之间的关系，尝试寻找二者之间有机协调的平衡点，推动高校教学模式的创新性变革。

关键词：在线教学；法学类课程；现存问题；优化方案；混合式教学

一、问题与背景：临时应急抑或常态模式？

受2020年初新型冠状病毒肺炎疫情的影响，全国各大高校全面开展线上教学工作。2020年2月4日，教育部发布了《教育部应对新型冠状病毒感染肺炎疫情工作领导小组办公室关于在疫情防控期间做好普通高等学校在线教学组织与管理工作的指导意见》，要求各高等学校在疫情期间依托各级各类在线课程平台、校内网络学习空间等，积极开展线上授课和线上学习等在线教学活动。以该文件为方向指引，北京林业大学及时制定并发布了相关通知和工作细则，要求全体学生延期返校并实施在线教学，确保实现"停课不停教、停课不停学"。

回望过去一个学期的线上教学，挑战与创新并存、困惑与经验并存，但在疫情获得全面控制、防疫常态化的最新背景下，需要高校同仁深入思考并积极回应的是：如何准确定位线上教学模式的应然角色？如何理性认识网络教学的优势和劣势？疫情时期高校线上教学存在哪些问题和困惑？如何探寻契合各学科特点和需求的线上教学优化方案？以上述问题为指引，以疫情阶段线上教学的实践情况为分析样本，以下将深入剖析在线教学的优势和不足，并结合法学类课程的自身特点及实际需求，尝试提出在线教学模式的优化方案，以期提升线上教学的实效性，为高校教学模式的创新式改革提供些许助益。

二、法学类课程的特点及其与在线教学模式的关系协调

（一）法学类课程的特点及需求

高校内的不同学科和不同专业，在知识体系结构、教学目标、教学方法等方面均存在不同程度的差异，这也使得疫情阶段各学科对线上教学模式的适应性和回应性有所不同。

作者简介：韩静茹，北京市海淀区清华东路35号北京林业大学人文社会科学学院，讲师，hanjingru@bjfu.edu.cn。

资助项目：企事业单位委托项目"我国环境民事公益诉讼与企业社会责任"（2019RWFW028）。

以下将以法学专业为研究对象，对法学类课程的独有特点及教学需求进行深入分析，进而为其与在线教学的关系协调奠定基础。

法学专业的课程设置较为多元，既有理论性课程，又有实践性课程；既有讲授型课程，又有研讨型课程。首先，法学类课程不仅要向学生讲授法律规范，还需要引导学生理解规范背后的基本原理和制度功能。在每门课的教学初期，以教师讲授为主，帮助学生了解相关法律制度的具体规定；而在中后期阶段，以老师讲授与学生讨论相结合，引导学生理解制度的运行原理。其次，法学类课程不仅要向学生传授理论性知识，还需要培育学生的实践能力。依托法律诊所、模拟法庭、辩论赛等课程或环节，能够培育学生运用法律知识解决实际问题的能力，而这些实践性课程对学生参与度和互动性的要求较高。再次，某些法学课程对传统线下媒介的依附性较强，寻找替代模式的难度较大。例如专业实习、模拟法庭等，均需要在特定时间和空间内依托线下"面对面"的模式进行，这使得在线教学难以应对该类课程的基本需求。此外，法学类课程对学生参与度以及学生自主思考能力的要求较高，老师需要对授课节奏、课堂气氛等予以全面掌控，从而确保学生能够按照预设的进度和逻辑进行思考并形成自己的观点。

（二）在线教学的优劣势及其与法学类课程的关系

在对法学类课程的特点及需求进行理性分析后，需要深入解析在线教学模式的优势和劣势，进而为法学课程与线上教学的关系协调提供有针对性的思路和依据。

首先，在线教学不受时间和空间的限制，能够弥补传统教学模式较为死板、模式单一等不足，这也使得线上教学成为了疫情时期高校教学的最佳替代模式。依托雨课堂、腾讯课堂、CC talk、腾讯会议等不同类型的在线平台或软件，能够确保学生在不返校、不离家的安全模式下完成既定的学习任务，充分彰显了信息网络技术在高校教学领域的独有优势。其次，在线教学有助于对学生进行"个性化"培育，并使得学生能够更加大胆地表达个人观点。目前大部分线上教学软件都具有课程回播功能，学生可以根据自身的实际状态和听课情况，对某些章节或内容进行二次学习，满足学生个性化的学习需求。与此同时，线上授课空间的虚拟性，使得学生在提出问题、发表观点、参与讨论时顾虑较少，一些原先不好意思向老师当面提问或当众发表观点的同学，表示在线上进行提问和发言时心理压力较小，其更乐意参与其中。再次，在线教学能够为学生提供更为丰富、更为多元的学习资源和授课模式，有助于提升学生的理解程度和对知识的实际运用能力。除了老师们的线上直播或录播课程外，MOOC等资源平台还能够为学生提供更多的经典课程或学习资料，使学生能够不受地域和学校的限制轻松掌握各类优质的学习资源，以更便捷的方式实现课件共享、教案共享、视频共享、案例共享、测试题共享等等。

毋庸置疑，在线教学模式在之前的疫情时期发挥了相当积极的功能，为特殊时期高校教学的顺利开展提供了极为有力的保障。但在过去几个月的教学实践中，在线教学也暴露出了一些问题和不足，有待在之后的教学过程中予以关注并回应。首先，疫情时期的在线教学模式，可能会降低学生的学习能动性、学习积极性和课程参与度。因为无法返校，很多学生反映在家缺乏学习氛围，自控力差，还可能受到家庭琐事的影响[1]，导致学习状态较为消沉，学习效率远不及在校时期。其次，疫情时期的在线教学模式，可能会引发学生的精神焦虑和精神恐慌。一方面，突然脱离了原本熟悉的学习环境和同学圈，致使学生缺少了相互竞争的助推力和上进心；另一方面，高年级学生正值考研、国家法律职业资格考试、就业等多重压力之下，无法返校的困境必然会加重其焦虑和恐慌的心理。有学者对中国大学生在新冠肺炎疫情影响下的心理健康问题进行了调查研究，发现在受访的大学生中，约24.9%的学生出现了明显的焦虑和低落心理，0.9%的学生患有重度焦虑[2]。此外，在某些依赖"面对面"参与的课程中，在线教学模式可能无法实现预期的教学效果，原本惯常的模拟法庭、辩论赛、专业实习等环节，大多无法通过线上平台完成，这对教学进度和学习效果产生了不同程度的不利影响。

三、法学类课程在线教学的现存障碍及优化方案

(一) 法学类课程在线教学的现存问题和困惑

依托上文对法学类课程的特征提炼以及对在线教学的优劣势评估，以下将结合教学实践以及学生访谈等实证资源，对法学类课程在线教学的现存问题和困惑进行提炼，从而为优化方案的探寻提供方向和思路。

首先，对于理论性强的法学课程，线上教学的参与度和互动性较差，学生的学习效果差强人意。法学理论类的课程大多比较抽象且枯燥，线上教学缺乏师生之间的眼神交流、受众的情感依赖和现场互动，导致老师授课缺乏激情，学生听课容易走神儿。其次，对于实践性、实操性较强的法学课程，线上教学的局限性较为明显。例如专业实习、模拟法庭等环节，对传统媒介的依赖性极强，根本无法依托线上平台完成。再次，在期末考试等测验环节，线上平台的可操作性和公平性较差。无论采用闭卷考试抑或开卷考试的课程，线上监考的难度和成本均比较高，并且在试卷收集、试卷批改和试卷分析等环节，均不如传统的线下模式高效。此外，不同专业、不同年龄段的教师，对线上教学软件及平台的掌握程度和运用能力差异较大，这可能导致教师在进行线上授课时无法发挥应有的水平。

(二) 法学类课程在线教学的优化方案

围绕上述问题和困惑，结合法学类课程的特点和需求，以下将尝试提出法学类课程在线教学的优化方案，以期实现在线教学的效益最大化，推动线下教学与线上教学的良性协作。

第一，通过对课程具体流程的分阶段把控，确保学生的课程参与度和学习效果。具体来说，在课前将相关资料和文献发布在线上平台，供学生下载和预习，使学生之后能够带着问题意识听课，从而提升其学习兴趣。在课上进行不定期的线上测试，通过选择题、案例分析题、法条分析题等多种考查模式，促使学生自主学习、主动学习。在课后依托各种线上软件对学习情况进行追踪和反馈，了解学生的课后复习情况及主要问题，之后通过线上集中答疑等方式为学生提供课后配套资源。

第二，综合运用多样化的网络授课平台及工具，对不同的科目、不同的授课单元采用相适宜的授课平台和软件，构建各方共同参与的网络教学共同体[3]。对于讲授为主的课程，可以选择腾讯课堂、CCtalk等平台开展教学；对于学生参与度较高的课程，则可以选择腾讯会议、雨课堂等更便于师生互动的教学软件。当然，在此过程中还要加强对教师线上授课技能的专门培训，帮助老师们更高效地掌握各类网络教学软件或平台的使用方法，并及时解答教师在线上授课过程中遇到的各种技术性问题。以北京林业大学为例，在2020年开展线上教学伊始，学校就为老师们专门设立了回答技术问题的微信群，群内有腾讯公司、雨课堂等各大平台的技术人员，能够在第一时间为老师们解答软件使用过程中的各种困惑，深受大家好评。

第三，转变传统的考试考核模式，更侧重于对学生平时学习情况的分阶段考查，而不是只看中"一锤定音"的期末考试。将课程任务与考查均匀分散到学期当中，使学生明晰自己每个阶段的学习任务，进而提升学习积极性。例如以每周或半个月为一个周期，对学生该阶段的学习情况进行线上随堂测试；或者定期进行随堂的线上案例讨论或理论研讨，并依此判定学生不同阶段的学习成绩。换言之，在考核理念方面"过程大于结果"，不仅关注

学生的期中或期末成绩，还要兼顾每周和每月的学习实效，引导学生将功夫用在平时，而不是每逢期末"抱佛脚"。在评分标准方面"动态考评与静态考评相结合"，对学生每堂课的听课情况和参与度进行动态监测，对每个月的学习情况进行阶段性分析，并最终评定出综合成绩。

第四，理性认识线上教学与线下教学的关系，寻找二者之间有机协调的平衡点，同时发挥两种教学模式各自的独有特点，从而实现线上线下优势互补、教学效能最大化等目标。在之前的疫情暴发时期，线上教学不得不成为了各高校首推的教学模式，但在疫情已经获得全面有效控制的现阶段，应当融合并充分发挥线下教学和线上教学各自的优势，取长补短、因地制宜并良性合作。

四、结　语

2020年秋季学期各高校的顺利开学，不仅彰显了我国在疫情防控方面的大国实力，也为新时期教学模式的优化变革提供了契机。疫情之后学生全面回归校园，教学和生活逐步回归正轨，在此背景下，如何理性定位线上教学的角色和地位、如何科学认识线上教学与线下教学之间的应然关系，是当下亟须回应的方向性问题。疫情之后防疫工作的常态化，以及传统线下教学模式在灵活性、开放性等方面的固有局限，决定了我们需要建立线上教学的常态化机制[4]。将网络教学有机地融入到日常教学中，采用混合式的教学模式，兼顾线上模式和线下模式的各自优势，并依据专业特性、课程内容、授课阶段等多方面因素，决定线上线下教学的混合度，以期形成契合社会背景和客观需求的教学方式。

参考文献

[1] 孔啸,刘乃嘉,张梦豪,等.COVID-19疫情前后高校在线教学数据分析[J].清华大学学报(自然科学版),2020(5):9-11.
[2] CAO W,FANG Z,HOU G,et al. The psychological impact of the COVID-19 epidemic on college students in China[J]. Psychiatry research,2020.
[3] 冯颐迪.新冠肺炎疫情下网络学习共同体的构建[J].教育教学论坛,2020(39):36-38.
[4] 张忠华,王连喜.新冠肺炎疫情下我国在线教育实践的困境、挑战与对策[J].教育传媒研究,2020(5):83-85.

Advantages and difficulties of online teaching of law courses: Taking the teaching practice during the epidemic period as a sample

Han Jingru

(College of Humanities and Social Sciences, Beijing Forestry University, Beijing　100083)

Abstract　The emergence of the coronavirus epidemic in early 2020 poses a new challenge to the traditional offline teaching mode in colleges and universities, and also provides a new opportunity for the comprehensive promotion of online teaching mode. Law courses are both theoretical and practical, professional and diversified. Therefore, the flexibility, openness, richness and individuation of online teaching determine that it has a high degree of conformity with law courses. However, online teaching mode may reduce students' initiative and participation, cause students' mental anxiety, and can't play alternative functions in some links. In order to achieve the optimization of online teaching effect, it is necessary to control the specific process of the course in stages, configure appropriate teaching platforms and software for different subjects, change the traditional examination mode, rationally understand the relationship between online teaching and offline teaching, try to find the balance point of organic coordination between the two, and promote the innovative reform of teaching mode in colleges and universities.

Keywords　online teaching, law courses, existing problems, optimization scheme, blended teaching

学生特征、试题类型与在线教学对考试成绩的影响分析

——基于"资源与环境经济学"课程的实证分析

王 会 李 强 姜雪梅

（北京林业大学经济管理学院，北京 100083）

摘要：2020年春季学期新冠肺炎疫情流行使得传统的课堂教学调整为在线教学，在线教学与课堂教学相比效果如何是其中的一个焦点问题。在线教学对不同类型的学生、不同的课程内容而言可能有不同的效果，为此，本文基于同一门课程在2018年春季课堂教学和2020年春季在线教学的考试成绩数据，探究在线教学对不同类型学生、不同试题类型得分情况的影响。研究结果表明，在线教学使得男生、难度较大的题目的得分率显著下降，并提出了相应的对策建议。

关键词：在线教学；考试成绩；学生特征；试题类型

一、引 言

2020年春季新冠肺炎疫情的流行，使得高校春季学期的教学从传统的课堂教学转到线上教学。线上教学，主要是基于网络实现的直播或录播授课、同时辅以网络教学工具的教学模式。事实上，在信息网络条件不断改善的背景下，高校授课以及同类的教学、培训等活动，已逐渐开发出线上教学模式[1]。例如，在高校里，发展出了大学慕课等基于网络的教学方式。当然，新冠肺炎疫情使得线上教学成为几乎唯一的选项。这在客观上促进了在线教学方式的改进和推广[2,3]。

在线教学与课堂教学相比教学效果如何是在线教学方式发展中的一个基础性问题。在线教学与课堂教学相比有不同的特点，例如受空间距离限制小、时间安排更为灵活、可以通过回放等多次学习等优点，但是也有受网络质量影响较大、师生互动较少、较难监督学生课堂参与情况等缺点。这使得在线教学效果受到较大影响。能否达到课堂教学效果，是关于在线教学讨论的一个关键问题。

已有不少研究探索了在线教学的学习效果情况及其影响因素。一些研究关注了在线网络教学中网络质量和稳定性、师生互动方式和数量、教师授课方式等对教学效果的影响[4-6]。另一方面，也可以从整体上比较在线教学与课堂教学的效果。进一步地，在线教学对于不同类型的学生、不同类型的教学内容，其影响情况是不同的。为此，本文基于同一门课程在2018年春季课堂教学和2020年春季在线教学的考试成绩数据，探究在线教学对

作者简介：王 会，北京市海淀区清华东路35号北京林业大学经济管理学院，副教授，huiwang@bjfu.edu.cn；
　　　　　李 强，北京市海淀区清华东路35号北京林业大学经济管理学院，副教授，qiangli@bjfu.edu.cn；
　　　　　姜雪梅，北京市海淀区清华东路35号北京林业大学经济管理学院，副教授，jiangxm@bjfu.edu.cn。
资助项目：北京林业大学经济管理学院在线教学专项研究项目"教师与学生双重视角下在线教学中学生参与、互动与学习效果研究"；
　　　　　北京林业大学教育教学研究项目"基于参与式教学的农林经济管理专业数理教学优化设计"（BJFU2020JY033）。

不同类型学生、不同试题类型得分情况的影响，以期识别影响教学效果的关键因素，为进一步提高在线教学效果提供参考。

二、理论假设和数据

(一) 理论假设

在线教学是一个基于网络的包括教师授课、师生互动、课件传递、作业测验等多个内容的综合教学体系。单从教学方式来看，在线教学与课堂教学有很多不同。进一步地，在线教学对于不同类型的学生、不同类型的内容具有不同的影响。

首先，在线教学对不同类型的学生具有不同的影响。对于学生而言，在线教学需要较长时间观看视频，课后也需要独立自主地复习和完成作业。在线教学及课后复习过程中，来自学校和教师的监督减少，因此，自制力较好的同学学习效果相对好些。较长时间观看视频意味着，专注度较高的同学学习效果相对好些。综合而言，自制力较好、专注度较高的同学，可以从在线教学中获得更好的学习效果。当然，如何度量自制力、专注度则是一个更为复杂的问题。通常，学习成绩好的学生或女生具有相对较好的自制力和专注度。因此，可以作出这一假设：学习成绩好的学生或女生在线上教学中具有更好的成绩表现。

其次，在线教学对不同类型的知识也有不同的影响。在线教学，主要通过视频和声音传递信息，而课堂教学还可以辅以肢体动作、面部表情等传递信息。在线教学中，板书也受到较大限制，即使采用电子白板书写其效果也与课堂教学的黑板板书有较大差别。最后，在线教学中的师生互动较为有限。这些教学方式的特点，使得对于需要黑板板书、师生多次互动辨明的知识的教学受到较大影响。例如，黑板板书可以有效提高计算类知识的教学，而师生多次互动讨论有助于对较为深入的知识的教学。从考试试卷来看，计算类题目、较难的题目的得分情况将受到在线教学的较大影响，这是本文的第二个假设。

(二) 模型与数据

本文基于 2020 年春季和 2018 年春季开设的同一门课程的考试成绩进行实证分析。这一课程是为北京林业大学农林经济管理专业开设的"资源与环境经济学"。两次教学均面向大学二年级第二个学期的学生，由同一名教师承担，教学内容基本相同，考试范围和难度也基本相同。不同的是，2018 年春季采用课堂教学和闭卷考试，2020 年春季为在线教学辅以开卷考试。

为了分析在线教学对不同类型学生、不同类型题型的影响，本文以期末考试中每位同学对每道考题的得分率为考察对象。选用的自变量包括学生特征、题目类型、是否在线教学、在线教学与学生特征的交叉项、在线教学与题目类型的交叉项等变量。本文选用的因变量和自变量的情况见表1。

表1 变量含义和赋值说明

变量名称	含义和赋值说明	预期影响
得分率	每人每题得分率(%)	因变量
是否在线教学	是=1；否=0	不详
题目类型	计算题=1；论述题=0	负向
题目难度	较难=1；较易=0	负向
学生性别	男生=1；女生=0	负向
学习成绩	学习成绩以学分绩表示	正向
招生方式	高考直接招生=0；入校后选拔=1	不详

变量名称	含义和赋值说明	预期影响
在线教学 * 题目类型	在线教学与题目类型的交叉项	负向
在线教学 * 题目难度	在线教学与题目难度的交叉项	负向
在线教学 * 学生性别	在线教学与学生性别的交叉项	负向
在线教学 * 学习成绩	在线教学与学习成绩的交叉项	负向

三、结果分析

(一)描述统计分析

首先,简要描述样本数据概况。2018年春季学期课堂教学中,有学生27名,期末闭卷考试题目有12道,其中,计算题和论述题各6道,难题和易题分别为4道和8道,这里的难题主要指需要学生综合运用课程内容或需要深入分析才能回答的题目。2020年春季在线教学中,有学生38名,期末开卷考试题目有13道,其中计算题和论述题分别为6道和7道,难题和易题分别为4道和9道。综合来看,有65名学生,818条样本数据。

其次,对主要变量的数据情况进行简要说明,统计摘要见表2。可见,2018年和2020年该课程的考试成绩平均分分别为83.37分、78.53分,可见2020年考试成绩较低。以每题得分率的平均值来看,2020年的78.24%也低于2018年的82.06%。不过,以学分绩来看,2020年学生的学分绩82.45分也低于2018年的85.96分。

表2 样本描述性统计

年份	变量	样本数量	均值	标准差	最小值	最大值
2018	考试成绩	324	83.37	7.53	73	99
	每题得分率	324	82.06	23.48	10	100
	性别	324	0.11	0.31	0	1
	学分绩	324	85.96	2.93	81.17	93.09
2020	考试成绩	494	78.53	13.76	32	96
	每题得分率	494	78.24	29.20	10	100
	性别	494	0.29	0.45	0	1
	学分绩	494	82.45	8.09	54.71	93.15

(二)回归结果分析

运用多元线性回归模型对样本数据进行计量分析,回归结果见表3。其中,第一个模型未包括在线教学与其他自变量的交叉项,第二个模型则包括了这些交叉项,这里主要基于第二个模型进行讨论。从模型统计量来看,整个模型在1%的显著性水平上通过检验,同时R^2为0.429,说明模型系数显著不为零,并对因变量具有较好的解释能力。

表3 计量回归结果

变量	模型1			模型2		
	系数	t值	p值	系数	t值	p值
常数项	-6.01	-0.58	0.561	-85.16**	-2.52	0.012
性别	-3.47*	-1.80	0.072	2.31	0.63	0.527

(续)

变量	模型 1			模型 2		
	系数	t 值	p 值	系数	t 值	p 值
学分绩	1.22***	10.06	0.000	2.10***	5.36	0.000
招生方式	1.57	0.81	0.416	2.20	1.14	0.253
计算题	−24.43***	−16.78	0.000	−21.53***	−9.39	0.000
难题	−18.26***	−11.70	0.000	−14.72***	−6.06	0.000
在线教学	0.43	0.24	0.808	94.44***	2.66	0.008
在线教学 * 性别				−8.80**	−2.05	0.041
在线教学 * 学分绩				−1.03**	−2.50	0.013
在线教学 * 计算题				−4.71	−1.59	0.111
在线教学 * 难题				−5.86*	−1.86	0.064
样本数量	818			818		
F 统计量	96.94			60.63		
Prob>F	0.000			0.000		
R^2	0.418			0.429		
调整 R^2	0.413			0.422		

注：*、**、*** 分别表示在 10%、5%、1% 的显著性水平上显著。

首先，学生类型变量方面，学分绩对得分率具有显著正向影响，而性别、招生方式的回归系数未能通过显著性检验。可见，学分绩作为学生成绩的综合指标，对于该门课程每道考题的得分率具有显著的正向影响。性别，并未体现出显著影响，这与现实中女生学习成绩较好不太一致，一个可能的原因是这里控制了其他变量才导致了这一影响。招生方式，主要区分了高考直接招生和大一新生报到后重新选拔这两种方式，模型结果显示，二者对考题得分率并无显著影响。

其次，题目类型变量方面，计算题、难题的回归系数均显著为负。对于资源与环境经济学这门课程而言，主要是针对经济概论和理论的论述，也有一些计算性内容，通常学生对于论述性内容的掌握好于对计算性内容的掌握，可见回归结果与通常认识较为一致。难题，通常需要综合运用课程中的不同内容，或需要将某一内容向更为深入的方向延伸，其得分率较低也是情理之中。

最后，重点分析在线教学及在线教学相关的交叉项。在线教学的回归系数显著为正，说明在控制了其他变量之后，在线教学比课堂教学的得分率更高，可能的原因在于在线教学不得不采取了开卷考试方式，这在一定程度上会高于闭卷考试的得分率。在线教学与性别的交叉项显著为负，说明线上教学模式中，男生比女生的考题得分率更低，这与本文的理论假设基本一致。然后，在线教学与学分绩的交叉项显著为负，说明线上教学模式中，学分绩高的同学的得分率相对低一些，一个可能的解释在于本次考试为开卷考试，从而使得学分绩高的同学的优势未能充分体现出来。此外，在线教学与难题的交叉项显著为负，也就是说，在线教学使得难题的得分率进一步下降，这也与本文的理论假设一致。当然，在线教学与计算题的交叉项的回归系数也为负，但是没有通过显著性检验。

四、结 语

在线教学的效果如何是这一新兴教学方式的关键问题。在线教学的效果，可能对于不同类型的学生、不同类型的知识具有不同的结果。本文基于同一门课程的课堂教学和在线教学的考试情况，对这一问题进行了探索。

回归结果表明，学分绩对得分率具有显著的正向影响，而计算题、难题的得分率显著偏低。在线教学本身由于开卷考试的原因使得得分率较高，进一步地，在线教学与性别交叉项的回归系数为负，说明在线教学方式下男生的得分率相对更低，在线教学与难题交叉项的回归系数为负，说明在线教学方式下，较为深入的知识的教学效果相对较差。

基于研究结果，提出改进在线教学效果的对策建议。首先，进一步加大对学生课堂学习和课后复习监督力度，特别是加大对男生的监督力度，例如增加点名、教师提问、课后及时收作业并给出明确反馈等。其次，进一步加大对教学中难点、计算类内容的教学强度，例如通过思维导图概括内容之间的结构关系和逻辑关系，增加对计算类内容的演示，也可以增加相关方面的练习。此外，考试形式仍然是在线考试的一个难点，如何更加符合在线教学的特点，设计合适的考试题目和考试方式仍然是一个需要改进的问题。

参考文献

[1] 王佑镁. 在线教学设计标准及其评价应用研究[J]. 中国电化教育, 2007(07): 60-63.
[2] 杨金勇, 裴文云, 刘胜峰, 等. 疫情期间在线教学实践与经验[J]. 中国电化教育, 2020(04): 29-41.
[3] 谢幼如, 邱艺, 黄瑜玲, 等. 疫情防控期间"停课不停学"在线教学方式的特征、问题与创新[J]. 电化教育研究, 2020, 41(03): 20-28.
[4] 李春华, 周海英. "停课不停学"在线教学效果提升研究——基于苏南地区高职院校的调查[J]. 职教论坛, 2020(04): 125-130.
[5] 邬大光, 沈忠华. 我国高校开展在线教学的理性思考——基于6所本科高校的实证调查[J]. 教育科学, 2020, 36(02): 1-8.
[6] 郑勤华, 秦婷, 沈强, 等. 疫情期间在线教学实施现状、问题与对策建议[J]. 中国电化教育, 2020(05): 34-43.

Student characteristics, problem type and the effect of online teaching on examination scores: An empirical study based on the course *Resource and Environmental Economics*

Wang Hui   Li Qiang   Jiang Xuemei

(School of Economics and Management, Beijing Forestry University, Beijing   100083)

Abstract   The COVID-19 epidemic in the spring semester of 2020 has shifted traditional classroom teaching to online teaching, and how online teaching compares with classroom teaching is a focus issue. Online teaching may have different effects for different kinds of students and different kinds of course contents. Therefore, this paper explores the impact of online teaching on the examination scores of different types of students and different test types, based on the examination scores of the same course in spring 2018 and spring 2020. The results show that online teaching makes the score rate of boys and difficult subjects drop significantly, and the corresponding countermeasures are put forward.

Keywords   online teaching, examination score, student characteristics, problem type

实验课程线上线下"混合+翻转"教学模式的改革

——以细胞生物学实验为例

李 晔

(北京林业大学生物科学与技术学院，北京 100083)

摘要：随着信息化时代的到来，对高校教学模式的改革提出了巨大的挑战，因此如何根据课程特色和学生特点设计出更高效的教学模式，真正实现全程育人、全方位育人，值得我们高校教师思考和探索。尤其是传统的实验类课程绝大多数都是依托面对面的课堂教学模式，疫情的到来使得很多实验类课程无法顺利开展，触发了我们对传统实验类课程教学模式的思考，推动了教学模式的改革。线上和线下的"混合+翻转"式的教学模式能实现学生线上自主学习和线下实验操作的有机结合，提高学习效率，满足不同学生的学习需求，因此将线上和线下的"混合+翻转"式的教学模式应用于实验类课程，将推开新时代的教改浪潮，开启教学模式的新纪元。

关键词：实验类课程；全方位育人；教学模式；线上线下；混合+翻转式

随着时代的进步，我们的教学模式悄然从板书式教学到多媒体教学，从多媒体教学到网络教学。而传统的实验类课程，仍旧主要依托口头及面对面的教学模式。而随着疫情的到来，针对"停课不停学"的要求，对实验类课程提出了巨大的挑战。因此，如何能实现实验类课程的网络教学，对高校教师信息应用能力和教学实践能力提出了更高的要求。经过认真的思考和总结，其实实验类课程我们同上可以采用线上线下"混合+翻转"的教学模式。所谓混合式教学是指将移动慕课和传统的面对面教学相结合，前期实验课程内容的讲解以网络教学的方式教授和后期实验实践阶段以面授方式指导的混合式教学模式，这样既能够提高学生的自主学习能力，又能增强教师的动态跟踪和过程指导。在之前理论性课程的教学实践中发现相比于传统的教学模式，混合式教学模拟能明显调动学生的积极性、主动性和创造性[1]。因此，我们可以借鉴之前成功的经验，针对细胞生物学实验的课程特点开展线上线下课程的优质建设，将主要围绕以下几个问题展开：①怎样将理论课程的学习更好的应用于实践课程中，培养学生的动手能力和创新能力；②如何合理的构建实验课程的学习安排，实现线上线下教学的完美衔接；③转变教学主导，实现教与学的双向互动；④适当切入思政元素，进行价值观的引领[2]。正如习近平总书记所强调，学生在大学里学什么、能学到什么、学得怎么样，同大学人才培养体系密切相关。这不仅是对大学应该如何办学，教师应该如何教授，学生应该如何学习的追问，更体现了大学、教师、学生三者在人才培养体系架构中的重要角色关系。因此，对教学内容、教学模式和评价体系的不断思考、与时俱进、改革创新是我们的必由之路。

作者简介：李 晔，北京市海淀区清华东路 35 号北京林业大学生物科学与技术学院，讲师，li.ye.0223@163.com。

资助项目：北京林业大学课程思政教研教改专项课题"细胞生物学实验"（2020KCSZ099）。

一、实验类课程教学内容的改革——推广出新

(一) 在基础性实验中出"新"培养实验技能

在细胞生物学实验中，常规的验证性实验是培养学生实验技能，规范学生实验操作的重要手段。可以说传统的验证性实验作为实验内容的重要板块，扮演着"教"的角色。因此，在基础性实验内容的设计中，我们应该侧重培养学生良好的实验素养，严谨的实验态度，正所谓"严师出高徒"。严格规范要求学生的实验操作及实验习惯，要求学生熟知实验原理、掌握实验步骤、规范实验操作、做好实验记录、熟练仪器操作、懂得课后反思，对实验技能的培养重要。此外，随着新技术的不断发展，在验证性实验中我们除了应该包含传统的经典实验之外，更应该大胆的引入新技术如 PCR 技术等，使学生的学能够紧跟时代的发展和科技进步的需求。新技术将为"细胞生物学实验"课程注入新的活力，增强学生的求知欲和兴趣感，提高学生掌握新技术之后的成就感。高校大学生基本实验技能的提高，有助于提高整个国民的科技水平，激发学生爱国主义热情和与时俱进的学习意识，将思政元素融入"细胞生物学实验"的课程内容中。因此，在"细胞生物学实验"的课程内容设计中，我们应该推陈出新，夯实技术，强化水平，适当地融入思政的元素。

(二) 在开放性实验中推"广"锻炼开拓思维

在实验内容的设计方面，如果说基础性实验是培养学生实验技能的重要手段，扮演着"教"的角色，那开放性实验就是在锻炼学生的开拓性思维，扮演着"学"的角色。因此，针对"细胞生物学实验"课程的内容设计中我们的教学理念是在基础性实验中出"新"，与时俱进，培养学生新技术；在开放性实验中推"广"，培养学生的开拓思维，锻炼学生的动手能力，实现"教与学"的深度融合。通常学生在掌握了基础性实验的实验技术之后，自身会有一种跃跃欲试的感觉，作为教师我们更应该趁此机会激发学生的动手潜力，放开手，让学生像小鸟一样学会自己飞翔。我们可以根据学生已经掌握的实验技能，适当地为学生提供更多的开放性自主设计实验，供学生们选择。学生可以凭借自己的兴趣爱好，以实验小组的方式分工协作，开展实验。通过自主查阅相关文献，提出完善的实验方案，要求有翔实的实验原理、所需的实验仪器、实验步骤、实验中应该注意的事项等。在开放性实验中充分调动学生的自主能动性，培养学生学习的热情，真正实现以学生为中心的教育理念，全面、深刻地推动全方位育人、全过程育人，在培养学生掌握新技能的同时开拓学生自主学习的能力，激发学生的学习热情、培养学生的科研习惯和良好的实验素养。

二、实验类课程教学模式的改革——线上线下"混合+翻转"式

(一) 线上课程建设

1. 网络在线学习，构建知识框架

在"细胞生物学实验"课程教学模式的设计上，我们可以从传统的面对面教学，改为视频或者直播课程学习，基于慕课(MOOC)资源[3]、腾讯课堂、钉钉课堂实现有机结合，为学生创建一个线上网络学习平台。通过网络资源共享及信息化的教学，完成实验课的线上学习。对于教师而言，我们应该打开教学理念的新视角，通过科学全面的信息化的教学认知，将信息化的课程资源有效地整合应用于我们的实验类教学工作中，充分利用网络资源平台，一方面我们可以创办自己在线实验课程；此外，我们还可以依托网络已有的相关在线开放实验课程充实我们的教学内容，使得学生在自主的网络学习中，接受全方位的相关实验知识和技能的学习，避免"一家独放"掌握的知识不够全面。将实验内容和实验操作的前期学习采用学生自主的在线学习方式，顺应新时代教学模式的改革。

针对实验类课程的网络平台建设，教师可以根据"国家级慕课"的建设模式，依托于中国大学 MOOC 网。为了更好地促使学生适应在线学习，保证线上线下课程学习的无缝对接。"细胞生物学实验"线上课程学习平台的内容设计上可以包含以下几个部分：①相关理论知识的引导及思维导图；②实验目的导入；③实验原理的介绍；④实验步骤的标准操作和仪器操作的讲解视频；⑤实验安全注意事项；⑥实验技能拓展板块；⑦讨论区；⑧综合测试板块等，使学生实现全方位的学习。此外，为了激发学生在线学习的兴趣，在在线课程学习前，教师可以基于课程群采用问题导入法引导学生对实验课程的相关内容产生兴趣，进而诱发学生自主地进行网上在线学习。在线学习过程中，教师可以基于在线打卡、学习时长、要求等方式对同学们的学习进行监督。

学生在线学习过程可以分为 4 个阶段：①进入课程和激发动机阶段。在此阶段老师应该欢迎和鼓励学生进行网络学习，而对学生而言，此阶段主要是熟悉平台的使用。②形成网络学习社区阶段。基于教师已经构建完善的网络平台，教师引导学生进行在线学习，学生通过对实验相关知识的搜索和筛选对所需的实验技能和相关内容进行自主学习。③信息交流阶段。学生针对学习掌握情况，如学习中的难点，与教师进行交流反馈。④知识构建阶段。基于在线学习，学生掌握实验技能，并构建完成属于自己的知识网络。

2. 采用在线互动，深度学习交流

成功的教学设计为优质的教学效果奠定了扎实的基础。基于学生自主的在线学习之后，可利用网络资源的灵活性，构建在线交流平台，实现实时的师生互动。如可采用 UMU 互动学习平台，或者基于课程微信群等，用技术赋能教学，实现一站式互联网互动交流，根据学生的反馈，教师进行实时的解答。除了师生之间的交流之外，还可以引导学生进行生生之间的交流互动。在线创建学习交流小组，促进学生之间的深度交流，学生可根据自己的所学，进行学习经验的分享、经验交流。通过在线交流平台一方面可引发学生的思考，为学生答疑解惑；另一方面能使教师动态的掌握学生的学习情况，更好地指导教学。

3. 深入思考反馈，完善在线教学

在经过学生自主的网络在线学习和深度的学习交流之后，便进入师生的自我发展阶段。学生可以基于网络学习，在线提交自己的学习心得，基于习题测试反馈自己掌握知识的情况，以及进行探索性的思考。对于教师而言，通过学生在线的学习讨论、试题测试、教学反馈等验证网络教学中存在的漏洞和不足，进一步整合资源、改善教学模式、提高执行能力，对原有线上课程进行完善和改进。可以说对教学模式和教学内容不断地反思和改进，是我们源源不断进步的动力。

(二) 线下课程建设

1. 翻转课堂，动手实践

基于线上课程的学习，学生掌握实验的知识点和主要的操作方法。在线下的面对面教学过程中，我们可以采用翻转课堂的形式。所谓翻转课堂不是教学结构的简单翻转，而是对传统课堂的颠覆，翻转后的课堂教师不再是课程内容的传授者，更多的成为学习过程的指导者和促进者，学生则由原来被动接受的"观众"变为教学活动中积极主动的"表演者"[4]。通过线上自主学习之后，教师可以不再占用课堂时间来讲授知识，课堂更多的变成了教师学生之间，以及学生与学生之间互动交流的场所，包括学生独立实验操作、教师辅助指导、发现错误及时指正等，从而达到更好的教学效果。此外，为了丰富翻转课堂中教学模式的多样性，在实验过程中可以采用分小组实验的模式，激发同学们组内合作，组间竞争。每组同学由学生代表为大家演示实验步骤的详细操作，同学进行实验要点的补充，指出存在的错误性操作，充分发挥学生的积极主动性，真正实现学生为主导，由于被动的模仿者，变为主动的学习者[5]。

2. 自主设计，提高技能

对于线下实验课程的建设方面，我们应注重学生动手能力的培养。教师可为学生提供更多的开放性实验题目，供学生选择并自主完成，使学生由被动的填鸭式学习变成主动地探寻知识。在自主设计环节，学生需要根据开放性实验的题目，自主设计实验方案，独立完成相关的实验题目。一方面，可以验证学生对基础性实验技能的掌握情况，真正实现到学以致用；另一方面，在线下的自主设计性实验环节中，可以激发学生对所学的知识运用能力，开拓学生的创造性思维，培养科研意识，在教学过程中体现育人的元素。

三、实验类课程考核方式的改革——优化考核方式、完善评价体系

健全优质的评价体系是考核学生掌握情况，同时反馈教学质量的重要评估方法。基于实验课程自身的特点，考核方式应量身定制。健全的实验评价体制应该同时包括对理论知识、实验技能、设计能力等多方面的考核，将对知识点单一的考察办法向多元化评价体制转换，优化课程教学的评价体系。

（一）优化的线上理论考核

扎实的理论知识是开展实验的基础，因此实验课程中理论知识的考查必不可少。基于此，实验类课程中对实验目的、实验原理、实验方法等相关理论知识的考核可以采用线上模式，通过本门实验课程中的线上课程平台或者课程 App 进行考核。在线上课程平台建设中，应当保证课程试题库内有丰富的试题资源，针对不同的考生采用随机试题模式。此外，理论知识采用线上考核可以分为两个部分：①针对每个细胞生物学实验的理论知识的线上随堂测试，作为平时成绩的一部分；②期末的综合性实验理论知识测试，作为期末成绩的一部分。

（二）健全的线下实验技能考查

实验类课程作为培养和锻炼学生实际操作能力的一门课程，这就要求我们必须将学生的实验技能纳入到我们的考核评价体系中。在线下的实验技能的考核方式中我们应该建立多元化、过程化、能力化的课程考核。针对此，我们可以采用多种考核方式：①平时实验操作的过程性考核：将同学平时的实验准备情况、实验操作过程、实验报告作为平时成绩的考核方式之一。②仪器设备技能操作的考查：我们通过随机抽题的方式，让学生演示某项实验仪器的操作，作为学生对仪器设备掌握情况的考核。③设计性实验的考核方式：实验设计是培养学生综合能力的有效途径，我们可以通过设计性实验和探索性实验，评价学生对理论知识和实验技能的综合运用能力，提升学生的挑战度。健全的实验评价体制，有助于我们对学生的实验能力做出公正全面的评价。

四、结　语

在未来，线上课程和线下教学的深度融合将是信息化教学的必然趋势，将线上教学融入到高校实验课程建设中将是必需品而非奢侈品，真正实现"以学生为中心，以能力培养为导向"，丰富实验类课程的教学模式，拓展实验类课程的教学内容！线上线下"混合+翻转"的教学模式有助于推进中国高等教育发展的"双一流"建设，教学模式的与时俱进、不断创新符合加快实施科教兴国战略、人才强国战略、创新驱动发展战略的新要求。

参考文献

[1] 林智慧, 唐亮, 赵金龙. 混合式教学模式的实践研究[J]. 电子测试, 2019(4)：127-128.
[2] 于海雁, 庞杰, 李晓游, 等. 线上线下混合式"金课"的建设与实践——以"模拟电子技术"课程为例[J]. 高教学刊, 2020, 28：66-68.

[3]斯蒂芬·哈格德. 慕课正在成熟[J]. 教育研究, 2014, 5: 92-112.
[4]刘锐, 王海燕. 基于微课的"翻转课堂"教学模式设计和实践[J]. 现代教育技术, 2014, 24(5): 26-28.
[5]陈来同, 胡晓倩. 教师在生物化学实验教学中的作用探讨[J]. 高等理科教育, 2008, 31(3): 101-102.

On-line and off-line "mixed+flipped" teaching mode reform of experimental courses: Taking the experiment of *Cell Biology* as an example

Li Ye

(College of Biological Sciences and Technology, Beijing Forestry University, Beijing 100083)

Abstract With the advent of the information age, it also bring a large challenge to the teaching mode for universities. Therefore, how to design a more efficient teaching mode according to the characteristics of courses and students, to realize educate people in the whole process and comprehensively, it is worth further reflection and exploration. In particular, most of the traditional experimental courses is depended upon the face-to-face teaching model, however, many experimental courses cannot be carried in the epidemic period. At the same time, it leads us to think about the teaching mode of the traditional experimental courses and promotes the reform of the teaching mode. On-line and off-line "mixed+flipped" teaching mode will push forward the new era of teaching reform and open a new era for teaching mode.

Keywords experimental courses, educate people comprehensively, teaching mode, on line and off line, mixed and flipped

线上线下混合式金课的 MS-EEPO 教学模式研究

——以北京林业大学"土壤学"课程为例

张 璐 孙向阳

(北京林业大学林学院,北京 100083)

摘要:根据教育部提出的教学高阶性和创新性的要求,线上线下混合式"金课"的建设需考虑线上资源的构建、线下教学的改进以及线上线下如何"混合"等问题。在混合式金课视角下,基于 MS-EEPO 教学模式,本研究尝试对"土壤学"课程进行线上线下混合式教改。基于互动性、先进性教学形式和前沿性、创新性教学模式的设计、学生解决复杂问题的综合能力和高级思维的培养以及多元化考核评价体系的建立,探索"土壤学"线上线下金课的 MS-EEPO 教学模式设计,为林学类本科专业课程的金课建设提供借鉴。

关键词:混合式金课;MS-EEPO;土壤学;教学模式

教育部发布的《关于一流本科课程建设的实施意见》中首次明确了"金课"建设内容,着重阐述了其"高阶性""创新性""挑战度"的"两性一度"金课建设标准[1]。另一方面,孟照彬教授创建的"MS-EEPO 有效教育",其核心理念是通过组织和参与实现有效教育,着重培养学生的思维能力,提升学生思维的发散性和创新性[2]。因此,在"两性一度"的建设指导下,树立课程质量意识,推进混合式教学,将线上自主学习和线下翻转课堂有机结合起来共同开展 MS-EEPO 有效教育的教学模式,力争打造混合式金课视角下的 MS-EEPO 教学模式,为我国高等教育从规模式扩张转向内涵式发展提供实践经验。

一、"土壤学"混合式金课的 MS-EEPO 教学模式改革必要性

"土壤学"课程是高等林业院校林学类专业的一门重要专业基础课,其主要研究土壤的形成、分类分布、质量评价以及土壤的开发、利用、保护与管理等,其具有以下几个主要特点:

(一)土壤学理论分析能力要求高

"土壤学"课程涉及了丰富的基础理论知识和基本操作技能,包括网上教学视频、在线讨论、线下翻转课堂以及案例分析等。学生需要充分理解和牢固掌握精准专业词汇及其内涵,才能够对国内外土壤学研究热点进行理论分析和思考。因此,具备全方位的土壤学专业基础综合运用能力对一部分学生而言具有不小的挑战。

(二)知识综合程度要求高

"土壤学"课程坚持"巩固基础、突出现代应用、反映前沿热点、多学科交叉综合"的原

作者简介:张 璐,北京市海淀区清华东路 35 号北京林业大学林学院,副教授,zhanglu1211@bjfu.edu.cn;
孙向阳,北京市海淀区清华东路 35 号北京林业大学林学院,教授,sunxy@bjfu.edu.cn。
资助项目:北京林业大学教育教学改革项目"基于金课视角的线上线下混合式 MS-EEPO 有效教育在'土壤学'课程中的应用及探索"(BJFU2020JY005)。

则,涉及植物学、生态学、气象学等课程内容的横向整合,同时又在此基础上进行了纵向剖析。既可以帮助学生巩固专业基础知识,又可以使其结合国内外土壤学发展现状拓宽专业知识层面。因此,"土壤学"课程知识的综合运用程度高,体现了金课的"高阶性"特点。

(三)实践应用能力要求高

信息化加速发展的今天,应及时完成知识由理论向实践层面的转换。"土壤学"课程教授学生土壤学基本理论知识,要求其结合社会土壤环境产生的新变化,分析土壤存在的问题及其治理措施,力求"学以致用,用之有效"。因此,在"土壤学"课程学习中,需要将探究性学习和个性化学习贯穿学习过程的始终,体现了金课的"创新性"特点。

(四)培养全面能力目标高

在"土壤学"课程的线上自主学习中,学生需要有较强的自制力完成线上资料学习;在线下翻转课堂学习中,学生通过分组讨论,共同协作完成教学内容。另外,通过大量的案例讨论与分析,学生可以综合掌握问题土壤的治理与修复,增强分析能力,提高思辨力,举一反三,提升创新能力,体现了金课的"挑战度"特点。

因此,以上"土壤学"课程的主要特点决定了其非常适合开展线上线下混合式的MS-EEPO有效教育模式。

二、"土壤学"混合式金课的 MS-EEPO 教学模式设计

基于"土壤学"混合式金课的视角,笔者采用 MS-EEPO 有效教育的"平台互动课型",其分为标准性平台、倒置性平台和变式性平台。以"土壤学"课程为例,标准性平台指的是由教师事先准备好的平台(即在线开放学习库),倒置性平台指的是以学生为主生成的平台(即线下翻转课堂),变式性平台是指区别于前两者的平台(即教学评价系统)。具体教学模式设计如图1所示。

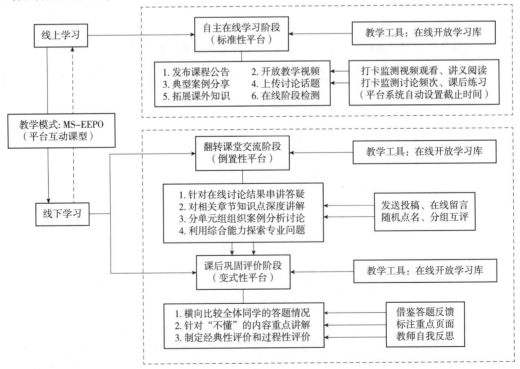

图1 线上线下混合式金课的 MS-EEPO 教学模式设计

(一)构建标准性平台，打造在线开放学习库

依托于雨课堂、腾讯会议、百度网盘、微信公众号等线上平台，创建"土壤学"课程在线开放学习库。教师每周固定时间发布课程公告，上传教学视频、教材讲义、课后测验、知识扩展等，布置线上学习任务。在"土壤学"课程线上学习中，笔者注意到：第一，在线下面授前1周上传相关线上学习资源，有利于保证学生有充足时间安排个人学习；第二，由于设置了截止时间，过期后平台将自动关闭下载内容，避免学生在线下面授前集中刷视频、刷讲义等现象。

教学视频需进行碎片化处理（即每个视频播放时间控制在10分钟内），避免学生发生走神现象，提高其注意力。教学视频和讲义主要以国内外土壤学研究热点为先导，创设林业科学问题，提高学生对林学知识的敏感度。同时，建设集成在线开放学习库（包括案例、习题、学科前沿进展等），使学生在"土壤学"课程学习中开拓视野，提升专业技能。

(二)强化自主学习能力，保障线上教学质量

学生通过教师上传的电子学习资源，进行有效的自主学习。例如，在"土壤生物与土壤有机质"课程内容线下面授前，教师首先安排学生在家或者寝室观看10分钟有关"我国土壤有机质提升的现状分析与对策建议"的视频，再进入线下翻转课堂，可以快速实现教学资源的碎片化，保证学生的学习效率。

在线下面授前，教师不但要善于创设线上学习的林业科学问题，还要注重学生线上学习的成果，根据学生实际掌握情况确定线下面授的重点方向，使科学问题更有针对性和代表性。在MS-EEPO有效教育中，学生在完成线上学习内容后，需要在平台提出个人见解；教师针对学生提出的疑问或者见解，进行认可或者否定。在线的"师生互动"和"生生互动"不仅克服了"学生下课赶忙走，师生课下无交流"的弊端，还可以为学生树立坚定的学习信心[3]。

(三)构建倒置性平台，开启线下翻转学习

根据线上线下混合式金课的建设内涵，在"土壤学"课程线下翻转课堂中，笔者采用MS-EEPO平台互动课型的倒置性平台，其主要特征是设定关键要素为目标，围绕目标构建翻转教学，形成多途径、多向度、多功能的教学模式，再通过单元组的积极互动进行强化学习，构建以学生为主体的新型课堂教学环境。在MS-EEPO有效教育中，学生学习方式围绕"单元组（4~6人可成一个单元组）"展开，一方面可以让学生适度活动身体，缓解生理心理疲乏，另一方面学生可以动脑想、动手做、动嘴讲、互相交流，探究并分享知识点及拓展知识。这样不仅能极大提高学生学习效率，还能增强其学习能动性、表达能力和交际能力。

1. 筛选关键项

关键项可为任意一个教学素材，例如知识、能力、信息、品格等，是教学组织的中心。以"土壤学"课程的知识点和能力点的关键项为例，笔者筛选一部分课程内容作为线上开放学习库的电子资源，另一部分作为线下翻转课堂的重点教学内容。例如，在学习"土壤学"课程的第四章（土壤物理性质）时，将土壤物理性质的基本概念及其意义作为线上学习内容（即知识点关键项），将土壤物理性质对土壤改良与修复的作用影响作为线下学习内容（即能力点关键项）。将关键项一分为二（线上和线下），目标明确，节省线下课堂时间；同时，学生通过教师的线上线下引导筛选关键项，既有助于教师对学生掌握知识点的检测，也有利于学生探索性学习能力的提高。

2. 建设多项度平台

建设多向度平台，是平台互动课型的重要环节，可从各种途径强化关键项，让具有不同学习特点的学生都得到照顾[4]。以"土壤有机质的作用与调节"为关键项的线下学习中，可以扩张出"有机质对植物的作用、有机质对土壤物理性质的作用、有机质对土壤微生物的

作用、有机质对土壤温度的作用"等向度。根据不同向度，具有不同优势的学生可以依据自身所长，通过不同方式进行学习。例如，擅长植物分析的学生可从植物学角度理解有机质的作用；擅长做实验的学生可通过分析土壤有机质含量和结构进行学习；学得快的学生可提炼如何调节土壤有机质的知识点；学得慢的学生既可以通过自身学习，也可以通过学得快的同学的展示进一步理解学习内容。

3. 交 互

平台互动方式的交互可以从多角度刺激和强化关键项。如上所述，学生根据"土壤有机质的作用与调节"关键项发散出多个向度，并根据自身所长用不同的方式进行学习。接下来，转至交互环节，学生通过师生交互、生生交互和人机交互等进行分享和强化关键项，拓宽知识学习的宽度和深度，促进知识学习的系统发展。如果出现错误，教师要及时纠正；如果需要引导，教师要适当提供帮助。交互时，要做到形式的多样化和有梯度，使关键项得到有效强化。同样的交互方式，例如各单元组发言，运用到第三次就会使学生产生交互疲劳，因此要避免多次重复使用同样的交互方式。

（四）加强课后线上反馈，巩固线上线下衔接

在线下翻转课堂结束后，教师对课堂探究中学生容易出现的问题进行整理总结，发布到相应平台。在"土壤学"课程的线下翻转课堂结束前，笔者均要组织学生以"单元组"形式根据本节课的学习内容，交流自身收获。根据学生的表述，布置课后的线上作业。如果收到良好的效果，不需另外布置课后作业；如果当节课的线上和线下练习次数不够，可适当布置课后线上作业。实践证明：MS-EEPO 有效教育的平台互动课型方式能够有效解决"土壤学"课程线下教学的常见问题，充分做到"效率优先、过程优化"。

（五）构建变式性平台，优化教学评价

MS-EEPO 有效教育具有多种评价方式，在"土壤学"线上线下混合式金课中，笔者采取"过程性评价和经典性评价"（表1）相结合的方式，从"三性"和"三动"六个指标进行评价。其中，"三性"指的是知识性、个性和创造性，"三动"指的是互动、主动和能动。即在线上和线下的学习过程中，是否让学生较好地掌握知识点、有无发挥学生的个性和创造性、师生是否有互动、主动权是否适时转换、学生的能动性如何，等等。与此同时，教学后教师需进行适时的自我反思和评价，并与学生的评价相结合，弥补不足，为后期优化和改革教学做铺垫。

表1 "土壤学"线上线下混合式金课的 MS-EEPO 教学模式的教学成绩构成

评价维度 1				评价维度 2	
过程性评价				终结性评价（经典性评价）	
线上成绩		线下成绩		线下成绩	
在线视频和讲义学习	5%	翻转课堂答题	5%	线下笔试	70%
在线讨论和留言	5%	案例分析与讨论	5%	—	—
在线阶段检测	5%	综合能力处理专业问题	5%	—	—
合计	15%	合计	15%	合计	70%

三、"土壤学"线上线下混合式金课的 MS-EEPO 教学模式成效

通过在线开放以学习库为载体的线上线下混合式 MS-EEPO 教学模式，有效改变了学生学习方式和教师教学模式。以 MS-EEPO 有效教育的平台互动课型为基础，采用"过程性评

价和经典性评价"相结合的多维度考核评价体系,有利于培养学生创新思维和求真务实的科学精神,全方位提高学生的自主学习能力。另一方面,"土壤学"线上线下混合式金课的建设优化了教师的教学理念,提升了教师在教学模式、授课方式、课程设计等方面的能力。

但是,笔者也发现了一些不足之处。例如,教学资源更新较慢、学生在线上开放学习库讨论和发言不积极、部分学生自主学习意识差等。在后续的新教学模式应用中,教师需要加强对教学资源的持续更新;其次,针对在平台上发布的问题,要有及时反馈。在未来的教学工作中,笔者继续找准课程定位,优化教学模式和教学方法,紧跟时代前进脉搏,打造"土壤学"线上线下混合式金课,提高教与学的效率,改善教与学的效果,使课程更具有科学性、前沿性、时代性。

参考文献

[1] 于海雁,庞杰,李晓游,等. 线上线下混合式"金课"的建设与实践——以"模拟电子技术"课程为例[J]. 高教学刊,2020(28):66-68.
[2] 孟照彬. MS-EEPO 新基本功[M]. 昆明:云南人民出版社,2007:53-62.
[3] 梁文宏. MS-EEPO 有效教育在高校主题班会课中的应用——以大学生防骗教育主题班会课为例[J]. 广西教育学院学报,2015,2(136):138-140.
[4] 潘景丽. 平台互动方式在高校知识性课程中的应用——"MS-EEPO 有效教育"研究之一[J]. 钦州学院学报,2014,5(29):56-61.
[5] 陈亮,马健云. 信息技术视阈下高水平高职学校建设模式探究. 高等工程教育研究,2019(6):132-137.
[6] 余惠兰. 线上线下混合式"金课"建设路径研究[J]. 教育论坛,2019(10):21-25.

Research of the MS-EEPO teaching model based on online and offline mixed gold course: Take *Soil Science* of Beijing Forestry University for example

Zhang Lu Sun Xiangyang

(College of Forestry, Beijing Forestry University, Beijing 100083)

Abstract According to the advanced and innovative requirements of the teaching proposed by Ministry of Education, the construction of online and offline mixed"gold course"needs to consider the building of online resources, the improvement of offline teaching, and how to"mix"online and offline teaching. In the perspective of mixed gold course, on the basis of MS-EEPO teaching model, the teaching reform of *Soil Science* was carried out, mainly including the design of cutting-edge and contemporary teaching contents and advanced and interactive teaching forms, the cultivation of students' comprehensive ability to solve complex problems, and the establishment of diversified examination and evaluation system. This study explores the specific design and practical experience of the construction of mixed gold course of *Soil Science* so as to provide reference for the construction of gold course of the other main courses in the forestry science.

Keywords mixed gold course, MS-EEPO, *Soil Science*, teaching model

面向新工科的"液压传动"实验在线教学探索与实践

程朋乐　吴　健　陈来荣

(北京林业大学工学院，北京　100083)

摘要：为了满足"新工科"建设计划对人才培养的要求，和在线教学方式的实际需求，对传统液压传动实验教学的特点与问题进行分析，探索了传动教学方法不能满足要求的原因，针对问题进行了实验教学目标改革，确立了液压传动实验要通过实验环节培养学生的创新意识与能力、机械工程科学知识的应用能力，让学生具备一定的解决工程实际问题的能力。然后，依据教学目标，提出了三维虚拟拆装仿真、液压系统的交互式模拟、仿真工程训练三种方式，既满足了在线教学的需求，又实现了"新工科"建设计划中大力培育工程科技创新人才，培养科学基础厚、工程能力强、综合素质高的人才的要求。

关键词：液压传动；新工科；教学改革；在线教学

随着第4次新工业革命的到来，传统的工程教育模式、课程体系、课程内容、教学方法等已经不能适应新科技革命、新产业革命、新经济背景下人才培养的需求[1,2]。为此，教育部于2017年正式提出了"新工科"建设计划，并先后形成了"复旦共识""天大行动"和"北京指南"等指导性文件[3]，发布了《关于开展新工科研究与实践的通知》《关于推进新工科研究与实践项目的通知》，全力探索领跑全球工程教育的中国模式、中国经验，打造好培养"大国工匠"的摇篮。新工科建设的"三部曲"开拓了工程教育改革新路径，奏响了人才培养的主旋律[4]。随着"新工科"建设的持续推进，各综合性院校、工科院校迅速行动，组织了多种形式的研讨会，截止到2020年9月，在百度学术上以"新工科"为关键词搜索，已经有77 600条相关结果，这些都为新工科教育的顺利实施创造了良好开端。

2020年"新冠肺炎"疫情肆虐，针对新型冠状病毒感染肺炎疫情对高校正常开学和课堂教学造成的影响，2月初，教育部及时印发了《关于在疫情防控期间做好普通高等学校在线教学组织与管理工作的指导意见》，要求高校在疫情防控期间实行在线教学，实现"停课不停教、停课不停学"。北京林业大学响应教育部的号召，积极开展在线教学，并且取得了非常好的教学效果。学校面向本科生对线上教学基本情况开展了网络问卷调查，调查覆盖了591名本科生，289个班级，占全校本科班级的60.21%。调查显示，95.26%的学生对线上学习方式较为接受，98.65%的学生能够掌握线上授课内容，80.20%的学生对线上教学安排及学习资源满意[5]。液压传动实验教学作为新工科教育的重要组成部分，也以此为契机，进行了在线实验的探索。通过在线实验，使液压传动实验的教学质量继续提升。

一、传统液压传动实验教学的特点与问题

《复旦共识》中指出，新工科建设要求打造工程学科专业的升级版，大力培育工程科技

作者简介：程朋乐，通讯作者，北京市海淀区清华东路35号北京林业大学工学院，副教授，chengpengle@bjfu.edu.cn；
　　　　　吴　健，北京市海淀区清华东路35号北京林业大学工学院，实验师，wujian@bjfu.edu.cn；
　　　　　陈来荣，北京市海淀区清华东路35号北京林业大学工学院，副教授，clrong@bjfu.edu.cn。
资助项目：北京林业大学教育教学研究项目"基于工程教育认证的液压传动虚拟仿真实验资源建设研究与探索"（BJFU2020JY042）。

创新人才，培养科学基础厚、工程能力强、综合素质高的人才，掌握我国未来技术和产业发展主动权[6]。液压传动实验教学以培养学生的工程实践能力为目标，在新工科背景下，传统的液压传动实验教学主要有以下特点和问题。

（一）对硬件资源的依赖性强

传统的液压实验教学主要让学生进行液压回路的观察与记录，需要学生在实验室借助液压试验台完成，学生难以突破时空的约束，在实验室以外无法获得完备的实验条件，学生在家完成液压传动实验更无可能。所以传统的液压传动实验教学方法无法实现在线教学。

（二）实验内容僵化

由于实验场地和实验设备限制，大多数学校的液压传动实验课的实验内容多年不变，以笔者所在学院为例，液压传动实验课的4个实验项目十几年没有变化，包括：速度换接回路、减压回路、同步回路、平衡回路。速度换接回路中，学生通过按动按钮，观察速度换接现象，使学生了解调速阀的功能和作用。学生通过观察记录减压回路中各阀口压力表的数值，加深理解减压阀的工作原理及在系统中的作用。学生通过观察同步回路的运转过程，掌握分流集流阀的速度同步功能，即当两油缸或多个油缸分别承受不同的负载时，分流集流阀通过内部的压力和流量敏感部件自动调节，使油缸运动保持同步。学生通过观察和控制平衡回路中液压缸的升降，了解平衡回路的组成，特点及调试方法。这4个实验虽然能让学生了解液压和掌握液压传动课程中主要液压阀的功能和作用，但是这种验证性实验比较僵化，学生只是按照老师讲解的操作步骤进行操作和观察，实验比较乏味，学生不愿意主动学习。

（三）缺少与其他课程的融合

机电液一体化早已成为工程机械发展的趋势，机电液一体化技术是将机械技术、电子技术与液压技术充分结合，并以此为基础发展起来的一种新技术。但是现有的液压课程只给学生讲液压元件，不给学生介绍与液压相关的电气方面的知识，不利于学生机、电、液一体化整体概念的形成，学生学完液压传动以后，不清楚如何控制液压元件的运转，也不会设计机电液一体化的液压系统。

（四）创新培养不足

由于液压设备具有一定的危险性，出于安全考虑，液压传动实验都设计为验证性实验，图1所示为平衡回路的实验台。实验教学的主体是老师，从实验中液压回路的连接、实验讲解到操作都是老师完成，学生只需要"依葫芦画瓢"，无需动脑思考。学生主要是"看"实验，而不是"做"实验，学生不需要设计和改动4个液压实验项目的回路，只需要按照老师的要求操作手柄或开关，记录相关的实验数据即可，无法进行创新。另外，由于实验设备限制，3~4名同学操作一个实验台，经常有同学做旁观者，这种情况下更无法激发学生的主观能动性，进行主动创新。

二、 实验教学目标改革

液压传动实验不应局限于帮学生了解液压传动的基础知识、基本原理，应该通过液压传动实验使学生掌握典型液压元件的结构特点、工作原理及应用，指导学生利用相关软件设计简单液压系统，并对回路进行力学、运动学、动力学分析。培养学生的实际操作能力、对实

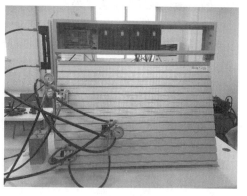

图1 平衡回路实验台

际问题的分析解决能力，加深对机电液一体化的认知。培养学生解决工程能力过程中，结合林业特色，通过虚拟环境把林业装备作业中的复杂工程问题引入液压实验过程中，通过实验环节培养学生的创新意识与能力、机械工程科学知识的应用能力，让学生具备一定的解决工程实际问题的能力。

三、在线教学的实现与应用

为了实现如上所述的实验教学课程目标，对传统的教学方法和教学内容进行了改革，采用三维虚拟拆装仿真的形式，向学生形象直观地展示常用液压元件的组成与工作原理；通过 FluidSIM 软件将液压设计与电气设计结合起来，弥补了以前液压传动实验教学中，学生只见液压回路不见电气回路，从而不明白各种开关和阀动作过程的弊病。电气—液压回路同时设计与仿真，提高学生对电气—液压联动的认识和实际应用能力；利用北京林业大学工学院的人工林抚育采伐作业及造材控制虚拟仿真实验平台对学生进行工程训练。

（一）三维虚拟拆装仿真

液压元器件虚拟拆装实验采用 3D 模型动画视频、三维虚拟拆装仿真的形式，向学生形象直观地展示液压泵、液压马达，以及各种液压控制阀的组成与工作原理。图 2 所示为 CY 液压泵拆装图，通过拆装图，学生形象地学习了 CY 液压泵内部元件的组装顺序和功能。图 3 所示为液压马达工作原理图，展示了液压马达的工作原理，使学生对液压马达的工作原理一目了然，避免了教师的枯燥讲解。通过动态演示，提高了学生的学习兴趣，让学生更易理解和掌握所学知识，避免了拆装液压元器件不足的缺陷，节约了设备投资和教学场地，降低学生拆装事故风险，提高了教学效率，充分调动学生的学习积极性。

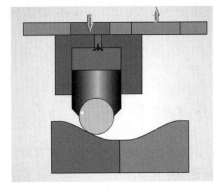

图 2　CY 液压泵拆装图　　　　　图 3　液压马达工作原理图

（二）液压系统的交互式模拟

FluidSIM 软件由德国 Festo 公司 Didactic 教学部门和 Paderborn 大学联合开发，是专门用于液压传动的教学软件，可设计和液压回路相配套的电气控制回路。弥补了以前液压传动教学中，学生只见液压回路不见电气回路，从而不明白各种开关和阀动作过程的弊病。现有的液压传动教科书只有液压回路图，而无电气控制回路图，学生只学习液压知识，很难将电工电子、数控知识与液压系统结合起来，无法进行复杂机电或机电液一体化系统的设计。FluidSIM 允许电路创建以及交互式模拟，软件不仅能够计算出系统的状态变化和变化，而且用户可以交互地进行干预并操作开关或切换阀门。同样，信号可以通过连接的硬件或通过其他程序的接口传输。FluidSIM 立即响应此类事件并无缝模拟更改后的系统。

以液压系统中的顺序动作回路为例，对 FluidSIM 的交互式模拟进行介绍。当用一个液压泵向几个执行元件供油时，如果这些元件需要按一定顺序依次动作，就应该采用顺序回路。如转位机构的转位和定位,夹紧机构的定位和夹紧等。图4是一种采用行程开关和电磁换向阀配合的顺序动作回路。操作时首先按动启动按钮,使电磁铁1YA得电,压力油进入油缸3的左腔,使活塞按箭头1所示方向向右运动。当活塞杆上的挡块压下行程开关6S后,通过电气上的连锁使1YA断电,3YA得电。油缸3的活塞停止运动,压力油进入油缸4的左腔,使其按箭头2所示的方向向右运动。当活塞杆上的挡块压下行程开关8S,使3YA断电,2YA得电,压力油进入缸3的右腔,使其活塞按箭头3所示的方向向左运动;当活塞杆上的挡块压下行程开关5,使2YA断电,4YA得

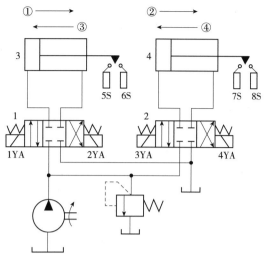

图4 行程开关和电磁阀配合的顺序回路

电,压力油进入油缸4右腔,使其活塞按箭头4的方向返回。当挡块压下行程开关7S时,4YA断电,活塞停止运动,至此完成一个工作循环。

所有的教科书中只有这一张图来描述顺序回路的动作过程,并没有给出电气控制图,学生无法理解如果通过电磁阀控制液压缸进行动作,在学习时也是一头雾水。在线教学过程中,利用FluidSIM软件进行液压传动系统设计和仿真。进入FluidSIM界面,根据任务要求从元件库中调用所需的液压元件,通过拖动图标、连线,设计出如图5(a)所示的液压回路图,根据顺序动作中对液压回路的控制要求,及电磁铁的动作顺序,从元件库中调用所需的电气元件(如电源、继电器、电磁线圈、各种开关等),通过设置相同的标签来建立元件之间的关联,设计出如图5(b)所示的电气回路图。

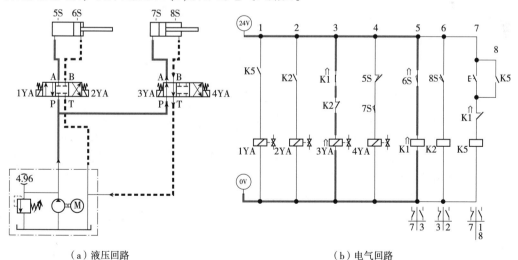

(a)液压回路　　　　　　　　　　(b)电气回路

图5 行程控制顺序动作回路

图5(a)中的粗实线表示高压油管路,三角箭头表示液压油流动的方向,压力值可以通过图中的液压表实时测量,与之对应的电气回路图5(b)中的开关的状态能够实时显示,图中粗线表示此时电流的流向。如果学生对某一时刻的运动轨迹有疑问,随时可以暂停,仔细观察。液压油的流向和压力,电路中电流的流向在现场实验中,学生都是无法观察的。通过在线仿真实验,学生可以自己动手搭建液压回路和电气回路,既锻炼了学生的动手能

力,又使学生对液压和电气的配合动作过程有深入的理解。

(三)仿真工程训练

液压传动技术被广泛地应用于机械制造、工程建筑、石油化工、交通运输、军事器械、矿山冶金、轻工、农机、渔业、林业等各个工程技术领域,但是液压传动的机械一般以重型机械为主,学校很难有足够的场地开展工程训练,所以在液压传动工程训练这方面,各高校一直是空白。

北京林业大学工学院2019年获批北京林业大学校级虚拟仿真建设项目,解决了学院教学场地和资源问题。本实验以林业抚育采伐作业及造材控制为目标,融合林业特色,紧扣行业前沿。通过虚拟环境把林业装备作业中的复杂工程问题带进校园。实验中,通过对林业抚育采伐作业工艺过程的认知和林机装备作业技能的掌握,落脚于实践中所遇到的工程实际问题,帮助学生系统掌握液压系统对于林业装备的控制方法和过程,为林业机械中液压系统的应用研究打好实践基础。

图6 人工林抚育采伐作业及造材控制虚拟仿真实验平台

图6为人工林抚育采伐作业及造材控制虚拟仿真实验平台,可开展远程虚拟实验。开放式实验平台中设有答疑室,学生在做虚拟实验时或课后,均可以在答疑室中与在线的指导老师互动交流。液压实验采用虚拟仿真手段,取得了良好的教学效果。学生的学习积极性提高,学习效果明显提升,具有自主知识产权的林业抚育采伐装备控制实验项目,在林业机械、森林采伐、森林抚育等培训中得到了推广应用,有力促进了林业工程行业高端人才的培养。

四、结 语

从"新工科"建设计划入手,针对新型冠肺炎疫情对高校正常开学和课堂教学造成的影响,设计了液压传动实验的在线教学。通过分析现有线下液压传动实验的特点和问题,提出了改进方案。首先,对液压传动实验的教学目标进行改革,确立了液压传动实验要通过实验环节培养学生的创新意识与能力、机械工程科学知识的应用能力,让学生具备一定的解决工程实际问题的能力。其次,提出了三维虚拟拆装仿真、液压系统的交互式模拟、仿真工程训练三种方式,既满足了在线教学的需求,又实现了"新工科"建设计划中大力培育工程科技创新人才,培养科学基础厚、工程能力强、综合素质高的人才的要求。

参考文献

[1] 顾佩华. 新工科与新范式：实践探索和思考[J]. 高等工程教育研究，2020(4)：1-19.
[2] 钟登华. 新工科建设的内涵与行动[J]. 高等工程教育研究，2017(3)：1-6.
[3] 顾佩华. 新工科与新范式：概念、框架和实施路径[J]. 高等工程教育研究，2017(6)：1-13.
[4] 李刚，秦昆，万幼川，等. 面向新工科的遥感实验教学改革[J]. 高等工程教育研究，2019(3)：40-46.
[5] 教育部高教司司长吴岩：应对危机、化危为机、主动求变，做好在线教学国际平台及课程资源建设[EB/OL]. (2020-04-10). https：∥www.sohu.com/a/387051132_323819.
[6] "新工科"建设复旦共识[J]. 高等工程教育研究，2017(1)：10-11.

Exploration and Practice of *Hydraulic Transmission Experiment* Online Teaching for New Engineering

Cheng Pengle Wu Jian Chen Lairong

(School of Technology, Beijing Forestry University, Beijing 100083)

Abstract In order to meet the requirements of "new engineering" construction plan for personnel training and online teaching, the characteristics and problems of traditional *Hydraulic Transmission Experiment* teaching are analyzed. The reason why the transmission teaching method can not meet the requirements was established. Aiming at the problems, the reform of experimental teaching objectives was carried out. It is established that the innovation consciousness and ability of students and the application ability of mechanical engineering science knowledge should be cultivated through the experimental link in hydraulic transmission experiment, so that students can have certain ability to solve practical engineering problems. According to the teaching objectives, virtual disassembly and assembly simulation, interactive simulation of hydraulic system and simulation engineering training are proposed, which can meet the needs of online teaching. In the construction plan of "new engineering", the requirements of cultivating innovative talents in Engineering Science and technology, and talents with thick scientific foundation, strong engineering ability and high comprehensive quality are realized.

Keywords hydraulic transmission, new engineering, teaching reformation, online teaching

科教融合案例在在线教学中的设计与实施

杨 猛 肖 成

（北京林业大学信息学院，北京 100083）

摘要：为了探索高水平科学研究支撑高质量本科人才培养的方式方法，实现科研反哺教学，本文提出一种基于案例模式的在线科教融合教学改革方法。本文以典型科研成果案例为基础，具体的教学改革内容包括四部分：①在线教学模式；②教学内容优化与教学方法；③实践教学方法；④考核方式。本文以"计算机动画原理与技术"课程为依托，采用基于案例的教学改革数据统计与分析结果表明：科教融合方法在很大程度上促进学生基础知识的理解与掌握，提升学生对科学研究的兴趣，激发学生的创新欲望并提高其实际动手实践能力，为实现该课程基础知识与今后的游戏、电影、虚拟现实、动画片、艺术设计等领域的交叉工作打下坚实基础。

关键词：科教融合；在线教学；典型案例；教学方法改革

一、引 言

根据《教育部关于加快建设高水平本科教育全面提高人才培养能力的意见》（教高〔2018〕2号）[1]的精神，强化科教融合、相互促进的协同培养机制，鼓励最新科研成果及时转化为教育教学内容。将科研项目所取得的成果应用于本科生课堂[2]，可以实现提升本科生学习兴趣、提高实际动手实践能力、理解课程前沿技术知识、促进农业林业与计算机科学（特别是计算机图形学、虚拟现实等领域）交叉的科教融合目的。2020年伊始，受新型冠状病毒（2019-nCov）影响，依照教育部"停课不停教、停课不停学"的指导思想与精神[3]，本学期北京林业大学的教学内容大多数采用在线教学模式。为此，本文对科教融合项目[1]进行了针对性的在线教学模式的精心设计与改革。

"计算机动画原理与技术"是北京林业大学信息学院数字媒体技术专业必修课，也是特色核心课程之一，最大特点是技术与艺术的交叉。近几年来，计算机动画原理与技术获得了飞速发展，并已日益深入到人们的生产生活当中，具有很高的应用价值，成为研究与教

作者简介：杨 猛，通讯作者，北京市海淀区清华东路35号北京林业大学信息学院，副教授，yangmeng@bjfu.edu.cn；
　　　　　肖 成，北京市海淀区清华东路35号北京林业大学信息学院，硕士研究生，shawceng@foxmail.com。
资助项目：北京林业大学"科教融合"项目"基于典型科研案例的本科生研究性学习方法与考核方式探索与改革"（BJFU2019KJRHJY007）；
　　　　　全国高等院校计算机基础教育研究会计算机基础教育教学研究项目"典型案例驱动的交叉课程科教融合教学方法探索与改革"（2020-AFCEC-167）；
　　　　　北京林业大学课程思政教研教改专项课题"新媒体技术"（2019KCSZ083）；
　　　　　北京林业大学教育教学研究项目"'计算机动画原理与技术'课程教学内容建设"（BJFU2018JY088）；
　　　　　北京林业大学研究生课程建设项目"'虚拟现实理论与算法'课程思政改革探索"（KCSZ2017）；
　　　　　国家自然科学基金项目"不同形态水与树木交互作用可视化仿真研究"（61402038）；
　　　　　中国学位与研究生教育学会农林学科工作委员会研究课题"'虚拟现实理论与算法'课程思政探讨"（2021-NLZX-YB43）。

育的热点,主要应用于电影特效、游戏设计、虚拟现实、农林业作物生长可视化、军事训练与仿真等诸多领域,特别是在某些核心技术中起着举足轻重的作用。近年来,计算机动画、虚拟现实在农业、林业等领域得到了广泛的关注和应用,特别是数字农业、数字林业的发展。发展农业是我国建设经济社会的重要环节,随着农业信息化的推广,计算机技术与植物学研究的结合成为了农业研究领域的一个热门方向[4-7]。根据本人多年的实践教学的丰富经验与思考,发现目前该课程单纯教学环节中主要存在着如下问题:学生对课程教学目标与意义理解不深入、与前沿技术结合脱节、教学方式枯燥学生学习兴趣不高、教学过程中学生参与度低、学生对所学内容运用效果不佳,实践机会较少等,因此这种纯粹的教学方式较难给学生较深理论与学科前沿技术的理解,较难实现具有一定难度的酷炫效果。

本文旨在通过典型科学案例分析与讲解的形式,实现科研与教学的有机融合,达到科研反哺教学即通过高水平科学研究培养高质量本科人才培养的目标。本文以"计算机动画原理与技术"课程为依托,选取3个典型的科学研究案例,结合课题组成员所做的科研结果,在教学实践的基础上,对课程的教学内容与研究性学习方法进行探索与改进,构建较为完善的计算机动画技术教学平台;同时,对课程考核方式进行探索与改进,激发学生的学习兴趣和科研创新能力,实现良好的教学效果,形成初步的科研思维。

二、科教融合案例在线教学模式设计

本节重点介绍科教融合教学的设计思路以及具体的改革内容。

(一)科教融合教学设计思路

首先,本文分析当前主流的教学模式;然后,介绍传统的科研模式;最后,结合这两种方式提出本文科研教学融合创新模式。

1. 当前主流教学模式

当前,常用的几种教师授课的教学模式,包括传统线下教学模式(即课堂教学模式)、翻转课堂模式、雨课堂模式等几种,如图1所示。图1展示了这3种给定模式之间的区别,主要体现在师生之间的互动环节。它们之间的优缺点也是非常明显的:如图1(a),传统教学模式的优点是教师熟悉这种教学模式,容易上手;缺点是它是被动式的教学方法,学生参与性差,师生之间沟通不及时。如图1(b),翻转课堂教学模式的优点是学生积极主动,便于与教师讨论,学生学习效果好,教师可以把主要精力放在学生的辅导与讨论上,师生之间沟通较传统教学模式灵活;缺点是自学能力差的学生学习效果不理想。如图1(c),雨课堂教学模式的优点是教师与学生之间互动多,沟通及时,能充分调动学生的积极性;缺

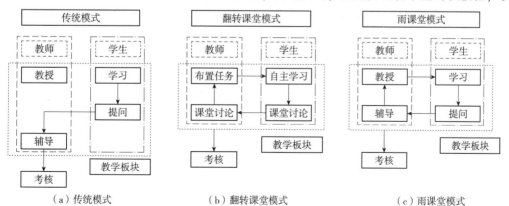

图1 当前主流的教师教学模式

点是教师授课过程中容易受到干扰,不利于课程的顺利开展,容易完不成既定的教学任务,有些学生的不良留言会影响其他学生的学习效果。

然而,上述3种教学模式都没有涉及科研成果在教学中的促进作用,没有做到科教融合。

2. 传统的科研模式

对于传统的科研模式,导师指导研究生或者科研项目团队的科研过程大致可分为4个环节:调研、选题、项目实施、形成成果(如图2所示)。在此传统模式下,研究生或项目团队的导师全程参与全部4个环节,这种科研模式的好处包括研究生掌握知识更专一、更牢靠,研究生学习的主动性强。但是,这种研究生的学习模式与本科生的教学模式是相脱节的,没有将科研成果反馈到学生的基础理论知识的学习过程中,使得学生课程学习与科研训练之间没有得到很好地衔接。

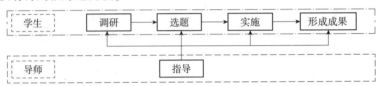

图2 传统导师指导研究生的科研模式

综上所述,主流教学模式与传统的科研模式的利弊不难看出:科研教学融合是非常重要和必要的,即科研成果反哺教学,教学效果支撑科研!

3. 科研教学融合模式(科研反哺教学)探索与研究

根据多年教学经验[2,4-7],本人的科研教学融合模式的理念如图3所示,首先,教师通过上述所选取的3个典型科研案例(数目可以根据实际情况进行调整,此处作者以3个为例),逐步分析科研的步骤,即讲解"如何进行科学研究的调研工作""选题的意义""实现方法"以及"最后的科研成果展示形式"。此处需要注意是:"实现方法"采用上述3种常用的教学模式来讲解某个案例具体的编程方法、中间结果保存与传输方法、最终结果的生成方法等;这也是将科研与教学进行融合的一个重要步骤。然后,教师此时变为了导师,引导学生通过上述实验过程后进行主动思考:能否做一个类似的科研项目?怎么做这个项目?项目最终的成果如何?以此来培养学生的研究性思维能力。之后,在导师的指导下,独立自主地完成符合自己目标的科研项目。最后,以论文、专利或者系统等形式为考核目标(而非传统形式的分数),完成项目的成果展示。

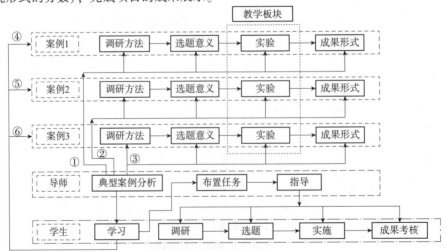

图3 科研教学融合模式

总而言之，鼓励学生通过研究性的学习进行科研创新。

(二)基于典型案例教学的改革设计

依据科教融合教学思路，本文采取不同的改革措施。按照改革的主动性，将改革分为主动改革和被动改革两种，其中主动改革是教学实施者主观意识去改革的一种形式，被动改革是在外部环境作用下不得已而做出的被动的改变。按照改革的具体内容，将改革分为线上/线下教学模式、教学内容优化与教学方法、实践教学方法、考核方法等。后文将按照具体内容分类方法分别介绍相应的改革措施。

1. 在线教学模式

受疫情影响，本学期采用在线教学的模型。首先做好充分的软硬件条件的准备，诸如授课软件腾讯课堂、腾讯会议、雨课堂、钉钉、Zoom、QQ群课堂，授课硬件耳机和话筒、数位板、手机、纸、笔等。

同时，为了充分与学生进行交流，设计了多种互动模式：①通过课堂派进行点名互动；②通过腾讯会议进行语音提问回答互动；③通过腾讯会议聊天窗口实时掌握学生当前的情况。

课程讲解过程中，板书起到提纲挈领的作用，是必不可少的。不同于课堂教学，在线教学没有黑板可以用，本文采用书写板与Windows系统自带的画图软件相配合的方式，模拟真实的板书情境。在板书设计上，采用左右分两栏的形式，如图4所示。其中，左侧按照案例实现的步骤，逐步具体分析实现过程，较为细节；右侧，作为概念升华，提取步骤的一般形式，并与课件内容相对应。

图4 在线板书设计

2. 教学内容优化与方法改革

(1) 教学内容优化

在授课方式上，不同于以往先讲理论再举例的教学模式，本文调整为单刀直入直奔"具体案例"主题的方式，来实践上述教学思路。首先，展示案例Demo效果，让学生有一个直观的印象；其次，分析案例中动画的具体步骤，使学生理解Demo效果的实现方法；然后，跳出具体案例的分析，讲解案例涉及的动画技术的一般实现形式，使学生升华概念并理解该动画技术的细节；最后，在课程大作业过程中，在导师的指导下，学生完成自己的选题以及项目实施过程。

(2) 典型案例选择

典型的科教融合案例具有代表性，既覆盖教学主要内容，又能够促进学生的学习兴趣，激发学生的创新实践欲望，因此典型案例选择至关重要。本文重点选择讲解卓有成效的3个典型案例进行讲解与分析。①"雨滴与树叶交互动态模拟"。选择本案例的理由有：首先与学校的林业背景切合。其次经过本人多年研究与经验积累，目前实现了3种递进式的效果，分别是几何结构表示的雨滴、浅水波方式表示的水滴与SPH方法表示的水滴与树叶交互动态模拟，便于学生理解科研的循序渐进的过程，养成研究性学习的习惯；同时，便于学生掌握基于物理动画技术精髓。最后，依托本案例，已取得1篇SCI、2篇EI、1篇CSCD的学术成果。②"基于GAN的树叶飘落动态模拟"。选择本案例的理由有：本案例首先与学校的林业背景切合。其次，本案例结合当前非常热门的人工智能算法，实现风力作用下树叶飘落的动态效果，便于学生了解并掌握前沿热点问题与技术（比如深度神经网络等）。最后，依托本案例，已取得1篇CSCD的学术成果。③"沙画模拟"。选择本案例的理由有：本案例首先展现虚拟现实方向的有趣目标，能够提高学生学习的兴趣与实践参与的积极性，了解并掌握前沿热点问题与技术。其次，本案例经过了3版设计，便于学生理解科研的循序渐进与精益求精的理念，帮助学生养成研究性学习的习惯。最后，依托本案例，已取得1篇SCI、2篇EI的学术成果以及4项国家级学科竞赛奖励。

（3）部分章节采取翻转课堂方式

在线教学开始前的2周准备环节，教师拟定了学生自学大纲。本文的课程教学方法的研究为加强教学过程中理论与实际的结合，对部分章节（诸如"物理动画技术"章节）采取"翻转式课堂"教学模式进行改革。学生通过调研当前较为热门与前沿的动画技术（诸如《冰雪奇缘2》中雪的模拟、《疯狂动物城》中毛发的模拟等），之后在在线教学中，学生通过课上报告、课堂讨论形式交流调研结果。部分章节翻转课堂的教学模式使学生可以对理论与实际应用相互印证，加深其理解课程教学的目标、意义与原理、技术细节，提高其学习兴趣。特别是在理解与掌握具有理论性强与抽象特点的动画技术的过程中，在探索利用多媒体手段的直观性和趣味性教学方法等方面取得了较好的效果。

（4）强化教学效果

通过要求学生记笔记的形式，避免学生听课不认真、容易溜号的问题，同时可以起到加强课上内容理解以及课后及时巩固知识的作用。

3. 实践教学方法

计算机动画技术的实践教学以学生动手编程为主。我们精心设计了4种动画技术的实验任务书，同时提出了实验内与扩展2部分实验内容，其中，实验内部分指的是基础实验部分，属于每位学生必做内容；而扩展部分是指稍微拔高的内容，供有精力和能力的同学选做。无论哪种实验内容，我们均提供了源代码供学生们学习与参考。

与此同时，还要求学生调研前沿论文与技术代码，诸如调试并运行《冰雪奇缘2》中的Taichi框架[8]实现雪的动态模拟，使学生不拘泥于传统授课内容，同时能够及时了解学术前沿动态。

4. 考核方式改革

除了将传统的考勤、课堂表现、平时测验等考核方式改革为以科研算法创新为主的考核方式，同时充分考虑考查在线课程学习效果，增加了对学生笔记、文献调研与报告等形式的考核方式。改革后的形式，不但培养学生阅读文献的习惯，还能增强学生的实践能力，让学生时刻站在学术的最前沿，得到很好的线上学习效果。

最后，对于有能力和精力的同学，辅以论文、专利、系统等目标作为考核方式的一种补充。总而言之，鼓励学生通过研究性的学习进行科研创新。

三、教学成果数据分析与成果展示

本文中科研与教学具有双向促进作用，其中科研通过典型案例讲解与分析的形式反哺教学，促进学生对教学内容的理解与掌握，同时，教学通过大作业等实践活动，更好地促进科研项目的开展与实施（如图5所示）。

图5 科研与教学的双向促进

(一) 调查问卷形式的学生在线学习情况反馈

本文设计了对教学效果跟踪的调查问卷，如图 6 所示。通过调查问卷数据统计结果，我们发现：教师授课时候的语音输入方式对学生听课的语音效果影响不大，即买较贵的话筒与不大的带麦耳机输入效果差不多，如图 6(a)~(b)；学生每天学习的时长还是较多的，约 90% 以上的学生能够保证每天 2 小时及以上的学习，如图 6(c)~(d)；较长时间的学习，对学生视力还是有一定影响的，其中受到较大影响的学生约占 22%，较小影响的学生占 66.3%；最后，学生倾向于线上教学占 18.18%，线下教学占 45.45%，可见多数学生还是想回到学校的，如图 6(e)~(f)。

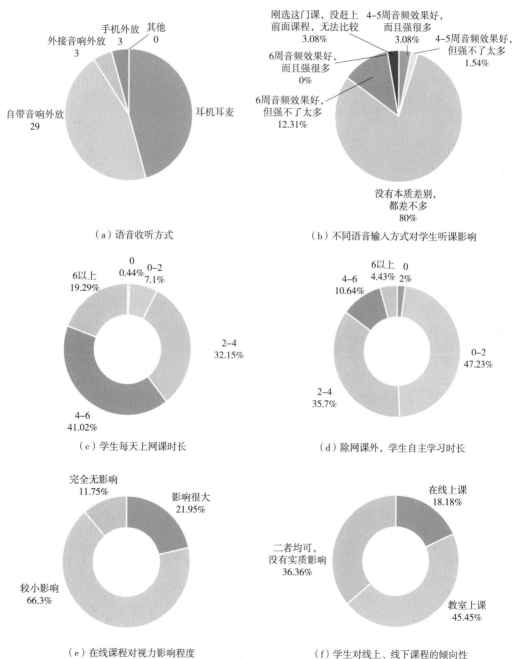

图 6 调查问卷设计与结果统计

(二)调查问卷形式的科教融合效果反馈与数据分析

本文同时设计了调查问卷对科教融合效果进行了跟踪,如图7所示。通过该调查问卷数据统计结果,我们发现:学生调研论文对其了解前沿以及学习课程均有帮助,其中较多同学认为比较有帮助,如图7(a)~(b);此外,科教融合的教学方式对培养学生创新能力以及兴趣激发的影响程度都是较高的,其中55.07%的学生认为激发兴趣效果较大,而39.13%的同学认为具有激发效果并且效果一般,如图7(c)~(d);在科教融合的教学方式下,大部分同学对其小组大作业完成情况比较满意甚至非常满意,比例达到63.76%,如图7(e);最后,学生对科教融合教学方式与正常上课的比较,有60.87%的同学认为科教融合效果更好,33.33%的同学认为两者可能没区别,如图7(f)。由此可见,大部分学生还是偏好科教融合的教学方式并认为其具有一定的帮助。

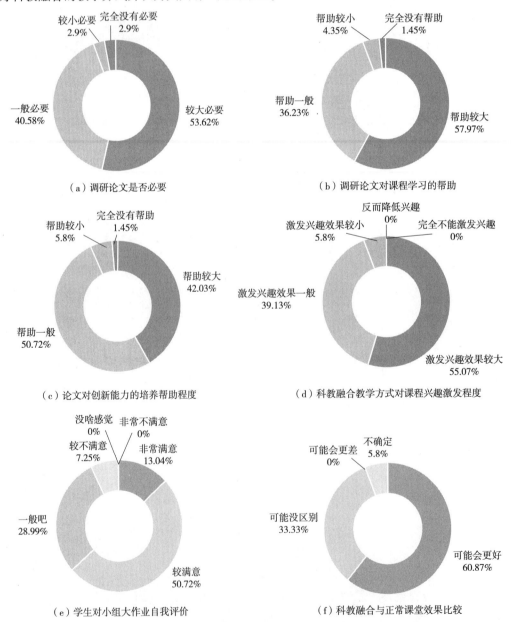

图7 科教融合教学效果调查问卷结果

(三)学生在线学习模式与科教融合成果展示

学生的学习采取笔记的方式做课堂记录,便于课后的复习,同时融入对具体案例代码的研究,达到学懂动画技术的目的。图8展示了部分的优秀学生笔记,可以看出学习的认真程度。

 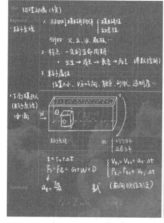 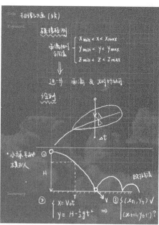

(a)来自于吴同学　　　　　　(b)、(c)来自于全同学

图8　部分优秀学生笔记展示

只是理解动画技术还不够,还需要学生动手实践才能真正掌握该技术;图9(a)展示了应用 SPH 方法模拟的流体效果;图9(b)展示了某位同学经过调研后采用粒子系统对杨柳飞絮在空中飞舞效果的模拟结果。该飞絮飞舞效果既模拟了飞絮在空中的飞舞,同时绕过障碍物(如墙)的效果,还模拟了飞絮在地面上堆积的效果,整体上完成效果还是可圈可点的;图9(c)展示了彩色沙画模拟的效果,整个效果较好,该工作被虚拟现实领域重要会议 ChinaVR 2020 所接受。

(a)流体模拟效果　　　　　　(b)杨柳飞絮绕过障碍物飞舞动画模拟

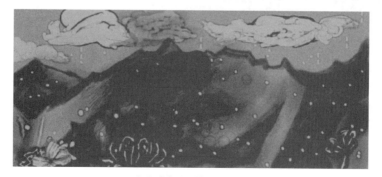

(c)彩色沙画模拟效果

图9　部分学生作品展示

四、结 语

本文针对科教融合模式对教学方法进行改革,具体的教学改革内容包括4部分:①在线教学模式;②教学内容优化与教学方法;③实践教学方法;④考核方式。本文依托典型的案例分析与讲解,以计算机动画原理与技术课程为例,探索了高水平科学研究支撑高质量本科人才培养的方式方法,实现了科研反哺教学。

本文最后通过调查问卷形式对在线教学以及科教融合等教学改革措施的效果进行了调研,同时对学生的优秀作品进行了展示。通过分析学生反馈的数据可以看出:本文的科教融合方法在很大程度上促进了学生基础知识的理解与掌握,提升了学生对科学研究的兴趣,激发了学生的创新欲望并提高了其实际动手实践能力,总体而言是成功的。随着政府对疫情控制情况越来越好,学校已经有条件开展线下教学,因此,为了适应新时期的教学形式,今后我们将进一步研究线上线下混合式的科教融合教学模拟。

参考文献

[1] 中华人民共和国教育部.《教育部关于加快建设高水平本科教育全面提高人才培养能力的意见》(教高〔2018〕2号)[EB/OL] http://www.moe.gov.cn/srcsite/A08/s7056/201810/t20181017_351887.html, 2018-10-08/2020-04-14.

[2] 杨猛,赵之赫,杨刚.专注教育研究,建设一流本科:大学生创新创业训练项目中存在问题和相应对策分析与探讨[M]//黄国华.北京林业大学教育教学研究优秀论文选编,2018:9-16.

[3] 中国教育报.延期开学后,孩子"宅家"咋学习?教育部:利用网络平台"停课不停学"[EB/OL] http://www.moe.gov.cn/jyb_xwfb/s5147/202002/t20200203_417488.html, 2020-02-01/2020-04-14.

[4] 冯乾泰,杨猛,付慧.基于GAN的树叶飘落模拟[J].图学学报,2020,41(1):27-34.

[5] 刘嘉瑞,杨猛,吴佳泽,等.基于SPH的雨滴打击不规则边界的模拟方法[J].图学学报,2018,39(3):411-418.

[6] 杨猛,吴恩华.一种基于物理的雨打树枝动态仿真方法[J].软件学报,2011,22(8):1934-1947.

[7] 杨猛,贺晓宇,胡成,等.交互式沙画模拟算法.计算机辅助设计与图形学学报[J].2016,28(7):1084-1093.

[8] 胡渊鸣.99行代码的《冰雪奇缘》https://zhuanlan.zhihu.com/p/97700605.

Design and Implementation of Science and Education Integration Case in Online Teaching

Yang Meng Xiao Cheng

(School of Information Science & Technology, Beijing Forestry University, Beijing 100083)

Abstract In order to explore the ways and methods of high-level scientific research supporting the cultivation of high-quality undergraduate talents, and realize the teaching of scientific research feeding back, this paper proposes a case-based online teaching reform method of science and education integration. Based on typical cases of scientific research achievements, the specific teaching reform content includes four parts: ①online teaching mode; ②teaching content optimization and teaching methods; ③practical teaching methods; ④assessment methods. Based on the course of *Computer Animation Principle and Technology*, this paper adopts the case-based teaching reform data statistics and analysis. The results show that the integration of science and education can promote students' understanding and mastery of basic knowledge, enhance their interest in scientific research, stimulate their desire for innovation and improve their practical ability, so as to realize the basic knowledge of the course It will lay a solid foundation for future cross work in the fields of games, movies, virtual reality, animation, art design, etc.

Keywords　integration of science and education, online teaching, typical cases, teaching method reform

疫情下的"电子工艺实习"混合式教学改革

刘圣波　吴　健　李　宁　陈来荣

（北京林业大学工学院，北京　100083）

摘要：新冠肺炎疫情严重影响了高校实习实践类课程教学计划的开展，为保障教学工作的顺利进行，北京林业大学调整了实践教学安排。"电子工艺实习"教学团队根据自身教学特点及时对课程开展改革，对标教学大纲教学目标的具体要求，课程教学模式转变为"线上—线下"混合式教学的方式，充分利用网络端资源开展实践理论和操作讲解，线下改变合适的实践动手项目，多元化课程考核，课程圆满完成了教学任务。本文改革过程对实践类混合式教学具有一定的示范意义。

关键词：混合式教学；电子工艺实习；线上—线下

2019年末，新冠疫情暴发，2020年初春节学期我国高等教育受到了极大影响。为了保障教学工作的顺利进行，教育部指导各地强化校园疫情防控，安全有序复学复课。各地高度重视，立体化构建防护体系，精细化落实人员摸排，一体化做好线上教育，有序化推进复学复课。为响应教育部号召，北京林业大学积极组织教师开展疫情期间的线上教学工作，确保教学有序进行。

与理论课程相比较，实践类课程极其依赖实验设备，线上教学难度较高，一些实验课程往往会借助在线视频教学与虚拟仿真教学的方法开展教学，以线上实验的形式，可以较好地保障教学效果。实习课程与实验课程有所区别，实习注重课程实训，旨在培养学生技能方面的能力，教学内容需要和动手实践紧密相连，单纯使用线上教学方法，学生容易"眼高手低"，不利于培养学生的工匠精神和实践能力。

为达到教学大纲课程目标要求，既要使得学生能够顺利地开展远程教学，又要求学生能够安全地开展一定的动手实践，线上线下混合教学变得极为重要。

一、线上—线下混合式课程设计

常规时期电子工艺实习历时1~2周，由安全操作、焊接实训、原理图设计、PCB图设计、焊接创意等多个环节组成。与实验安全相关极大的手工焊接教学内容不适合线上或者学生居家自行开展，而设计部分的工作与理论部分的内容都可以开展线上教学。动手环节按照大纲要求，提前将实践器材与工具由指导教师邮寄到学生住址，将焊接电路板改为较为安全且便于操作的面包板电路搭建与单片机系统设计[1,2]。

作者简介：刘圣波，通讯作者，北京市海淀区清华东路35号北京林业大学工学院，实验师，podolski@ bjfu. edu. cn；
　　　　　吴　健，北京市海淀区清华东路35号北京林业大学工学院，实验师，wujian@ bjfu. edu. cn；
　　　　　李　宁，北京市海淀区清华东路35号北京林业大学工学院，高级实验师，liningbjfu@ 163. com；
　　　　　陈来荣，北京市海淀区清华东路35号北京林业大学工学院，副教授，clrong@ bjfu. edu. cn。
资助项目：北京林业大学教育教学改革项目"实验教学预习在线考核方法研究"（BJFU2018JY052）；
　　　　　北京林业大学教育教学改革项目"面向工程教育认证的'计算机图像处理'课程教学改革"（BJFU2019TY056）。

纯粹的线下教学模式改成了线上授课与线下操作环节结合的模式，在保证教学正常进行的前提下，依照教学大纲课程目标与毕业要求(表1)，尽量保证教学的效果。

表1 课程目标

项目	主要内容
课程目标1	了解安全用电知识，学会安全操作，培养安全意识；了解电子产品制造的工艺流程与工艺规范；了解SMT(表面贴装技术)及其他有关电子制造新技术、新工艺。了解常用电子元器件的类别、符号、主要性能及其测量方法；会使用电子辅助设计软件进行电路原理图和印制电路板(PCB)图的设计，初步掌握基本电子设计能力；
课程目标2	熟悉常用电子元器件的类别、符号、主要性能及其测量方法；理解焊接机理，能熟练使用电烙铁等工具进行电子产品的焊接。初步具有手工电子焊接、组装和调试实际典型电子产品的动手能力；培养学生严谨、细致、实干的工程素质。
课程目标3	能够通过实习报告清晰地表达实习期间所学的知识、碰到的问题以及解决方法。
课程目标4	能认识到电子工艺知识更新速度之快，需要不断探索和自主学习；能自主通过资料收集、文献阅读进行电路方案设计，并通过搭建电路，准备电子元器件、焊接电路、检查电路等过程，完成具有一定功能的电子作品。培养科学态度、创新思维和创新能力，为后续课程学习及今后工作奠定基础。培养学生综合运用理论知识解决实际问题的能力；

课程教学大纲中要求掌握手工焊接等技能，因为学生无法使用实验设备而难以完成，本课程将技能过程知识化，使得学生能够尽可能掌握其原理和操作过程[3]。要求学生在返校后以参加创新创业项目、学科竞赛等方式实践操作，并通过已建立的课程微信群开展实时沟通辅导。

综上所述，"电子工艺实习"课程混合式教学改革的前后对比如图1所示：

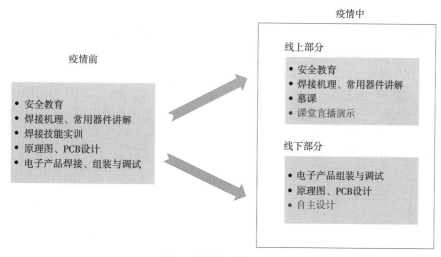

图1 教学内容前后对比

(一)线上教学部分

疫情期间的线上教学，理论课普遍采用腾讯课堂、腾讯会议等直播形式进行。实验课程中理论讲解部分可以参考理论课的方法进行。为满足实习课程的实训要求，突出课程特色，本课程增加了操作部分的讲解、直播过程，增强互动性[4]。

根据上述原则，将部分环节进行调整，调整后的课程教学安排见表2所列。

表 2　线上教学安排

项目	主要内容	支撑课程目标
腾讯课堂讲解	在线教学讲解理论部分的知识	课程目标1、2
微信群答疑	通过微信群进行答疑与互动，操作	课程目标1、2
中国大学慕课	补充讲解实习工艺、操作等内容	课程目标1、2
实践操作直播	利用直播平台进行电子工艺实践操作直播，加深学生的认知，提升参与感	课程目标1、2

实验过程中，学生在线上实习的各个环节参与度较高，并能够积极与教师进行互动（图2），演示操作的直播过程中效果尤为明显，教师可以按照学生的要求做相应的示范操作，实现了"翻转课堂"的效果。

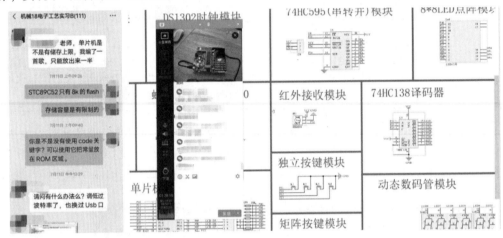

图 2　线上教学、直播答疑互动

（二）线下操作部分

疫情导致焊接实际操作变得困难，这部分的内容可以通过增加综合实践环节进行补足[5]。以课程教学大纲要求为本，综合考虑学生在家操作的安全性、产品的实践性和同本课程的适配性程度，本课程教学团队选取了"面包板"与成型的单片机开发板作为学生的操作素材。

调整课程内容之后，主要的教学内容见表3所列。

表 3　线下操作

项目	主要内容	支撑课程目标
原理图与PCB图设计	使用电子辅助软件设计原理图、掌握原理图与PCB图设计的基本方法	课程目标1
产品组装与调试	完成指定的产品的组装与调试	课程目标2、4
面包板综合设计	自主设计与实现一个面包板电路	课程目标3、4
单片机系统综合设计	自主设计、编程并实现一个完整的单片机应用	课程目标3、4

在课程开始前，指导教师收集所有同学的邮寄信息，统一安排发货将材料与工具邮寄到同学手中，并集中进行线上的培训与演示，详细讲解材料与工具的使用方法(图3)。

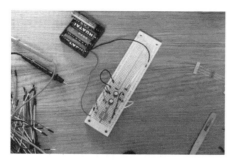

图 3　直播培训

学生拿到课程材料开展居家设计，在产品设计环节同学们发挥自己的创意，完成了音乐播放器、雷电模拟器等优秀作品(图4)。

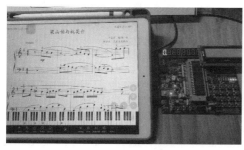

（a）音乐播放器　　　　　　　　　（b）音乐播放器（效果）

（c）雷电模拟器　　　　　　　　　（d）分级阀门控制器

图 4　学生优秀作品

二、课程开展与考核

线上—线下混合式教学在教学过程与结课作业方面都需要有严格的考核过程，本文将考核阶段分为教学环节考核和产品设计考核。

（一）教学环节考核

线上与线下的教学环节考核，以在线课堂中的问卷随堂测试、课程参与度、课程作业、实习日报与实践报告等方式进行。

首先，在线教学中对学生开展问卷提问，了解学生对实践操作知识点的掌握程度，纳入平时成绩的一部分；其次，通过腾讯课堂导出课程的上课情况报表，指导教师可以获得学生对本课程的参与程度，并对参与度不高的同学及时干预；再次，线上布置课程作业包括原理图与PCB图的绘制，学生完成给定的绘制任务后，将作业上交，由教师批阅考核；最后，本课程要求学生撰写实习日报与实践总结报告，以客观的方式掌握学生对课程的学习水平的自我评价。

教学工作组灌输教学环节的各项要求，细化考核指标，对学生教学的参与性和过程性进行考核与评价，教学考核占比如以下公式所示。

教学考核成绩 = 10%×随堂测试 + 10%×课程参与度 + 50%×课程作业 + 30%×实习日报与实践报告

（二）产品设计考核

产品设计的考核，学生需要完成自主设计（面包板电路设计与单片机系统综合设计），以远程居家课程设计形式开展，最终提交两个视频，分别讲解产品的立意、计划、原理、制作、组装与效果等内容。指导教师对产品设计的各个方面进行评价考核（表4）。

表4　产品设计考核点

考核项目	考核点（本环节占比）
面包板电路设计	实现电路的难度（10%）
	功能完成度（10%）
	原创性/创意评价（20%）
	展示度评价（10%）
单片机系统综合设计	功能复杂度（20%）
	外部电路/组件（5%）
	程序设计质量（15%）
	原创性/创意评价（10%）

三、后疫情时代"电子工艺实习"思考

疫情期间，"电子工艺实习"课程顺利开展，面向机械设计及其自动化、车辆工程专业共180名学生，完成了7个班级的教学任务。由于本课程是工学院疫情期间唯一将教学素材进行邮寄到家的课程，学生的获得感与参与感都得到了满足，较为舒适的家庭环境也给了学生更充裕的时间进行设计以及制作，增强了教学效果。

随着2020—2021学年第一学期的正常复课，课题组针对复课后此类教学方式是否"功成身退"等问题展开了讨论。教育部高等教育司司长吴岩在5月14日举行的教育部新闻发布会上表示，未来，线上教育将与线下教育有机衔接，从新鲜感走向新常态[6]。在本次应对危机开展线上与线下混合式教学的实践中，出现了三大变化：

一是改变了教师的"教"。教师的讲授方式从原来的单纯线下教学转移到了线上—线下协同教学，指导老师的信息化教学水平得到了提升。

二是改变了学生的"学"。没有了面对面的紧张感，互联网拉近了学生与老师之间的距离，直播等形式提升了师生的互动水平，让学生参与感更强烈。

三是改变了教学的"术"。教师层面，通过引入更多数字化的手段，对课堂节奏的把握更加便捷；学校层面，线上教学平台能够统计教师参与情况与学生参与情况，可以依据数据实现精准管理。

疫情期间的改革实践对后疫情时期高效开展课程教学同样有所启示。教育部高等教育司司长吴岩说，"疫情时代，我们不可能、也不应该退回到疫情发生之前的教与学状态，因为融合了'"互联网+"''智能+'技术的在线教学已经成为中国高等教育和世界高等教育的重要发展方向。"[6]很多教学方式与方法将融入"新常态"，经过教学组研究，"线上—线下"混合式教学模式中作为课堂教学补充的线上慕课教学环节与体现学生自主性的"产品设计"环节将得到保留，继续在后续的教学中发挥重要的作用；同时，教学组将继续探究其他改

革经验在后疫情时代下的实践方法。

四、结　语

本文通过对疫情期间电子工艺实习的混合式教学改革，涉及到教学大纲的各个环节，圆满完成教学任务。本文经验表明，疫情的教学困难变相地推进了实习类课程的教学改革进程，充分发挥线上优势，由传统单纯的线下实习，转变为以安全教育、技能培训、基础认知等为主的线上教学，结合融入创新实践、综合性实践的线下教学，严把人才培养的末端环节，全面提升人才培养质量。

参考文献

[1] 毛瑞，张慧丽，李昭静.基于云课堂的《电子工艺实习》课程混合式教学改革与实践[J].科技视界，2019（10）：218-219.
[2] 任喜伟，张震强，闫红超.电子工艺实习教学信息化改革探索[J].中国教育信息化，2019(2)：60-61.
[3] 范晓志.电子工艺实习教学改革探索[J].实验技术与管理，2013(3)：163-165.
[4] 梁婷婷.基于在线学习平台的学习效果探究[J].科技经济导刊，2019，27(30)：162.
[5] 曹少泳.基于CDIO理念的电子工艺实习的教学改革研究[J].电子制作，2017(8)：30-31.
[6] 姚晓丹.复课后线上教育是否"功成身退"[N].光明日报，2020-05-15(8).

Electronic technology practice mixed class teaching reform under the pandemic

Liu Shengbo　Wu Jian　Li Ning　Chen Lairong

(School of Technology, Beijing Forestry University, Beijing　100083)

Abstract　COVID-19 pandemic has seriously affected practical course teaching plan in colleges and universities. Beijing Forestry University adjusted the practical teaching arrangements to ensure the teaching progress not influenced. Teaching team of "Electronic Technology Practice" carries out reforms in time according to its own teaching characteristics. According to the specific requirements of the teaching syllabus, Teaching team transformed the curriculum teaching mode into an "online-offline" hybrid teaching mode and making full use of network resources to carry out practical theory and operation explanations. Moreover, several offline procedures were changed to ones which are more appropriate for home practice. Assessment was modified accordingly. As a result, the course successfully completed. And the reform process has demonstrative significance for practical mixed teaching.

Keywords　mixed class teaching, *Electronic Technology Practice*, online-offline

疫情时期开展在线教学的模式探索

——以"微观经济学"课程为例

于 畅 万 璐 程宝栋

（北京林业大学经济管理学院，北京 100083）

摘要： 为了抗击新冠疫情，全国各高校组织师生综合运用各种在线教学平台和课程资源开展线上教学。在线教学模式是为了应对疫情的需要，也是教学改革和教育创新的一次契机。如何把控在线教学质量、在线教学资源是否丰富，如何融合在线教学和学生线下自主学习等系列问题，都需要去进一步反思和探索。本文旨在对 2020 年疫情时期开展的在线教学模式进行探讨，并以本科课程"微观经济学"为实例进行分析，从教师的教学安排、课前预习、在线直播教学中的师生互动、课后微信群内辅导等方面详尽阐述了如何开展微观经济学课程的在线教学，也为以后开展更为丰富的"线上+线下"混合教学模式积累经验。

关键词： 微观经济学；在线教学；新冠疫情

一、引 言

2020 年年初，突如其来的新冠疫情在全国蔓延。国家启动重大突发公共卫生事件一级响应，各地高校延期开学，无法按原方式开展教学活动。为了抗击疫情，确保广大师生的生命健康，尽可能降低和减少疫情给学校的教育教学活动造成的冲击和影响，一场大范围的在线教学活动在全国范围内广泛地开展起来。为此，教育部发布《疫情防控期间做好高校在线教学组织与管理工作》指导意见，要求采取政府主导、高校为主体、社会参与的方式，共同实施并保障高校在疫情防控期间的在线教学，实现"停课不停教、停课不停学"，"依托各级各类在线课程平台、校内网络学习空间等，积极开展线上授课和线上学习等在线教学活动，保证疫情防控期间的教学进度和教学质量"。全国各高校积极响应教育部的号召，组织师生综合运用各种在线教学平台和课程资源，开展线上教学工作。

在线教学模式是为了应对疫情的需要，也是教学改革和教育创新的一次契机。如果能充分利用线上教学优势，将信息技术与教育教学深度融合，也是对教学模式变革、提高教学效率的有益尝试。因此，如何把控在线教学质量、在线教学资源是否丰富，如何融合在线教学和线下自主学习等系列问题，都需要去进一步反思和探索。本文旨在对 2020 年疫情时期开展的在线教学模式进行探讨，并以本科课程"微观经济学"为具体实例进行分析。

作者简介：于 畅，北京市海淀区清华东路 35 号北京林业大学经济管理学院，副教授，changyu@bjfu.edu.cn；
万 璐，北京市海淀区清华东路 35 号北京林业大学经济管理学院，副教授，dufexiaolu@163.com；
程宝栋，北京市海淀区清华东路 35 号北京林业大学经济管理学院，教授，baodongcheng@163.com。
资助项目：北京林业大学教育教学研究项目"疫情背景下线上线下混合教学模式在本科微观经济学课程中的探索"（BJFU2020JY028）。

二、在线教学的优势

（一）教学的灵活性强

在线教学有较强的灵活性，主要表现在：第一，师生可以不受地点和时间的限制，只要能上网，就可以及时开始学习。在疫情防控期间，教师和学生只能居家办公和学习，在线教学成为了开展教学活动的有效手段[1]。第二，课程学习可重复。课堂讲授结束后，学生可以通过看回放按需学习，反复学习自己没听清、没听懂的内容，方便学生自主选择相关内容。

（二）可以及时把握学情

教师在直播教学的过程中，可以随时发布在线课堂习题，并可以实时统计学生的参与情况、答题结果，为教师提供了更为及时的学情依据，有利于开展更为精准、有针对性的讲授内容。另外，许多教师都在直播后配合微信群、QQ群进行辅导，学生可以随时提问，及时向老师反馈不懂的问题。

（三）作业形式多样，可以充分展示，随时分享

线下教学的课堂时间有限，只能展示部分优秀作业，学生之间无法充分了解和学习其他同学的作业情况。在线课堂可以展示所有学生作业，而且不受时间、形式的约束[2]，学生可以使用word、PPT、动画、微信帖等多种形式展示作业，也可以增强同学之间互相带动的学习积极性。

三、在线教学的问题

（一）硬件软件支撑弱

疫情期间全国推行的在线教学，对各在线教学平台是一个较大考验。尤其是在上网课初期，因突然增加的大量教师和学生登录各类在线教育平台，导致平台崩溃，出现不同程度的卡顿、延迟、掉线、无法登录等现象，软件需进一步提升优化。个别教师使用的电脑设备陈旧、网络信号不稳定，出现卡顿、死机、无法连线视频、无声音等问题，硬件设备落后[3]。另外，一些在偏远山区的学生网络信号不稳定，虽然能观看回放，但无法流畅地参与在线课堂的互动。因此，硬件软件方面的问题，会在一定程度影响教师授课和学生学习的积极性。

（二）学习效果不好把控

网络授课的教学效果与在教室的教学效果仍有一些差距。首先，由于无法面对面交流，很多优秀教师无法充分施展其强大的面授能力和独特的个人魅力。在传统的线下教学过程中，老师随时都可以通过眼神、口头，甚至是肢体动作与学生之间进行有效的互动，通过这样直观的互动来加深学生对知识点的理解和记忆，但在线教学则无法实现这样的效果[4]。其次，老师对学生学习缺乏有效的管理与约束。由于在线教学使学生和教师之间存在时空差异，老师无法直观面对学生的学习状态。很多时候都是老师自己在屏幕后讲课，不知道屏幕前的学生是不是在认真听课学习。即便老师讲得绘声绘色，但学生面对屏幕上课，如果自我约束力差，则难以集中精力，教学效果大打折扣[5]。而教师又不能及时发现学生是否注意力分散、分心走神，无法在课堂上巡视约束学生，缺乏对学生学习的有效管控。

四、疫情期间在线教学模式探索——以"微观经济学"课程为例

为了应对疫情期间的教学工作，北京林业大学经济管理学院积极开展了在线教学实践。其中，"微观经济学"作为经济管理学院的重要必修课程，也从开学第1周就开始进行在线

教学。笔者承担2个本科班级(共6个小班)的"微观经济学"课程,经过了近半个学期的实践探索,总结如下教学体会,课程教学设计和安排如图1所示。

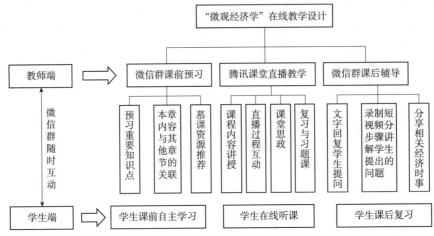

图1 "微观经济学"在线教学课程设计

(一)对学生进行心理建设和情绪的引导

第1次与第2次直播时,先对学生进行了在线学习的鼓励和引导,特别对身在湖北的学生表达了关心和支持。这一时期正好是疫情形势最为严峻的时期,大量信息和各种不确定性给学生的思想造成了很大的冲击,而且由于学校刚刚开展在线教学,一些学生会出现悲观、烦躁、懈怠等心理问题,这都会影响学生的学习状态。因此,笔者在开课前几周会和同学们积极沟通来疏导情绪,希望大家能调节好心情,保持良好的上课作息时间,加强运动,保持身体健康,注重疫情的防控。

(二)在微信群进行课前预习

每次上课前,笔者会在微信群里提前布置好课堂学习内容,具体地介绍每节课要学习的章节、重要知识点。因为学生在家自学过程中,有可能"跳跃式"地学习,还没有学好前面的知识点就先看后面的知识点,使得对很多问题的理解出现混乱,对一些概念产生似懂非懂的印象。而"微观经济学"这门课程的连贯性很强,各个章节之间的关联性很大,前面的基础章节如果没学好,会导致后面学不懂。另外,笔者也会为学生精选和推荐相关的慕课资源,学生可以提前了解课程内容。

(三)在线授课过程中注重学生的互动和参与

本课程所采用的直播平台是腾讯课堂,同时准备了腾讯会议作为备用平台。腾讯课堂可以提供在线签到、提问、板书等教学互动方式。而且腾讯课堂可以进行录播,如果学生端由于网络问题出现卡顿、黑屏、退出课堂等问题,可以下课后看课堂教学的回放。笔者在直播过程中尽量多跟学生互动,比如邀请学生上台回答问题,或者让同学在讨论区打字回复,减少学生线上学习的陌生感,增强在线学习的积极性和配合程度。

(四)讲课过程中注重思政内容建设

在此次击疫情中,各行各业都投入到了抗击疫情的一线,体现了中国人民万众一心、战胜疫情的决心,体现了中国国家体制的优越性。其中有很多的事例可以作为"微观经济学"授课的素材。比如,第二章"供给和需求"中,介绍影响厂商供给的因素以及由于供求不平衡导致的短缺问题,笔者在授课中加入的事例是:在疫情初期国内口罩等防疫物资短缺,为了尽快恢复口罩产能,中央和地方各级政府鼓励企业生产口罩。国家开发银行提供5000万元贷款,有关部门对企业资质申请开设"绿色通道",将正常流程所需的43天缩短到20天以内，许多省份对转产企业给予补助。国家发展改革委等宣布，N95医用级防护口罩、医用外科口罩、医用一次性使用口罩等重要原材料，政府都将兜底采购收储。许多企业转型生产口罩等医用物资，坚持与国家发展的大方向一致，并在爱国活动中选择和创造自身发展的机遇。此外，海外华人在世界各地搜集口罩并捐赠回国，用他们的力量表达着一颗爱国之心。这些因素都极大地缓解了口罩等防疫物资的短缺。第八章"生产要素价格"中，笔者结合的思政时事案例是：国家出台了第一份关于要素市场化配置的中央文件——《关于构建更加完善的要素市场化配置体制机制的意见》，可以作为本章学习的素材。该《意见》分别明确了土地、劳动力、资本、技术、数据等五大要素市场的改革方向。随着疫情形式的好转，各地开始复工复产，下一步最重要的就是重启和振兴经济，需要从要素市场化的层面，鼓励市场主体公平竞争，使之更有活力地去创造价值。

（五）安排习题课，复习每章重要知识点

学生在线学习容易出现走神、精力不集中的情况，因此习题课就更为重要。每章学完后，要配合一次习题课，学生在课上要复习该章的重要知识点，由老师详细讲解课后习题，并介绍该章节与其前后章节学习内容的联系。讲完2~3章，就要指导学生对前面所学的所有章节进行复习，强化学生对重要知识点的掌握和融会贯通。笔者通过微信群回答学生提出的问题，即便不是上课时间也会随时回复，这也能促进学生主动学习的积极性。笔者在微信群解答学生的问题时，不仅仅是文字回复，也会录制一段短视频，通过课件、手动画图等形式来解释问题，便于学生更好地掌握知识点，特别是看着老师一步一步画图，学生能更好地掌握"微观经济学"作图题的要点。

（六）考核方式包括过程考核和期末考试成绩

在线教学应更加注重对学生的学习过程进行把控，因此应该考查其学习过程的分数，可以通过对课前预习、课上出勤、参与互动、课后作业提交情况，给出学生的学习过程分数。另外，本课程的期末考核方式采用雨课堂进行在线期末考试，考试形式是闭卷并进行视频监考，考试平台能够提供学生考试过程中的答题状态、切屏次数等，并在学生提交成绩后，及时统计全部答题情况。

五、结　语

本文探讨了疫情期间开展本科"微观经济学"课程的教学经验与模式。开展在线教学的过程中需要不断探索更有效的教学模式，许多的经验来自于新问题的出现和探索新的解决方案，因此需要教师和学生的积极配合，齐心协力开展在线课堂，在疫情特殊时期顺利完成教学内容，也为以后开展更为丰富的"线上+线下"混合教学模式积累经验。

参考文献

[1] 王冬青，裴文君，罗力强，等. 高校MOOC在线教学模式与实施策略研究：基于全日制研究生在线学习现状和需求的分析[J]. 研究生教育研究，2020(5)：46-52

[2] 于歆杰. 从交互到融合：新冠肺炎疫情的高等教育应对之策[J/OL]. 中国电机工程学报：1-7[2020-09-23]. https：//doi.org/10.13334/j.0258-8013.pcsee.201439.

[3] 余波. 疫情时期开展在线教学的实效性研究[J]. 决策探索（下），2020(9)：61-62.

[4] 王宝国，张军，杨挺. 研究生混合式在线课程教学模式的探索与实践研究[J]. 工业和信息化教育，2020(9)：78-81.

[5] 宋金波，董宏丽，刘霞，等. 疫情下高校在线教育教学模式探索[J]. 科教文汇（上旬刊），2020(9)：51-52.

Exploring the model of online teaching during the epidemic period: taking the course of *Microeconomics* as an example

Yu Chang   Wan Lu   Cheng Baodong

(School of Economics and Management, Beijing Forestry University, Beijing   100083)

Abstract   In order to combat the COVID-19, universities across the country have organized teachers and students to comprehensively use various online teaching platforms and education resources to carry out online teaching. The online teaching is to meet the education needs of the epidemic, and it is also an opportunity for teaching reform and education innovation. Therefore, it requires us to further reflect how to control the quality of online teaching, whether online teaching resources are abundant, how to integrate online teaching and students' offline independent learning. This article aims to discuss the online teaching model carried out during the 2020 epidemic period, and take the undergraduate course "Microeconomics" as an example. We discuss the teaching arrangement of teachers, pre-class preview, teacher-student interaction during the online teaching, and the after-class tutorial in the WeChat group. The teaching experience during the epidemic period is also helpful for designing online+offline hybrid teaching model in the future.

Keywords   *Microeconomics*, online teaching, COVID-19

疫情背景下实践类课程视频教学探索与思考

——以"树木学实验"课为例

尚 策　张志翔　董文攀　曲 红

（北京林业大学生态与自然保护学院，北京　100083）

摘要：受到疫情影响，2020年春季学期树木学实验课程尝试采用录播的方式进行线上教学。教学视频的制作可以借鉴一些网络科普视频的组织形式和拍摄手法。相比于直播教学，录播视频具有图像清晰、视角多样、信息量大的优势，但是师生交流比较困难；线上教学还存在学生无法实地观察和操作的困难。实验课视频教学是特殊情况下的一种教学尝试，也为今后线下教学改革提供了思路。

关键词：树木学实验；教学视频；线上教学；疫情背景

　　近些年来，网络视频技术的发展使得视频教学成为了越来越重要的一种远程教学和辅助教学的手段，尤其是在"慕课""微课"中得到了广泛的应用[1]。但是目前视频教学资源主要集中在理论课程方面，录制实验类课程教学视频的尝试还比较少[2]。受新型冠状病毒引起的疫情流行影响，全国大中小学延迟开学，2020年春季学期的正常教学安排被打乱。为了贯彻落实教育部"停课不停教、停课不停学"的精神，各地学校纷纷尝试各种形式的线上教学。线上教学主要可以分2种形式：一种是使用腾讯课堂等课程软件进行教学直播，这种教学形式和传统的课堂教学节奏比较相似，并且教师可以实时收到学生的反馈，方便师生沟通交流；另一种是依托大学MOOC等教学平台，将提前录制好的教学视频在网站上上传，供学生学习，这种形式让教师有充足的时间进行准备，视频内容可以跨越时间、空间的限制，并且网站带宽相对较高，支持更清晰、流畅的视频格式，可以为学生展示更多、更全面、更精细的内容[3]。

　　"树木学"是一门理论与实践并重的课程，学生不仅要在理论课上学习、记忆树种和常见科属的识别特征，还要在实验上细心观察，加强记忆，理论联系实际，才能真正认识树种[4]，因此"树木学实验"在整个树木学课程体系中具有相当重要的地位。实验中需要学生观察很多细微特征，尤其是花形态，需要使用放大倍率比较高的体视显微镜；一些解剖过程比较繁琐，对焦、观察耗费很长时间，这些都给直播教学带来了困难。在2020年春季学期，我们将树木学实验的整个教学过程录制成教学视频，在线上播放并组织学生讨论、为学生答疑。制作实验教学视频的过程使我们对采用录播视频的形式进行线上教学有了更加

作者简介：尚　策，北京市海淀区清华东路35号北京林业大学生态与自然保护学院，讲师，ce_shang@bjfu.edu.cn；
　　　　　张志翔，北京市海淀区清华东路35号北京林业大学生态与自然保护学院，教授，zxzhang@bjfu.edu.cn；
　　　　　董文攀，北京市海淀区清华东路35号北京林业大学生态与自然保护学院，讲师，wpdong@bjfu.edu.cn；
　　　　　曲　红，北京市海淀区清华东路35号北京林业大学生态与自然保护学院，高级实验师，493942510@qq.com。

资助项目：北京林业大学教育教学研究项目"系统变革在树木学实践教学中的应用探索"（BJFU2019JY098）；
　　　　　生态与自然保护学院基层党建和思想政治工作课题研究"课程思政在植物拉丁文课程中的实践"（BHQSZ2019YB03）。

清晰的认识,对于这种全新的教学方式的优势和不足有了更深刻的理解。

一、网络科普视频对实验教学视频的启发

随着互联网技术,尤其是以 5G 网络为代表的移动互联网新技术的不断发展,网络视频在当代"90 后""00 后"大学生群体当中越来越流行。很多学生都是互动视频网站(如"哔哩哔哩弹幕网",或称"B 站")的深度用户[5],习惯于观看快节奏、高信息密度的视频,并使用"弹幕"进行互动。此外,"B 站"还有很多年轻的内容创作者,制作、分享了相当数量的原创视频,内容覆盖各个领域,其中很多视频在形式和内容上有相当高的借鉴和参考价值。例如,"无穷小亮的科普日常"(个人主页:https://space.bilibili.com/14804670/)创作了一系列有关动植物识别、鉴定的视频,通常以第一人称视角娓娓道来,向观众逐个讲述见到的动植物物种。这与"树木学实验"中"校园树种识别"这一环节非常类似,而在教学视频中完全可以通过后期剪辑的方式,将视角在第一人称和第三人称之间不断切换,在讲到重要识别特征时插入特写镜头,使学生得以更好地观察和认识树种。又如,"芳斯塔芙"(个人主页:https://space.bilibili.com/72270557/)的"鬼谷说"系列,每 1 集介绍 1 个生物类群(比如"软体动物""偶蹄目"等),整体内容和"动物分类学"课程的 1 个章节的内容相似,但是在视频中没有机械地讲解知识点,而是创作了一条充满故事性的逻辑主线,充分运用各种网络资源,以风趣幽默的语言将动物学和进化生物学知识展现在观众面前。专题型的教学视频可以借鉴这种形式,利用网络视频的优势,把传统课堂上"教学大纲式"的教学线索转换为更具吸引力的故事线,制作出结构更加紧凑、信息量更大的教学视频。

二、实验课视频教学的优势

相比于传统的课堂教学和直播教学,录播视频教学最大的优势在于教师具有充足的时间进行准备,可以使用最合适的器材设备进行拍摄,最终完成的教学视频质量远高于直播教学中手机摄像头的效果。以"树木学实验"为例,在讲到"树木生态学特性"的时候,应该配合一个能够反映森林生态系统全景的航拍镜头,恰好手头有去年在小龙门拍摄的无人机航拍素材可以使用;讲解花程式时,需要使用广角视角重新拍摄解剖望春玉兰的过程;展示悬铃木的"柄下芽"需要使用放大倍率 1∶1 的微距镜头拍摄;而更细微的结构(比如子房横切、纵切图片)则需要使用解剖镜拍摄或者使用高放大倍率镜头拍摄的景深合成照片(图 1)。拍摄这些场景需要特殊的摄影器材和照明设备,并且每个镜头都需要长时间的前期准备和后期处理,因此很难在教学直播中出现。这些镜头对于教学效果的提升有着显著的作用,学生可以看到森林植被的全景,可以观察完整的解剖过程,对于植物的细微结构,视频中可以达到肉眼甚至解剖镜观察的级别,接近教师现场演示的效果,并且减少了学生因操作水平差异导致的解剖失败的几率。

三、实验课视频教学存在的不足

开展实验课视频教学的过程中我们也遇到了一些困难,对于其中影响教学效果的问题我们总结如下:

首先是师生交流受到限制。"树木学实验"教学视频在中国大学 MOOC 平台上传,学生自行观看后再由教师组织讨论并答疑。在此过程中,学生遇到问题到教师解答会有相当长的一段时间间隔,一些学生比较难适应这种节奏,在讨论时经常有问题记不清楚。有的学生遇到问题可以在微信群或者 MOOC 平台的讨论区提出,等待教师解答,但是始终缺乏师生间实时交流的机制,在这一方面录播视频教学不如线下教学或者线上直播教学。

（a）无人机航拍：北京东灵山

（b）花解剖过程：望春玉兰

（c）微距（1∶1放大）拍摄镜头：悬铃木柄下芽

（d）超微距（1∶5放大）景深合成镜头：毛白杨雄花

图1　录播视频场景示例

第二是学生通过实验视频观摩教师解剖的过程，但是始终没有亲自动手解剖，实际操作能力未能得到有效训练。而动手能力的训练恰恰是实验类课程教学的重要目标之一[6]。虽然安排了一些课后作业，但是学生分散在全国各地，树种和物候差异巨大，很难做出统一要求。

还有就是教学视频难以触及学生视觉和听觉以外的感官。一些树种有特殊的气味，比如接骨木叶子有臭味，臭椿的腺锯齿则是另外一种臭味；芸香科树种有不同的刺激性气味；唇形科香薷属、藿香属则是各式各样的香气。又如叶子的质地以及表面毛被情况，黑枣的草质叶和柿树的革质叶摸起来感觉完全不同，榆属各个树种叶子两面的毛被触感各不相同。这些依靠嗅觉、触觉辨认的识别特征难以用语言文字准确描述，摆在面前才能有所体会。

虽然存在着诸多不足之处，但是通过制作"树木学实验"教学视频，我们对实验课线上教学有了新的理解和体会，尝试了很多新技术和新方法，在疫情突如其来的情况下，按照教学计划基本完成了实验课的教学任务，并且积累了大量高质量的视频素材。在今后的树木学实验的课堂教学中，将使用一部分实验视频，与传统的线下教学手段相结合，作为正常教学的补充，向学生们展示解剖过程、强调树种重要的识别特征以及生物生态学特性，对于提高实验课程教学效果有着十分重要的积极作用。

参考文献

[1] 刘畅，王祎，李东辉. 从慕课到微课—网络视频教学发展的问题及对策[J]. 中国中医药现代远程教育，2018，16（5）：41-43.

[2] 徐静，吴文华，施镇江，等. 视频技术在本科实验教学实践中的应用[J]. 教育教学论坛，2019（30）：261-263.

[3] 印梅芬. 精心做好课前录播　提高在线教学实效[J]. 现代教学，2020（Z3）：132-133.

[4] 曲红，张志翔. "树木学"课程教学加强大学生实践能力培养的探索[J]. 中国林业教育，2019，37（4）：54-56.

[5] 关月. Bilibili 用户关于原创视频的使用与满足研究[D]. 大连理工大学, 2018.
[6] 潘建斌, 陈书燕, 冯虎元, 等. 植物学实验教学改革的探索与实践[J]. 实验室研究与探索, 2020, 39(1): 194-197.

Exploring andconsideration of video teaching for experimental courses under the background of COVID-19 pandemic: Take *Dendrology Experiment* for example

Shang Ce　Zhang Zhixiang　Dong Wenpan　Qu Hong

(School of Ecology and Nature Conservation, Beijing Forestry University, Beijing　100083)

Abstract　Affected by the epidemic, *Dendrology Experiment* of 2020 spring semester was performed online. Learning from several popular science videos, we made teaching videos for every experimental lesson. Despite the difficulties of communication between teachers and students, these videos provide higher image quality, multiple perspectives and larger quantities of information comparing with live broadcasting teaching. Obstacles of observation and operation for students also exist during online teaching. It was a preliminary teaching attempt under exceptional circumstances, and would provide new thought for reformation of experiment teaching.

Keywords　*Dendrology Experiment*, teaching videos, online teaching, COVID-19 pandemic

疫情背景下线上教学模式的学习效果与优化路径研究

——以北京林业大学为例

侯 建 任紫娴

(北京林业大学经济管理学院，北京 100083)

摘要：受新冠肺炎疫情影响，积极响应教育部"停课不停学"的号召，各高校教学改为线上教学模式。本文以北京林业大学为例，从教师教学和学生学习两个总维度探究线上教学模式对于学生学习效果的影响路径。基于收集的问卷样本数据和SPSS计量软件分析，使用Pearson相关系数对于教师课前课中课后的教学，与学生学习自主性、线上学习适应性两个子维度进行分析。结果表明，教师课前课中课后的教学与学生学习方式之间，均存在呈现显著的正相关关系，对于学生学习自主性影响最大的是教师对于课程进度的安排，对于学生线上学习的适应性影响最大的是教师课后进行有效及时的反馈与答疑。基于以上实证结果分析，本文从增加在线课堂师生互动、合理安排课程进度与答疑、提升学生的自主学习能力3个方面，提出了相关的优化建议。

关键词：线上教学模式；学习自主性；线上学习适应性；学习效果；优化路径

受到新冠肺炎疫情影响，2020年3月教育部印发《关于深入做好中小学"停课不停学"工作的通知》。高等院校积极响应国家坚决打赢新冠肺炎疫情防控阻击战的号召，教学也由原本的线下教学模式转变为线上教学模式。"停课不停教，停课不停学"，众多高校依托于各大线上平台开展教学活动。这是疫情防控背景下的应急之举，但也是推动教学创新的重要契机。线上教学一时间成为新风潮，并对教师教学与学生学习均提出了一定的挑战，成为全社会关注的焦点话题。在此背景下，对于线上教学模式中学生学习效果的研究具有一定的意义，可以为今后开展常态化线上教学与线下教学结合模式提供参考与借鉴。

一、线上教学相关的研究综述

学术界对于线上教学的研究主要集中于线上教学模式的构建研究与2020年疫情期间师生线上教学情况研究2个方面。

一是线上教学模式构建方面，研究学者多以某一软件应用的使用情况为例，进行线上教学模式的构建并指出相应特征。例如王玉峰对于MOOC在线教育发展现状进行分析，张裕生以钉钉线上教学应用为研究对象；魏顺平以Moodle平台进行模式的应用为例。在分析基础上，部分学者进一步提出混合式线上教学模式的构建方法，并从硬件设施、教学时间和课堂秩序3方面分析了混合式教学面临的问题与挑战，并从学生和教师2个层面提出应用策略。部分学者基于案例研究进一步的模型的构建，指出线上教学的特征，并针对疫情期间线上教学的问题，从教学准备、设计与开展、督导、评价、成效等多方面探讨教学模

作者简介：侯 建，通信作者，北京市海淀区清华东路35号北京林业大学经济管理学院，讲师；houjian1128@bj-fu.edu.cn

任紫娴，北京市海淀区清华东路35号北京林业大学经济管理学院，本科生，renzixian2018@163.com。

式的构建,对高校线上教学的特点与所需环境进行分析,总结了典型的教学方式特征,并从社会、高校、教师、学生4方面提出优化建议。

二是对于疫情期间线上教学情况调研和建议方面。部分学者对疫情期间国内相关高校线上教学实施情况与效果,以及不同主体对线上教学的态度进行调研。认为线上教学有一定成效,多数学生认为在线学习效果不如线下授课效果,但对教师在线授课的满意度较高;但也存在学生的互动性不足、缺乏对于问题的有效思考等现象,线上教学总体仍存在一定的问题,学生的自主学习和在线学习条件是影响学生学习效果的主要因素,应打造为传统教学与线上教学有机结合的模式。但也有学者通过问卷调查法对疫情期间线上教学的平台、资源、教师教学模式等进行分析,认为网络教学的学习效果优于传统教学的学习效果。

综上所述,学术界对于线上教学的研究主要集中于在线教学的模式探索与实际案例研究,对线上教学的针对性体系构建和影响机制研究不足,对于线上学习效果与路径优化的研究较为缺少。本文从教师教学方式与学生学习方式2个角度对于线上教学模式教学效果进行讨论,以期为日后的线上教学提供参考与建议。

二、 疫情背景下线上教学模式的评价指标体系构建

本研究评价指标体系的构建从教师教学方式与学生学习方式2个总维度出发,对于线上教学效果进行评估。问卷题项设计采用5级量表的形式,1~5级分别为很不符合、不符合、一般符合、较为符合、很符合。问卷具体维度与指标详见表1。

对于问卷进行 KMO 和 Bartlett's 球形检验是进行问卷数据因子分析前的必要步骤。KMO 检验用于检查变量间的相关性和偏相关性,统计量越接近于1,变量间的相关性越强,因子分析的效果越好,而 Bartlett's 球形检验用于判断相关阵是否为单位阵。利用 SPSS 软件,得出 KMO 值为 0.885 大于 0.8,p 值为 0.000 小于 0.05,表明此因子分析模型较为合适。

表1 线上教学模式效果问卷的维度与指标

总维度	子维度	维度说明
教师教学方式	教学平台使用	线上教学借助使用的线上教学平台
	课中教学互动参与	安排课堂小组在线研讨
		在线随机签到
		课堂随机提问
		随堂进行测试
		互动举手发言
	课前课中课后教学	教师提供课程资源是否充足(包含课件、相关视频、电子书等)
		教师合理布置课后练习
		教师合理安排课程进度
		内容讲解清晰或易于理解
		课后可以及时进行反馈与答疑
	在线授课模式	采用直播模式
		采用播模式
		采用直播与录播相结合的混合授课模式

(续)

总维度	子维度	维度说明
学生学习方式	学习自主性	学生自主进行课前预习
		学生自主进行课后复习
		学生按照课表时间按时上课
		学生认真完成老师布置的作业
		学生根据视频回放进行查漏补缺
		完成既定的课程任务后，学生自主学习课外知识
	线上学习适应性	与线下教学相比，线上教学可以更好地满足学习需求
		与线下教学相比，对于线上教学整体更为满意
		与线下教学相比，对于线上教学模式更为适应

利用 SPSS 软件进行问卷的信效度分析，问卷内部一致性系数 α 为 0.867，大于 0.8，故认为问卷结构合理，信效度良好，内部一致性良好。

三、疫情背景下线上教学模式的学习效果实证分析

（一）研究样本基本情况

本文以北京林业大学学生为研究对象进行问卷调查。研究共回收问卷 300 份，剔除不完整和无效问卷 14 份，得到有效问卷 286 份，问卷回收率为 95.3%。样本数据主要集中于本科生学历阶段，男女比例大致为 3∶7，与我校实际情况一致。

（二）线上教学情况

多数学生借助 3 种以上的平台进行上课学习，其中使用频率最高的为腾讯会议和腾讯课堂，使用率分别占比 80.5% 和 84.5%。除此之外，还有使用微信群或 QQ 群、企业微信、钉钉、ZOOM 等其他在线平台进行授课与学习，具体各平台使用占比如图 1。

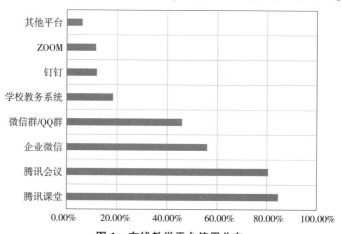

图 1　在线教学平台使用分布

教师在授课方式中，选择使用直播授课方式占比最高，为 83%，其次是直播和录播相结合的混合授课方式，占比为 44.4%，只有 19.5% 的教师采用了课程录播方式。教师使用在线课堂互动参与方式中每种方式的使用率均在 50% 以上，其中使用最多的方式是在线随机签到，最少的互动方式是互动举手发言，具体数据如图 2。

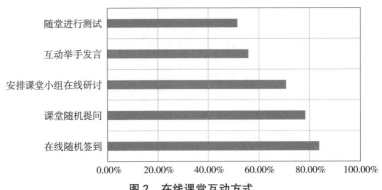

图 2　在线课堂互动方式

(三)教师教学方式与学生学习方式情况

首先对于学生线上教学模式的适应性进行统计分析,调查的结果显示,相比起线上教学模式,大多数学生更适应线下的教学模式,认为线下教学更能满足自己的学习需求,并且对于线下教学满意度更高,具体数据详见表2。

表 2　学生线上教学模式适应性

维度	平均值	标准差
与线下教学相比,线上教学可以更好地满足学习需求	3.47	1.048
与线下教学相比,对于线上教学整体更为满意	3.51	1.013
与线下教学相比,对于线上教学模式更为适应	3.15	1.150

为了进一步探究教师线上教学模式对于学生学习效果的影响,本文使用Person相关性系数进行研究。Pearson相关性系数可以用来衡量两个变量之间的线性相关性关系,变化范围为-1~1,系数绝对值越大,则两变量相关性越强。结果显示教师课前课中课后的教学与学生学习方式之间均存在呈现显著的正相关关系,具体数据详见表3。

表 3　Pearson 相关性系数

教师课前课后教学准备	学生学习自主性	学生线上学习适应性
教师提供课程资源是否充足(包含课件、相关视频、电子书等)	0.400***	0.324***
教师合理布置课后练习	0.341***	0.185***
教师合理安排课程进度	0.493***	0.344***
内容讲解清晰或易于理解	0.487***	0.387***
课后可以及时进行反馈与答疑	0.425***	0.448***

注:*** 代表相关性在 p<0.01(双尾)上显著。

由上表可知,对于学生学习自主性影响最大的是教师对于课程进度的安排,对于学生线上学习的适应性影响最大的是教师课后进行有效及时的反馈与答疑。教学中的积极参与可以有效提高学生学习的自主性,特别是在线课堂中的随机提问对于学生学习自主性和学生对教学的适应性的影响均为最大。

四、基于实证分析的线上教学优化路径

(一)增加在线课堂的师生互动

相关性结果表明,互动式线上教学模式有助于提高学生学习的自主性,并帮助学生适

应线上教学模式。线上教学较为灵活，与教师进行多层次广泛交互能提升学生的深度学习效果。同时，增加在线课堂的互动，有助于学生上课集中注意力，教师也可也借助互动的方式，了解学生知识的掌握情况，并在无形之中督促学生进行自主的课前预习与课后复习，不仅是作为课程内容的提供者，同时也是学生学习的促进者。

（二）合理安排课程与答疑

依据相关性结果可知，对于学生学习自主性影响最大的是教师对于课程进度的安排，对于学生线上学习的适应性影响最大的是教师课后是否进行有效及时的反馈与答疑。因为线上授课局限性，教师无法实时掌握学生对于内容的接受与理解程度，故应合理安排课程的进度，并对于学生课后有关的课程问题及时答疑解惑，与学生及时沟通，进行科学的引导。教师针对部分课程内容提供个人的深刻见解，进行拓展交流，满足学生的求知需求，让学生感觉"见屏如面"，有助于保证教学质量，并达到更好的教学效果。

（三）提升学生自主学习能力

在线授课对学生的学习自主性提出了更高的要求，问卷描述性统计结果也表明学生线上学习的自主性相比线下学习较弱。面对线上学习，学生更需要自主转变学习模式与学习方法，有效地提高在线学习的效率与效果，适应线上教学模式。并加强自我约束力，做到规律学习，按时上课和完成课程作业。教师可以通过线上随机提问、随机测试、收取作业等方式督促学生养成自主学习的习惯，以情景式教学的方式展示预习成果，也有利于日后学生的线下课程学习。

参考文献

[1] 王玉峰. 基于"翻转课堂"模式的开放线上教学平台的系统分析与设计[D]. 北京：北京工业大学，2015.
[2] 张裕生. 线上教学模式的现实困境与优化策略：以"钉钉"的应用为例[J]. 教育观察，2020，9(14)：53-55.
[3] 魏顺平. 在线教育管理者视角下的学习分析：线上教学绩效评估模式构建与应用[J]. 现代教育技术，2014，24(9)：79-85，93.
[4] 黄超，王平，李科林. 疫情防控背景下混合式线上教学模式探索与挑战[J]. 教育教学论坛，2020(25)：339-340.
[5] 秦楠. "互联网+"背景下混合式教学模式建构研究[D]. 济南：山东师范大学，2017.
[6] 于康存. 线上教学模式下教学问题与对策的探究[J]. 现代信息科技，2020，4(10)：191-193.
[7] 王萍，常林. 疫情防控期间高校线上教学现状调查及实践启示：以浙江理工大学为例[J]. 浙江理工大学学报（社会科学版），2020，8：1-9.
[8] 张维瑞，赖建强，刘盛荣. 疫情背景下的"SPOC+腾讯课堂"线上教学模式[J]. 宁德师范学院学报（自然科学版），2020，32(1)：80-85.
[9] 杨海军，张惠萍，程鹏. 新冠肺炎疫情期间高校线上教学探析[J]. 中国多媒体与网络教学学报（上旬刊），2020(4)：194-196.
[10] 谢幼如，邱艺，黄瑜玲，等. 疫情防控期间"停课不停学"线上教学方式的特征、问题与创新[J]. 电化教育研究，2020，41(3)：20-28.
[11] 孙曙辉. 线上教学4.0："互联网+"课堂教学[J]. 中国教育信息化，2016(14)：17-20.
[12] 乐传永，许日华. 高校线上教学的成效、问题与深化[J]. 教育发展研究，2020，40(11)：18-24.
[13] 王冬冬，王怀波，张伟，等. "停课不停学"时期的线上教学研究：基于全国范围内的33240份网络问卷调研[J]. 现代教育技术，2020，30(3)：12-18.
[14] 王渊，贾悦，屈美辰，等. 基于"见屏如面"线上教学的实践和思考[J]. 中国医学教育技术，2020，34(2)：138-142.
[15] 史霖，刘如意，季延红，等. 新冠肺炎疫情期间医学免疫学在线授课效果的调查分析[J]. 中国医学教

育技术, 2020, 8: 1-4
[16] 冯素珍. 疫情防控期间本科高校学生居家学习情况调查研究[J]. 高教学刊, 2020(11): 42-45.
[17] 陈翔, 程德华, 陈祖芬. 疫情防控期间学生在线学习效果及其影响因素探究[J]. 中国现代教育装备, 2020(11): 14-17+21.
[18] 李晓岩, 宋勇, 柳丽娜, 等. 疫情下网络教学与传统教学学习效果的比较分析: 以"教育学基础"课程为例[J]. 淮北师范大学学报(哲学社会科学版), 2020, 41(3): 94-100.
[19] 白雪梅, 马红亮, 吴海梅. 在线课程有效性的实证研究: 基于某师范类大学四个不同专业的800个研究样本[J]. 现代教育技术, 2017, 27(2): 92-98.
[20] 朱超, 张波. 关于"互联网+"时代智慧课堂教学设计与实施策略研究[J]. 当代教育实践与教学研究, 2020(1): 47-48.

Study on thelearning effect and optimization path of offline online teaching model under the background of epidemic situation: Take Beijing Forestry University for example

Hou jian   Ren Zixian

(School of Economics and Management, Beijing Forestry University, Beijing   10083)

Abstract   Affected by COVID-19's epidemic situation, the Ministry of Education actively responded to the call of the Ministry of Education to "stop classes and keep learning", and the teaching in colleges and universities was changed to online teaching mode. Taking Beijing Forestry University as an example, this paper explores the influence of online teaching model on students' learning effect from the two general dimensions of teachers' teaching and students' learning. Based on the collected sample data of the questionnaire and the analysis of SPSS measurement software, the Pearson correlation coefficient is used to analyze the two sub-dimensions of teachers' pre-class, in-class and after-class teaching, students' learning autonomy and online learning adaptability. The results show that there is a significant positive correlation between teachers' pre-class, in-class and after-class teaching and students' learning style, and the greatest influence on students' learning autonomy is teachers' arrangement of curriculum schedule. What has the greatest impact on students' online learning adaptability is teachers' effective and timely feedback and answers after class. Based on the above empirical analysis, this paper puts forward relevant optimization suggestions from three aspects: increasing teacher-student interaction in online classroom, reasonably arranging course schedule and answering questions, and improving students' autonomous learning ability.

Keywords   online teaching model, learning autonomy, online learning adaptability, learning effect, optimization path

疫情背景下理论力学线上教学设计与实践

赵 健 苏勋文

（北京林业大学工学院，北京 100083）

摘要：根据教育部新冠疫情期间"停课不停学，停课不停教"的倡议，结合工程教育认证背景下的培养目标要求，加强理论与实践相结合，提高学生创新能力和解决实际问题能力的培养，对"理论力学"课程的线上混合式教学模式进行探索，采用"腾讯会议+慕课+微信群"组合的方式，构建"线上教学+慕课辅助+线下自学"混合式教学模式，建立以学生为中心"课前导学+课中研学+课后督学"的学习模式，通过期末成绩对比分析，采用混合式线上教学模式的学生成绩优于传统教学。该教学设计与实践可以为力学类课程开展线上线下混合式教学提供有益参考。

关键词：理论力学；在线教学；混合式教学

"理论力学"是工科高等院校为机械、车辆、土木等专业开设的一门重要的学科基础必修课程，是各门力学课程的基础，也是机械类学科硕士研究生入学考试专业基础课程。各专业课程与知识的学习，相关工程技术问题的求解都需要以"理论力学"课程知识体系为基础，因此，"理论力学"的课程教学必须格外重视。"理论力学"课程包括静力学、运动学和动力学3大基本内容。通过学习本课程，使学生掌握物体机械运动的基本规律和研究方法，以及工程中典型机构的运动学和动力学分析方法，为后续分析复杂机械结构的零件运动打下基础。理论力学的基本任务是在原来学生已有的大学物理力学知识的基础上，培养学生具备对复杂工程对象正确建立力学模型的能力，具备对这些力学模型进行静力学、运动学和动力学分析的能力。具备利用理论力学的基本概念判断分析结果正确与否的能力。为后续课程的学习以及从事工程技术工作与科学研究打下坚实的力学基础。在工程教育认证的理念与背景下，知识和能力是培养的关键，是学生达到毕业要求的重要指标。其核心理念为以学生为中心、产出为导向，以持续改进为机制，要求将学生和培养目标放在首要地位，用培养目标来衡量和推进教育工作。为此，结合理论力学课程的特点，以培养提高学生分析问题、解决问题的逻辑思维能力为教学目的，制定如下具体课程培养目标：①掌握经典牛顿力学的基本公理与推论，培养学生针对工程实际问题能正确地建立力学模型的能力，为后续课程的学习打下良好的基础；②掌握静力学、运动学和动力学的基本理论，对所学理论做到知其然，知其所以然，能够应用所学知识求解工程中的刚体系平衡和动力学问题，并能对所得结果是否与工程实际相符作出合理的评价；③将课程内容与科学研究领域的有效结合，开阔学生的视野，为学生以后应用力学知识分析和解决机械工程领域的复杂工程问题提供思路；④通过课程始终贯穿"逆向分析、顺向求解"的解题模式，有效培养和提高学生分析问题、解决问题的逻辑思维能力，培养学生严谨求实的治学态度；⑤通过定量的课程作业和

作者简介：赵 健，通讯作者，北京市海淀区清华东路35号北京林业大学工学院，副教授，zhaojian1987@bjfu.edu.cn；
苏勋文，北京市海淀区清华东路35号北京林业大学工学院，副教授，suxunwen@bjfu.edu.cn。
资助项目：北京林业大学教育教学改革项目"面向不同专业的工程力学教学改革与研究"（BJFU2016JG056）。

课后思考，培养学生的自主学习能力，如习题讨论课，则有效地提高学生的口头表达和沟通能力。

新冠肺炎疫情暴发以来，各高校在疫情防控期间全面实施线上教学，广大教师参与线上网络教学的建设与改革，实现"停课不停教、停课不停学"，保证了教学活动的正常开展。教育大数据显示，全国高校学生在线学习达到了 11 亿人次，其正在产生的效果就是"改变了教师的'教'和学生的'学'"。本文将结合笔者在疫情期间的线上教学工作，对标工程教育认证背景下的理论力学课程培养目标，对线上网络教学设计和方式进行研究与实践，推进"以产出为导向"的线上教学设计与实践、"以学生为中心"的线上教学组织形式与互动策略、"以有效学习为标准"的线上学习、线下考核的考核方式。

一、对标工程教育认证的线上教学设计

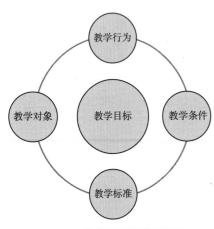

图 1 教学目标设计四要素

疫情防控期间，将线下课堂的教学内容完全移至线上完成，需要对教学设计方案进行适应性改革。线上教学设置的教学目标既要满足工程教育认证对于课程培养目标的要求，又需要符合网络教学环境的教学目标设计 4 要素法（如图 1 所示）。其中教学条件根据学生所处网络环境进行选择。针对部分网络信号较差地区的学生，需要单独布置教学任务。

为了保证教学效果，理论力学课程采用"腾讯会议+慕课+微信群"组合的方式，构建"线上教学+慕课辅助+线下自学"混合式教学模式，建立以学生为中心"课前导学+课中研学+课后督学"的学习模式。主要基于以下考虑：

（1）"腾讯会议"是腾讯云旗下的一款音视频会议产品，受疫情影响，很多学校采用"腾讯会议"解决学生在家远程上课问题。它具有视频、音频、屏幕共享等功能，还可免费容纳 300 人进行视频会议，是疫情期间替代普通"面对面"课堂的理想的空中课堂。"腾讯会议"是课中研学的主平台。

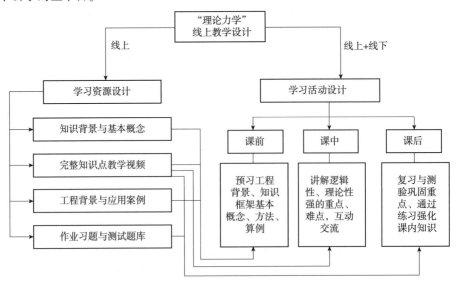

图 2 理论力学混合学习模式

(2)随着慕课的深度应用，渐渐发展为基于慕课的混合式教学[2]。既可以发挥教师引导、启发、组织、评价与监控的作用，又能充分发挥学生的主观能动性。对于学生而言，学习方式亦转变为混合式学习，其侧重的是学生学习活动的混合，主要是线上线下学习活动的混合，即学生既有线上学习行为，也有线下学习行为[1-3]。慕课主要是提供资源供学生课前助学和课后督学[4,5]。

(3)微信群主要用于发布课前助学、课中研学和课后督学所使用的案例库、电子教案、课件、作业和复习提纲等材料，同时也是学生和老师课后沟通和交流的重要渠道。

结合现有混合学习模式特性和中国大学慕课开设的"理论力学"慕课平台，以成果为导向进行线上教学设计与实践，构建混合式线上学习模式，如图2所示，该模式主要分为以下2个部分：

(1)学习资源设计。课前导学通过课程微信群发布导学任务，包含引例视频与工程背景、导学任务与学习目标、线上教学安排和课前思考等内容。引例与工程背景视频引出知识背景，抓住学生的求知心理以增进学生的预习兴趣；导学任务明确安排学生的课前预习范围与预备基础知识，方便学生精准、快速地找到学习资源以提高学习效率；学习目标的设置使学生的学习目的和目标更明确；线上教学安排让学生提前了解线上课程的内容安排，为上好线上课做好充分的课前准备；课前思考问题的设置是让学生带着问题有目的地预习。学生在学习过程中的任何疑问都可以在微信群中讨论，教师会给予及时回复。我们以"动量矩守恒"为例展示课前导学的具体内容，通过视频引例提出"航天员如何实现失重漂浮状态下的静止转体"，如图3(a)所示，并采用教师自拍的"通过手臂开合实现由静止向后转体"的视频回答该问题，如图3(b)所示，引导学生探究解决该问题所需要的力学知识，结合导学任务与学习目标，使学生更快地抓住目标知识点，最后通过"跳水运动中空翻转体动作中的力学原理"引发学生的进一步思考，如图3(c)所示。

  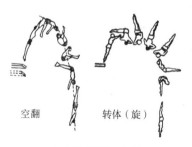

（a）航天员如何实现失重漂浮状态下的静止转体？　　（b）通过手臂开合实现由静止向后转体　　（c）跳水运动中空翻转体动作中的力学原理

图3　导学资源设计

(2)学习活动设计。在学习资源的支持下进行学习活动设计。理论力学课程的概念和逻辑性强，注重演算和公式推导。基于此，混合式的学习活动设计，在课前资料发布环节主要在背景知识介绍、工程引例、知识点体系说明的基础上，帮助学生建立宏观的学习框架意识；线上授课侧重基本概念、方法和典型算例示范，工程背景明确、可视性强、侧重应用的内容则采用线上自学，如静力学专题中的桁架、重心等部分。线上课堂上，重点阐述逻辑复杂、可视性弱、理论性强的重点概念的演算与推导，如速度与角速度合成定理的推导等内容。由教师引领学生开展基于线下为主、线上辅助的课堂学习，因为这种沉浸式的课堂学习环境更有利于掌握计算和推理方面的技巧，同时也提供给了不同层次的学生个性化学习的手段方法。课后，发布作业习题集与解题分析(如图4所示)、工程中具体应用等课程资料，强化课内知识，拓展学生视野。

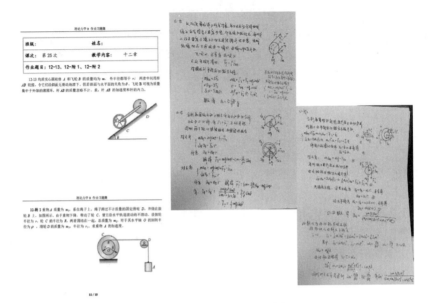

图 4 作业习题集与解题分析

二、"以学生为中心"的线上教学组织形式与互动

根据理论力学教学大纲规定的重点和难点内容，结合学生的学习特点，在每节课课前，把针对此次课程内容录制的短视频上传到课程微信群，以便学生进行课程预习。视频以一个知识点或者工程实例展开，这样既能抓住学生的注意力，又能调动学生在线学习的积极性和趣味性，提供优越的自主学习环境，不受时间和空间的限制。同时，学生利用微信群发布的课程自测题资源，通过做练习检验预习情况和学习效果，使教师在线上课堂教学时更具有针对性。学生如果在自主学习过程中遇到各种问题，可以在课程微信群与教师和同学进行交流、讨论以及留言，增加了师生之间、生生之间的互动，打破了以往面对面交流的局限性；另外，教师在课程微信群根据教学内容来布置课程的课后作业，在作业中设置答疑环节（如图 5 所示），学生在规定时间内提交作业答案后，教师进行批改和打分，并及时指出作业存在的问题，不仅使学生的学习状况得到了及时反馈，而且也提高了教师批改作业的效率。

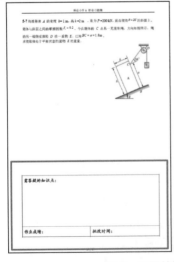
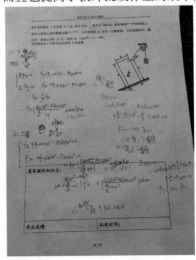

图 5 设置答疑环节的作业与批改

三、"以有效学习为标准"的线上学习线下考核与评价

理论力学的课程性质要求课程考核是以计算题为主，线上的客观题考核方式不易发挥作用，也不能完全体现学生的学习效果，因此，根据工程教育认证的要求，理论力学的考核依然采用线下闭卷考试的考核方式，但同时也应更加注重平时学习过程的考核，学生的综合成绩应由期末卷面成绩和平时成绩综合构成。课程结束后的考试是考核学生学习效果的重要手段，试卷依据理论力学课程教学大纲且根据课程培养目标进行出题，要求既能考查学生对力学基本知识的掌握程度，又能检验学生运用所学课程知识进行工程分析的能力，同时还要满足对学生毕业要求的达成度评价要求。本课程的总评成绩由期末考试成绩（占70%）和平时成绩（占30%）2部分组成，其中平时成绩由作业（15%）、课堂讨论（5%）和随堂测试（10%）3部分组成。课程目标达成度考核评价的构成与比例见表1所列。期末考试对课程目标和毕业要求的支撑关系见表2所列。

表1 课程考核内容与方式

课程目标	毕业要求	各部分比例关系				成绩比例（%）
		作业（15%）	课堂讨论（5%）	随堂测试（10%）	考试（70%）	
课程目标1	1.2	10	0	0	10	8.5
课程目标2	2.3	70	0	100	70	69.5
课程目标3		20	0	0	20	17
课程目标5	10.3	0	100	0	0	5
合计		100	100	100	100	100%

表2 期末考试对课程目标和毕业要求的支撑关系

课程目标	毕业要求	成绩比例
课程目标1	毕业要求1.2	10%
课程目标2	毕业要求2.1	30%
课程目标3	毕业要求2.1	30%
课程目标4	毕业要求2.1	30%
课程目标5	毕业要求10.3	0%

为了对比混合式线上教学的学习效果，将本学期以混合式线上教学方式的理论力学期末考试分数与上一学年传统课堂教学的期末考试卷面分数二者的各分数段分析统计如图6所示。由图6可知，混合式教学的平均成绩、优秀率、及格率均高于传统教学。可见，以"腾讯会议+慕课+微信群"组合的方式，构建"线上教学+慕课辅助+线下自学"混合式教学模式，建立以学生为中心"课前导学+课中研学+课后督学"的学习模式，可很好地调动学生学习的积极性，提高学生的成绩。

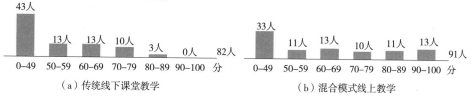

图6 期末成绩各分数段对比

四、结　语

首先，以"腾讯会议+慕课+微信群"组合的方式，构建"线上教学+慕课辅助+线下自学"混合式教学模式，建立以学生为中心"课前导学+课中研学+课后督学"的学习模式，学生可以按知识点学习课程，节省任课教师在课堂上一一讲解的时间，教师和学生之间就会有更多时间和机会互动，使教师时刻掌握学生的学习状态，极大调动了同学们学习的积极性。

其次，教学目标更具有针对性。课堂讲授之前，同学们已经预习了相关教学视频，对学习内容应该有基本的掌握，因此在课堂上就会针对同学们难懂的内容进行详细讲解，对那些一看就懂的知识点则会忽略带过。一方面，如果反复讲解同学们已经理解的知识点，会导致同学们觉得这个点自己懂了，从而转移学习的注意力；另一方面，可以目的性更强地解决同学急需要解决的问题，紧紧抓住同学们的关注点，提高线上课堂讲授的效果。

参考文献

[1] 教育部高等教育司. 中国慕课行动宣言, 教育部, 2019, http://www.moe.gov.cn/s78/A08/A08_ztzl/ztzl_zxkf/201904/t20190418_378663.html.

[2] 黄震. 基于慕课和混合式教学的工程教育探索与实践[J]. 高等工程教育研究, 2016(4)：11-13.

[3] 于歆杰. 论混合式教学的六大关系[J]. 中国大学教学, 2019(5)：14-28.

[4] 陈卓, 许羿. 基于慕课平台的混合教学模式设计与应用[J]. 中国教育信息化, 2019(18)：63-66.

[5] 陈朝晖, 王达诠, 陈名弟, 等. 基于知识建构与交互学习的混合式教学模式研究与实践[J]. 中国大学教学, 2018(8)：33-37.

Online Teaching Design and Practice of *Theoretical Mechanics* during the COVID-19 Epidemic

Zhao Jian　Su Xunwen

(School of Technology, Beijing Forestry University, Beijing　100083)

Abstract　In response to the Ministry of education's initiative of "suspension of classes and non-stop of teaching" during the COVID-19 epidemic, strengthening the combination of theory and practice to improve students' innovation ability and the solution actual problem ability under the background of the engineering education certification. This paper explores the online mixed teaching mode of theoretical Mechanics. By using the combination of "Tencent conference+MOOC+WeChat group", a hybrid teaching mode of "online teaching+MOOC+offline self-study" is constructed, and a student-centered learning mode of "before-class leading learning+in-class research+after-school supervision" is established. The students who adopt the mixed teaching mode scores higher than the traditional teaching group. This teaching mode can provide useful reference for the mixed teaching mode of mechanics course online and offline.

Keywords　*Theoretical Mechanics*, online teaching, blending learning

疫情期间"三位一体"在线教学的实践与思考

——以近200人的大课"植物生理学"为例

孙立炜　庞有祝

（北京林业大学生物科学与技术学院，北京　100083）

摘要： 在线教学作为代表当今时代发展潮流的一种全新教学模式，得到了越来越多教育工作者的关注，而2020年这场突如其来的新冠疫情又无可回避地将线上教学新模式摆在了每一位教师的面前。作者以所承担的大学本科课程"植物生理学"近200人的大班课为载体，尝试和实践了"三位一体"在线教学模式，得到同学们很好的反响。本文根据对"三位一体"在线教学模式的实践和学生们的反馈，着重对在线教学模式与传统课堂教学模式特点之长短进行了探究，并对今后在线教学中应继续坚持之经验和完善之要点进行了归纳和总结，以探索如何进一步推进和完善在线教学新模式。

关键词： 在线教学；三位一体在线教学新模式；教学改革实践；长短；经验

　　2020年是不平凡的一年，在这一年新型冠状病毒感染的肺炎疫情席卷而来，全国上下众志成城、全力防控。遵照国家和教育部"停课不停教，停课不停学"的号召，按照学校学院的统一部署，教学采用了新的模式，即全程在线授课，这与传统的课堂面对面的授课模式完全不同，是代表着未来发展潮流的全新授课模式。在刚接到在线教学的新任务时，我心里是十分忐忑的，因为所主讲的是涵盖6个班近200人的一门大班专业必修课"植物生理学"，且本学期还未与大班课的新同学们见过面，不确定这种在线虚拟课程能否组织好，达到良好的教学效果。但在疫情防控形势下，这是大学教师在新阵地上必须要承担和努力完成好的责任和任务。因此，既然要做，就要认真做好，本着这种想法在认真学习了学院所建议的方案基础上，在教研室主任的指导和与同期有课教师们的沟通交流中，作者认真制定了"植物生理学"课程的在线授课方案。为了保证授课方案的顺利实施，于2020年2月14日率先进行了在线预授课，在线预授课的目的和内容是：向学生提前说明在线授课的具体方案和形式，以保证学生都能同步同向在线学习。从预授课的情况来看，学生们的反应很热烈、积极，感到新奇并愿意接受。这使我们坚定了信心：有着学生们的支持一定能够完成好在线教学的光荣任务。

　　结合本课程是6个班近200人大班课的特点，将"植物生理学"课程的在线教学模式制定为课前、课中和课后"三位一体"的在线教学模式，通过整整一学期的教学实践，取得了良好的效果，得到了学生们的认可和好评。在此特对此次疫情期间全程在线教学的特点、成功之处和应进一步完善的地方作一总结以飨读者，以便同仁共同努力，不断探索如何进一步顺应和完善在线教学这一重要的教学新趋势、新模式[1-4]。

作者简介：孙立炜，北京市海淀区清华东路35号北京林业大学生物科学与技术学院，副教授，lsun2013@bjfu.edu.cn；

　　　　　庞有祝，通讯作者，北京市海淀区清华东路35号北京林业大学生物科学与技术学院，副研究员，pangyouzhu@bjfu.edu.cn。

一、"三位一体"在线教学模式与学生之反响

"三位一体"在线教学模式,是指课前、课中和课后三位一体,具体为:①课前:"学、思、问、看"的预习环节,即学:提前学课件;思:结合预习题思考;问:通过思考提出问题;看:观看中国大学 MOOC,明确讲授知识的轮廓和框架;②课中:通过腾讯课堂收看老师的直播教学并开启回放功能,使学生课后可针对难点、重点反复回听;③课后:教师在企业微信群中针对学生仍然存在的问题进行集中答疑。

依循在线授课新特点,我们认为要上好网课,抓住预习这个首要环节并让学生动心动脑是关键,因此"三位一体"在线教学模式,特别注重了预习的重要性,通过"学、思、问、看"的课前预习"四"环节,使学生对课程框架和知识重点做到心中有数,能开动脑筋提出问题并带着问题进入线上课堂,形成一个良好的临战学习状态。在其后"腾讯课堂直播"的正课教学中,教师是授课主导,学生是学习主体,教师的主导要注重知识框架和结构的明晰,对重点问题突出讲解,讲授知识细节深入浅出;学生的主体要做到积极思考,以小组为单位开展围绕热点问题的互动讨论。通过教师主导联合学生主体的双向互动,构建点面兼具的系统教学,以期达到理想的教学效果。关于课后答疑环节,教师利用"企业微信群",每节课均安排 2 次集中答疑,第一次在每次"腾讯课堂直播"的正课教学结束后即刻进行,目的是趁热打铁,针对授课过程中学生仍不清楚的问题及时解答释疑;另一次安排在下次课前一天的下午进行,目的是针对学生预习过程中所产生的问题提前解答,这样做既能为学生的预习加油充电,而更重要的是使教师对学生预习疑难点进行摸底以便开展针对性教学。

本课程的期末考试采用了线上限时的开卷考核,内容分为 3 部分:①考核课程基础知识的论述题;②谈与传统课堂教学相比,本学期疫情期间,线上学习"植物生理学"课程的感受与心得体会;③试论学习收获和从发展与联系的角度对各章节知识的整体认识。

以"三位一体"在线教学模式实行了整整一学期的教学实践,取得了良好的效果,得到了学生们的认可和好评。通过期末开卷考核,所教授的 176 位同学均对线上教学与传统课堂教学进行了比较,结果显示有 156 位同学表示接受"三位一体"在线教学模式,占比 88.63%,另有 20 位同学表示与在线教学相比还是更喜欢传统的课堂教学,占比 11.36%。在这 156 位表示接受的同学中有 67 位表示非常认可和喜欢"三位一体"在线教学模式。如:园林 192 班王梦想(学号:190201221)表示:"在整个学习结束后,对比其他课程,我认为'植物生理学'课程的学习环节设置是最紧密且细致的,'预习、讲解、答疑、自习'环环相扣、缺一不可,个人认为我的'植物生理学'课程学习相对成功,如果以后有类似的线上课程,我会沿用这个高效学习法。"园林 194 班的徐佳茵(学号:190201430)表示:"老师回答问题这个部分我觉得是最优于线下学习的,有疑问可以随时询问老师,从而得到解答,效率很高。"园林 195 班的胡昊纯(学号:190201506)表示:"一开始确实很不适应,因为只能通过电子产品的屏幕听到老师的声音,但是上了几次网课之后,我渐渐适应了这种教学的新模式,也发现了它的优点。"园林 196 班夏蕴溪(学号:190201629)表示:"每节课后,老师都会布置下一堂课的教学任务,清晰明了,使我学习'植物生理学'这门课程时感觉规划十分明确、仪式感很强,学习动力也足。孙老师的讲课风格偏向学术化,严谨细致,会结合英文描述,加深同学们对课程内容的理解,同时也很注重教学育人一体,不时由中国古训或植物生理变化引出做人、求学的道理,令我受益匪浅。总之,我觉得'植物生理学'这门课程的线上教学很棒,学习收获颇丰。"

二、在线教学模式与传统课堂教学模式特点之长短

通过本学期在线教学实践，并结合学生反馈和多年来的传统授课，笔者认为传统课堂教学特点有：①更容易营造学习氛围。传统课堂教学更容易营造庄严肃穆的仪式感和氛围感，通过师生、生生间进行面对面的情感交流，使课堂更有亲和力和存在感；②利于师生之间的直接交流和互动。教师可以通过肢体语言、神情、随机提问以及让学生演示加强课堂教学效果，增强课堂的引领性、带动性和互动性；③传统课堂监管强，学生容易集中注意力，学习效率高。

在线教学的优势为：①由仅一次机会的有限课堂变为可重复观看的多次课堂。在线教学模式通过腾讯课堂的回放功能，改变了传统课堂教学仅能听一遍的有限学习，使学生实现了对知识的多次回放理解，以此加强学习效果；②教学更趋于平等化和公开化。传统课堂教学会面临坐的位置离老师太远而看不清 PPT、听不清老师声音的问题，线上授课通过腾讯课堂平台，学生人手一台电脑，获得了平等化、一致化的清晰画面和声音，尽量保证人人一致的教学效果；通过企业微信群等网络群提供的平台，转变了传统课堂上老师答疑一般只有提问者等部分人能够听到的情况，使全体在线同学均能同时收听教师对一位同学的提问作出的解答，互动学习，全员思考，实现了传统课堂教学难以实现的答一授众的良好效果；③学习资源的丰富化、学习形式的多元化。传统课堂教学授课的资源主要为书本，授课方式为面对面课堂教学，而在线教学的资源更加丰富，可用教师课程直播、录播、科学网络视频、相关的科学论文、中国大学 MOOC 等网络课堂等丰富的学习资源；在线授课的教学形式与传统课堂教学相比更加多元化，可使用腾讯课堂直播授课、企业微信群课后答疑、腾讯会议在线组织学生分组讨论等。

在线教学也存在一些有待进一步完善提高的地方：①真实感有待提高。由于在线授课教学中教师与同学之间缺少面对面的沟通，同学与同学之间缺少直接的学术交流，降低了传统教学的实体感与亲和力，使学习氛围和课堂仪式感较难营造，造成学生缺乏紧张感，容易松懈分心，效率降低；②课堂氛围有待提高。老师学生不能通过面对面的眼神和情感进行交流，双方都是面对着一块冷冰冰的屏幕，课堂容易缺少互动感和温度，使授课的针对性和热情不如传统课堂教学；③课堂监管有待提高。较之传统课堂教学中庄严、肃穆的课堂监管约束力，在线教学模式教师和学生由于无法实现即时的面对面教学，教师无法直接监督学生，隔着网络不能知晓屏幕前的学生是否认真听讲，造成了课堂监管力降低，使学生行动相对自由，容易走神，更需同学们自身的自律自觉。

三、"三位一体"在线教学模式实践中进一步要坚持之经验和完善之要点

通过整整一学期的全程"三位一体"在线教学模式的实践，我们认为在线教学，尤其是人数较多的大班教学，应在未来的在线授课中重视以下 5 点经验，①课前要做到准备充分。毛主席说"不打无准备之仗"，想要上好在线教学这一新模式的大班课，会遇到许多新问题、新挑战，为确保在线教学的顺利开展，课前准备工作要更加用心到位；②根据在线教学的新特点和新要求，教师授课语言应更为精炼简洁，条理更加明晰；③授课中要特别体现正确的思想导向性、亲情关怀与与课程相关的哲理性思考，增加亲和力、吸引力和趣味性；④授课过程中应加强学生的互动和参与，如不时地点名提问，以小组为单位针对某知识点进行讨论等；⑤以激励为主体。要充分调动学生的学习热情和积极性，并注重发挥班干部协助管理的作用。

针对在线教学的不足，在今后的线上教学中应进一步完善：①工欲善其事，必先利其器。针对"真实感有待提高"的建议为：首先进一步改善网络和授课平台的稳定性，使网课平台更加易于操作，实现在众多师生均开启摄像头的情况下，在线授课仍能稳定流畅；其

次研发模拟课堂，如应用虚拟现实技术（VR）、增强现实技术（AR），使在线教学更具真实感；②针对"课堂氛围有待提高"的建议为：进一步提升课堂参与度，在课堂中尽可能加入互动环节，使学生更有参与感和体验感；再如依托教师课前所留思考题，在线教学进行到相关部分时随机点名提问，使学生处于一种"我随时都有可能被提问"的适度紧张中，使学生更加专注，跟着老师的思路走；③针对"课堂监管有待提高"的问题，对于自制力和主动性好的学生应以肯定、鼓励和启发进一步激发能动性，而对于自制力弱的同学则应加强线上监督和营造学习氛围，比如建立学习小组讨论汇报机制、加强课中提问与课后随堂测验等。同时要有效发挥家长督促之作用，使学校、教师与家长对在线教学监管形成合力。

四、结语

作者以所承担的大学本科课程"植物生理学"为载体，尝试和实践了"三位一体"的在线教学模式，得到了学生们的好评，作为教师教学的成就感得到提高，观察学生学生们的学习获得感也有提升。本文通过"三位一体"在线教学模式的实践和学生们的反响情况，对在线教学模式与传统课堂教学模式的特点之长短进行了探究，并对今后在线教学中应继续坚持之经验和完善之要点进行了归纳和小结。作者认为，未来的教学发展之道应为把传统和在线的教学模式二者的优势有机结合起来，从满堂灌的"单声道"向互动式的"双声道""多声道"转变，走扬长避短的融合型新型教学模式的改革之路。作为大学教师，我们要以满腔热情采用最符合时代需要的方式，从善如流地接受新事物的优点，进一步提升学生学习的内动力，要在教学的过程中运用好新的在线教学模式，以为国家培养人才的使命感，在传授学生科学文化知识的同时，更要加强学生的思想道德建设，培养他们的爱国主义情操，使学生立志把小我的发展融入到为祖国民族复兴大业服务的实现大我中去。本文抛砖引玉，希望能对同仁拓展思路有所帮助，推动高校在线教学新模式更快更好的发展。

参考文献

[1] 赵宏霞，廖问陶，傅明辉，等. 疫情防控期间《生物化学》课程在线教学实践的初探[J]. 广东化工，2020，16(47)：264-265.

[2] 陈雪晴，孙加燕. 疫情防控期间药事管理学在线课程建设的初步探索与思考[J]. 广州化工，2020，16(48)：210-212.

[3] 张恩旭，李军，赵涛. 提高在线学习效果的策略研究[J]. 高教学刊，2020，28：63-65.

[4] 孙晓辉，曾荣，黄玉，等. 面向混合式教学的《晶体光学》在线开放课程建设[J]. 高教学刊，2020，25：77-80.

The practice and thinking of trinity online teaching of university course during the Covid-19 Pandemic in 2020: Take *Plant Physiology* as an example

Sun Liwei Pang Youzhu

(College of Biological Sciences and Technology, Beijing Forestry University, Beijing 100083)

Abstract Online Teaching Mode, as a mode representing the future teaching trend of present era, has received tremendous attention from educators. The Covid-19 Pandemic in 2020 inevitably put this future teaching mode in front of every teacher. Taking University course *Plant Physiology* in large class with approximately 200 students as the carrier, the authors practiced the Trinity Online Teaching Mode, and received affirmative responses from the students. Based on the practice of the Trinity Online Teaching Mode and assessments by the students, this paper compare the advantages and disadvantages of Online Teaching Mode with those of Traditional Classroom Teaching Mode, as well as proposing the experience and points for improvement regarding perfection of Online Teaching in the future.

Keywords online teaching, trinity online teaching mode, teaching reform practice, advantages and disadvantages, experience

疫情期间学生心理状态及学习态度对学习过程的影响

贾国梁　孙爱东　张柏林

（北京林业大学生物科学与技术学院，北京　100083）

摘要：疫情期间我国高等教育行业受到严重挑战。伴随着网课教学，各级教育单位及高校教师都围绕课程质量优化不断增加时间投入，以期提高学生们的学习效果。然而，居家期间学生的学习时间、地点及完成学习任务的节奏都由自己调节，学生的自主学习过程更需要自身的周密安排。大学生的心理健康、学习态度及背后的身体状态都与学习效果关系密切。因此，本研究以专业核心课"乳品工艺学"为例，通过问卷星进行调研，并与部分学生进行访谈讨论，最终完成疫情期间学生心理状态及学习态度对学习过程影响的质性研究。

关键词：新冠疫情；网课教学；心理状态；学习态度

一、引　言

2019年末至今，伴随着"新冠病毒"疫情暴发、发展与逐渐恢复平息，我国的高等教育行业受到很大冲击。目前国内很多地区都完成了春季学期的网络授课工作，今后随着""互联网+"教育"模式的不断成熟，它所能解决的不仅是单纯的网络授课问题，更是通过互联网打破了传统教育的时空、资源限制，给正处在受教育阶段的孩子们，尤其是给偏远地区的孩子们带来更多的教育公平。目前教育部门、各大高校及各位高校教师们，也在不断监督、帮助及支持各专业网络课程，如慕课（MOOC）的打造，越来越多的精品课程及多模式教学手法的普及充分体现了各级教育单位及高校教师的投入程度良好及网课的备课质量较高。然而，伴随着线上网课教学开课量增多，学生网课学习的负担日益加大。且居家期间，学生的学习时间、学习地点及完成学习任务的节奏都不受约束，学习管理上从"他控"转变为"自控"。因此，为促进大学正常教学计划的实施和完善，疫情期间学生心理状态及学习态度显得至关重要。

大学生学习成绩的优劣与其心理健康、学习态度及背后的身体状态关系密切。作为受教育者，上课的热情（激情）、认真学习的态度与坚持不懈的精神都是必需的，面对网课学习更是如此。以笔者承担主讲的专业核心课"乳品工艺学"为例（17级食品系共83位学生），这是一门集化学、生物学、物理学、动物学及食品工程等学科内容的综合性科学，对学生们的知识基础有一定的要求，所以教与学都有一定的难度，这就更需要学生们自身的勤奋学习。我们通过问卷星进行调研，并与部分学生进行访谈讨论，最终完成课程学习期间学生心理状态及学习态度对学习影响的质性研究。

作者简介：贾国梁，北京市海淀区清华东路35号北京林业大学生物科学与技术学院，讲师，jiaguoliang@bjfu.edu.cn；
　　　　　孙爱东，北京市海淀区清华东路35号北京林业大学生物科学与技术学院，教授，adsun68@163.com；
　　　　　张柏林，北京市海淀区清华东路35号北京林业大学生物科学与技术学院，教授，zhangbolin888@163.com。
资助项目：北京林业大学2020年课程思政教研教改专项课题（2020KCSZ085）；
　　　　　教育部产学合作协同育人项目"基于虚拟仿真的植物蛋白饮料工艺学课程改革"（201902037003）。

二、疫情期间学生心理状态及学习态度变化质性研究

(一)心理健康

大学生正面临着从青少年向成人的转型,已经进入"心理断乳期",其逐渐从依赖于父母的心理状态中独立出来,努力地解决所遇到的问题,逐渐走向社会化。依据埃里克森的人格发展理论,大学生尚处于成年早期,情绪具有波动性,其自我调节及管理控制能力都较弱[1]。而新冠肺炎暴发以来,其高度传染性给人们带来了紧张及焦虑的情绪。大学生易受外界影响,更有产生焦虑、抑郁、烦躁、恐慌、疑惧等负性情绪的倾向。长期的居家隔离,更是加重了他们已有的心理问题或困惑(图1)。

另一方面,研究表明:具有较好自我效能感的学生认知及学习能力强,在课堂的表现较好。而对于网络教学,自我效能感强的同学会更积极地"举手"发言,且主动与老师课下互动。另外,大学生群体刚刚完成从中学生到大学生的转变,很多学生的生活能力差,不懂得包容别人,不适应集体生活。这些不足会长期影响学生自身的健康及与其他同学的正常关系,从而影响心理状态,降低学习效率,影响他们的上课表现,网络教学中也存在类似问题,导致形成消极防御型的课堂气氛。研究表明:家庭出身、家庭经济状况、父母的温暖照顾及亲人的理解关怀等与学生的自我效能感有显著联系,甚至对自我效能有显著的预测作用[2]。作为班主任及任课教师,也应该从点滴处关心学生,提高他们的自我效能感。

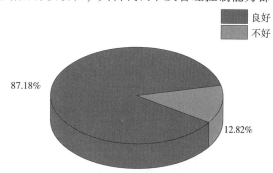

图1 疫情期间学生心理状态

(二)学习态度

学习态度影响学习过程中对相关对象的知觉和认知时限。积极的学习态度将大大增进个体的学习速度和对学习材料的保持量以及保持时间,从而产生良好的学习效果;而消极的学习态度则大大降低个体的学习速度及记忆时间。相关研究指出,成绩优异的学生具有积极的学习态度(主要体现在动机、兴趣、情感、意志及习惯5个方面)及较明显的正向能动性个性心理倾向。积极的学习态度可以使学生更好地把握和控制自己,将良好的学习习惯转化成自主学习能力,有利于提高大课学习效果。目前高等学校的学生学习态度较为积极,并且有一定的初步学习计划及预期目标[3]。但是随着课程内容的不断深入及难度增大,导致部分学生学习吃力,学习态度有所松懈。通过与我校本科生交流,发现沉迷电子游戏及睡眠不足是导致学生课堂精力不集中、学习效率降低的主要诱导因素。尤其是疫情期间,由于不能在教室内上课,即师生间的互动存在隔阂,双方难以进行包括眼神及表情的神态互动,教师难以把握学生的课堂学习状态,从而对学生的自制力与自学能力要求较高,加大了教师监督的难度。由图2可以看出,超过40%的学生居家学习态度有消极趋势,这会显著影响学生的学习效果。

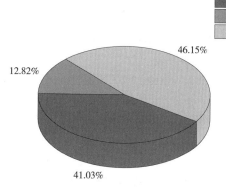

图2 疫情期间学生居家学习态度

（三）身体状态

学生的课程学习效果不仅仅是个人能力的体现，也是身体健康状况的体现。目前个别高校大学生存在亚健康的身体状态，导致学习注意力不集中，成绩下滑。因此关注大学生的营养与健康情况，改善大学生身体素质是一件重要任务。更重要的是研究表明：经常锻炼者的心理健康素质得分显著高于不常锻炼者，且不同运动量显著影响心理健康得分；体育运动状况与大学生体质健康、心理健康素质均正相关；体育运动状况对大学生心理健康素质和体质健康有预测作用[4]。体育运动可以释放学生的消极情绪，为他们提供合理化的发泄口。而新冠疫情以来同学们的运动量显著减少，从而让他们的情感得不到发泄，造成消极心理。结合图1和图3可知，心理状态不好的学生与身体状态变差的学生的比例接近，可以推测学生的心理状态与身体健康情况存在一定关系。

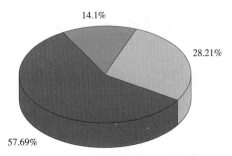

图3　疫情期间学生居家身体状态

综上，疫情期间学生心理健康、学习态度及身体状态都会降低学习效率，影响学习效果。通过学生们对"乳品工艺学"学习过程的反馈，在出现心理问题或以上影响因素的学生中，有接近一半的同学（47.5%）认为这些变化不利于课程的学习。同时依据调查数据，有高达79.5%的同学认为自身的调整有利于自身居家心态的调整；76.9%的同学认为父母的悉心照顾可以促进自身心态调整；73.1%的同学认为朋友的关怀也有利于心态调整。从对部分学生访谈的内容中也可以看出，运动、电子娱乐及与亲人好友的交流是他们认为支持自己度过疫情阶段的关键词。而从另一方面，高校如何促进学生实现平时及疫情期间的运动达标，提高身体与心理健康呢？

三、疫情期间高校多举措维护学生身体与心理健康

（一）网络运动

在疫情背景下，通过适度运动提高免疫力、提高学生自身免疫力至关重要。很多高校也相继组织了"云运会"，通过视频连线及在线直播的方式开展体育竞赛项目，让同学们通过这些活动实现"云锻炼"，提高身体素质。另外还有微信推送等诸多形式鼓励学生进行室内锻炼。同时高校体育教师在视频体育教学的过程中，提升学生身体素质的同时还应该在课上适当为学生讲授营养学的知识，通过把运动和营养放在一起进行教授，学生能够加深对运动营养的理解，而且能够有效改善饮食习惯不当的问题。尤其是在居家隔离期间，合理锻炼与饮食显得尤为重要。

（二）心理健康培训

高校应该加大对教师团队的教育培训力度，定期对校内教师进行心理健康教育，在深化教师责任意识的同时，让教师了解心理健康教育的核心内容，进而在教学工作中，更好地引导学生。虽然高校目前已经将心理健康教育纳入新晋教师岗前培训中，但是目前普遍缺乏长期且有针对性的培训，教师不能在教学中及时发现学生心理健康问题，从而不利于教学工作的开展。而在疫情期间，由于缺乏师生面对面交流，进一步阻碍了学生心理问题的发现及治疗[5]。

针对此，各高校与时俱进，提出了很多创新工作形式。如开设心理咨询热线、心理健康推文、开展辅导员谈心谈话，并有心理相关专业老师进行了线上团体心理辅导，通过开

展群体心理健康教育和心理干预,有力维护了学生群体的心理平衡。当然我们也应该平衡开展的活动量,开展的活动太多可能会使学生产生压力及消极心理。

四、结 语

受本次疫情影响,教学方式转变为利用网络进行线上学习。虽然授课形式多样,采用的学习软件及直播平台种类丰富,但学生学习效果有待优化。特殊时期,结合居家学习的特点,按照动静结合、劳逸结合的原则,有效提升学生学习效率、促进学生全面发展是我们教育工作者的追求。而了解学生心理状态及学习态度的变化,通过文化育人,在决胜疫情防控战的基础上进一步提高学生的认同感、担当意识和责任感,形成学生的主动学习常态化,从而为其终身学习奠定坚实的基础,更是教育教学持续健康发展必要之路。本研究以作者教授的专业核心课"乳品工艺学"为例,通过质性研究,发现疫情期间学生心理健康、学习态度及身体状态都会降低学习效率,影响学习效果。结果表明有47.5%的同学认为心理等变化不利于课程的学习。同时,研究也初步发现超过70%的同学通过父母及朋友的关怀缓解了这些问题。

参考文献

[1] Low J T S, Rohde G, Pittordou K, et al. Supportive and palliative care in people with cirrhosis: International systematic review of the perspective of patients, family members and health professionals[J]. Journal of Hepatology, 2018, 69(6): 1260-1273.

[2] 赵必华. 影响学生学业成绩的家庭与学校因素分析[J]. 教育研究, 2013(3): 88-97.

[3] 葛明贵, 余益兵. 大学生学习适应性及其影响因素[J]. 安徽师范大学学报(人文社会科学版), 2005(5): 602-606.

[4] 刘玲玲. 体育运动与大学生体质健康、心理健康素质的关系研究[D]. 武汉: 华中师范大学, 2011.

[5] 张晓东, 刘敏, 杭爱武, 等. 新冠肺炎疫情背景下的混合式教学探讨: 以中药学课程为例[J]. 中医教育, 2020, 39(4): 10-13.

Effects of students' mental conditions and learning attitude on the study process during COVID-19 Pandemic

Jia Guoliang Sun Aidong Zhang Bolin

(College of Biological Sciences and Technology, Beijing Forestry University, Beijing 100083)

Abstract The higher education in our country was seriously challenged during COVID-19 Pandemic. During teaching online, the time investment of the course optimization was increasing for education units at all levels and teachers in universities in order to improve the students' study effects. However, the time, place and pace of study all should be adjusted by themselves when the students studied at home. The process of self-study for the students was arranged by themselves more carefully than that in the universities. There are close relationships between mental health, attitude and physical conditions and learning results. Hence, based on the *Dairy Technology* (as one of the professional core courses), this study adopts quality research methods for the effects of mental conditions and learning attitude on the study during the pandemic, which were realized through investigations (using the Wen Juanxing program) and interviews and discussions with some students.

Keywords COVID-19 Pandemic, teaching online, mental conditions, learning attitude

高校思政课线上线下混合模式教学创新研究

——以"马克思主义基本原理概论"课程为例

王晓丹

（北京林业大学马克思主义学院，北京　10083）

摘要： "互联网+"时代的到来引发了传统教学的升级转型，线上课堂成为备受学生喜欢的一种教学模式。然而，疫情期间单一的线上教学模式也暴露出了诸多问题。由此，线上线下混合模式教学成为了高校教育改革的重点方向，同时也为当前处于急剧转型阶段的高校思政课改革提供了重要参考。在实现高校思政课混合模式教学改革的实践过程中，必须重视对传统教学理念作出转变，对教学设计进行相应的调整，并在技术操作与资源供应上作出保障。线上线下混合模式教学的改革创新对当前的中国高等教育改革有着重要的现实意义。

关键词： "互联网+"；线上线下混合模式；高校思政课；改革

习近平总书记在2019年3月18日主持召开的学校思想政治理论课教师座谈会上，对新时代的高校思政课提出了具体的要求，其中"六个要求"与"八个统一"成为了新时代下高校思政课改革的新航标。课堂作为高校思政课的主阵地，必然面临一场深刻的课堂革命。同时伴随着"互联网+"教育时代的到来，慕课、网易云课堂等为代表的一批网络课堂平台兴起，线上课堂成为了课堂革命的新看点。在这个大背景下，教育部提出了建构线上线下混合式"金课"。2020年新冠疫情下，大规模线上课程的开展加速了线上线下混合模式的思政课改革进度。如何更加高质量地建设好、应用好和发挥好线上线下混合模式思政课教学，成为当前需要思考的重要课题。

一、高校思政课线上线下混合模式教学改革的必要性

高校思政课是大学阶段的公共必修课，肩负着帮助学生树立正确的人生观、世界观与价值观的作用。根据调查、座谈和学生的反馈，思政课在很多大学生心中处于很"尴尬"的地位，是一门很重要但却不被重视的课程。以"马克思主义基本原理概论"（以下简称原理课）为例，在很多学生心中原理课是必修的边缘课，对专业知识没太多帮助，导致参与度不高；也是枯燥的记忆课，学生为通过考试必须死记硬背各条原理；还是过时的说教课，学生认为马克思主义缺乏现实解释力，与生活实践严重脱轨。

与传统线下思政课程面临诸多问题相比，单一的线上课程也不能算作尽善尽美。疫情以来，学校响应"停课不停学"号召积极开展线上教学，打破空间阻隔的线上课堂成为主要的授课模式。但是单一的线上教学面临着师生之间缺乏有效的互动与及时反馈、课堂氛围不易掌控、不自律的同学缺乏必要监督等问题，也显示出教学效果不佳的一面。

随着疫情进入常态化防控阶段，各大高校已经陆续开学，线上课堂是否成为疫情阶段的权宜之计而势必回归线下课堂？线上、线下课堂何去何从？这些在当下成为学校以及教

作者简介：王晓丹，北京市海淀区清华东路35号北京林业大学马克思主义学院，讲师，1290207081@qq.com。

师思考的重要问题。作为一名高校思政课教师，我认为线上线下混合模式教学应该成为今后思政课改革的主要方向。

二、线上线下混合模式教学的内涵及优势线上线下混合模式教学的内涵

（一）线上线下混合模式教学的内涵

随着世纪之交通信技术和信息技术的不断发展和普及，混合式学习（Blending Learning，或称"混合式教学"）的概念和模式应运而生。这一模式结合了传统教学方式的优势和在线学习（E-Learning）的优势，既充分发挥了教师引导、启发、监控教学过程的主导作用，又充分调动了学生作为学习主体的主动性、积极性与创造性[1]。它主要着眼于学生个人成长，将学生、教师、环境、媒体、网络等各个教学要素有机整合而形成的具有良好互动效应的教学生态系统。

线上线下混合教学模式由于融合了两种教学手段，因此需要整体规划与设计，确保线上线下有效衔接，提高协同育人水平[2]。由此，在理解线上线下混合模式教学内涵时要防止简单化与片面化，既不能片面地将其理解为教师在课堂中利用PPT、视频等现代化教学辅助手段完成教学任务，也不能浅显地将其概括为课外网络自主学习与课内教师面授讲解的机械叠加，而应将其视为教师通过多种综合性教学手段促进现实与虚拟、课内与课外2个课堂的深度融合，打造一堂形式多样、内容生动、学生获得感强的优质课。总之，线上线下混合模式教学有助于克服过去单一式教学模式的弊端，实现了线上线下两个平行教学平台的交互融合，实现1+1>2的效果，目前已成为"互联网+"时代下高校教育改革的大方向与总趋势。

（二）线上线下混合模式教学的优势

混合模式教学打破了单一线上课堂或者传统课堂教学的瓶颈，更好地实现了互动性、针对性与综合性的有机结合。混合模式教学在调动学生学习的参与性与积极性、提高学生综合能力方面具有明显优势，有利于达到全程、全员、全方位育人的目的。

首先，教学内容上更具针对性。传统课堂中教师通常成为课堂的主角，更为关注自己讲了什么、讲了多少，而忽视学生想要了解什么、了解了多少，从而导致学生学习效果差强人意。将混合模式教学引入课堂后，课前，教师指导学生有的放矢地进入到线上课堂收集材料、学习知识、明确问题；课中，学生针对学习过程中遇到的难点与困惑"有备而来"，针对性地和同学探讨、向老师请教；课后，教师会针对课间不同学生的学习程度，布置个性化的课后作业进行巩固，使得教学活动更能"对症下药"。

其次，课堂氛围上凸显互动性。传统课堂缺乏有效的沟通交流，表现为较少的师生互动与生生互动。在混合模式教学课堂中，学生不再将自己视为旁观者，而是参与者。学生在线上学习已经掌握了课程的基本知识，当回到线下课堂后，他们对教师的角色需求已经从"传播者"提升为"解惑者"，师生之间的互动交流以"问—答""启发—反思"形式展开；同时，教师也会有计划地组织学生相互研讨、辩论，逐步培养起学生分析问题与合作探索的能力，使得教学活动达到"教学相长"。

再次，教学目标上注重综合性。教学活动一方面要求学生掌握课程知识，另一方面，也要求学生提升综合素质。教学活动引入混合模式，学生在线上网络学习可以获得更多书本以外的知识，扩展知识面，养成独立发现问题、分析问题的能力。线下课堂中，学生之间采用分组讨论、研讨式的方法可以进一步培养学生的合作探究能力，而在汇报结论的时候，又可以锻炼学生的语言组织与表达能力，促使学生综合能力得到"全面发展"。

三、 高校思政课线上线下混合模式教学改革创新的思路

实现思政课程"线上线下混合式"教学是一个系统工程。以下以"马克思主义基本原理概论"这门课为例,探究线上线下混合式教学实践操作的思路。

(一)转变教学理念

2019年3月18日,习近平总书记在学校思想政治理论课教师座谈会上强调:"办好思想政治理论课关键在教师,关键在发挥教师的积极性、主动性、创造性。"[3]线上线下混合模式教学改革就是要教师转变教学理念,将学习的时间与空间还给学生。首先,教师要发挥好主导作用并正确认识学生主体性。无论是线上还是线下,教师要从"主演"转变为"导演"、从"讲学"转变为"导学""促学"与"督学",回归教师本色;其次,要改变教学方法,强调灌输与启发相结合,增强课堂互动性;最后,要转变教学目标,由对学生成绩的单一要求提升为对学生综合能力的培养。

以马原课中关于"正确认识当代资本主义的新变化"这一专题为例,对于其中的知识点的讲解,比如资本主义发生了哪些新变化,新变化的特点是什么,这些知识点学生完全可以通过慕课的形式在线上打卡完成。那么教师在其中的作用就是根据教学内容的需要,帮助学生在良莠不齐的慕课资源中筛选出较为成熟的名校名师慕课。使学生获得最具前沿性和系统性的认识。同时,教师可以推荐一些具有针对性的视频资料,让学生充分地拓展知识点,以便于更好地理解、消化核心概念。而在线下课堂中,学生在掌握了基本的概念、知识点后,教师引导学生积极思考"资本主义新变化是否意味着与资本主义制度与社会主义制度的趋同"以及"资本主义新变化背后的原因是什么"等问题,教师可以积极组织同学们以小组的形式合作探究,充分阐发自己的见解;在同学们讨论遇到瓶颈时,关键处适度点拨,助推学生深度思考。在讨论后,各小组推选同学以文字稿或者PPT的形式表达观点,培养学生的合作意识、锻炼学生的表达能力。由于思政课的性质就是要向学生灌输马克思主义世界观、人生观与价值观,思政教师不仅要做好知识的引路人,也要做好思想的引路人。所以,教师在课程的最后必须对同学们的发言进行精准评价,并对整堂课的讨论作总结性发言,澄清资本主义的新变化并不意味着资本主义生产关系发生了变化,社会主义代替资本主义仍然是历史发展的大趋势。课后,教师布置不同难度等级的线上作业,一是面向全体学生,保证基本知识点的掌握;二是对个别学有余力的同学,设置具有一定挑战的问题,进一步拓展学生的理解能力。总之,使教学评价从单一化走向个性化与多元化。

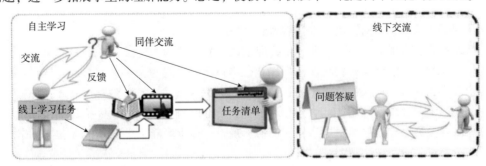

(二)重构教学设计

教学活动展开的核心问题在于实现好"教"与"学",而混合式教学模式的本质在于"重新思考和重新设计教与学的关系"[4],也就是要对传统的教学设计进行反思并重构。教学设计服务于教学活动,是教学活动的指导。教师要本着"以问题为导向,两线三课相结合"的

原则制定线上线下混合模式教学设计。

"以问题为导向",即教师设计核心问题,学生在教师的指导下围绕问题展开独立思考与讨论,从而将学习时间交还给学生。以马原课中"剩余价值生产"为例,学生围绕教师设置的"什么是剩余价值?剩余价值如何产生?"等简单问题展开学习。"两线三课相结合"即学生寻求解决问题的途径是通过线上自主学习与线下交流学习共同完成,而线上学习主要包括课前与课后两个虚拟课堂,线下学习主要包括课中一个实体课堂。首先,在教学目标的设定上混合模式教学要实现从基础难点、重点的设定提升到学生思考、应用、分析评价的层面。其次,教学活动主要是学生收集问题、讨论问题,教师反馈答疑,并合理安排线上—线下以及课前—课中—课后的时间。教学方法上要从重视教师讲解技巧到重视发挥学习者的主观能动性,使学生的学习方式实现由被动接受向主动探究的方向发展。学生通过慕课或者本校教师录制的课件完成基础概念(如剩余价值及其生产方法)的了解后,教师再推送一些相关学习资料。同时要注意线上课堂的分配时间是以片段的形式,大约10~15分钟为宜。在线下课堂中,主要以答疑解惑为主。既包括教师回答学生的问题,也包括学生讨论老师提出的问题。比如教师引导学生思考和讨论诸如"为什么资本主义要进行剩余价值的生产""剩余价值最终将走向何方""马克思为什么要将剩余价值作为政治经济学的核心概念",以及"当代资本主义历经新变化后,剩余价值是否还存在"等一系列问题。多维度的互动应该成为教学设计中的重要组成部分。线下实体课堂通过面对面的互动,在消化概念之后更重要的是进入到对现实生产方式的探讨之中,进入到对资本主义经济关系的分析与评价之中。最后包括学生的发言与教师的总结,这一部分大约要占用大约20~30分钟的时间。而课后作业的巩固与拓展旨在进一步增强同学们对资本主义社会生产关系的认识,了解马克思对资本主义的批判仍然不过时。线上课后大约需要15分钟左右的时间,教师通过大数据汇总学生的完成情况,并对共性问题进行网上解答。最后,做好教学评价,教师要从学生的思考、分析、加工信息、表达观点的能力以及在小组之间的表现进行全面综合的评价。

(三)保障技术与学习资源

教育改革是一项综合的系统工程。理论与实践都表明,线上线下混合模式教学对技术有着很强的依赖性,教学理念的转变与教学设计的重构在具体开展过程中离不开教学平台与教学技术的支撑。

2020年疫情发生之前,国内大多数的网络学习环境虽然有所发展但尚处于待成熟的阶段。当疫情来袭,全国师生启动线上教学后,网络平台频频卡顿、闪退层出不穷,师生之间的互视性与PPT播放之间的不兼容性使得教师很难通过学生的表情获得及时的教学反馈,同时线上板书作为重要的教学辅助工具也有待于进一步开发。另外,学生线上学习缺乏有效的数据分析,教师很难对学生的学习状况作出跟踪判断。技术的不成熟对线上线下混合模式的开展造成了一定的阻碍,由此,必须将技术问题的解决作为前提。其次,目前并不具有大量不同形式的优质的教学资源,很多的线上教学都不是特别符合教师教学设计,这就需要大量扩充慕课资源库,同时也可以根据各个学校、专业的优势录制相关的精品视频。还有,教师在制作一些慕课资源的过程中,需要运用一些技术手段和软件操作,这就需要学校组织相关的培训课程,提高教师信息教育技术技能。

四、结 语

在"互联网+"已经成为国家战略的大背景下,教育领域里线上线下混合模式必将成为今后课堂的改革趋势,同时疫情期间大规模的线上授课倒逼教学改革,必将带来一场深刻的课堂革命。线上线下混个模式教学的改革创新一方面加速了高校思政课改革的进程；另一方面使整个教育的过程更加突出学生的主体性，有利于提升学生综合学习能力；同时，也有效地促进了优质学习资源的共享。但是，线上线下混合模式教学的开展与推广是一项持续改进、久久为功的系统性、战略性工程，这需要高校宏观层面的大力重视、思政教师队伍的不断努力以及科学技术的不断进步为重要支撑。

参考文献

[1]何克抗. 从 Blending Learning 看教育技术理论的新发展（上）[J]. 电化教育研究，2004(3)：1-6.
[2]程虹. 高校思政课"线上线下"混合教学模式探究[J]. 经济师，2020(9)：193-194.
[3]习近平主持召开学校思想政治理论课教师座谈会强调：用新时代中国特色社会主义思想铸魂育人贯彻党的教育方针落实立德树人根本任务[N]. 人民日报，2019-03-19(1).
[4]王文静. 中国教学模式改革的实践探索："学为导向"综合型课堂教学模式[J]. 北京师范大学学报（社会科学版），2012(1)：18-24.

Study on teaching innovation on online/offline hybrid mode for university Civics and Political Science courses: Take the course Introduction to the Basic Principles of *Marxism for example*

Wang Xiaodan

（School of Marxism，Beijing Forestry University，Beijing　100083）

Abstract　The advent of the Internet+era has triggered a major change in the traditional classroom in the field of education, and the online classroom has become a popular mode of instruction for students. However, the single online mode of teaching during the epidemic has also exposed many problems. Therefore, online/offline mixed-mode teaching has become the key direction for university education reform, and also provides an important reference for the reform of university Civics and Political Science courses, which are currently undergoing rapid transformation. In the practice of the reform of university Civics and Political Science course, we must pay attention to the transformation of traditional teaching concept, the corresponding adjustment in teaching design, and guarantee technical operations and resource supply. The reform and innovation of offline/online mixed mode teaching has important practical significance for the on-going higher educationreform in China.

Keywords　Internet+, online/offline mixed mode, university *Civics and Political Science*, reform

高校数学线上授课后疫情时代探索

张晓宇

（北京林业大学理学院　北京　100083）

摘要：本文根据今年上半年受疫情影响"停课不停学"大规模开展线上教育的经历，分析高校数学课程线上授课的类型、优势及缺点，通过具体比较"数理统计"课程线上、线下授课方式的闭卷考试成绩，剖析考试成绩背后原因。针对后疫情时代线上授课的改进方向，提出开发视频库，激发学生探索动力，建设线上作业库、习题库及试题库、课程结课线上报告展示等多样化考核形式。这些措施对推进国内高校教学改革将起到参考作用。

关键词：线上授课；课程教学；线上线下教学对比；教学模式改革

一、引言

席卷全球的新冠肺炎疫情，让习惯面对面传统课堂教学的师生们措手不及，各全国高校自2月17日起正式拉开了大规模线上授课序幕。针对线上授课，面对近3000万大学生，各高校要解决授课网络平台、教育信息技术使用、排课表、教师培训等问题，以全新的方式方法投入线上授课[1]。

历经一个学期的线上授课，笔者以承担的北京林业大学全校公共必修数理统计课程为研究对象，线上授课对象为林学院本科学生，结合学生返校后参加的线下闭卷考试成绩，比较往年线下授课后的闭卷考试成绩，剖析两类教学模式优缺点。同时，结合高校雨课堂、慕课、微课等现代化教学手段普及推广，针对后疫情时代线上课程的改进方向，本文提出包括开发线上课程习题库、课程结课线上报告展示等多样化考核形式的若干建议，供高校教学工作水平评估以及教学改革参考。

二、高校数学课程线上授课面临的挑战

（一）高校数学课程线上授课的类型

疫情防控期间高校数学课程线上授课形式主要包括3类：一是实时直播授课，通过钉钉、Zoom、CCtalk、腾讯课堂、腾讯会议等直播平台，教师主导教学活动。教师通过"屏幕分享"能够让学生看到自己的操作过程，平台可以显示学生在线上课人数，上课意见反馈、疑难问题举手留言等情况。二是学生自主学习，其形式类似课堂自习，学生主导整体过程，这种形式需要教师有课程资源作保障。例如爱课程(中国大学MOOC)、学堂在线等，学生可以利用笔记本、网盘、社交媒体等工具完成学业。三是线下已录制的课程语音和PPT。这些线上授课形式都可利用微信和QQ建立班级课程讨论群，进行线上班级管理和交流，布置、督促和评估班级学生自主学习情况[2]。

作者简介：张晓宇，北京市海淀区清华东路35号北京林业大学理学院，副教授，xyzhang@bjfu.edu.cn。
资助项目：北京林业大学课程思政教研教改专项课题"数理统计"（2020KCSZ233）

(二)高校数学课程线上授课的优势

线上授课较好地解决了疫情期间的时间和空间问题。在空间方面，打破了传统的空间限制，线上授课只要有网络和在线学习设备，学生在家隔离就可以上课，能够达到"停课不停学"的效果。在时间方面，实时直播同时启动生成回放视频，当学生第一次没有听懂课程，可以选择在线回放，再听一遍；甚至，学生因事耽搁了课程，可以看回放视频，随时学习。特别是解决了偏远山区及少数民族聚居地区，网络不畅通，电力供应不足地区的学生上课问题，有助于这部分学生在条件允许的时候回放上课视频，确保学生不掉队、跟上班级课程进度。课程回放是高校数学课程线上授课相对于传统授课的重要优势，多次学习课程回放内容，有助于学生更透彻地理解数学课程里的抽象概念、解题思路等[3]。

另一方面，教室里老师让学生自由提问参与讨论，学生一般积极性不高，但是线上授课中学生们却很愿意通过键盘提问回答，弹幕、表情包也会让课堂活泛起来，这样有助于老师评估学生接受程度，互动也一定程度拉近了教师和学生的关系，增强了学生的课堂参与度，有助于课堂效果的提升。

(三)线上授课的不利因素

近年来，国内高校教育改革利用信息化手段取得了显著成绩，雨课堂、慕课、微课等现代化教学手段得到普及推广[4]，但日常教学中广大教师也只是借助这些现代化教学手段辅助和补充传统面对面授课，未曾全程离开过"课堂"载体。这次受疫情影响，国内高校大规模、长周期地从面对面授课改为线上授课，对高校教学管理者、授课老师、学生都提出了极大挑战。

在非常时期，线上授课很好地解决了上课的时间、空间限制等问题，但从教室场景突然转变成网络虚拟空间，对师生们的情绪调动、情感变化以及互动交流都提出了新的课题。线上授课首先面临的问题是老师和学生隔着屏幕互动效率降低，学生不能及时反馈问题，教师也不能有效掌握整体的真实学习情况。其次，线上授课无疑必须使用手机或电脑，对于自律性不好的学生，在缺乏教师现场监督的背景下，很可能会出现学生终端一边静音播放着课程视频，一边观看影视或打游戏等不良现象。此外，线上授课中学生们都是单点上课，课外时间缺少了互动交流、问题探讨。这些都会导致线上授课收效偏低。

三、"数理统计"课程线上授课案例分析

本文以北京林业大学"数理统计"课程为例，授课对象为林学院本科学生，将线上授课的学生返校后参加的线下闭卷考试成绩，与往年线下授课的闭卷考试成绩进行比较分析。

往年线下授课学生分为2组，人数分别为141人和84人，用off1和off2表示。疫情期间，线上授课学生两组，人数分别为83人和87人，用on1和on2表示。具体分析结果如下(图1、表1)。

表1 线上、线下授课方式对应闭卷考试各分数段成绩比较分析

授课方式	考生人数	90~100 分	80~89 分	70~79 分	60~69 分	50~59 分	0~49 分
off1	141人	27人 19%	41人 29%	18人 13%	17人 12%	15人 11%	23人 16%
off2	84人	23人 27%	20人 24%	13人 15%	9人 11%	8人 10%	11人 13%
on1	83人	7人 8.4%	17人 20%	14人 17%	8人 10%	11人 13%	26人 31%
on2	87人	18人 21%	11人 13%	14人 16%	13人 15%	13人 15%	18人 21%

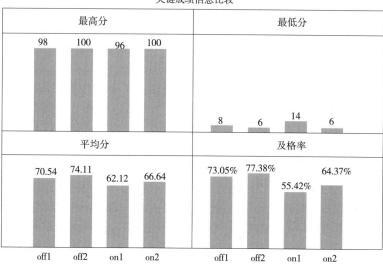

图1　线上、线下授课方式对应闭卷考试成绩比较分析

通过线上、线下考试成绩的对比,有4个特点。一是学生的最高分值以及最高分所占比例并没有显著差异。从某种程度,可以表明线下授课与线上授课对于学习成绩原本比较好的学生影响较小。一般来说,学习好的学生自律性比较好,不同的授课方式并不会对这部分学生带来大的冲击。二是线上授课方式,80~89分学生所占比例明显降低。不同授课方式对这部分同学的影响还是非常显著的。可以看出线下授课时学生可以从知识点的细节上掌握得更准确些,对数学方法理解得更透彻。三是线上授课考试成绩对应的最低分所占比例明显增多。四是线上授课对应的平均分及及格率都明显低于线下授课的考试成绩。这一结果源于线上授课的最低分所占比例的增长以及低分学生人数的增多。线上授课对这部分学生影响是最大的,这部分学生如果在线下授课方式中有可能考试合格,但缺少了教师的面对面课堂监督和带动,加之自律性较差,最终导致了考试不理想。

从对比分析可以直观看到,目前线下授课效果是线上授课无法替代的。学生返校后,通过教师与学生沟通,对学生网络学习的效果进行摸底排查。学生普遍反映更喜欢传统的面对面课堂教学,可以和班级群体有参与感、现场感,能够更愿意与同学讨论,和教师沟通交流,更能够激发学习动力,从而提高学习效率。学生在教室场景下,通过教师对授课内容的导入,可激发学生学习的能动性、自主性,通过教师授课时现场的声音、神态等能够使课堂气氛充满活力,达到把学生"导"入新知识环境的效果。同时,线下授课能够很好地促进师生互动,让学生保持自律学习。

四、后疫情时代高校数学课程教学改革探索

(一)开发视频库,激发学生探索动力

面对面的课堂教学在全球范围仍然是主流和主体教学形式,但非常时期的线上授课对我国高校既是挑战,更是提供了一个推进教学改革的机遇。对一直在探索线上授课改革的教师而言,这次大规模线上授课的经验总结,为推动后续教学改革提供了很好的参考。后疫情时代,我国高校数学课程不应拘泥于常规线下授课,应该抓住已经搭建好的网络教学平台,进一步完善,大胆创新,使传统授课和网络授课相辅相成,激发学生的探索动力。最为重要的是,要建立完善的高校数学课程线上精品授课项目,开发视频库,提高课程播

放音质、音色等，这将有利于在今后应对突发事件做好更充分的准备，达到线下、线上授课自然切换。同时，课程播放依然可以为少数同学(生病等原因无法上课)提供与课程同步学习的机会。

（二）建设线上作业库、习题库及试题库，补充单一纸质作业、纸质测试

基于"应试"的大背景下，高校数学课程平时每周布置的纸质作业、期末考试为代表的单一测试都成了衡量教师教学水平和学生学习成果的主要途径。目前我国高校的课程考核仍以结课考试为主，学习过程缺乏相应的监控和评价手段。这种考核模式使得部分学生直到期末考试前一两周，针对历年课程考题开展题海战术，也有可能获得较高卷面成绩，无形中助长了学生投机取巧的心态。结合这次线上授课经历，推动改革现有模式，可在高校数学课程中建设完善的线上作业库、习题库及试题库，每学期学生按照身份资格认证，在规定时间内完成平时的作业，对于时间充足的学生可以选择平时的习题库，系统里可以按照一定规则分配课程的平时成绩。在学期末，最终的课程成绩既有更科学的依据，又可以实现在平时对学生自身学习的正向监督和鼓励的作用，这也是对课程单一纸质作业、纸质测试评价方式进行了更完善的补充。对于部分数学课程，可以采用课程结课线上报告展示等多样化考核形式。

五、结　语

本文分析了高校数学课程线上授课的类型、优势及缺点，通过具体比较"数理统计"课程的线上、线下授课方式下闭卷考试成绩，剖析考试成绩背后原因。针对疫情后时代线上课程的走向，作者提出开发视频库，激发学生探索动力，建设线上作业库、习题库及试题库、课程结课线上报告展示等多样化考核形式。高校数学课程通过支持性、激励性的措施，引导和鼓励学生今后的课程学习，实现一场考试不会跟课程最终成绩联系的那么密切，而是通过课程平时学习、积累课程成绩的教学改革。相信随着高校课堂教育更新教育观念、优化教学方式的推进，学生将进一步提升自身应用能力、创新能力，从而更好地融入社会工作角色。

参考文献

[1]邬大光，李文. 我国高校大规模线上授课的阶段性特征：基于学生、教师、教务人员调查问卷的实证研究[J]，华东师范大学学报·教科版，2020(7)：1.

[2]教育部高等教育司. 高校在线教育有关情况和下一步工作考虑，2020，取自 http：//www.moe.gov.cn/fbh/live/2020/51987/sfcl/202005/t20200514_454117.html.

[3]李秀湾. 加强教学教改研究，提升高校教学质量[J]，山西教育学院学报，2016，4(11)：122-123.

[4]杨浩菊. 高校数学教育改革探讨[J]，山西教育学院学报，2000，3(4)：121-122.

Exploration on post epidemic era of mathematics online course in Colleges and Universities

Zhang Xiaoyu

(College of Science, Beijing Forestry University, Beijing　100083)

Abstract　Based on the experience of large-scale online education under the influence of epidemic situation in the first half of this year, this paper analyzes the types, advantages and disadvantages of online teaching of mathematics courses in Colleges and Universities, and explores the reasons behind the examination results by comparing the results of online and offline teaching methods of *Mathematical Statistics* courses. In view of the improvement direction of online courses in the post epidemic era, it is proposed to develop video database, which will stimulate students' exploration motivation, to build online homework library, exercise database and test database, and online report display of course completion. These measures will play a reference role in promoting the teaching reform of domestic colleges and universities.

Keywords online course, course teaching, online and offline teaching comparison, teaching mode reform

课堂在线互动平台的教学效果评估

——基于"雨课堂"和"课堂派"

樊 坤 胡 林

（北京林业大学经济管理学院，北京 100083）

摘要：随着"互联网+教育"模式的迅速发展，"互联网+黑板+移动终端"这一教学方式受到了老师和同学们的热烈欢迎。课堂在线互动平台在高校中被广泛使用，本文选取了比较典型的雨课堂和课堂派两个平台，基于其功能特性，设计了教学效果评估的指标体系。并且应用层次分析法（AHP）的思想，通过计算确立了指标权重。最后运用模糊综合评价法对使用课堂在线互动平台的教学效果进行了评估。调查结果表明，老师和学生基本同意使用雨课堂和课堂派等课堂在线互动平台后能够促进教学效果的提升。

关键词：课堂在线互动平台；教学效果评估；雨课堂；课堂派

  随着信息技术的快速发展，移动互联网的应用场景越来越广泛，移动终端规模的扩张速度越来越快，移动数据的体量也越来越庞大，这样的宏观环境为移动学习提供了更多的可能性。在"互联网+教育"模式快速发展的背景条件下，移动学习逐渐成为人们了解信息和学习知识的重要途径。有研究者[1]将高校教学信息化分为3个阶段：一是"互联网+网络课程+平台"阶段，二是"互联网+网络视频教学+师生互动"阶段，三是"互联网+黑板+移动终端"阶段，即将教学内容、课堂管理与移动端相结合，充分发挥教师运用信息技术、网络资源开展教学的积极性，充分调动学生课前、课上、课后的学习主动性。课堂在线互动平台正是第三阶段的产物，作为高校师生课堂互动的管理工具，充分利用了移动互联网的优势，影响着教师的课堂教学与学生学习的改变。

  目前，国内外常见的课堂在线互动平台有雨课堂、课堂派、UMU互动、Kahoot等，它们在2020年疫情期间的线上教学发挥了重要的作用。国内最早出现的课堂派至今也只有6年的时间，从而针对课堂在线互动平台的研究还主要集中在平台的功能介绍及发展应用[2,3]等方面，未见有针对平台的教学效果展开的研究。因此，本文将在这一方面开展进一步探讨，构建课堂在线互动平台教学效果评估指标体系，并通过问卷调查的形式进行实际教学效果的量化评估。本文的研究能够有效促进"互联网+黑板+移动终端"教学的发展，同时促进课堂教学智能化、数字化、网络化和多媒体化，为学生建立氛围活跃、兴趣浓厚的学习环境具有一定的实践意义。

作者简介：樊 坤，通讯作者，北京市海淀区清华东路35号北京林业大学经济管理学院，教授，fankun@bjfu.edu.cn；
     胡 林，北京市海淀区中关村南大街5号北京理工大学管理与经济学院，研究生，13121377711@163.com。
资助项目：北京林业大学课程思政教研教改专项课题"电子商务概论"（2020KCSZ066）；
     北京林业大学研究生课程教改项目"智能算法研究专题课程教学改革研究"（JXGG19029）；
     北京林业大学教育教学研究项目"基于课堂派和雨课堂的在线互动平台的教学方法改革及效果评估"（BJFU2018JY040）。

一、课堂在线互动平台教学效果评估指标体系的构建

本文选取雨课堂和课堂派这两个被广泛应用的课堂在线互动平台为研究对象,以使用过这两个平台的老师和学生作为调查对象,构建课堂在线互动平台教学效果评估体系并进行效果评估。

(一)雨课堂与课堂派

雨课堂是在移动互联网与大数据背景下,MOOC平台"学堂在线"与清华大学在线教育办公室于2016年4月共同研发推出的智慧教学工具。利用微信和PowerPoint软件来支持教师的教和学生的学,它旨在将前沿的信息技术(如云计算、移动互联网、数据挖掘等)融入到教学场景中,致力于为所有教学过程提供数据化、智能化的信息支持[2]。

课堂派起源于原先的soon168,起初是北大学子为了方便老师而研发出的教学工具,于2014年9月起在北京大学进行推广使用,确立了"让教育更简单"的理念[3]。目前有83个不同专业,141所学校的教师加入课堂派,在这里管理他们的课堂和资料[4]。可以说,课堂派已成为基于网站和移动端的、适用于高校领域的师生课堂互动的重要平台,它不受操作系统的限制,简单易操作,只需登录官方网站注册即可使用,同时支持iOS、Android等手机操作系统和微信公众号操作,是一款高效的在线课堂管理平台[3],具体功能特征见表1。

表1 雨课堂和课堂派的功能特性

雨课堂	课堂派
1. 课前发布预习材料:教师在课前可以发布预习材料,学生通过查看微信端收到预习提醒。让学生在课前对学习内容有所了解,督促其养成预习的习惯。	1. 班级管理:学生在关注"课堂派"微信公众号以后,选择加入班级,输入6位邀请码即可进入课堂。
2. 幻灯片同步:学生通过扫描课程的二维码加入班级,教师讲授时所放映的课件会通过雨课堂全部发送到学生微信端,幻灯片的同步使班上的所有学生都可以自主按照自己的学习节奏听课,避免学生的听课思路因忙于记录笔记而打断。	2. 考勤管理:学生通过输入4位数字码加入考勤。而且该考勤系统支持GPS辅助定位,只有真正在课堂参与学习的人才能够通过考勤考核。
3. "不懂"匿名反馈:在每页幻灯片下方学生都可以看到"不懂"按钮,学生可以通过点击将课程学习中出现的问题点匿名反馈给教师。这个功能充分考虑到学生不好意思在众目睽睽之下举手站起来提问的心理,让学生更加舒适轻松地解决疑问。	3. 随堂表现记录:教师可以通过课堂派对课堂上表现优秀或者差的学生进行随堂表现记录,帮助老师实时的了解学生的学习、表现情况。
4. 交流互动方式多样化:雨课堂设立多种交流途径,包括弹幕式讨论、班级讨论区、PPT评论、私信等方式。特别是弹幕式讨论是当下青少年最受欢迎的交流方式,让课堂氛围更加轻松活跃。	4. 私信沟通:老师和同学、同学与同学之间可以通过私信交流学习。该功能给课下产生疑问的同学提供了答疑的途径,让课堂永不下线。
5. 发布课堂习题:教师通过雨课堂的桌面电脑端插件编辑题目,就可以进行随堂测试。同时,教师可以设定学生提交的截止时间,并且可以依据学生实时的答题情况随意缩短或延长答题时间。而且在答题过程中,教师可以随时看到学生的答题数据。	5. 作业上传、查重、批改:教师可以通过课堂派的平台发布作业,并可以进行期限设置,学生根据要求提交相应的作业。课堂派还支持作业查重功能,促使学生养成独立思考的能力。

(续)

雨课堂	课堂派
6. 数据分析：雨课堂结合了云计算和数据挖掘技术，将学生预习情况、进入课堂人数、课件"不懂"反馈、习题作答的数据整合分析给教师，帮助教师量化掌握学生的学习效果。	6. 考试与成绩汇总与测评统计：使用课堂派成绩系统可以随时查看作业或测试成绩。且教师只需要对作业成绩、考勤成绩、测试成绩以及表现成绩进行加权，并进行简单的扣分或加分设计就可以对全班所有学生的成绩进行最终的成绩统计，并以图表式、表单式呈现成绩结果[4]。

(二)课堂在线互动平台教学效果评估指标体系

要对使用课堂在线互动平台后的教学效果进行评估和分析，首先必须建立一套既结合平台功能特性，又能够对教学效果进行合理、准确评估的指标体系。

1. 评估指标选取的基础

本文在选取各级评估指标时，不仅在教学实践中使用了雨课堂和课堂派，而且还重点参考了国内外学者在教学评估方面的研究成果。

美国大学与学院协会的本科教育学习采用有效评估框架(Valid Assessment of Learning in Undergraduate Education)，学生学习效果测量协会采用学位评估框架(The Degree Qualification Profile)，来对学生学习效果进行全方位评估。这两个框架主要从专业性知识基础、综合性知识基础、高层次思考能力、应用性实践能力、自我学习与发展能力、公民与道德能力等6个方面进行评估[5]。学者 Marsh 在 1987 年提出把学习/价值感、教学热情、组织/清晰性、群体互动、人际和谐、知识宽度、考试/评分、作业/阅读材料、功课量/难度等作为一级指标，到 1992 年，Marsh 和 Dunkin 则又主张从教学技能、师生关系、结构、组织、作业量等开展教学效果评估。学者 Centra 提出从教学组织、结构、教师与学生的交流、教学技巧、表达等方面对教学效果进行评估。Kolitch 提出把课程组织、行为管理、学生成绩评定、师生关系作为评估的一级指标[6]。汪利[7]在《中美高校学生评教指标的比较研究》中指出美国高校评教的共同点是凸显学生的主体地位。如激发学生学习兴趣，提供学习支持，鼓励学生参与、提问和设立挑战性目标，等等。美国评教重视师生关系，学生之间的相互合作、交流和分享，作业、考试环节，教材、教学资料，学生学习投入和效果等方面的评价。

我国有学者[8]认为应从教学态度、教学内容、教学方法、教学效果等4个方面评估。在搭建课堂教学质量评价指标体系时将教学态度、内容、方法、效果、素质列为了一级指标[9]。主张从教学态度、教学设计、教学内容、教学方法、教学能力、教学效果等维度进行评估[10]。此外，将教学评估划分为 9 个维度，分别是学习价值感、教学热情组织/清晰性群体互动、人际和谐、知识宽度、考试/评分、作业/阅读材料、功课量/难度[11]。

整体上看，国内外的评价指标有很多的相同点，都涉及到了课前的教学准备、课中老师的教学内容、教学方法、教学态度、教学管理等。但也可以看出，国外的学者在确定评价指标时还比较注重学生的收获，如学生的合作交流、学习兴趣的激发以及知识的掌握与能力的提升等。本文认为评价体系不仅要重视学生的学习成效，而且要关注学生的学习过程，所以在设立指标时结合了国内外的评价指标的异同。综上，基于雨课堂和课堂派等课堂在线互动平台的教学效果评估将从过程评价和结果评价2个维度进行。

2. 评估指标体系构建

遵循评价指标多样化、多维度、完备合理的原则，本文构建的基于雨课堂和课堂派的教学效果评估指标体系如图1所示。一级指标只有2个,即教学过程和教学结果。教学过程一级指标下设3个二级指标,分别是教学准备、教学方法、教学管理;教学结果一级指标也下设3个二级指标,即情感与态度、知识掌握、意识与技能。每个二级指标下又设立了2~7个三级指标(表2)。

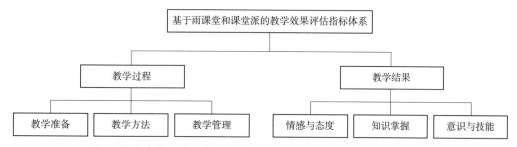

图1 课堂在线互动平台教学效果评估指标体系(三级指标详见表2)

表2 基于雨课堂和课堂派的教学效果评估指标体系

一级指标 (权重)	二级指标 (权重)	三级指标(权重)
教学过程 (0.75)	教学准备 (0.53)	(1)教学资源内容、形式更加丰富(0.67)
		(2)课前推送预习材料,发布预习任务(0.33)
	教学方法 (0.33)	(3)老师与学生的交流与互动更加深入、频繁、便捷,更有针对性(0.67)
		(4)因材施教,注重启发(0.33)
	教学管理 (0.14)	(5)考勤方式灵活化,高效便捷(0.10)
		(6)课程幻灯片同步到学生微信端,按照自己的实际情况对进度合理调整(0.10)
		(7)随时记录学生课堂表现情况(0.24)
		(8)课上学生匿名反馈疑问(0.14)
		(9)课上实时限时答题,帮助检测学习效果(0.14)
		(10)课下私信答疑,有针对性、便捷省时(0.14)
		(11)作业发布收集,促进学生掌握学习重点难点(0.14)
教学结果 (0.25)	情感与态度 (0.5)	(12)课堂氛围更加活跃,学生情绪愉快,学习兴趣浓厚(0.5)
		(13)各层次的学生均能通过努力获得成功的学习体验,激发内在学习动力(0.5)
	知识掌握 (0.25)	(14)学生基本掌握老师本节课教授的知识点(0.5)
		(15)学生可以熟练使用课堂中所学知识(0.5)
	意识与技能 (0.25)	(16)学生解决问题的能力有所增强(0.5)
		(17)学生表现出积极的自主学习的能力和探究意识(0.25)
		(18)学生的合作能力有所增强(0.25)

二、调查问卷的设计和数据收集

本文基于所构建的课堂在线互动平台教学效果评估体系,设计了"基于雨课堂和课堂派的在线互动教学平台教学效果调查"问卷。问卷内容主要包括2个部分:①被调查者的个人基本信息;②5级量表题,评语集分为非常不同意、基本不同意、不表态、基本同意、非常同意5级,以便被调查者能够准确表述自我认知的教学效果。

问卷的发放主要面向使用过雨课堂和课堂派的教师和学生，以此为样本，进行抽样调查，共计发放调查问卷 200 份，回收问卷 188 份，回收率为 94%，其中有效问卷 154 份，有效率达 81.91%。本文应用 SPSS16.0 针对调查问卷数据进行了信度与效度的分析，得到 Cronbach's Alpha 系数为 0.921，KMO 的值为 0.878，因此本研究具有比较好的信度和效度。

三、使用雨课堂和课堂派课堂在线互动平台的教学效果评估

调查问卷运用"课堂在线互动平台教学效果评估指标体系"为基础的 5 级量表，对使用雨课堂和课堂派这 2 种课堂在线互动平台的教学效果展开调查。本文基于问卷调查获得的数据，利用层次分析法确定了指标权重，运用模糊综合评价法对于使用课堂在线互动平台后的教学效果进行评估。基本步骤如下：

（一）采用模糊综合评价法进行评估的基本步骤

1. 确定评价对象集

评价对象集，即 $P=$ 使用雨课堂和课堂派等课堂在线互动平台的效果情况。

2. 构造评价因素集

因素集 U 是影响评价对象的各个因素所组成的集合，即 $U=\{U_1, U_2\}=\{$教学过程，教学结果$\}$。$U_1=\{U_{11}, U_{12}, U_{13}\}=\{$教学准备，教学方法，教学管理$\}$；$U_2=\{U_{21}, U_{22}, U_{23}\}=\{$情感与态度，知识与掌握，意识与技能$\}$。

3. 确定评语等级论域

确定评语等级论域，即建立评价集，$V=\{V_1, V_2, V_3, V_4, V_5\}=\{$非常不同意，基本不同意，不表态，基本同意，非常同意$\}$。

4. 确定权重集

本文采用美国运筹学家 T. L. Saaty 提出的层次分析法来确立权重集。本文就上述指标制作了指标相对重要性调查，邀请本校 10 名专家，向他们详细介绍这种分析方法，让专家对每一项赋予重要性等级并填写在表中，问卷回收后笔者对各项指标数据进行汇总分析，最后根据十位专家的打分情况计算得出每一项指标的最终权重值（见表 2）。

5. 利用三级指标隶属度计算各单因素的评价矩阵

从表 3 三级指标评语的隶属度可知，针对"教学准备资源内容、形式更加丰富"这个指标而言，对其态度认为非常不同意的隶属度为 0.0195，基本不同意的隶属度为 0.0844，不表态的占比隶属度为，基本同意的隶属度为 0.5130，非常同意的隶属度为 0.2273。

表 3 三级指标评语集隶属度

三级指标	非常不同意	基本不同意	不表态	基本同意	非常同意
（1）资源内容、形式更加丰富	0.0195	0.0844	0.1558	0.5130	0.2273
（2）推送预习材料，发布预习任务	0.0260	0.0714	0.1494	0.4740	0.2792
（3）老师与学生的交流与互动更加深入、频繁、便捷，更有针对性	0.0324	0.0779	0.1883	0.4545	0.2468
（4）因材施教，注重启发	0.0195	0.0844	0.1818	0.4545	0.2598
（5）考勤方式灵活化，高效便捷	0.1299	0.2987	0.2078	0.2078	0.1558
（6）课程幻灯片同步到学生微信端，按照自己的实际情况对进度合理调整	0.0130	0.0649	0.0909	0.4805	0.3506

(续)

三级指标	非常不同意	基本不同意	不表态	基本同意	非常同意
(7)随时记录学生课堂表现情况	0.0325	0.0779	0.2468	0.4286	0.2143
(8)课上学生匿名反馈疑问	0.0325	0.0455	0.1429	0.5130	0.2662
(9)课上实时限时答题,帮助检测学习效果	0.0260	0.0714	0.2078	0.3831	0.3117
(10)课下私信答疑,有针对性,便捷省时	0.0909	0.2792	0.2532	0.2532	0.1234
(11)作业发布收集,促进学生掌握学习重点难点	0.0195	0.0649	0.2403	0.4610	0.2143
(12)课堂氛围更加活跃,学生情绪愉快,学习兴趣浓厚	0.0519	0.0909	0.2338	0.4286	0.1948
(13)各层次的学生均能通过努力获得成功的学习体验,激发内在学习动力	0.0584	0.1104	0.2597	0.4091	0.1623
(14)学生基本掌握老师本节课教授的知识点	0.0195	0.0649	0.2597	0.4935	0.1623
(15)学生可以熟练使用课堂中所学知识	0.0325	0.0844	0.3247	0.3766	0.1818
(16)学生解决问题的能力有所增强	0.0779	0.2208	0.3636	0.2403	0.0974
(17)学生表现出积极的自主学习的能力和探究意识	0.0195	0.0974	0.3052	0.4286	0.1494
(18)学生的合作能力有所增强	0.0325	0.0844	0.2792	0.4416	0.1623

在模糊综合评价法中,使用隶属度描述所有评价指标隶属于评判集 U 的程度,隶属度是基于对 n 个元素进行综合评价的结果得出的 n 行 5 列的矩阵 D,每一行是对每一个单因素的评价结果,整个矩阵包含了评价所获得的全部信息。

(二)评价结果的计算

进行模糊综合评判,确定模糊关系矩阵 R。

$$R = \begin{bmatrix} R_1 \\ R_2 \end{bmatrix} = \begin{bmatrix} 0.0272 & 0.0856 & 0.1719 & 0.4707 & 0.2446 \\ 0.0471 & 0.1080 & 0.2784 & 0.4026 & 0.1639 \end{bmatrix}$$

例如,课堂在线互动平台的教学评估体系中的一级指标教学结果的模糊综合评判矩阵为

$$D_2 = \begin{bmatrix} 0.0552 & 0.1007 & 0.2468 & 0.4189 & 0.1786 \\ 0.0260 & 0.0747 & 0.2922 & 0.4351 & 0.1721 \\ 0.0520 & 0.1559 & 0.3279 & 0.3377 & 0.1266 \end{bmatrix},$$

$$R_2 = [W_{21}, W_{22}, W_{23}] \cdot D_2 = [0.0471 \quad 0.1080 \quad 0.2784 \quad 0.4026 \quad 0.1639]$$

同样,利用公式 $R_i = W_i \cdot D_i$ 可分别计算出层级指标的模糊综合评价矩阵。进而得出模糊关系矩阵 R。

$$E = W \cdot R = [0.0321 \quad 0.0912 \quad 0.1985 \quad 0.4536 \quad 0.2245]$$

最后,根据最大隶属度原则,确定被评价对象的最终评价等级。由于 $maxE = E_4 = 0.4536$,表示此值最优、最能代表评价该要素的结果。结合 $V = \{V_1, V_2, V_3, V_4, V_5\} = \{$非常不同意,基本不同意,不表态,基本同意,非常同意$\}$评语集,我们可以发现调查问卷的数据表明,老师和学生基本同意"使用课堂派和雨课堂后教学效果得到了提升"。

四、结 语

在网络技术应用迅速发展的今天,根据本文的调查研究结果,可以看到""互联网+"黑板+移动终端"这一模式已经受到了大部分老师和学生的认可。雨课堂和课堂派这两个课堂在线互动平台的使用改善了教学效果。课堂在线互动平台为教学准备提供了更多的教学素材,通过各种教学过程中的数据来帮助老师调整教学方法,让教学管理更加便捷轻松,让学生的学习兴趣更加浓厚,学习态度更加端正,帮助学生更加扎实地掌握知识、运用知识,进而使其提升解决问题的能力、自主学习的能力、合作探究的能力。因此,笔者认为有必要在高校课堂上推进课堂在线互动平台的使用,让更多的老师和学生受益。笔者建议高校针对老师组织统一的课堂在线平台使用的培训,让智慧教学走进更多的校园,改变更多的课堂。

参考文献

[1] 夏鲁惠. 教学信息化必须面向教改实际[N]. 光明日报, 2016-7-26(13).

[2] 王帅国. 雨课堂:移动互联网与大数据背景下的智慧教学工具[J]. 现代教育技术, 2017, 27(5):26-32.

[3] 陈志伟, 唐冬梅, 张志. 在线课堂管理工具在高校教学应用的研究:以课堂派为例[J]. 电脑迷, 2016(6):96.

[4] 北京爱课互动科技有限公司. 课堂派:简单好用的课堂管理工具[OL]. http://www.ketangpai.com/Main/index.html

[5] 白华. 学习效果评估:美国高等教育评估发展的趋向[J]. 河北师范大学学报(教育科学版), 2012, 14(3):26-31.

[6] 陈蓓. 高校教学质量评价体系研究综述[J]. 江苏教育学院学报(社会科学版), 2008(2):44-46.

[7] 汪利. 中美高校学生评教指标的比较研究[J]. 教育评论, 2007(4):130-132.

[8] 江波, 何秋钊, 付茂洺. 高校教学质量评价指标体系研究[J]. 中国民航飞行学院学报, 2004(3):37-39.

[9] 蔡红梅, 许晓东. 高校课堂教学质量评价指标体系的构建[J]. 高等工程教育研究, 2014(3):177-180.

[10] 陈航宇, 陈素红. 构建高校教师课堂教学质量评价体系的设想[J]. 经济与社会发展, 2005(6):154-156.

[11] 刘郁. 探索合理的教学评估机制:关于大学生评价教师教学效果的实证性研究[J]. 贵州大学学报(社会科学版), 1999(5):66-73.

The teaching effect evaluation of classroom online interactive platform: Based on "RainClassroom" and "Ketangpai"

Fan Kun Hu Lin

(School of Economics and Management, Beijing Forestry University, Beijing 100083)

Abstract With the rapid development of "Internet+education" mode, the teaching method "Internet+blackboard+mobile terminal" is warmly welcomed by teachers and students. Classroom online interactive platform is widely used in colleges and universities. In this paper, two typical platforms of "RainClassroom" and "Ketangpai" are selected. Based on the previous research methods, an index system of teaching effect evaluation is designed based on the functional characteristics of "RainClassroom" and "Ketangpai". And by using the thought of AHP, the index weight is established through calculation. Finally, fuzzy comprehensive evaluation method is used to evaluate the teaching effect of online interactive platform. According to the survey results, teachers and students generally agree that the effectiveness of teaching has improved after using online interactive classroom platforms such as RainClassroom and "Ketangpai"

Keywords classroom online interactive platform, teaching effect evaluation, RainClassroom, Ketangpai

探索新形式　拓展新资源　打造新课堂

——提升线上教学质量的思考与实践

张 帆　柯 清

（北京林业大学材料科学与技术学院，北京　100083）

摘要： 2020年突发疫情，教学形式由传统教学转战线上。面对教学形式的重大变化，如何将线上线下教学相结合，保证教学质量，进行教学创新，成为当前教学改革的一个重要方向。本文结合笔者在疫情期间的教学实践，立足探索新形式、拓展新资源、打造新课堂的目标，从课程设计的精细化、提高学生的参与度、课程内容求新求变等几个方面，探讨了教学模式的创新思路与方法。结合线上教学的新经验，对如何提升线上线下混合教学的质量也进行了思考，对新形式下的教学改革与创新具有一定的借鉴意义。

关键词： 线上教学；教学模式；精细化设计；学生参与度

2020年面对突发疫情，在教育部"停课不停教，停课不停学"的总体要求下，教师们把传统课堂转战线上，这对于绝大部分的老师们都是一次全新的挑战。然而教学形式的重大变化不能影响应有的教学质量，必须转变观念，创新方法，积极应对。同时，当教学回归正常后，在特殊时期线上教学积累的经验，如何继续在线下教学继续开展并不断创新提升，也是当前教学模式创新的重要话题。

一、创新教学模式，打造"新"课堂

疫情突发的2020年，开展线上教学成为必然。教师们在有限的时间内，迅速调整教学方案，适应教学形式，保证教学顺利开展。笔者主讲的"家具设计基础"是学校首批认定的"好评课堂"，为发挥课程的教学引领作用，保证教学质量不下降，为学生提供更有启发性和探索性的学习引导，主讲教师积极探索线上授课的新方法、新模式，在如何调动学生的参与度，开拓教学资源，精心规划课程安排，并与外教联手打造国际化线上教学等方面进行了探索与实践。

（一）课程设计"精细化"

1. 分析线上授课的"优势"与"劣势"，有针对性地准备

线上教学将原本"大大的教室"转移到"小小的屏幕"，不能面对面指导与监测学生的学习状态，如何打造高效、鲜活、生动的线上课堂，这恐怕是大部分老师遇到的最大挑战。然而线上教学得益于现代信息技术的发展，也有其特殊的"优势"，需要充分挖掘和利用。首先，在课堂使用的资源方面，线上教学其实更便捷和高效，教师们可以在短时间将多种形式的教学资源，如音视频、案例图片、网页、文本等高效集成，利用线上课堂平台，快速切换和讲解，从而充实教学。教学课件和教学资料要进行更精细的规划和安排，保证在课堂能够高效、流畅地使用。其次，因为"屏幕即课堂"，如何吸引学生的"眼球"是教学的关键之一。这就要

作者简介：张　帆，北京市海淀区清华东路35号北京林业大学材料科学与技术学院，教授，zhangfan_23@bjfu.edu.cn；
　　　　　柯　清，北京市海淀区清华东路35号北京林业大学材料科学与技术学院，讲师，kq1113@bjfu.edu.cn。
资助项目：北京林业大学本科精品课程建设项目"家具设计方法"（BJFU2018JPK009）。

求教学的设计要更加精细、精准、精美。课件的制作在内容前后衔接、突出重点,乃至布局排版、字体、色彩等方面要精雕细琢。最后,在学生参与度方面,屏幕那端的学生们的参与欲望要比传统教学有所提升,更勇于利用讨论区、发言等表达自我。因此也需要教师们充分利用这样的教学心理,设计多种形式的互动,鼓励更多学生的教学参与(图1)。

图1 线上教学的特点与应对

2. 做好充分的课前准备

要保证线上教学的流畅与高效,充分的课前准备必不可少,应根据不同课程性质和教学内容,准备好授课的"脚本";并针对如网络不稳定、互动延迟等突发情况,做好相应的"预案"。课上所用到的各种资料应分门别类建档收纳,做到课上教学随用随取,快速高效。在"家具设计基础"课程教学中,主讲教师利用课程微信群,每次提前一天发送"课前准备",带领同学回顾上讲主要内容,预告下节课的重点新知识点,以便学生提前预习了解。看似简单的方式,但直接有效,师生共同营造一个良好的学习节奏和氛围,收到了很好的教学效果(图2)。

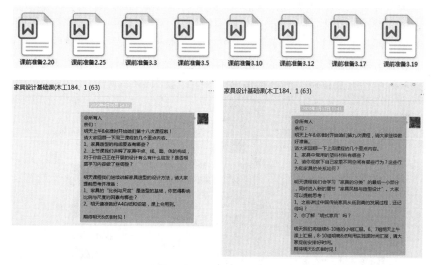

图2 课前准备营造良好学习节奏和氛围

3. 课程内容重新设计,"化整为零"

线上授课由于缺失了师生面对面的直接交流,教学节奏和教学内容都应进行重新设计,"化整为零"是其中一种思路。线上教学更应循序渐进,不能一股脑地灌输,每课堂的阶段性教学目标要清晰准确,难度适宜。教学知识点宜小不宜大,尤其是理论性较强的内容,最好能把较大且复杂的知识点"打碎重组",较为抽象的概念后尽量跟随直观生动的案例,让学生持续保有兴趣和注意力。其次,课后的作业也应有别于传统教学并有所调整,由于教师不能当面指导和点评,因此作业的设置也可以"化整为零",难度不一定大,但应有开放性和创新性。

课程第一节课后,主讲教师就以"家具广义与狭义的定义"这个非常小的点入手,让学生课后通过多种形式表达自己的理解,并结合微信群的讨论各抒己见。这个作业并没有让学生长篇大论地写课程论文,但开放性的探索,带动每位学生的思考与思辨,效果反而更好(图3)。作业提交后组织的课题讨论,因为有了很好的开放式思考的铺垫,学生们比传统课上的讨论更主动、更积极,思维更加活跃,相互之间有更多的交流互动。

> **课后作业1:**
> 结合自己的理解简要阐述:
> 你怎样理解"家具"的定义,以及其广义与狭义的范畴?
> - 结合实例阐述。
> - 图文结合。
> - PDF格式。
> - 本周四晚19:00前发给本班课代表。
>
> **课后交流:**
> 课后微信群讨论交流:
> 分享第一节课后,对"家具"、"家具设计"的新理解。
> - 简短文字。
> - 语音交流。
> - 有趣的案例(图片、视频、链接等)。
> - 时间:周三晚上20:00。

图3 作业应有开放性、探索性

(二)重视学生"参与感"

1. 化被动为主动,变不利为有利

特殊时期条件所限,课程中的一些实践环节受到了影响。然而教学中可以应对特殊情况,针对教学内容创新实践方法。"家具设计基础"课程原本有学生外出到家具卖场调研的实践环节,由于特殊时期无法开展,主讲教师就创新了实践内容,让居家学习的学生们观察自己家的生活环境及家具,选取案例拍照并在课程群分享。学生们的积极性被调动起来,认真观察,积极分享交流,发掘了身边很多有意思的案例。中外两位教师也分享了自己的经历,结合实际生活开展讲解,内容接地气,学生印象深刻(图4)。

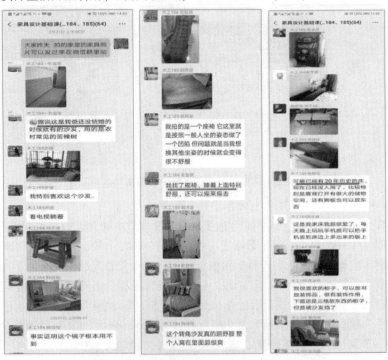

图4 观察家庭家具 开展线上分享

2. 教师"角色"的转变

从传统教学到新形式的线上授课，教师的"角色"也应有相应的变化，在教学过程中教师的作用更加多元化。教师不仅是"教学的组织者"，也是"教学平台的搭建者"，同时还要担当"信息的传递者"。不论是线上教学还是传统的线下教学，教师不应只定位于基本理论知识的传授，还应投入较多的精力去挖掘、筛选多种资源，如相关的文章、案例、视频，围绕知识点拓展的前沿信息等，并通过精准的教学设计，传递最有价值的信息。随着信息化技术等多种教学手段的发展，教学形式不断升级，教师绝不能只是课堂上"给答案、下结论"的那个人，而应担负起"提问题、引事实、带领学生共同探求本质"的职责。

(三) 求"新"与求"变"

打造适应新需求、新形式的"新"课堂，就应时刻求"新"与求"变"。此次"家具设计基础"线上授课，主讲教师就邀请了此前与学校有良好合作基础的斯洛伐克兹沃伦技术大学家具设计系主任RENÉ教授合作参与线上教学，利用网络技术的优势，打造了跨越几千公里的空中课堂：中方教师线上直播教学为主体，中外两位老师利用腾讯会议、微信群平台开展讨论课和作业指导为辅助。中外教师设置小组讨论议题，开展线上双语讨论课，学生们认真准备，清晰准确地表达观点，同时辅以图片、视频、共享文件、网站链接等多种形式的资料分享；中外教师针对每组学生的汇报进行点评总结，提出新问题，讨论课程轻松而活跃，丰富而有序。同时在教学进程中，教师会在不同阶段利用课程微信群及时分享电子教材、视频和图片案例、网站链接、国外设计展会实况等资源，并及时解答学生们的问题。中外教师通力合作，精心谋划，"多人一课"，融入国际化教学资源，创新启发式、探索式的教学模式，取得了很好的教学效果(图5)。

图5　打造国际化线上教学

二、线上创新，线下继续，提升教学质量的几点思考

(一) 明晰教学"工具"与教学"核心"

疫情期间的线上授课，教师们已经从最初的紧张、忙乱，逐步渐入佳境，熟悉了各种线上教学软件、平台。然而各种信息技术及线上教学的手段是保障教学的基本"工具"，工具的学习相对容易，熟能生巧。但是线上教学探索的教学经验、方法，在回归常态教学后仍需要不断地反思、改进与实践。教学理念的深挖和课程的精细化建设才是教学真正的"核心"。回归正常教学后，仍可以利用线上教学积累的新的经验和方法，在线上线下混合教学中进行实践。课堂还可以不拘泥于教室，线上平台的教学形式依然可以继续，如利用课程微信群进行课前准备和课堂讨论，利用线上平台邀请校外、国外专家进行线上讲座或研讨，等等。

(二) 最好的教育是"共情"

"共情"是一切教育的基础，教师应始终保有"同理心"，尊重、理解、支持与信任，是教育"共情"的基础。此次疫情期间的线上授课，师生们都经历了前所未有的挑战。居家学习的学生们,没有了同学朋友的陪伴,会比以往任何时候都更需要教师的引领和关爱,教师们则应更加关心屏幕那端的学生,拉近与他们的距离,建立良好的"共情"基础。回归正常教学后,教师们更应明确教师与学生间的良好"共情"是课程顺利开展的基础。课堂内外,利用各种渠道,分享与倾听,结合课程内容,适时融入课程思政的内容,真正与学生取得价值观的共鸣。

总之,特殊情况下的线上教学在带来挑战的同时,也激发了教师对于新的教学形式、教学方法、课程建设的思考与创新。突发的疫情关上了师生们的家门,但精心筹划开展的线上教学却也为学生们打开了通向更广阔世界的一扇窗。在教学回归常态后,需要思考的是线上教学的探索如何在线下继续。教师应充分挖掘线上与线下教学的特点与优势,互为补充,相辅相成。同时还应结合不同课程的需要,更精细化地开展课程教学的设计。但是不论教学形式如何创新,教学的核心内涵永远都不会改变,知识与情感的传递才是教师们最重要的使命。

Exploring new forms, expanding new resources, creating new class: Thinking and practice of improving the quality of online teaching

Zhang Fan　Ke Qing

(School of material science and technology, Beijing Forestry University, Beijng　100083)

Abstract　In the outbreak of COVID-19 in 2020, the teaching form has changed from traditional teaching to online teaching. Facing the great changes of teaching forms, how to combine online and offline teaching, ensure the teaching quality and carry out teaching innovation has become an important direction of current teaching reform. Based on the author's teaching practice during the epidemic period, with the goal of exploring new forms, expanding new resources and creating new classes, this paper discussed the innovative ideas and methods of teaching mode from several aspects, such as the refinement of curriculum design, the improvement of students' participation, and the innovation of curriculum contents. Combining with the new experience of online teaching, this paper also discussed how to improve the quality of online and offline mixed teaching, which has certain reference value for the current teaching reform and innovation.

Keywords　online teaching, teaching mode, refinement design, students' participation

基于BOPPPS模型的"结构力学"课程混合式教学改革实践与思考

孟鑫淼　冀晓东　吕立群　程一本　李珺

（北京林业大学水土保持学院，北京　100083）

摘要：结构力学是土木工程专业的核心基础课，具有逻辑严谨、应用性强的特点，但大部分学生却反映该课程理论艰深、应用抽象等。为了打破"教"与"学"对课程理解的偏差，笔者从课程内容改革入手，借助BOPPPS教学模型重新编写教学大纲，融入参与式教学、案例分析法、游戏闯关法等多种教学手段，形成"有料、有趣、有用"的新式教学内容。同时，为提高学生的课外实践能力和学术创新能力，笔者提出搭建"一主一辅、上下联动"的混合式教学模式，并针对不同的教学情境灵活切换"主""辅"角色，以满足新工科背景下卓越工程师的培养。

关键词：BOPPPS模型；混合式教学；新工科建设；三全育人

"结构力学"是土木工程专业的核心基础课，是"理论力学、材料力学、结构力学"三大力学体系里的压轴课程。该课程通常开设于本科二年级下半学期，为三年级专业课的学习提供理论基础和设计依据，因此是一门承上启下的纽带式课程。为培养满足华盛顿协议的国际化毕业生，土木工程专业评估（认证）已成为国内各工科院校学生培养工作中的重心。结构力学需要能够为工程教育认证通用标准中"基础理论与专业知识""专业技术方法"等毕业要求提供支撑。因此，结构力学的课程目标和课程体系需要依据专业评估相关要求持续改进。

培养卓越工程师是新工科建设背景下土木工程专业的重要任务[1]。结构力学作为经典力学课程，现有的教学情境设置、教学组织模式和教学平台体系等在激发新时代创新型思维方面面临巨大挑战。传统的结构力学课程以培养、训练学生结构求解和定量计算的能力为主[2]。随着数字计算技术的发展，依靠人工进行结构求解和计算已被逐渐弱化。与此同时，优异的结构概念分析和定性判断的能力已成为新时代卓越工程人才所必备的能力[3]。因此，在满足"宽口径"的工程教育专业评估通用标准的基础上，引入多学科交叉、科教融合、以赛促教等内容优化升级现有教学内容和组织结构，强化结构力学在新工科建设中基础理论和专业知识之间的桥梁作用。

因此，基于土木工程专业评估和新工科建设的需求，结构力学教育教学改革势在必行。随着我国教育改革的不断深入，先进的教学理念、教学模式、教学方法等不断涌现，如"以学生为中心"的教学理念、混合式教学模式、BOPPPS教学模型、案例式教学方法等。其中

作者简介：孟鑫淼，北京市海淀区清华东路35号北京林业大学水土保持学院，讲师，mengxinmiao@bjfu.edu.cn；
　　　　　冀晓东，北京市海淀区清华东路35号北京林业大学水土保持学院，教授，jixiaodong@bjfu.edu.cn；
　　　　　吕立群，北京市海淀区清华东路35号北京林业大学水土保持学院，讲师，lvliqun@bjfu.edu.cn；
　　　　　程一本，北京市海淀区清华东路35号北京林业大学水土保持学院，讲师，chengyiben@bjfu.edu.cn；
　　　　　李　珺，北京市海淀区清华东路35号北京林业大学水土保持学院，讲师，lijun0728@bjfu.edu.cn。
资助项目：北京林业大学教育教学改革项目"基于BOPPPS模型的'结构力学'新工科教学模式探究与教学游戏软件开发"（BJFU2020JY018）；
　　　　　北京林业大学教育教学研究名师专项"土木工程专业工程教育专业认证的定位与路径"（BJFU2020MS020）。

混合式教学模式，能够有效地组织"线上+线下"教学，激发学生的学习兴趣，已经成为教育教学改革的热点。而 BOPPPS 教学模型，通过搭建"导言(B)—目标(O)—前测(P)—参与式学习(P)—后测(P)—总结(S)"的教学结构，能够有效调动学生的学习主动性，提高教学效率[4,5]。因此，将 BOPPPS 模型引入结构力学教学过程将有效提升教学质量，是打造金课的重要实现途径。

因此，基于 BOPPPS 模型开展结构力学混合式教学改革是本文的主旨。本文将在分析结构力学教学现状的基础上，提出混合式教学的设计原则，并依此开展混合式教学体系建设，最后针对教学实践反馈持续改进，从而形成集知识性、趣味性和工程性于一体的面向新工科建设的结构力学创新性教学模式。

一、结构力学教学现状

(一)授课对象基础不同

结构力学开设在大学二年级下学期，授课对象包括土木工程专业 3 个班和 1 个木工班。授课对象的基础知识掌握程度不同，土木工程专业已经学习"理论力学"和"材料力学"两门课程，而木工班仅学习"工程力学"课程。因此，木工班学生在学习初期会反映学习进度快、知识理解困难等问题。因此，教学过程需要针对不同专业的学生因材施教。

(二)大班教学师生互动性差

结构力学选课人数通常在 100 人以上，一般为合班课。由于学生人数众多，常用的互动式、参与式、启发式等教学方法会耗费较多教学时长，且效果一般。虽然也尝试过雨课堂、问卷星等手段，但受限于网络条件不稳定，教学效果也欠佳。因此，如果有效地提升学生参与度是结构力学大班教学需要思考的问题。

(三)作业完成度高，但考试通过率低

结构力学的最终成绩一般包括 20%平时成绩、40%的期中成绩和 40%的期末成绩。平时成绩主要以作业完成度衡量，期中、期末成绩均需要通过考试评估。笔者执教"结构力学"以来，分析学生成绩发现，学生的课后作业均能"近乎完美"的完成，但结构力学的期中考试通过率一般在 70%~80%之间，而期末考试通过率仅在在 55%~65%之间。究其根源，在于结构力学选用龙驭球院士主编的国家一流教材，其配套教辅资料较为完备，课后题几乎都有详细准确的解答。因此，做作业时，学生往往不自觉地主动接受教辅资料的解题思路，开展低维度的消极思考，却难以培养独立思考解决问题的能力。

二、结构力学混合式教育教学改革原则

(一)坚持由"混"入"合"的方法论

龙驭球院士曾用"阴阳—和合系统"定义结构力学方法论[6]，类似的，混合式教学也可以采纳由"混"入"合"的方法论。在混合式教学的前期阶段，教师以板书教学为代表的线下教学和以网络教学为代表的线上教学曾展开过争论。不同角色的教学参与者对不同教学情境进行的深入探讨。这是混合式教学百家争鸣的"混"的阶段。随着教育技术的不断进步，网络科技的日新月异，越来越多的新技术涌现出来。如多媒体课件中的"笔迹""电子白板"等功能，配备上触摸屏、手写板等工具就可以实现线上板书，因此，"线下教学"曾独有的优势逐步实现了"线上化"。同时，线上教学中常用到的"弹幕""投票"等功能也逐步应用于课堂教学中，大幅提高了教学效率。因此混合式教学已逐步发展到"合"的阶段。

(二)坚持"一核多能"的教学法

"结构力学"是解析结构内力及变形的课程，从常见结构类型的杆系简化，到几何组成

分析,再到静定结构的求解,移动荷载的影响线绘制,最后深入到超静定结构的求解。结构力学的课程内容逻辑紧密,思路清晰,其课程内核在于"阴阳—和合系统":①静定结构中,求解内力的"平衡法"和求解位移的"几何法"相互呼应,最终统一为"虚功法"求内力位移;②超静定结构中,基于柔度矩阵的"力法"和基于刚度矩阵的"位移法"相伴而生,最终推演为能量法;③"虚功法"和"能量法"实质想通。该内核既能够将"结构力学"各知识点辩证统一,也有利于打通基础理论和专业知识的隔阂,还能促进学生的终生学习,从而推动专业评估和新工科的建设。

(三)坚持"三全育人"的育人观

结构力学也需要为"三全育人——全员育人、全程育人、全方位育人"守好一段渠、种好责任田。只有把思政工作内化到课程内外,教育引导学生培育和践行社会主义核心价值观,才能让学生成为有大爱大德大情怀的人。为了实现"三全育人"润物细无声,"结构力学"可以从以下3个层次进行融合:①讲故事,如龙驭球院士的传奇生平。将爱国情怀、法治意识、社会责任、人文精神等元素融入力学课堂,使每堂课都成为传播正能量、弘扬新精神的园地;②讲案例,如将桥梁倒塌案例引入影响线。培养学生作为土木工程师的责任和担当;③做实验,如几何组成分析中引入简单道具。让学生能够将概念、定律、理论、实验等融会贯通,理解辩证唯物主义观点和方法。

三、结构力学混合式教学体系建设

(一)"一主一辅,上下联动"混合式教学模式设计

混合式教学打通了"线上""线下"之间的隔阂,由"混"入"合"搭建新式教学模式,如图1所示。"结构力学"课程内容逻辑性非常强,从结构简化到几何组成分析,从静定结构到超静定结构,由浅入深,环环相扣。任何一个环节都可能导致知识断流,学生跟不进度。线下教学时教师可以实时根据学生的表情、眼神等反馈,判断学生的心理活动。如果结合线上学习的回看功能,就能够实现知识体系的立体化。因此,教师既要设计线下教学活动,也要借助录像、慕课、趣味题库等,合理安排线上活动。同时还要根据教学情境变化,灵活调整二者的角色和定位,从而实现"上下联动"。同时,教学设计时采用BOPPPS模型组织课程内容,共同搭建"卓越工程师"的联动平台。但是,"线上"和"线下"绝不是简单的平分秋色,而是需要根据教学情境灵活转变,有主有辅,从而实现"上下联动"的混合式教学。

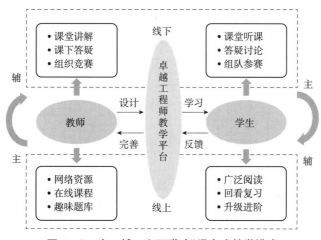

图1 "一主一辅,上下联动"混合式教学模式

(二) BOPPPS 模型教学内容设计

BOPPPS 是指导言（Bridge-in）、目标（Objective）、前测（Pre-assessment）、参与式学习（Participatory Learning）、后测（Post-assessment）和总结（Summary）等 6 部分教学结构。BOPPPS 模型提供了教学内容设计的框架，教师可以根据课程内容、课程特点和各自需求设计每一部分内容，灵活加入启发式、案例式、参与式教学方法，从而激发学生的积极性和创造力。以迷你教学演练中"结构力学"中力法的教学内容设计为例（见表1），通过师生教学互动，让学生能够在独立完成情况下，正确地辨别超静定结构的特征，理解并运用力法基本原理分析超静定结构。实际的教学内容可以按照45分钟课时进行教学大纲的组织设计。

表1　8分钟迷你教学演练流程设计表

	时间	教学者活动	学员活动	教具
导言 Bridge-in	0.5	通过"三个和尚没水喝"的故事，引导本节课主题：超静定结构求解	启发式提问	道具
学习目标 Objective	0.5	PPT呈现并口述：正确辨别超静定结构特征；理解并运用力法的基本原理分析。	听	PPT
前测 Pre-assessment	1.5	Q：三条腿板凳和四条腿板凳谁更牢固、更稳定？	各抒己见，发表观点	PPT
参与式学习 Participatory Learning	5	讲授：(1)超静定结构特征；(2)力法基本原理；(3)力法基本步骤	讨论：超静定结构内力不能由平衡方程确定？提问：多余约束怎么处理？	PPT
后测 Post-assessment	1	请学员独立回答两个问题	个人独立完成	PPT
摘要/总结 Summary	0.5	总结超静定结构特征和力法基本原理，引下节课内容（不同结构类型中力法的应用）	案例分析	PPT

(三) "卓越工程师"教学平台搭建

普适性是大学教学的基本要求，但挑战才是不断进步的源泉，也是卓越工程师培养的重要因素。在课程教学中，根据课程内容、实践平台和教学方法搭建起卓越工程师的培教学平台，如图2所示。一方面围绕BOPPPS模型，增加课程教学内容的概念性、趣味性和

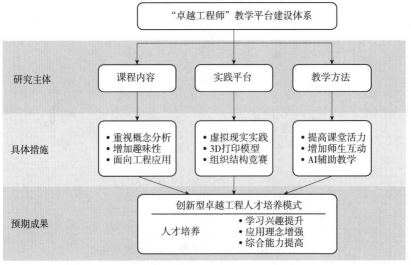

图2　"卓越工程师"教学平台建设体系

应用性，另一方面开发互动式教学游戏软件，构建以结构设计大赛为核心的实践教育平台，最后还要与混合式教学结合，优化课程的教学方法。为培育、激发学生的创新思维，可以组织开展"三挑战"活动：一是教材方面开展"给教材找茬"的活动，既激发了学生的学习兴趣，也能够督促学生认真阅读课本，把书本读厚再读薄。二是专门筛选习题讲授。在条分缕析的知识点讲授的基础上，有一定难度的习题课会增加学生的思维广度、理论深度。在学生认知自己学习能力的同时，也能意识到持续学习的必要性。三是开展课外竞赛，有序推动结构力学弯矩图速绘大赛、结构设计大赛等一大波有趣有用的课程竞赛。学生只有不断接受挑战，才能找到差距，不断进步。

四、结构力学混合式教学改革实践及思考

（一）教学改革实践内容

1. 构建 BOPPPS 教学结构

（1）利用 BOPPPS 模型，重新编写结构力学教学大纲，增加课程中结构概念分析和定性判断的比重，提高学生的工程直觉；

（2）增加课程内容的趣味性，将结构力学与日常生活现象结构联系起来，提高课程亲和力，增加学生的学习兴趣；

（3）增加课程中的工程实例，以实际应用为导向，提高学生的工程应用和实践能力。

2. 建设交互式实践平台

（1）利用 HTML5 开发工具，设计并开发互动闯关式教学游戏软件，将抽象的理论转化为直观的案例，增加学生理解深度；

（2）采用 3D 打印技术制作结构模型，如杆系构件、铰接节点等，扩宽学生的思维广度，提高学生的动手能力；

（3）组织学生开展结构设计大赛，以赛促教，从生活中体会结构力学的乐趣，提高学生的创新能力和团队合作能力。

3. 营造混合式教学氛围

（1）针对大班教学，教师不仅要在线上积极组织答疑，拉近师生距离，还要在线下走下讲台，无形中提高教室后排学生的活跃度；

（2）灵活借鉴线上教学的优势，让所有学生都能有坐"第一排"的感觉；

（3）利用 AI（人工智能）和深度学习技术辅助分析学生作业和考试数据，实时观测学生的学习状态，提高教学效率和因材施教的深入度。

（二）混合式教学改革的若干思考

1. 不同教学情境下混合式教学的推演

混合式教学改革不是简单地由"混"入"合"，而是可以根据不同的教学情境进行推演。当以课堂授课为情境时，线上教学作为辅助手段，为线下教学提供多方位的支撑。"结构力学"侧重于结构内力、变形的分析，有大量的公式推导和内力图绘制，板书和多媒体课件相互配合已经成为非常有效的教学手段。当线下教学时，教师既可以充分利用黑板，也可以同时利用多媒体课件的"黑白屏"，实现"第二黑板"的效果。一节课有两块黑板，知识的讲授更加准确和高效。但遇到特殊情境时，线上教学成为主导手段，而线下教学则作为补充。此时的线下教学不是教室内授课，而是结构设计云大赛等课外实践活动，学生在家动手制作构件，录制加载视频，记录结构变形，从而实现线下教学目的。因此，混合式教学中"线上"和"线下"不是一成不变的角色定位，而是如同"易"中"太极"，根据教学情境灵活转换。

2. 卓越工程师创新性培育探讨

卓越工程师需要在满足专业评估标准的基础上继续培养，通过工程实践、理论创新等方面激发创新性思维，成为引领时代发展的卓越人才。具体的可以通过以下几种方式激发培育创新性人才。

（1）新的思维方式：通过引入新技术、新方法和新理念，促进学生思维方式的转变，适应新时代工程教育的培养需求，对于新工科的建设具有重要意义。

（2）新的人才培养思路：实现传统结构力学专业课程的改革升级，形成了面向新工科建设的创新型卓越工程人才培养思路，为土木工程专业的未来发展提供了重要借鉴。

（3）新的创新性思维激发方法：通过3D打印技术的引入和AI技术的辅助，提高了学生思维的广度和深度，并利用互动式教学游戏软件，不断刺激学生的创造性思维。

五、结　语

为打破"结构力学"在学生心目中理论艰深、应用抽象的印象，笔者利用BOPPPS教学模型重新编写教学大纲，融入参与式教学、案例分析法、游戏闯关法等多种教学手段，形成"有料、有趣、有用"的新式教学内容。同时，为提高学生的课外实践能力和学术创新能力，笔者提出搭建"一主一辅、上下联动"的混合式教学模式，构建以赛促教的实践教育平台，并针对不同的教学情境灵活切换"主""辅"角色，激发培育学生创新性思维的产生，以满足新工科背景下卓越工程师的培养需求。

参考文献

[1] 林健. 面向未来的中国新工科建设[J]. 清华大学教育研究，2017，38(2)：26-35.
[2] 周臻，尹凌峰，缪志伟. 基于首要教学原理的结构力学教学过程重构[J]. 高等建筑教育，2011，20(5)：59-64.
[3] 郑玉国. 结构力学课程教学应重视工程直觉的培养[J]. 高等建筑教育，2016，25(1)：100-104.
[4] 张建勋，朱琳. 基于BOPPPS模型的有效课堂教学设计[J]. 职业技术教育，2016，37(11)：25-28.
[5] 陈卫卫，鲍爱华，李清，等. 基于BOPPPS模型和问题驱动教学法培养计算思维的教学设计[J]. 工业和信息化教育，2014(6)：8-11+18.
[6] 龙驭球. 结构力学方法论的哲思回望[J]. 工程力学，2019，36(4)：1-7.

Practiceand reflection on the mixed teaching of *Structural Mechanics* based on BOPPPS model

Meng Xinmiao　Ji Xiaodong　Lv Liqun　Cheng Yiben　Li Jun

(School of Soil and Water Conservation, Beijing Forestry University, Beijing　100083)

Abstract　*Structural Mechanics* is the core basic course for civil engineering. It has the characteristics of rigorous logic and strong application. However, most students report that the course is difficult in theory and rare in application. In order to break the deviation of teaching and learning in the course, the author started with the reform of the course content, rewritten the syllabus with the help of the BOPPPS teaching model, and incorporated various teaching methods such as participatory teaching, case analysis, and game breakthrough methods to form an informative, interesting and useful teaching. Simultaneously, in order to improve students' extracurricular practical ability and academic innovation ability, the author proposes to build a hybrid teaching model of one main and one auxiliary, and upper and lower linkage, and to flexibly switch the roles of main and auxiliary according to different teaching situations. On the whole, the reformed coursewill satisfythe training requirement of outstanding engineers in the trends of new engineering.

Keywords   BOPPPS model, mixed teaching, construction of new engineering, comprehensive education

基于CDIO的"食品工程原理"虚拟仿真实验教学改革

任迪峰　翟星辰　张　瑜　赵宏飞

（北京林业大学生物科学与技术学院，北京　100083）

摘要："食品工程原理"实验教学是食品科学与工程专业本科生掌握该门专业基础课理论知识、培养工程实践思维的重要环节。笔者在分析该课程实验教学中现存问题的基础上，引入虚拟仿真技术和CDIO工程教学模式相结合的实验教学理念进行改革探索，有效地提高了实验教学质量，为学生自主设计实验、了解生产实践中各种实际问题以及后续专业课程的开展打下坚实的基础，有效地促进了学生的工程实践意识和全局思维的形成。

关键词：食品工程原理；虚拟仿真实验；CDIO模式；教学改革

"食品工程原理"是食品科学与工程专业承上启下的骨架课程之一，是食品专业学生进入专业学习和工业实践的重要桥梁。"食品工程原理"实验课程是对理论课程中抽象原理的具体化，是不可或缺的辅助和补充，同时也是培养食品专业本科生工程思维和动手能力的重要途径[1]。现阶段已有多种新的教学技术和手段运用到实验课程的教学中，但是由于实验课程的专业性较强且涉及大量的实际工业生产等问题，在一定程度上影响了实验教学效果，不利于提高实验教学质量，因此"食品工程原理"实验课程改革势在必行。

虚拟仿真实验平台是融合了计算机等各种现代智能技术而建立起来的人机交互的新型实验平台，这项技术可以全面仿真在实际食品工业生产中的工作场景以及使用到的大型设备，满足学生在实验中对于食品实际工业生产场景的需求，增强环境真实感和自身沉浸感[2,3]。CDIO模式是由瑞典皇家工学院等国际上许多知名高校提出的一种新型的工程教育模式，主要由构思、设计、实现和运作4个阶段组成[4]。此教育模式贯穿了工程项目的研发及实施的整个过程，可以有效培养学生的工程意识和利用理论知识解决实际问题的能力。

为推动高等学校食品专业"新工科"建设，打造虚拟仿真"金课"，针对实验课程中出现的问题，笔者将虚拟仿真技术和CDIO教学模式结合起来运用到实验课程教学中去，旨在提高学生在实验课程中的参与程度和自主性，巩固课程理论知识，培养学生将理论知识运用到实践中的能力、团队协作和交流能力以及养成学生的工程大系统意识[5]，提高本科食品类专业核心课程教学质量，提升教育服务食品工程行业发展的能力，激发大学生学习积极性，探索构建虚实结合的新型实验教学体系，为提高实验教学质量、培养高素质食品工程人才奠定坚实的基础。

作者简介：任迪峰，北京市海淀区清华东路35号北京林业大学生物科学与技术学院，教授，rendifeng@163.com；
　　　　　翟星辰，北京市海淀区清华东路35号北京林业大学生物科学与技术学院，讲师，xingchen.zhai@hotmail.com；
　　　　　张　瑜，北京市海淀区清华东路35号北京林业大学生物科学与技术学院，讲师，15261597598@163.com；
　　　　　赵宏飞，北京市海淀区清华东路35号北京林业大学生物科学与技术学院，副教授，zhaohf@163.comzhang。

资助项目：北京林业大学本科精品课程建设项目"食品工程原理"（BJFU2018JPK004）；
　　　　　北京林业大学专业学位研究生课程案例库建设项目（KCAL2026）。

一、"食品工程原理"实验教学的主要特点及问题

"食品工程原理"课程是食品科学与工程专业重要的基础必修课程，着重研究食品工业化生产中常用操作单元里典型设备的基本原理、操作方法以及相关运算，其配套的实验课程与传统的食品工艺实验不同，具有鲜明的工程特点，旨在加深学生对课程教学中基本原理的认识，使学生熟练掌握工业化生产中仪器设备的基本操作和工业生产参数的基本测试方法，着重提高学生工程计算、设计以及解决实际生产问题的能力[6]。"食品工程原理"实验教学与课程教学互为补充、相辅相成，因此对实验课程进行教学改革，不仅能进一步提高实验教学质量，同时也能有效地巩固理论课程教学的结果，使学生在掌握实践方法的同时也能对所学知识融会贯通[7]。

现阶段，国内各大高校食品相关专业的"食品工程原理"实验教学中仍然存在着不少问题。①传统理念认为实验教学为理论课程的辅助，因此学生对实验课的重视不足，缺乏学习积极性。目前大多数高校在进行"食品工程原理"实验课程的教学时依然采用"教师授课—学生被动接受"的模式，授课教师按照实验指导中的顺序向学生进行"填鸭式"教学，这种较为枯燥单一的教学模式缺乏灵活性，使学生在实验前产生抵触情绪，不利于学生的独立思考，降低了学生的课堂参与感；②食品工程原理涉及的仪器大多是成套的大型设备，体积庞大且价格昂贵，因此多数高校食品相关专业实验平台中的相关实验设备数量有限。学生在进行实验操作时多采用小组制，造成实验课堂上少数学生操作、多数学生观摩的现象，而且实验涉及到的设备较大、操作较为复杂，如果长期运作会存在较大的安全隐患，学生只能利用课堂上时间在老师的指导下进行实验操作，课后很少有机会使用设备进行巩固，这种实验教学模式很难真正培养学生的工程思维和动手操作能力，使学生即使在接受了实验教学后仍然不能全面地掌握抽象的理论知识；③实验课程的考核方式也依旧采用传统的闭卷考试制度或实验报告评价，可能存在组内抄袭的情况，仅根据学生实验报告的呈现，指导教师很难判断出学生对于知识的真实掌握情况，使实验报告和考核失去意义。

二、"食品工程原理"的实验教学改革

为解决教学模式陈旧、教学资源不足等实验教学中存在的问题，有效提高实验课程教学质量，笔者在依托虚拟仿真技术构建实验平台的基础上引入了CDIO工程教学模式，将两者结合积极进行"食品工程原理"实验教学改革。针对实验设备体积较大、安全性能低、操作时间少等弊端建立虚实相结合的实验平台，为学生提供良好的实践体验，同时改变以往实验授课中以指导教师授课为主、学生被动接受的灌输式教学模式，打破学生对实验课程的固有刻板印象，努力打造培养学生工程思维的优质实验课程。

（一）虚拟仿真实验平台的建设

实践教学除了有巩固课堂理论教学的作用外，对培养学生动手能力、创新能力以及工程思维也具有重要意义。现阶段"食品工程原理"实验教学仍存在着许多问题，要求授课教师运用现代技术和创新观念加以解决。虚拟仿真技术是国际先进的教学手段之一，借助多媒体等网络通讯技术构建实际的食品工业生产场景，可有效地弥补实验教学资源的不足，丰富教学内容，开阔学生的视野[8]。

在进行虚拟仿真实验平台建设时，笔者根据食品工程原理实验的类型层次将平台中的实验分为了基础型、综合型、研究型3种类型[9]。验证性实验例如测定流体雷诺数实验这类难度较小的基础型实验，由学生在实验之前阅读实验指导了解实验原理和目的后直接进行操作，对于一些重要的操作节点，根据理论课程中所学的原理和公式进行验证处理；而

综合型的实验例如恒压过滤实验，涉及到的原理、推导计算以及仪器设备较多且较为复杂，则由学生在较为熟练地掌握了实验原理、公式推导后，结合虚拟平台提供的工作场景学习设备的摆放和具体仪器操作，了解实验过程中需要注意的重要时间以及操作节点；鉴于研究型实验是一些与实际工厂生产装置相似，需要通过现场操作和分布式控制系统中控室自动或手动控制温度、压力和流量参数来生产出实际样品的实验，学生通过查找文献以及了解市场后确定实验任务，并自行设计实验方案，这种形式不仅让学生身历其境地感受到食品工业生产中的实际场景，节省了时间、空间上的投入，而且充分地培养了学生解决问题的能力，增强学生的实验自主性和积极性，对培养高素质的食品人才具有积极影响。其他一些由于成本问题而没有普及到工业生产中的技术，例如：红外加热技术、超低温冷冻等未在课本中介绍的内容，笔者也通过虚拟仿真实验平台补充相应环节，尽量使学生们了解掌握相关的前沿技术内容。

（二）CDIO 工程教学模式的应用

改革后的教学体系中最重要的是在建立虚拟模拟平台的同时糅合了 CDIO 教育模式，这种新型的教学模式从根本上改变了以往的灌输型实验教学，采用了 CDIO 中构思、设计、实现和运作作为 4 个关键阶段对实验教学阶段进行划分并融入到"教"和"学"的实践中去，有效提高学生对实验课程的自主性和积极性以及对课程理论知识的巩固和掌握。

在构思阶段，笔者根据不同的实验项目向学生讲授不同的实验内容，学生根据实验内容通过查阅文献和分组讨论确定实验目的，并且根据老师在实验平台上发布的课件、实验任务以及操作视频来了解实验中涉及到的实验原理、生产线中设备仪器的排列布置和工业生产中用到的操作系统，以便对实验方案具有初步的构思，大致了解实际生产中的工作场景。在食品工业实际生产中，不仅会涉及到大型仪器设备的操作，还会涉及到众多的阀门开关和参数设置，这些都决定了最后是否能成功制备出合格的产品。因此，在设计阶段中，由学生结合在构思阶段所做的准备决定了需要进行的实验的最终实验方案，并在决定方案后与指导教师进行讨论来分析所确定实验方案的可行性以及实验中的关键节点，确保减少实验中的失误操作以免影响实验结果。实施阶段是学生自主进行实验的阶段，这也是实验教学中至关重要的一环。学生在虚拟仿真平台中根据设计完善的实验方案独立进行实验操作，指导老师则对重点操作节点给予指导，并在虚拟实验平台中对每位同学的操作进行实时评估。学生在结束实验后对实验得到的数据进行记录、处理并上传到实验平台中。运作阶段为实验结果的展示阶段，学生在处理实验结果后结合相应的理论知识进行分析总结并撰写实验报告，指导老师对学生的实验结果以及前三个阶段进行总结归纳，指出每位学生的不足和优点，同时借此阶段为学生创造一个可以展示实验结果和讨论交流的平台，使学生在实验结束后相互交流实验过程中的结果和感悟，分析回顾重难点，强化学生的专业知识和工程操作能力。

三、 基于 CDIO 理念的虚拟仿真实验教学实践

笔者改革后的"食品工程原理"实验教学过程中采用 CDIO 教学模式进行授课，打破了先前程式化的教学方式，虚拟仿真技术的引入更能拓宽学生的眼界，增强了学生解决实际工程问题的能力。下面以三效蒸发制备浓缩菠萝汁为具体案例，实验教学过程如下。

（一）三效蒸发实验前构思预习阶段

在实验课程授课之前，指导教师首先将提前制作的三效蒸发网络课件和在仿真实验平台中进行三效蒸发实验的教学视频放在网络平台上供学生提前预习。预习过程中，学生通过分组讨论和文献检索，明确本次实验的目的和内容，结合课堂所学知识和教学视频掌握三效蒸发浓缩果汁的实验流程以及在实际生产中涉及到的大型仪器设备例如平衡罐、板式

蒸发器，学生除了掌握这些大型仪器的操作外还对现代食品企业生产中用来调控生产过程中温度、流量等重要参数的分布式控制系统（DCS）的操作进行学习了解。此阶段主要是让学生了解现代食品企业在进行果汁浓缩时所运用到的设备和技术，培养学生的工程意识，锻炼学生的分析问题、解决问题的能力，增强学生们之间的交流和协作，提高学生对实验的参与度，为后续实验的进行做准备。

（二）三效蒸发实验设计阶段

学生在经过课前预习、小组讨论结束构思阶段后，结合课程理论知识和虚拟仿真实验平台提供的果汁浓缩生产线，在深入查阅已有的文献资料后开展设计阶段的工作，制定详细的实验内容、方案方法、实验步骤以及技术路线。由于三效蒸发实验涉及到的设备较多且复杂，其中控制设备的泵、设备之间连接的蝶阀以及 DCS 系统中温度以及流量等参数的手动或自动调控等细节都需要一一确定，因此课堂上学生分组与指导教师讨论分析了实验方案的可行性、实验中的技术难点以及后续数据分析方法。此阶段学生通过进一步的学习对以上操作有了更进一步的掌握，培养了学生理论联系实际的能力，真正做到积极主动地解决实践中遇到的问题。

（三）三效蒸发实验学生实践阶段

实验课程中学生实验阶段即为 CDIO 教育模式中的实施阶段，是整个实验课程中最重要的一环。学生在此阶段按照之前自行设计好的实验方案在虚拟仿真实验平台上进行了菠萝汁的三效蒸发浓缩实验。学生在实验中每间隔一段时间就可以确认平台实时的信息反馈，避免因为操作不熟练出现遗漏步骤或实验失误，实验过程中授课教师也积极参与到了其中，关注着每个学生在虚拟仿真平台中的实验操作，时刻提醒学生注意一些重要实验节点并对学生的实验操作进行了实时评估。这一阶段中学生通过虚拟仿真平台全程参与到了实际生产中去，人机交互的模式为学生提供了自由发挥的平台，让学生全方位地体验食品工业生产场景，减少了因为外界因素而导致的实验盲点，培养了学生的动手动脑能力，也为教学添加了互动性和趣味性。

（四）三效蒸发实验总结阶段

实验总结阶段相当于 CDIO 教学模式中的运作阶段。学生们在虚拟仿真实验平台进行实验最后得到了浓缩程度不同的菠萝汁，将实验过程中记录的实验数据进行了整理分析，如果浓缩后的果汁糖度与浓缩前相比几乎不变则说明蒸发浓缩程度不够，则对实验中的操作进行反思，判断实验中是否出现了操作顺序颠倒、DCS 控制错误等问题，找出错误点调整实验方案，继续在实验平台上进行实验直到产品合格。实验结束后，实验指导教师在实验结束后及时与学生交流了实验心得并在课堂结束之前对实验进行了整体总结，而学生则根据自己在实验课程中参与的 4 个阶段进行了总结归纳，分析实验结果并撰写了实验报告，与老师同学交流实验心得。经过归纳总结阶段，学生可以自主地将课程理论知识与实验操作相结合，有效地增强了学生分析问题、总结归纳的能力。

四、结 语

"食品工程原理"实验对于培养学生工程思维、提高动手操作能力以及掌握食品工业实际生产起到积极的作用。虚拟仿真技术是实验教学中新型教育形态，也是高等院校实验教学的未来[10]，笔者在虚拟仿真实验的基础上结合了 CDIO 教学方法，对现有的实验教学模式进行积极改革，建立了"虚实结合"的实验平台，打破了传统实验教学中学生参与程度不够、积极主动性低以及实验设备资源不足的的局面。改革后的"食品工程原理"实验教学更加直观形象，加强了指导教师和学生间的互动性，实验教学变得更加灵活有趣，实验成绩通过系统运行结果评价考核,提高了教学评价成绩的客观性,有效地提高了教学质量和学生学习效率,为培养高素质的新型食品专业人才打下坚实的基础。

参考文献

[1] 金丽梅,杨宏志,张春芝,等."食品工程原理"实验教学改革的研究[J]. 实验室科学,2017,20(2):141-143.

[2] 吴春华,童彩玲,江汉森,等. 食品工程原理实验虚拟仿真教学体系探索[J]. 安徽农业科学,2019,47(18):280-282.

[3] 张雅娜,刘丽美,刘东琦,等."食品工程原理"课程虚拟实验室建设探讨[J]. 农产品加工,2018(9):96-98.

[4] Crawley E F, Malmqvist J, Ostlund S, et al. Rethinking engineering education: The CDIO approach[M]. Berlin: Springer, 2007: 59-63.

[5] 康全礼,陆小华,熊光晶. CDIO 大纲与工程创新型人才培养[J]. 高等教育研究学报,2008(4):15-18.

[6] 任迪峰,欧赞,张琨,等."食品工程原理"实验创新性教学[J]. 实验室科学,2013,16(02):60-62.

[7] 刘贺,朱丹实,于志鹏,等."以学生为中心"的食品工程原理实验考核评价方式探究[J]. 食品与发酵科技,2015,51(2):22-23+28.

[8] 石智,隋国哲,姜泽钰,等. 3D 虚拟仿真技术在化工原理实验中的应用[J]. 高师理科学刊,2015(10):96-98.

[9] 赵武奇,高贵田,张清安,等. 基于 CDIO 的"食品工程原理"实验教学改革[J]. 农产品加工,2017(23):86-88.

[10] 丛海花,赵前程,汪秋宽,等. 主题探讨式互动法应用于食品虚拟仿真教学[J]. 中国多媒体与网络教学学报,2019(10):184-185.

Reform and exploration of virtual simulation experiment teaching of *Food Engineering Principle* based on CDIO concept

Ren Difeng　Zhai Xingchen　Zhang yu　Zhao Hongfei

(College of Biological Sciences and Technology, Beijing Forestry University, Beijing　100083)

Abstract　The experimental teaching of *Food Engineering Principle* is an important part of the undergraduates majoring in food science and engineering to master the theoretical knowledge of this basic professional course and cultivate engineering practice thinking. On the basis of analyzing the problems in the experimental teaching of the course, the author introduces the experimental teaching concept combining virtual simulation technology and the CDIO concept to carry out teaching reform and exploration, which effectively improve the quality of experimental teaching. It lays a solid foundation for students to design experiments independently, understand various practical problems in production practice and the development of follow-up professional courses, which effectively promotes the students' engineering practice consciousness and the formation of global thought.

Keywords　Principle of Food Engineering, virtual simulation experiment, CDIO concept, teaching reform

基于 SPOC 模式的"园林植物景观规划"混合教学应用探索

——以北京林业大学为例

范舒欣　董　丽　郝培尧

（北京林业大学园林学院，北京　100083）

摘要： 互联网技术与新型教学理念发展推动了当代信息化教学的兴起，SPOC 混合教学融合传统课堂教学与微课、慕课等线上教学的各自优势，为"园林植物景观规划"课程的教学改革提供了新思路。本文在梳理 MOOC 慕课与 SPOC 混合教学发展历程与教学特点的基础上，系统介绍了"园林植物景观规划"课程混合教学在线上线下学时分配、教学组织与考核机制等方面的改革探索，并据此实证分析了课程混合教学的应用效果，由此引出作者对 SPOC 混合教学模式的一些思考，以期为以"园林植物景观规划"为代表的风景园林专业课程的混合教学模式创新改革积累实例、提供参考。

关键词： 园林植物景观规划；SPOC 混合教学；教学组织

近年来，互联网科技和新型教学理念的快速发展，推动了教育与信息技术的融合。移动终端如笔记本、平板电脑、智能手机等在大学生中的普及也极大促进了微课、慕课等新兴信息化教学模式在高等教育中的应用。对于传统课堂教学，这些新兴教学模式在教学理念、教学模式与教学方法等诸多方面都提出了新的挑战。混合式教学兼容传统课堂教学和信息化教学，是当今高等教育教学改革的研究热点。北京林业大学"园林植物景观规划"课程是面向园林与风景园林专业本科生开设的专业核心课程之一，已经过多年的课程建设与教学积累。如何充分利用课程线上、线下学习资源，通过科学合理的混合教学组织，焕发课程新活力，更好地契合信息化时代学生的学习与认知特点，提升课程理论和实践教学的教学效果，值得课程教学者思考。

一、信息化时代背景下慕课与混合式教学的兴起

（一）MOOCs 慕课教学

慕课取自"MOOC"的音译，是英文 Massive Open Online Course，即大规模、开放式在线课程的缩写[1]。是一种以开放教育资源为基础，以现代数字技术为支撑的新型教学模式，被誉为教育界的"数字海啸"和"未来教育的曙光"。慕课教育发端于 2008 年，加拿大曼尼托巴大学合作开设了"关联主义学习理论和连接"在线公开课程。随后，2011 年美国斯坦福

作者简介：范舒欣，北京市海淀区清华东路 35 号北京林业大学园林学院，讲师，fanshuxin_09@ bjfu. edu. cn；
　　　　　董　丽，通讯作者，北京市海淀区清华东路 35 号北京林业大学园林学院，教授，dongli@ bjfu. edu. cn；
　　　　　郝培尧，北京市海淀区清华东路 35 号北京林业大学园林学院，副教授，haopeiyao@ bjfu. edu. cn。
资助项目：北京林业大学精品课程建设项目"园林植物景观规划"（BJFU2018JPK002）；
　　　　　北京林业大学教育教学研究项目"基于 2019 版教学计划调整的植物景观规划设计等三门课程的教学体系完善研究"（BJFU2020MS009）；
　　　　　北京林业大学课程思政教研教改专项课题项目"园林植物景观规划"（2020KCSZ030）。

大学开设免费网上课程，麻省理工学院启动 MITx 计划等，以美国为主导的 MOOCs 教学迅速席卷全球。我国的慕课元年是 2013 年，当时清华大学、香港大学加盟 edX；北京大学、上海交通大学、复旦大学等加入 Coursera 平台；本土化 MOOCs 平台"学堂在线"、国家精品开放课程共享系统、中国大学 MOOC 等的出现掀起了国内高等教育界的 MOOCs 热潮[2-3]。比较传统课堂教学与慕课教学的差异可以发现，传统课堂教学的学习时间和地点固定，强调课程内容的系统性和完整性，教学以教师为主导，教学目的的实现受到教师学术水平和人格魅力的很大影响。慕课课程将传统课堂内容凝练为多个 10~15 分钟的知识点单元，通过线上平台打破了课堂的时空限制，学生可以选择自己感兴趣和需要的学习资源，根据自身情况也可就某一知识点反复学习，一定程度上提高了学习趣味性，降低了学习难度。这种转变提高了学生自主学习的话语权，非常符合数字化时代学生碎片化学习的认知规律。

近年来，随着我国慕课教学的迅速崛起和发展，这种新型教学模式正日益影响着我国创新型人才的培养教育，但随之而来的问题也在不断涌现。首先，慕课制作成本与平台管理费用较高，致使一些优秀的课程资源很难覆盖到更多的学生受众。其次，当前线上课程的数量规模虽大，但质量良莠不齐。有些课程因建设时期较早，彼时制作水平有限，粗糙的视觉传达效果无法满足学生的选课偏好。还有一些课程因为知识点拆解不合理，虽然形式上是 10~15 分钟的视频单元，实则仍未经凝练、长篇满贯。此外，慕课学习虽然灵活性高，但碎片化不成体系，无法实际互动弱化了面授交流中产生的即时创意火花，也弱化了教师人格魅力在教育过程中对学生的重要影响，教学体验感较差；加上线上学习存在监督不足、学分不受认可、教学评估标准不完善等问题，大量学生在开始学习后无法坚持完整学程，流失率高，通过率低，教学质量难以保证。这些都是当前慕课教学面临的严峻现实困境。因此，如何将 MOOCs 与传统课堂教学科学融合，是当前高教改革的热点与难点话题。

（二）SPOC 混合式教学

《2016 年中国慕课行业研究白皮书》中，传统的社会 MOOCs、高教上游的 MOOCs 和作为高教辅助的 MOOCs（即 SPOC）是未来我国慕课发展的主要方向，其中 SPOC 将是主流方向[3]。SPOC 小规模限制性在线课程（Small Private Online Course）概念最早由加州大学伯克利分校的阿曼德·福克斯教授提出，20 世纪 90 年代末开始受到教育界普遍关注。国内学者主要在国外学者研究基础上结合国内教学情况对混合教学的教学构想、实施方法、实践模式、教学实证、教学效果等展开探讨[3-5]。Small 和 Private 相对于 MOOC 中的 Massive 和 Open 而言，Small 是指学生规模一般在几十人到几百人，Private 是申请者需达到限制性准入要求方可被纳入课程。SPOC 教学是一种结合了传统课堂教学与 MOOCs 在线教学的混合学习模式，它用混合式教学把两者的优势结合起来，又规避了各自的一些缺点，在教学过程中既发挥了教师引导、启发、监控教学过程的主导性作用，又确保了学生在学习过程中的主体地位。这使得 SPOC 混合教学尤其在高校教育中具有很强的适用性。

目前 SPOC 混合式教学的基本流程主要包括：教师将制作完成的 MOOC 在线课程作为课前或课上自学材料布置给学生，学生带着任务有针对性地学习慕课，然后回到课堂教学中将学习成果反馈给教师。教师可以根据学生自学后吸收了哪些知识、还欠缺哪些知识灵活设置和调控教学深度与进度，有针对性地为学生答疑解惑和进一步展开讲解。SPOC 混合式教学的实质是重构了学习流程，由原来的"先教后学"转变为"先学后教"的翻转教学模式。教师通过引导充分调动学生学习的主动性与创造性，再适时介入帮助学生吸收和内化知识内容，从而实现最佳的学习效果。

二、"园林植物景观规划"课程混合式教学探索实例

北京林业大学"园林植物景观规划"课程是面向园林与风景园林专业本科生开设的专业核

心课程，既有理论知识传授，也包含大量设计实践训练。理论知识部分主要涉及园林植物景观概述、中西方植物景观发展脉络、园林植物景观设计的基本原则原理、园林植物景观空间构成、园林植物配置与文化表达、园林植物景观规划设计方法与程序等几个方面的讲授。设计实践部分则主要包含课程实地调研与规划（1∶2000 或 1∶1000）和种植设计（1∶500）尺度的植物景观规划设计实践训练。课程教学以从"理论素养+专业技能"双向培养学生具备全面、系统的植物景观规划设计综合能力为目标，集合了科学性、艺术性、技术性与实践性。

北林 2015 版培养计划中"园林植物景观规划"课程共有 64 学时，风景园林与园林专业的授课时间分别为第 5 和第 6 学期。为响应 2018 年全国教育大会与新时代全国高校本科教育工作会中提出的要努力构建德智体美劳全面培养的教育体系，形成更高水平的人才培养体系的要求，园林学院对专业培养方案进行了全面系统的优化调整。2019 版培养计划中"园林植物景观规划"由 64 学时调整为 48 学时，授课时间也整体向前调至风景园林专业第 4 学期、园林专业第 5 学期。课时调整背景下，SPOC 混合教学的出现为课程教学改革提供了新的思路。经过多年课程建设与教学积累[6-11]，2018 年，北京林业大学园林学院植物景观规划设计教研室对传统教学内容中的核心知识点进行梳理凝练，制作并上线了包含 11 章共 30 个知识点的"植物景观规划设计导论"MOOC 课程。在线课程在面向社会大众公共开放的同时，于 2019 年 3 月（春季学期）起正式纳入了园林与风景园林专业"园林植物景观规划"课程的混合教学。截至 2020 年 9 月，已有 3 个学期共 16 个教学班参与完成了 SPOC 混合教学应用实践。

（一）SPOC 混合教学学时分配

"园林植物景观规划"课程一般采用每教学周 1 节，每节 4 学时连排的排课方式。教学环节包含理论和实践教学两大版块。理论教学部分主要针对学生需要掌握的植物景观基本理论与专业知识展开教学。实践教学部分通过布置实训真题，训练学生掌握植物景观规划和种植设计的专业实践技能。线上慕课教学更加适合于理论知识的讲解，课堂面授教学则在理论知识的运用方面更加有效。混合教学强调充分利用线上、线下不同的教学优势并有机结合。因此，"园林植物景观规划"课程混合教学中，线上部分主要完成核心理论预习与知识巩固的教学环节，线下课堂则承担师生答疑讨论、理论知识拓展、实地调研、案例研讨与规划设计实训等教学环节。在学时分配上，原版 64 学时中，线下授课 48 学时，线上教学 16 学时；新版 48 学时中，线下授课 36 学时，线上教学 12 学时，线下、线上分配比例整体控制在 3∶1。

（二）SPOC 混合教学组织

理论教学版块，教师提前布置任务章节的线上学习任务，要求学生在课前预习并记录课程视频中出现的重点、难点与学习疑问，完成课后习题训练。回到课堂后，首先由教师组织学生反馈线上学习情况并提出问题，老师就此给出针对性答疑。对于学生未反馈到的重点、难点，通过设置讨论话题检查学生掌握情况，并给予梳理总结。在此基础上，教师利用节省出的课堂学时进一步安排理论拓展与案例研讨教学。理论拓展教学中，教师基于学生对理论知识的掌握情况，对重要的植物景观前沿理论与知识展开更为深入的讲解，在夯实学生专业素养基础的同时，引导学生关注国际前沿与行业热点。案例研讨教学中，教师筛选具有典型教学意义的国内外优秀规划设计实例，针对其中的植物景观专题展开讲解并组织学生研讨，引导学生将重要理论知识与实际规划设计建立联系，以作为理论教学的有利补充。

实践教学版块，教师以实际场地真题统一布置设计任务书，组织小组实地调研与个人设计实训。实地调研训练要求学生针对即将开展设计作业的场地，以小组为单位实地调查场地及周边条件，收集相关文献资料等，最终形成调研报告并在课堂上进行小组汇报。老师在点评过程中引导学生对场地信息进行充分的分析研讨，为实际画图做设计打好基础。进入设计实训环节后，学生以个人为单位，根据场地前期分析与任务书要求独立开展植物景观规划与种植设计实践,通过同教师一对一地评图交流,逐周深化完善其方案。在实践中逐步掌握利用合适的植物材料构造园林空间与景观,规范绘制不同阶段园林植物景观规划设计图纸,并编写设计说明书等基本专业技能。

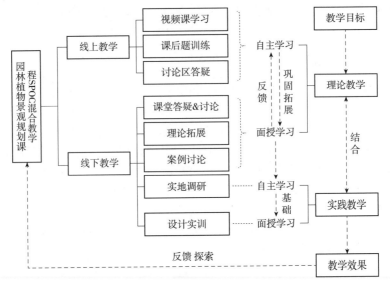

图 1 园林植物景观规划课程混合教学组织模式

(三)SPOC混合教学评价机制

融入 SPOC 混合教学组织后,课程配套制定了相应的学习评价机制。通过对考核环节与考核内容的科学设置,从知识点掌握情况、创新思维、综合应用等方面客观评定学生的学习成绩。线上学习部分占总成绩的 20%,根据学生视频课学习情况与课后习题成绩综合评分(表 1);线下学习部分占总成绩的 80%,根据日常考勤(10%)与课程设计考查(70%)综合评分。最终成绩 90 分以上记做优秀,80 分以上良好,70 分以上记做中等,60 分以上及格,60 分以下不及格。

表 1 园林植物景观规划课程考核方式

教学环节	考核指标	成绩占比
线上教学	视频课学习	10%
	课后习题成绩	10%
线下教学	日常考勤	10%
	规划实训作业	40%
	设计实训作业	30%

三、"园林植物景观规划设计"混合式教学应用效果

(一)基于学生课程成绩的教学效果反馈

为切实验证 SPOC 混合教学模式的教学效果,从参与课程混合教学实验的 16 个教学班中,随机抽取 4 个样本班级 129 人作为实验组;另从 2018 学年秋季学期原教学模式班级中随机抽取 4 个样本班级 122 人作为对照组,比较两种不同教学模式下学生的期末课程成绩。

如图 2 所示,对照组平均期末成绩 85.04 分,优秀率(90 分以上)26.23%,良好率(80 分以上)88.52%,及格率(60 分以上)98.36%。实验组平均期末成绩 86.12 分,优秀率

28.68%，良好率92.25%，及格率98.45%。与对照组相比，采用了混合教学模式的学生期末成绩优秀率提升了2.45%，良好率提升了3.72%，及格率则提升了0.09%，课程教学效果有明显的提升。特别是良好率的较大提升，说明混合教学模式对参与学生具有普遍的教学促进作用，而并非仅对少数同学有所助益。

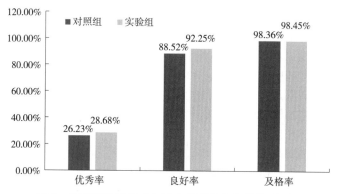

图2　课程原教学模式与混合教学模式教学效果比较

进一步对4个混合教学样本班级的成绩分布展开分析（图3），4个样本班级129名学生的平均线上成绩90.25分，平均线下成绩84.70分，平均总成绩86.12分。统计成绩占比显示（图4），线上成绩方面，90分以上学生占总人数62.02%，80分以上学生占总人数93.02%，线下成绩方面，90分以上学生占总人数20.16%，80分以上学生占总人数91.47%，说明绝大多数学生能够根据教师要求按时且保质保量地完成线上学习，并能较好地吸收掌握课堂教学内容，进而将之运用到自己的规划与设计实训作业当中，整体教学效果良好。

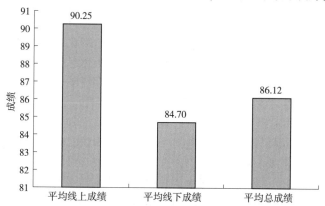

图3　混合教学样本班级期末成绩统计

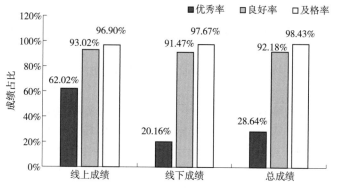

图4　混合教学样本班级期末成绩分布情况

(二)基于学生座谈访问的教学效果反馈

在此基础上,为全面了解学生对混合教学效果的反馈,随机在参与课程混合教学实验的班级中抽选学生代表开展座谈调查。接受座谈访问的学生普遍认为:首先,线上部分只要在老师规定的时间周期内,学生可以根据自己的步调随时进行,也可以根据自身的需要反复学习某些不好理解的内容,更为灵活和个性化。而回到线下无论是前沿理论拓展还是国内外优秀案例研讨,都让学生拓展了专业视野,收获很大。其次,线下课堂中学生之间、学生与老师之间的互动更多了,无论是答疑与讨论、小组调研汇报,还是与老师一对一的设计评图环节,交流过程中可以更好地消化理解那些老师反复强调的重要理论与知识,助益明显。同时,线下课堂的答疑、研讨和实训等都需要学生学习过、思考过之后才能参与,加上期末考核中有专门的线上线下考核,学生在各个环节都不敢懈怠,尤其对于自控力较差的学生有很好的督促作用。

不仅如此,学生们对混合教学存在的问题也有反思。部分学生反映,利用电脑、手机学习视频课容易受到游戏、电影和音乐的诱惑,对于学生自觉性是个巨大的考验。需要几讲连看时,眼睛一直盯着屏幕很累,影响学习效果。也有学生反映,学生们普遍需要更为充分的一对一评图学时,利用线上学习理论确实为线下课堂节省了更多的时间。但有些知识点的线上讲解比较凝练,学生自学无法更好地理解,老师的拓展引导仍然非常重要。

四、"园林植物景观规划设计"混合式教学应用思考

首先,相比于满堂灌式的传统讲授教学,"园林植物景观规划"课程本身经过多年的教学积累与改革创新,已形成了较为成熟的师生互动式教学组织模式。随着 SPOC 混合教学新型技术的融入,更应在原有的良好基础上,真正让学生在全学程都能有条不紊地习得知识,得到训练。混合教学中,学生是主体,而教师则处于引导地位,更加强调师生互动,教师从"讲授者"转变为"设计者、引导者、管理者和辅导者"的这种思维和角色的转变对教师素养和能力都提出了更高的要求,只有教师自身对每个角色身份需要完成的任务有了深刻认识,深入剖析学生的学习规律,才能准确地设计教学活动,管控教学流程,从而提升教学品质,综合培养学生的理论素养、实践能力和创新能力。

其次,"园林植物景观规划"课程是一门理论性、技术性和实践性都很强的课程,学生仅通过线上完成核心理论知识学习,距离其可以将这些知识实际运用到自己的规划设计中还有很长的距离。教师需要根据课程特点,进行系统的教学设计,合理安排线上、线下教学的分配比例。既要利用好线上课程完成核心理论知识点学习,又要通过课堂面授对理论知识进行更为深入地拓展。同时,设计案例互动研讨,特别是"教师-学生"一对一的规划设计实训评图教学,能够让学生积极主动地参与到学习体验与互动的建构中,是课程教学十分重要的一环。因此,保障课程教学的系统性,避免网上学习与课堂教学的简单拼接,网上学习的优势得不到充分发挥,线下课时被浪费甚至影响原本的教学质量等的情况出现是对混合教学环节设计的一大考验。

最后,混合教学中的线上部分只限制学时,而不固定时间,这需要学生具备高度的自觉自律性,部分自我约束能力差的学生往往很难做到。一方面,保证视频课品质,合理切分知识点,吸引学生不仅要看进来、还要学下去是保障线上教学质量的重要内驱力。另一方面,利用线下课堂建立有效的反馈检查与考核机制时刻督促学生跟上教学安排,避免出现期末"填坑"式应付线上学习的现象。线上课可通过后台运营管理,每周统计追踪学生的学习进展,监督引导自觉性差的学生,帮助其形成自主学习意识和习惯。课堂部分则应针对每次线上教学组织及时、有效的答疑与话题讨论,以免挫伤学生学习的积极性。不仅如

此，将线上与线下学习同时纳入教学考核也是有效的激励机制。"线上追踪+课堂反馈+全程考核"形成循环督促效应，对学生进行综合考核评价，可以间接保证教学效果。

总体上，将SPOC混合教学融入"园林植物景观规划"课程教学组织，充分发挥了学生自主学习和教师课堂面授的教学优势，极大地丰富了授课形式，通过线上和线下、课堂和田野各教学环节的有序配合，使教学节奏更加张弛有度。在理论素养培养方面，强化了学生独立思考和主动学习的能力；在实践技能培养方面，帮助学生建立了从想法到绘图、从图纸到实地、从实地再反馈回图纸的规划设计逻辑，训练了专业技能。总体教学效果切实得到了提升。但值得注意的是，混合教学执行过程中仍存在有待完善改进之处，在未来仍需要不断优化教学组织，完善配套机制来更好的保障教学质量。

参考文献

[1] 黄小花. 慕课环境下《计算机应用基础》课程混合教学模式探讨[J]. 科技展望, 2016, 26(1)：171-172.
[2] 吴长伟, 陈静, 邓红, 等. 基于慕课的应用型本科混合教学模式研究[J]. 现代教育科学(高教研究), 2015(5)：57-59.
[3] 李湘, 程超, 田成, 等. 基于应用型创新人才培养的慕课混合式教学模式探讨：以食品添加剂课程教学改革为例[J]. 安徽农业科学, 2018, 46(15)：234-236.
[4] 韩立华, 常樱, 王玉梅. 基于Blended Learning的课程设计、实施与评价研究[J]. 中国电化教育, 2010(6)：23-27.
[5] 黄荣怀, 马丁, 郑兰琴, 等. 基于混合式学习的课程设计理论[J]. 电化教育研究, 2009(1)：9-14.
[6] 董丽. 园林植物景观规划设计相关课程演变及思索[C]//中国风景园林教育大会. 中国风景园林学会, 2011.
[7] 尹豪, 董丽, 郝培尧. 加强课程间衔接, 注重实践中教学："园林植物景观设计"课程教学内容与方法探讨[C]//中国风景园林学会2011年会论文集(下册). 2011.
[8] 王美仙. "园林植物景观规划"课程在线案例资源建设初探[J]. 中国林业教育, 2016, 34(1)：40-43.
[9] 郝培尧, 李冠衡, 尹豪, 等. 北京林业大学"园林植物景观规划"课程教学组织优化初探[J]. 中国林业教育, 2015, 33(1)：68-70.
[10] 李冠衡, 郝培尧, 尹豪, 等. "植物景观规划设计"课程室外实践教学环节的设计：以北京林业大学园林学院为例[J]. 中国林业教育, 2016, 34(2)：54-57.
[11] 李慧, 何伟, 钟誉嘉. 三维模型在"园林植物景观规划"课程教学中的应用[J]. 中国林业教育, 2018, 36(5)：66-70.

Application of Blended Teaching of *Plant Landscape Planning* Based on SPOC Mode
——A Case Study in Beijing Forestry University

Fan Shuxin　Dong Li　Hao Peiyao

(College of Landscape Architecture, Beijing Forestry University, Beijing　100083)

Abstract　With the development of Internet technology and new teaching concept, modern information-based teaching was promoted. SPOC blended teaching integrates the advantages of traditional classroom teaching and online teaching such as micro-class and MOOC, which provides a new way for the teaching reform of "Plant Landscape Planning". Based on combing the development and characteristics of MOOC and SPOC teaching, this paper systematically introduces the exploration of hour allocation, teaching organization and assessment mechanism of "Plant Landscape Planning" course, and empirically analyzes the effectiveness of SPOC blended teaching, which leads to the author's thoughts on SPOC mode. Hoping it can accumulate demonstrations and provide reference for the innovation and reform of blended teaching mode of landscape architecture professional courses represented by "Plant Landscape Planning".

Keywords   *Plant Landscape Planning*, SPOC blended teaching, teaching organization

基于 STEAM 理念的线上教学实践

——以"湿地工程规划设计"为例

张振明　　张明祥

(北京林业大学生态与自然保护学院，北京　100083)

摘要：湿地工程的理论和实践是自然保护建设与管理的重要基础之一。"湿地工程规划设计"课程通过理论与实践相结合的方式，旨在指导学生了解各类湿地工程项目的特点、要求、建设内容和技术方法。作为疫情期间教学方法改革的尝试与探索，将 STEAM 教学理念融入线上教学当中，通过"课程初步设计—理论课程线上实施—实践课程线上实施—课后教学效果反馈与反思"教学模式，使线上课堂充满趣味性，打破传统线上教学枯燥乏味、缺乏互动的弊端，使得学生学习的主动性增强，相关实践水平有所提高。

关键词：STEAM 教学法；线上教学；湿地工程规划设计

2020 年初，新型冠状病毒的出现给全国人民的生活、工作和学习造成了严重的影响。考虑到全国大中小学开学会出现大规模人员流动的现象，将给疫情防控带来巨大压力，教育部决定推迟 2020 年春季新学期开学时间。2 月 6 日，教育部发布了《关于疫情防控期间以信息化支持教育教学工作的通知》，要求各高校要依托各级各类在线课程平台、校内网络学习空间，积极开展线上教学，保证疫情防控期间教学进度和教学质量[1]。从此，在线教学以一种意想不到的方式大规模加速推进。但线上学习与课堂教学存在极大的差异，如何保证线上教学进度和教学质量便是教师和同学们将要共同面对的一个崭新的考验。

起源于 20 世纪 80 年代的 STEAM 教学法，是一种方法论，具有跨学科、趣味性、体验性、情境性、协作性、设计性、艺术性、实证性、技术增强性等特征，以推进跨学科教学为己任，其核心是培养具有创新能力的综合性人才[2]。具体指 "Science" "Technology" "Engineering" "Art" "Mathematics"，即将科学、技术、工程、艺术、数学五个学科整合到一种教学范式中，将零碎知识变成相互联系的一个整体[3]。伴随新一代科学教育理念的逐渐成熟，STEAM 教学更加注重实践和过程，倡导由问题解决驱动的跨学科理科教育[4]，倡导以活动为主的"做中学"和以探究为主的"发现学习"的教学法[5]。目前，STEAM 教学法已成为国内外教育界致力于复合型创新型人才培养、劳动力水平提升的热点方法。为提高线上教学质量，保证良好教学效果，笔者尝试将 STEAM 教学法及其理念引入到线上教学课堂中。

一、"湿地工程规划设计"线上课程融合 STEAM 理念的必要性

在线教学，从某种意义上说，让我们隐约看到了未来学校的新样态：学校变得没有围墙，教育教学活动更加注重以学生发展为中心，更加注重学习力培养。但是其与学生原有

作者简介：张振明，北京市海淀区清华东路 35 号北京林业大学生态与自然保护学院，副教授，zhenmingzhang@bjfu.edu.cn；

张明祥，北京市海淀区清华东路 35 号北京林业大学生态与自然保护学院，教授，zhangmingxiang@bjfu.edu.cn。

资助项目：北京林业大学课程思政教研教改专项课题(2020KCSZ257)。

的学习方式相比，仍存在一定的弊端，比如线上教学过程中出现的空间隔阂等问题，仍是不可忽视的因素[6]，师生互动和生生互动的生硬，势必会导致学生对课堂的态度和对知识的接受能力受到不利的影响；同时，对于具有实践实习要求的课程，无法统一组织学生的实习实践活动成了最大的一个问题。本文所提案例课程"湿地工程规划设计"作为野生动物与自然保护区管理专业学生的一门专业选修课，是自然保护建设与管理的重要基础之一，尤其注重学生在实践中发现、分析和解决问题的能力，对学生的实践能力要求较高。因此，解决该门课程在线上教学出现的问题可谓迫在眉睫。

为了解决上述线上教学中出现的弊端，笔者认真分析了STEAM教学理念的作用（图1），其主要强调多学科之间的内在联系，而且非常注重实践能力的培养，鼓励学生以创新精神来解决实际生活中遇到的问题。本文案例"湿地工程规划设计"课程恰恰是融合湿地生态学、园林景观设计、工程制图等多学科知识，涵盖理学、工学、农学等不同领域，其主要目的就是应用相关理论知识来设计解决现实生活中的生态环境问题，非常注重实践能力的培养，与STEAM教学理念十分契合同时，STEAM教学理念的更深入的内涵在于激发学生的积极性、注重动手实践、注重学生能力培养，旨在以技术驱动来实现教学创新，培养具有综合素养、问题解决能力和创新能力的优秀人才，以此来提升国家竞争力[7]。这一内涵有极大地弥补了线上课程教师和学生互动性不强、学生积极性不高的弊端。因此，应用STEAM教学理念可以打破学生思维局限，提高学生分析、解决问题的能力，增强课程的教学效果，有效提高线上教学质量，非常适合对大学生进行创新能力和综合素养的培育。

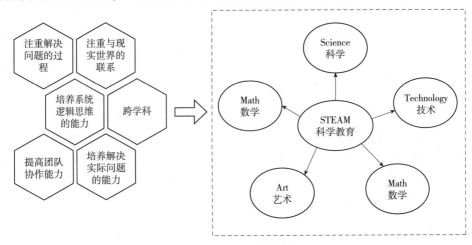

图1　STEAM教学理念

二、基于STEAM理念的"湿地工程规划设计"线上教学实践

（一）STEAM教学课程初步设计

笔者通过研究STEAM教学理念，并结合课程特点和多年实践教学经验，设计了"课程初步设计—理论课程线上实施—实践课程线上实施—课后教学效果反馈与反思"教学模式，如图2。

课程初步设计阶段主要包含3个阶段。首先，线上教学理论讲授部分中STEAM内容的确定。承担本课程的2位教师线上召集了艺术和数学专业的教师一起针对该课程的教学内容进行了分析和讨论，对课程涉及的6大工程（植被恢复工程、水体恢复工程、生境恢复工程、人工湿地工程、护坡工程、生态服务设施工程）逐一进行分析讨论，确定每个教学内容中的STEAM元素。在讨论阶段，笔者给艺术和数学专业的2位教师讲解说明了课程内容中

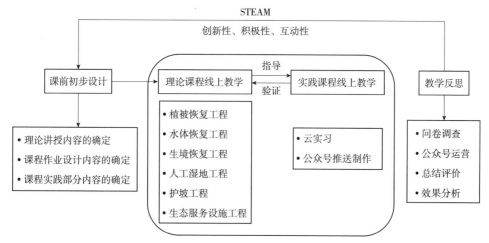

图 2 STEAM 教学理念教学设计框架

的"STE"部分，艺术和数学专业的教师提出每部分教学内容中的"AM"内容。其次，课程作业设计部分中 STEAM 内容的确定。承担本课程的两位教师对原有作业内容进行了详细的讲解后，其他两位教师同样从"AM"方面确定了需要考查学生的知识点。最后，课程实践部分中 STEAM 内容的确定。通过充分讨论，确定了最后方案为"云实习"。由于疫情原因，由原来的现场集体实习改成了学生自行前往自己家乡的湿地公园进行考察后的"云实习"，学生实习后制作图文并茂的实习报告，并制作课程公众号进行推送。

（二）STEAM 教学课程线上教学过程

前期的初步设计完成后，就进入到"湿地工程规划设计"课程 STEAM 教学法的实施阶段，即在线上通过开展 STEAM 教学，完成该课程教学内容的详细讲解，每次课后教师都会根据线上学习部分，给出相应的设计作业，并要求学生设计作品要体现 STEAM 所有元素。疫情期间，该课程设置为连排 4 节课，具体四节课安排如下：第一二节课主要以教师讲授基础理论知识点为主，第三节课为教师讲授经典案例内容，第四节课为翻转课堂环节，主要为学生通过线上分享课后作业设计成果(图 3)。

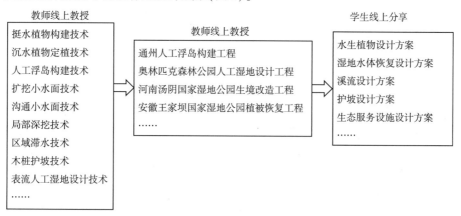

图 3 STEAM 教学理念线上教学过程

首先，教师讲解理论知识点，此为知识的习得环节，在这个环节中教师为主体，引导学生学习。如在讲解水体恢复工程内容时，教师通过讲授水文连通技术、水量恢复技术、水位控制技术三大技术原理和计算依据，让学生充分感受到这部分知识点的 STEAM 元素。其次，教师讲解经典案例环节。通过对每项技术开展经典案例分析，让学生了解第一部分理论知识点如何应用到实践中,并重点讲授案例中图形的表现手法。如在讲授到某公园湿地护坡工程时,让学生看到了该案例中应用了 AutoCAD、素描、马克笔、钢笔等表现手法,并穿插讲授湿地工程设计常见表现手法,让同学通过此部分学习,更加加深了 STEAM 的教学理念。最后,翻转课堂的学生分享课程作业。学生通过课后实践操作把理论知识巩固,转化为自己的理解,进行再创造,此环节中学生为主体,学生通过共享屏幕的方式,进行设计作品的展示、工程设计理念表达,最后教师进行点评,给出改进意见,此环节同样以学生为主体,教师起主导作用。如果作业遇到问题,可以随时和教师取得线上联系。

通过 STEAM 教学理论的融合,体现了"教"与"做"相结合的教学方法,激发了学生的学习积极性与兴趣,培养了他们湿地工程规划设计的图样表达能力和创新能力。如根据教师给出的相关地形设计出某段溪流的作业中,学生所提交作品,均能从水力设计、平面设计、结构设计、刨面设计 4 个方面进行相关设计。在水力计算中,学生通过对地形分析,计算过水断面、湿周、水力半径、边坡斜度等关键设计参数,并通过对平面、结构、刨面等设计,使用不同的表现手法,充分体现了设计作品中的美学思想。

(三)STEAM 教学课程线上实习过程

学生可利用新型的数字化课程资源进行课前预习,进行自主探索。学习过程中,可通过小组协作的方式,交流思想、相互学习、共同进步。由于疫情期间,无法组织统一的实习实践活动,结课作业采取"云实习+公众号推送制作"的方式,每位同学通过线上查阅资料或与实地考察相结合的方式,选取所在的省(市区县)一处适合开展湿地工程规划设计的实习基地,进行相关工程规划设计,设计作品以推送的形式,发布在"湿地工程规划设计云实习"公众号上进行展示。公众号推送的制作拓宽了同学们成果展示的渠道,通过互联网的传播,同学们的作品不仅局限于课堂当中,而且受众人群更广,大大提高了同学们的成就感。

三、基于 STEAM 理念的"湿地工程规划设计"线上教学的成效

笔者以北京林业大学生态与自然保护学院野生动物与自然保护区管理专业 2017 级的学生为研究对象,通过线上公众号对教学效果进行展示,并使用问卷调查对教学效果进行分析。课堂总人数为 35 人,有效问卷 35 份,问卷有效率 100%。问卷调查分 2 次调查,分别在课程开始之前和课程结束之后,内容主要涉及是否对"湿地工程规划设计"课程教学内容感兴趣、能否获得系统知识体系、所学知识的实际应用能力、对线上学习成果是否满意等,如图 4。

调查结果表明,大部分学生对"湿地工程规划设计"课程内容都有极大的兴趣,可能与该门课程为专业选修课有关。开课前有 22 名学生表示自己对该课程非常感兴趣,结课后有 30 名学生表示对课程内容非常感兴趣,占全部选课人数的 86%,可见课程的吸引力有所提升;18 名学生认为能够学到较系统的知识,比开课前多出 3 人(增加了 8.6%),而且感觉"一般"的学生结课后比开课前减少一半;对所学知识的实际应用能力方面,开课前,大多数学生(16 人)表示"一般",结课后,感觉"一般"的学生仅有 8 人,一半以上的学生实际应用能力得到提高;学生对线上学习成果的满意程度,可以反映出该门课程的教学质量,调查结果显示,开课前,大多数学生对线上教学满意程度不高,非常满意人数仅有 3 人,而在结课后,非常满意的学生增加了 19 人,只有 3 人认为线上教学满意程度为"一般",可见基于 STEAM 理念的线上教学实践在该门课程的应用中取得了一定的成效。

线上课程结束之前,由班级课代表创建"湿地工程规划设计云实习"公众号,公众号上线当日,关注人数便突破选课总人数(35 人)。结课 1 周后,学生们的结课作品陆续开始展示,共计发布推送 35 篇,总阅读量破千次,赢得教师、家长和同学们的一致好评。

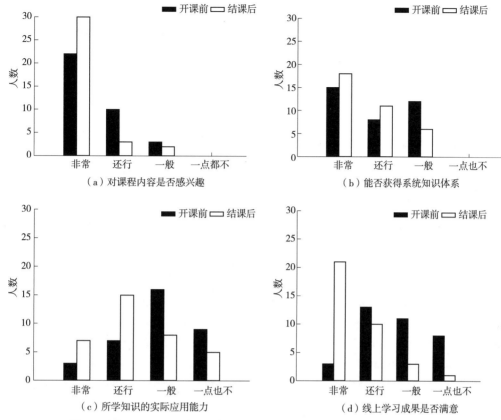

图4 融合STEAM理念"湿地工程规划设计"线上课程教学效果对比情况

在这样的线上教学过程中，学生和教师是有很高的互动性的，打破线上授课枯燥乏味的传统印象，学生能够及时地与教师进行沟通。在这种授课模式下，学生的探索实践能力、思考与解决问题的能力、沟通协作能力和创新能力也会得到很大的提高。在整个"湿地工程规划设计"在线课程的教学实践中，是由于教师与学生的相互配合、相互促进、共同成长，才能够使这门课程在疫情期间顺利结课，并取得比较理想的教学效果。今后，笔者希望在传授学生知识、开拓学生视野的同时，为他们提供更广阔的思考空间，让他们的学习更有裨益。

参考文献

[1]朱海波.新型冠状病毒肺炎疫情防控期间在线教学的实践与思考[J].陕西教育(高教)，2020(07)：50-51.

[2]余胜泉，胡翔.STEM教育理念与跨学科整合模式[J].开放教育研究，2015，21(04)：13-22.

[3]张瑞静，李戈.基于STEAM教育模式的教学体系分析[J].新教育时代电子杂志(教师版)，2017(31)：243.

[4]王娟，吴永和."互联网+"时代STEAM教育应用的反思与创新路径[J].远程教育杂志，2016，35(2)：90-97.

[5]朱学彦，孔寒冰.科技人力资源开发探究：美国STEM学科集成战略解读[J].高等工程教育研究，2008(2)：21-25.

[6]杨成东，于芷晨.网络在线教学方法分析与策略研究[J].求学，2020(24)：5-6.

[7]范文翔，张一春.STEAM教育：发展、内涵与可能路径[J].现代教育技术，2018，28(3)：99-105.

Online teaching practice based on STEAM concept
——Taking *Wetland Project Planning and Design* as an example.

Zhang Zhenming Zhang Mingxiang

(School of Ecology and Nature Conservation, Beijing Forestry University, Beijing 100083)

Abstract Construction and management of wetland conservation is based on the theory and practice of wetland project. The course of "wetland engineering planning and design" aims to guide students to understand the characteristics, requirements, construction contents and technical methods of various wetland engineering projects through typical case design. As an attempt and exploration of teaching method reform during the COVID-19 pandemic period, STEAM teaching concept is integrated into the online teaching, and the project-based teaching mode is designed. Through the four links of, "Preliminary design of course-Online Theory Teaching-Online practice teaching-feedback and Reflection on teaching effect" the online classroom is full of interest, and the disadvantages of the traditional online teaching, which are boring and lack of interaction, are broken. As a result, the students' learning initiative and the relevant practical ability are enhanced.

Keywords STEAM teaching concept, online teaching, *Wetland Project Planning and Design*.

基于互联网资源的引领式教学的应用模式探索

——以高校心理学专业基础课为例

杨 阳 雷秀雅

(北京林业大学人文社会科学学院,北京 100083)

摘要: 针对传统心理学专业基础课程教学中普遍存在的因教学条件受限而导致的理论教学困难的情况,本文提出一种保持课堂中教师对于课程基础知识讲授、同时引入互联网资源的引领式教学模式。该模式强调教师对学习活动的设计、组织、引导与支持,也重视学生在学习中创造力与自主学习能力的发挥,为如何解决心理学专业课程中理论教学与自主实践有机融合的问题提供了新的思路。

关键词: 互联网资源;引领式教学;翻转课堂;心理学专业基础课

一、引 言

新型冠状病毒肺炎疫情的全球性暴发加速了高校推进线上教育的进程,更是使得基于互联网资源的混合式教学模式在实际教学中得到了很大发展。翻转课堂式教学是在近年受到教育者普遍关注的混合式教学模式,它通过重新调整课堂内外的时间,有效地利用互联网在线课程资源,将学习的决定权从教师转移给学生,使得学生在学习过程中的参与度大大提升[1]。

在高校的教学实践中,心理学专业的专业基础课程教学面临着激发学生学习兴趣难、缺乏实践教学环境等问题,急需在教学模式上进行改革[2]。心理学教学指导委员会公布的《心理学发展战略研究报告》中明确指出,应重视实践与理论的结合,培养应用型人才。为了更好地服务于人,培养学生专业基础时如何能更好地调动学生的学习主动性、构建心理学专业实践教学体系、培养学生的创新性思维能力成为了高校心理学专业的建设目标。因此,利用互联网资源的混合式教学是实现学生自主学习意识与创造性思维培养的绝佳途径,翻转课堂模式则为心理学专业基础课程改革指出了方向。

目前,翻转课堂式教学主要包括MOOCs(Massive Open Online Courses,大规模在线开放课程)和SPOC(Small Private Online Course,小规模私有在线课程)2种形式。MOOCs以大规模、完全开放、完全在线的课程资源等特点,为学生提供了开放灵活的网络学习平台和优质的网络共享资源。SPOC则是使用在线课程(类似MOOCs)对少数真实在校注册的学生实施的课程教育。相比于MOOCs,SPOC的特点在于:人数少、在校注册,除了在线视频和习题等,还可以有其他辅助的线上或线下课堂、答疑[3]。学生需要在课前通过观看视频讲座、阅读功能增强的电子书、查阅资料等形式完成课程基础知识的自主学习,这些知识将

作者简介:杨 阳,北京市海淀区清华东路35号北京林业大学人文社会科学学院,yyang@bjut.edu.cn;
雷秀雅,通讯作者,北京市海淀区清华东路35号北京林业大学人文社会科学学院,教授,leixiuya@163.com。
资助项目:北京林业大学教育教学研究项目"大学生互联网知识在专业基础课的有效使用模式"(BJFU2018MS010)。

不再占用课堂的时间通过教师讲授；课堂内的宝贵时间则被用来实现基于项目的学生主动式学习(project-based learning)，在教师帮助下解决问题和内化知识；教师在课堂上能有更多的时间与学生交流，让学生通过实践获得更真实的学习，促成他们个性化的学习[4]。

然而，在实际教学中，以MOOCs和SPOC为主要形式的翻转课堂模式也暴露出一些问题。例如，MOOCs的大规模特性使师生之间难以互动，学生个性化学习难以实现，学习效果难以评价，学习结果缺乏认证，容易引发质量危机，导致MOOCs的低完成率[5]。此外，在SPOC教学中，教师需要全面介入学生的学习过程，从作业批改、充分备课，到课堂上引导学生进行交流答疑和讨论，这使得SPOC教师要投入比其他各种教学形式更多的时间和精力，这让很多SPOC教师感到力不从心[6]。鉴于心理学专业基础课程教育中存在的问题，以及在现阶段普遍推行翻转课堂模式所存在的阻力，本文以翻转式教学模式为引导，提出一种基于互联网资源的、线上-线下相结合的引领式教学模式，以提升高校心理学专业基础课的教学质量。

二、心理学专业基础课程改革思路

(一)教学现状

心理学专业的基础理论课知识点多、知识量大，为达到在有限教学时间内完成知识点教授的教学目标，教师在课堂教学中大多数采用传统的讲授式教学，偏重理论讲授，较少涉及理论与现实中实际应用间的关联[2]。由于自主讨论与实践时间相对较少，学生难以从课程学习中认识其重要性与趣味性，很难激发浓厚的学习热情，导致教学效果不太明显。

探究心理学基础教学形式枯燥单一的原因，主要在于很多心理学现象难以在课堂教学环境中演示，这使得学生在课堂上动手实践的机会较少，难以通过实际操作加深对专业知识的理解。以核心入门基础课程"普通心理学"为例，该课程具有的导论性质使其内容涉及心理学的众多方向，从人的思维感知，到情绪动机，再到智力人格等。由于涉及的知识较为抽象，大学新生在对课程知识的学习和理解上存在一定困难。虽然已有研究结果表明，如果将系统化实验教学引入"普通心理学"的教学课堂，学生的学习兴趣和研究能力都能得到显著提升[7]，但目前很多高校在普通心理学教学中受到缺乏知识素材、条件、场地等因素制约，还是以传统讲授教学为主[8]。而在实践比重更大的实验心理学课程中，实验仪器数量不足、实验设备更新慢、实验室经费不足、缺少合适的教材等因素也被认为是造成该课程教学困难的原因[9]。

从学生的角度来看，其对专业基础课学习的系统性存在欠缺，难以深入学习以及调动学习兴趣，最终在尝试掌握所需要的基础知识时遇到困难[2]。但是如果能借助教材之外的辅助材料，增加课堂的实验与互动教学，教学效果则会得到很大改善[10]。因此我们需要在教学方法和形式上进行改革，以求让学生在有限的课时内更加积极主动地接受更广泛的知识。

(二)教学的改革思路

通过以上分析可以发现，增加教材以外的辅助教学材料与课程中的实践和互动内容是改善心理学专业基础理论课程教学的关键。而互联网恰恰是解除客观环境与条件限制的抓手。互联网知识可以为教师的课堂教学提供丰富的演示案例，并且极大地扩展课堂教育的灵活性和时空延展性，通过在线资源与面授教学的有机结合，可以使课程内容的生动性和多样性得到提升。对线上资源的利用也能增加互动，通过动手实践使学生更好地参与到课堂的主动学习中，提升学习兴趣。

自主式学习模式最大的优势是学习者可以享有充分的自由、数字化学习资源可以充分复用、可大幅度节约有限的师资资源。缺点是对学习者要求高、交互性差、学习效果不理想。考虑到学生自主学习能力与学习自觉性参差不齐，对所有学生开展 MOOCs 和 SPOC 等形式的混合教学可能造成一部分习惯于被动学习的学生产生适应性困难。因此，在心理学专业基础课程的改革中，既要肯定网络和信息技术在教学模式实践应用中的价值，同时又要保持教师在课堂教学中的影响。教师通过发挥资源引领、任务引领和互动引领等课堂引领作用，以线下课堂为基本教学空间，把互联网资源作为教学中的时间空间扩展，促进教师基础知识讲授结合学生利用互联网资源开展以任务为导向的自主学习模式的开发。教学模式如图 1 所示。

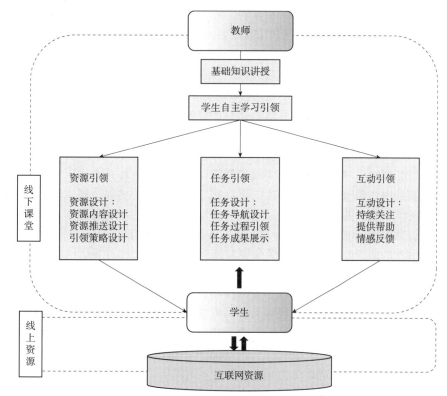

图 1 基于互联网资源的引领式教学框架

三、基于互联网资源的引领式教学模式探索

在新型冠状病毒肺炎疫情暴发期间，高校教学普遍开启了线上教学模式。然而，伴随疫情影响逐渐减小，在今后的一段时间内，我国的高等教育仍将回归到以线下课堂教学为主的形式。但是，互联网已充分展示了对于教学便利性以及课堂时间-空间扩展性所带来的巨大促进作用。因此，为了更好地将互联网资源纳入课堂教学，本文针对心理学专业基础课程提出了一种基于互联网资源的引领式教学模式，在课程知识的讲授基础之上，更加强调学生借助互联网资源开展自主学习时教师的引领式作用、以目标和任务驱动的学习过程以及教学资源的组织和环境构建。

（一）以学生为中心的引领式教学设计

除去基础知识的课程讲授以外，教学设计要确保教师在辅助的学生自主学习中的引领式作用。引领式教学模式以社会性构建理论为根据，注重教师和教学资源对学生的引导作用。在此基础上，强调学习过程中，网络化教学技术以及网络共享资源的应用，通过教师与学生之间的有效互动，利用线下与线上相结合的方式解决实际教学问题。

教师的引领式作用主要体现在资源引领、任务引领和互动引领3个方面。在资源引领方面，教师需要围绕所承担的心理学专业基础课程内容，进行充分的课程分析和学情分析，确定适合课程教学的互联网专业资源以及学生对于资源运用的平均能力水平；设计与课程进度相匹配的资源推送方案以及针对不同学生的资源推送策略。在任务引领方面，教师需要根据教学计划和大纲进行每次课程的学习目标引导，将课程知识转化为以问题解决为驱动的学习任务，引导学生独立或以小组的形式，在学习课程基础知识的基础之上，通过自主搜集信息，或者利用网络数据库以及数据分析、模拟平台，实现对所学知识的运用和巩固，并将完成任务的成果进行展示。在互动引领方面，教师需要对学生的自主学习过程保持关注，并为遇到困难的学生提供必要的帮助；对自主学习中学生可能产生情感、态度等非智力因素，教师也需要通过线下主动交流给予学生充分的反馈和支持。

（二）以目标和任务驱动的学习过程管理

作为课程教学中确保学生利用实践增进课程知识理解以及培养创造性思维的关键环节，基于互联网资源的引领式教学设计要求教师将课程知识的一部分设计为需要学生发挥动手实践能力、利用互联网资源完成的课堂教学任务，以此增强学生的课堂参与感与自主学习意识。

教学设计是连接学习理论和教育实践的桥梁，缘起于学习理论指导下对学习要素的分析，落脚于实践中教学问题的合理解决。设计基于互联网资源的混合模式学习的根本目的是促进学生的学，因此需要首先针对学生在心理学专业基础课程学习过程中可能遇到的问题进行思考，从而确定混合模式构建的目标，以及为了实现目标而应该纳入的教学内容。通过对教学课堂的调查以及对以往相关研究的分析和总结[2,11-12]，心理学专业基础理论课教学中较常出现的问题是：①理论描述不清，演示案例稀少，缺乏最新研究进展介绍；②课堂上缺少对学生实践能力培养的环节；③学生缺乏学习兴趣。因此，为了合理有效地挑选和利用互联网资源，在构建新型的课程教学与互联网知识相结合的混合模式时应当首先确定以下目标：①提供课程教材以外的互联网知识补充与扩展；②利用网络实验模拟平台和数据分析/模拟平台培养学生的实践能力；③通过线下讲授与线上实践相结合的方式，加深学生的学习参与程度，以问题解决为导向，提升学生的学习兴趣。

为了实现学习目标，教师在对学生的自主学习过程进行规划和管理时，可以通过安排辅助资料搜集、案例总结与分析、在线实验实施/心理测评、在线数据分析等4种子任务形式，引领学生完成课程目标。教学中，将这些目标进一步分解，每节课中提出具体学习任务，并按进度及时检查学习任务的完成情况。最终，在教师的引领以及互联网资源的支持下，学生通过完成教学中的任务，实现对课程的完整学习。

（三）教学资源的组织和环境构建

针对心理学专业课程中教学资源与条件受限的问题，组织有效的在线教学资源是开展新型混合式教学的重要步骤。互联网资源可成为对课堂、书本知识的重要补充和扩展，并提供第一手的阅读资料（例如英文文献）供学生学习，激发学生的学术兴趣；对于希望突破专业限制、进行跨学科交叉学习的学生，也能提供有力的支持。

首先，传统课堂讲授可能出现"理论多，案例少，缺少最新进展介绍"的情况。对于这样的问题，学生可以充分利用网络百科全书、多人协作写作系统、云端学术会议平台、心理学专业数据库（例如"PsycINFO"）、心理学专业知识论坛（例如"PsycCRITIQUES"）、心理学专业文献检索工具（例如"ProQuest"）、网络视频课程等资源，在教师的任务教学引导下，针对课堂学习中的知识进行补充。

其次，面对在课堂中培养学生实际动手实践能力的需求，可以向学生推荐在线心理学实验设计与实施的平台（例如"Cognitivefun.net"和"PsyToolkit's Experiment Library"），让学生坐在教室使用移动设备就可以体验和参与心理学实验（图2）。另外，对于心理测量相关知识的学习，也可以借助在线心理量表编制与发放平台（例如"问卷星"），实现心理量表的施测与数据回收。

最后，对于学习与研究兴趣的培养，教师可以以现实生活中的心理现象为出发点设计任务，引导学生利用科普类知识问答网站、社交网络（公众号平台）、移动短视频、影视剧片段等资源，按要求完成学习任务。

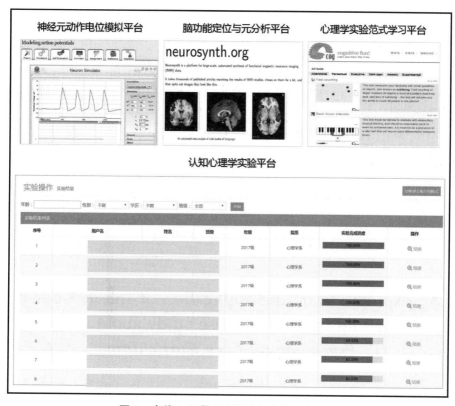

图2 在线心理学实验设计与实施平台示例

四、结　语

高校作为创新人才的培养基地，其主要任务是培养能通过持续的自我提升适应社会高速发展，并且能以创造性的思维方式为社会创造价值的高素质人才。心理学专业对学生的培养目标是让学生通过扎实的专业学习最终实现对人的行为与心理现象的有效描述、解释、预测和控制，其专业教学需要将理论知识教育与实践、应用能力培养有机融合。

当前以翻转课堂为代表的混合教学模式为发展学生的自主学习能力与创造力提供了有利条件，但是考虑到课前学习的安排与监督、课中讨论与任务设计、课后评价与成果挑选、平台问答交互等环节中存在的问题，目前的模式对于教师自身的知识储备、准备教学的时间和精力以及学生的自主学习能力都提出了很高的要求。因此本文提出了一种基于互联网资源的引领式教学模式，其本质是保持教师的基础知识讲授方式，在课堂中引入互联网资源，强调教师的学习引领作用，带领学生在课堂学习中利用互联网资源弥补线下教学条件的不足，完成以问题解决为驱动的课堂学习任务。学生在学习过程中不仅进行共性的标准化的知识习得，更能体验到创造性知识的自我建构与生成。通过激发学生的学习兴趣，新型的引领式教学模式有望实现培养有扎实理论功底与实践能力的心理学创新人才的目标。

参考文献

[1] 任远坤. 探讨翻转课堂在高校教育学中的应用[J]. 科学咨询(教育科研)，2020(10)：46-47.

[2] 杜夏华，王炳元. 对应用心理学专业教学改革的几点思考[J]. 内蒙古医学院学报，2012，34(S3)：488-490.

[3] 刘素稳，李军，刘绍军，等."互联网+"混合式教学：基于MOOCs、SPOC及翻转课堂的探讨[J]. 教育教学论坛，2016(51)：242-243.

[4] 薛云，郑丽. 基于SPOC翻转课堂教学模式的探索与反思[J]. 中国电化教育，2016(05)：132-137.

[5] 金玲. 师范院校心理学相关课程教学模式研究述评[J]. 现代交际，2018(24)：142，141.

[6] 郑静. 国内高校混合式教学现状调查与分析[J]. 黑龙江高教研究，2018，36(12)：44-48.

[7] 沈国方. 对心理学实验教学模式的再研究[J]. 心理科学，2005(3)：673-674.

[8] 杨柯，于敏章，刁佳玺. 地方师范院校普通心理学实验教学改革的实践与探索[J]. 创新创业理论研究与实践，2019，2(13)：43-45.

[9] 周广东，杨海波，白学军. 心理学专业"实验心理学"本科教学现状的调查与分析[J]. 心理与行为研究，2017，15(3)：424-432.

[10] 任丽坤，刘艳红，杜丽花. 高校心理学课程教学存在的问题及措施[J]. 教育教学论坛，2019(1)：151-152.

[11] 张胜洪. 在自知与理解的途中：应用心理学专业本科教学改革与创新探索[J]. 新课程研究(中旬刊)，2012(6)：25-27.

[12] 陆雯. 应用心理学专业建设与教学改革研究[J]. 才智，2016(16)：58-59.

An exploration on the application of Internet-based leading teaching: A case study about the *Psychological Core Curriculum*

Yang Yang　　Lei Xiuya

(School of Humanities and Social Sciences, Beijing Forestry University, Beijing　100083)

Abstract　view of the difficulties in the teaching and learning of psychological theories caused by limited environmental conditions in the traditional classes for the core curriculum, we proposed a leading teaching model that integrates the leading role of teachers in teaching the basic knowledge and the learning role of students with the support of using Internet resources. The proposed model emphasizes the design, organization, guidance, and support of teachers in learning activities, and also focuses on thecultivation of the creativity and independent learning ability of students. The present study provides an insight on how to fuse the independent practice into the theoretical teaching in psychology courses.

Keywords　internet resources, leading teaching; flipped classroom, *Psychological Core Curriculum*

基于知识地图的"气象学"微课程建设

王鹤松　同小娟　姜　超

（北京林业大学生态与自然保护学院，北京　100083）

摘要：微课程作为一种在线上教学的形式，在2020年新冠疫情期间发挥了重要作用。面对微课程可能出现的学生学习缺乏系统性、知识点间的关联认识不足等问题，我们将知识地图应用到"气象学"微课程的建设中。通过构建知识地图，分解"气象学"课程的关键知识点，划分微课程内容，实现了教学章节的分解化与模块化。这使得学生在使用好碎片化时间的同时，还能系统全面地掌握气象学的知识架构，使学生能够更好地学习和理解"气象学"课程的核心知识点。

关键词：知识地图；微课程；气象学；知识体系

2020年初，随着新型冠状病毒肺炎的大规模爆发，全球高校无法正常开学，对包括我国在内的课堂教学造成了严重影响。为此，教育部要求采取政府主导、高校主体、社会参与的方式，共同实施并保障高校在疫情防控期间的线上教学，实现"停课不停教、停课不停学"[1]。在此次疫情中，以"互联网+"为基础的线上教学得到了广泛的应用，也引起了大学教育的关注。

微课作为一种在线教学的形式，不受时间和空间限制，方便教师在教学中更新教学内容、分享教学心得，也能够帮助学生充分利用碎片时间学习[2-3]。微课程是由多个微课单元经过前后衔接、相互贯通而形成的一个完整课程。在实施过程中，可以为学习者提供全方位的实时学习资源平台，促进教学质量的提高。然而，微课程的教学并不是简单地将整本书内容化整为零，切割为若干教学片段，而是基于课程知识结构，按照人类认知事物的客观规律，将课程分为若干互相关联的知识点，知识点之间再通过逻辑关联，形成完整的知识体系。

知识地图最早是由情报学家布鲁克斯（B. C. Brooks）[4]于1988年在其《情报学基础》中提出的，目前已成为碎片化知识组织的主要工具。将知识地图应用到微课程建设和学习中，可以解决在微课程学习中知识点割裂、缺乏关联性的问题，进而使学习者能够系统地构建知识的体系，促进逻辑思维的形成。

一、"气象学"微课的建设背景

北京林业大学的"气象学"课程既是林业类专业的核心课程，又是保证专业人才培养质量的关键课程[5-6]。自疫情爆发以来，为保证"停课不停教、不停学"任务的完成，北京林业大学"气象学"课程通过微信或QQ群以及腾讯课堂等线上平台积极开展线上教学，保障了师生的正常教学。但现有线上教学方式依然存在一些不足，主要表现为教学时长（通常不低于一个半小时）过长、灌输式教学方法容易引起学生学习疲惫等方面。微课程是近几年新

作者简介：王鹤松，北京市海淀区清华东路35号北京林业大学生态与自然保护学院，副教授，wanghs@bjfu.edu.cn
　　　　　同小娟，北京市海淀区清华东路35号北京林业大学生态与自然保护学院，教授，tongxj@bjfu.edu.cn
　　　　　姜　超，北京市海淀区清华东路35号北京林业大学生态与自然保护学院，副教授，jiangchao@bjfu.edu.cn
资助项目：北京林业大学教育教学研究项目"基于线上教学平台的'气象学'微课程建设"（BJFU2020JY086）

兴的一种教学手段，是线上教学的延伸。微课程不受时间和空间限制，通过围绕一个知识点或问题，制作一个 5~15 分钟的短视频，通过网络平台的共享，使学生更加自由自主地进行学习。在已有的线上教学基础上建设"气象学"微课程，一方面是教学任务的需要，另一方面也是培养人才方式的一种改革。

随着微课程建设的深入，我们意识到微课堂可能会出现学生学习缺乏系统性、知识点间的关联认识不足等问题，即"只见树叶，不见森林"的情况，缺乏对气象学总体思考的能力。因此引入知识地图，把微课堂的内容进一步进行梳理和归纳，有利于学生更好地掌握和学习气象学在线教育的内容。

二、知识地图的设计与制作

基于知识地图的概念，我们将"气象学"课程的教学内容分解为 5~15 分钟时长的微课程，微课程内容之间既相对独立又有逻辑关联，能够完整组成气象学课程的知识体系。知识地图的设计上我们选用了四步分类设计法(图1)，具体步骤如下：

图 1　知识地图的构建流程

第一步，知识范围的确定。"气象学"课程的主要内容包括：大气的组成与结构、太阳辐射、地面辐射和大气辐射、土壤温度和大气温度、大气中的水分、大气的运动、天气与灾害性天气、气候与中国气候、小气候等。这些内容包括气象学、天气学、气候学等基础知识也适当地融入了气象要素与森林关系的探讨，体现了林业院校的特色。课程的教学目标是使学生掌握气象学的基本理论、基本知识和基本技能，逐步培养学生的自学能力，为今后专业课程的学习奠定必要的气象学基础知识。这些内容和培养目标为微课程的总体设计划定了范围、指明了方向。

第二步，知识分解。开展知识分解的目的在于明确具体教学内容，建立知识体系，为后续微课设计和制作提供依据。"气象学"课程总共分为 9 个章节，对每个章节继续进行知识内容的分解，共分为 8 个教学模块和 154 个知识点或关键词，形成了有层次和关联的气象学知识体系。其中，大气成分既是研究对象，在内容上也是整个课程的基础。太阳的辐射能是产生天气现象的基本动力，为后续的天气、气候过程提供了驱动能。温度、水分和大气环流的变化都是在能量的驱动下表现出来的具体现象。这些现象的变化，短期之内即为天气学，长期则为气候学，发生在局地称为小气候。

第三步，知识分类与关联。知识分类的目的在于合并同类知识点，而关联的目的是对梳理出来的知识点进行逻辑关联，进而构建同类型的知识集合。我们采用层级的方式表示知识点间的隶属关系，用箭头表示知识点包含的若干分支，以此建立知识点和关键词间的知识图谱，构建成完整的知识树。"气象学"课程在内容上包含了大气物理、天气学、气候学、微气象学以及林业气象学的内容。我们按教学内容进行了模块分类，分为大气成分、辐射、温度、水分、动力、天气、气候以及小气候 8 个一级大类，将课程所有的知识内容都归纳到这几大类之中。在一级大类之下，还设置了二类、三级等级别。如"大气的运动"一级大类里设置了"空气的水平运动"二级类型，继续设置了"作用于空气的力"三级类别，在此类别下，详细地列出了"水平气压梯度力""地转偏向力""惯性离心力"和"摩擦力"4种。

第四步,知识呈现。通过制作知识地图呈现"气象学"课程的知识体系。我们采用Inspiration工具绘制树形结构的知识地图,该工具不仅界面直观、符号丰富,还具有逻辑关联等功能,可以输出图片格式。在绘制过程中,我们采用知识树的形式表示微课内容间的知识关系及课程总体结构(图2)。

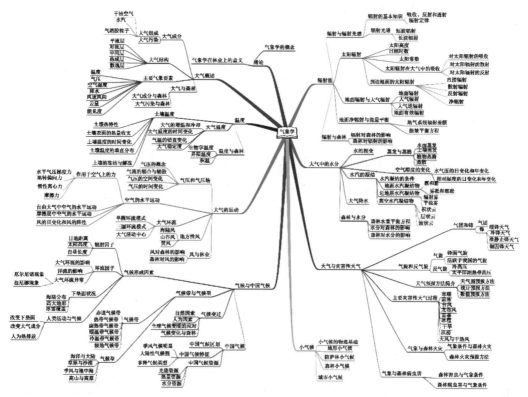

图2 "气象学"微课程的知识地图

三、使用过程与效果

通过构建知识地图,分解"气象学"课程的关键知识点,划分微课程内容,实现了教学章节的碎片化与模块化。在授课时,我们通过微信或QQ群布置课堂作业,组织学生进行专题讨论与交流,确保课堂活动的互动性较强,帮助学生巩固理解学习内容。我们还通过视频录制、剪辑、旁白等手段制作微课程视频。在知识地图的框架下,我们构建的"气象学"微课更有利于学生对知识点的学习。注意力的集中和碎片化时间的利用,对现有的线上教学实现了进一步的提升。学生在使用好零碎化、破碎化时间的同时,也能够系统全面地掌握气象学的知识架构,起到了较好的学习效果。在授课时与学生的沟通及网络调查发现,学生们普遍认为新的微课更有吸引力和针对性,自己学习积极性明显提高。同时学生们也表示一些延伸性的视频资料也很有趣味性,提高了学习积极性和对气象学抽象理论知识的理解,已经成为学生碎片化学习的有效手段。这说明新的方法可较好地解决学习资源缺乏吸引力和学生学习主动性不足等问题。

综上,知识地图在"气象学"微课程的建设中起到了重要的引领作用,通过系统性的微课程建设,优化课程设计、录制教学资源、建立交流机制,培养了学生发现问题、分析问题和解决问题的能力,启发了学生的创新思维,提高了学生的逻辑思维能力,从而使学生更好地学习和理解"气象学"课程的核心知识点。

参考文献

[1] 教育部办公厅. 教育部应对新型冠状病毒感染肺炎疫情工作领导小组办公室关于在疫情防控期间做好普通高等学校在线教学组织与管理工作的指导意见,教高厅,2020,2号.

[2] 唐红江. 微课在高校课程教学应用中的问题探讨[J]. 农村经济与科技,2020(31):290-291.

[3] 朱旭敏,赵振东,陈蓓莹. 微课对气象观测员培训的影响研究[J]. 继续教育,2017(261):49-50.

[4] 庄善洁. 从情报学角度谈知识地图的应用[J]. 现代情报学,2005(8):198-200.

[5] 同小娟. 高等林业院校"气象学"课程教学改革与实践[J]. 中国林业教育,2013(31):63-65.

[6] 王鹤松,姜超. 基于成就动机理论的"气象学"课程教学改革实践[J]. 中国林业教育,2016(34):75-78.

Application ofknowledge map in construction the micro-lecturesof the course in *meteorology*

Wang Hesong　Tong Xiaojuan　Jiang Chao

(School of Ecology and Nature Conservation, Beijing Forestry University, Beijing　100083)

Abstract　As a kind of online learning, micro-lectures play an important role in guaranteeing teaching and learning duringthe COVID-19 epidemicin 2020. To cope with problems such as the lack of systematicness in students'learning and the lack of understanding of the relationship between knowledge points, we applied knowledge map to the construction the micro-lectures of the course in meteorology. Bybuilding a knowledge map of the course in meteorology, decomposing the key knowledge points and classifying contentsof micro-lectures, we realize the decomposition and modularization of teaching chapters. This enables students to make good use of fragmented time, but also can systematically and comprehensively grasp the knowledge framework of meteorology, so that students can better learn and understand the core knowledge points of the course in meteorology.

Keywords　knowledge map, micro-lectures, course in *meteorology*, knowledge system

基于项目驱动的单片机课程在线教学探索

颜小飞　赵燕东　赵　玥

（北京林业大学工学院，北京　100083）

摘要： 根据"单片机原理及应用"课程的特点和教学目标，北京林业大学制定了"慕课预习+腾讯课堂直播+微信群在线辅导"相结合的在线教学模式，引入基于Proteus仿真平台的项目驱动教学法实施教学，打破传统教学体系和知识结构，依据具体的项目任务重新组织知识点，以解决实际问题为目标，将理论知识和实践训练相结合。本文从课前、课中和课后3个维度构建了实施该在线教学模式的基本流程。实践证明，该在线教学模式教学效果良好，增强了学生学习的兴趣和主动性，提高了学生的工程素质和实践创新能力。

关键词： 在线教学；项目驱动；Proteus；单片机

2020年春季学期，响应教育部"停课不停教、停课不停学"的号召，笔者积极准备在线教学。在线教学不是传统线下课堂的线上重现，需要教师对各环节进行精心设计，使用有效的教学模式重构教学，从而保证"在线学习与线下课堂教学质量等质实效"[1]。"单片机原理及应用"作为一门理论性、实践性和工程性都很强的技术课程，在师生"时空"分离的在线教学过程中面临巨大挑战。本文根据单片机课程的特点和教学现状，在教学过程中引入Proteus仿真软件，使用项目驱动教学法重新构建课程，采用"慕课+腾讯课堂+微信群"的在线教学模式，对在线教学方法进行改革与探究。从实践结果来看，整体教学效果良好，Proteus仿真软件的引入能够提高学生硬件系统的设计能力与软硬件联调能力，项目驱动教学法可以增强课堂的趣味性和学生学习的积极性，丰富的教学手段能够实现对学生多样化的监督和督促，在线教学质量得以保障，可以为相关教学手段与方法的改革提供参考。

一、课程现状及在线教学面临的问题

（一）课程现状

"单片机原理及应用"是高等院校自动化、电子信息、测控技术与仪器等电类专业必修的核心课程之一，在学生的知识体系中占据重要地位，其教学效果直接影响学生的就业和发展。该课程要求学生掌握单片机系统硬件结构和软件设计方式，并且能够动手设计和开发单片机应用系统。经过多年的教学实践，笔者总结出该课程的主要特点是：内容抽象、逻辑性强、指令繁多、硬件结构复杂、软件编程灵活多样，对于缺乏工程实践经验的学生来说，课程更加显得抽象枯燥、难于理解、入门较为困难。

作者简介：颜小飞，北京市海淀区清华东路35号北京林业大学工学院，副教授，yanxf@bjfu.edu.cn；
　　　　　赵燕东，北京市海淀区清华东路35号北京林业大学工学院，教授，yandongzh@bjfu.edu.cn；
　　　　　赵　玥，北京市海淀区清华东路35号北京林业大学工学院，副教授，zhaoyue0609@126.com。

资助项目：北京林业大学教育教学研究项目"基于项目驱动的'单片机原理及应用'课程教学方法改革"（BJFU 2020JY050）；
　　　　　北京林业大学教育教学改革项目"面向工程教育认证的'计算机图像处理'课程教学改革"（BJFU 2019TY056）。

传统单片机课程主要采用"课堂+实验"的教学方式，课堂教学以多媒体形式为主，采用演示教学法进行理论知识的传授；实验教学主要基于专用的实验箱，将编写的程序下载到实验箱以开展相关实验。传统教学模式存在的主要问题是[2]：

第一，理论课各章内容比较孤立，学生建立不起内容间的联系。在教学过程中，按照教材内容顺序展开讲解，内容之间的衔接性差，又涉及很多抽象的理论知识，初学者普遍感觉难以理解，"天书"是留给他们的最深印象，对所学知识无法形成完整的、系统的认识。

第二，理论教学与实验教学存在脱节的问题，理论内容比重偏大，实践应用偏少，没有充分体现单片机的趣味性和实用性，缺乏工程实践锻炼的机会，无法达到提高学生实践能力的目的。

第三，学生没有工程项目的意识，不了解完成工程项目的经过。传统的教学方式无法使学生树立起工程项目的概念，更无法掌握工程项目的设计方法。

鉴于以上问题，本文采用项目驱动教学法对教学过程进行改革。

(二)在线教学面临的问题

在线授课方式下，教师和学生各在电脑一端，师生所处时空不同，课堂教学变成了"直播教学"，实体课堂变成了"网上课堂"，线上教学也面临以下3个主要问题[3]：

第一，课上传递信息的方式受限，在线授课过程中学生无法看到教师的神态和肢体语言表达，教师无法使用实物教具，缺少面对面的沟通交流，不能随时掌握学生的学习状态以及学生对讲授内容的接受程度。

第二，在线教学使教师和学生之间互动起来不够方便直接，很容易形成教师单方面直播、学生单方面听讲的课堂模式。此外，学生在电脑另一端不容易监督，难免走神或者做别的事情。因此，如何动员学生真正参与到课堂中、保证课堂质量是教师面临的最大挑战。

第三，实体课堂采用硬件实验箱做实验，教师实时指导，这是在线教学无法实现的。

鉴于以上问题，笔者充分利用本教学团队录制的慕课资源，引入Proteus仿真软件并结合项目驱动教学法，有效地融合理论与实验实践教学。通过丰富的教学手段，增强课堂的趣味性，营造活跃的课堂气氛以调动学生的积极性，进而提升教学效果。

二、项目驱动教学法

(一)项目驱动教学法的特点

传统的教学过程以教师、教材和课堂为中心，教师是教育的主动实施者，学生是知识的被动接受者。项目驱动教学法是一种建立在建构主义教学理论基础上的新方法[4]，强调以学生为中心，在整个教学过程中由教师充当组织者和指导者的角色，该方法最显著的特点是"以项目为主线、教师为引导、学生为主体"，围绕特定项目的需求来引入知识点，组织并实施教学，有利于提高教学的针对性和实效性[5]。通过大量具有趣味性的实例实训项目，提高学生学习的兴趣和主动性，充分发掘学生的创造潜能，提升学生的工程思维能力、实践动手能力以及团队协作能力。

(二)项目驱动教学法的实施

1. 设置项目

项目是项目驱动教学法的核心，也是教学任务的载体，设计难度适中、实用性或趣味性强、知识点覆盖面广、综合性强的项目非常重要。同时，进行项目设置时要充分考虑知识前后间的联系，让学生在学习新知识的同时不断巩固旧知识，把项目分解成若干个小的教学任务，每个任务之间的知识点要建立关联，使学生对知识点的掌握过程是层层递进的。

因此，我们把整个课程体系分成 8 个项目来组织教学，具体项目内容见表 1，这些项目几乎涵盖了课程所有重要的教学内容和知识点。

表 1 单片机项目驱动教学法的项目设置

序号	项目名称	涉及的主要教学内容与知识点
1	数据运算与存储	片内、片外数据存储器的访问
2	汽车尾灯控制系统	并行 I/O 口的操作、延时子程序、子程序调用
3	流水灯控制系统	并行 I/O 口的操作、定时器和中断的使用
4	串行通信系统	串行通信接口、双机通信、中断系统
5	十字路口交通灯设计	定时器、中断系统、I/O 口的综合运用
6	秒表	LED 显示器、定时器的应用
7	数字电子钟	LED 显示器、键盘、定时器、中断、I/O 口的综合应用
8	温度测量系统	I^2C 总线、LED 显示、数据存储器扩展

2. 下达项目任务书

课程开课第 2 周，学生自由分组，2~3 人为一个小组。教师统一下达项目任务书，帮助学生分析完成项目应具备和掌握的知识，说明课程知识点之间的联系。通过对项目任务的分析，引导学生了解学习本课程的作用，认识各章知识的重要性及其内在的关联性，将抽象的教学内容形象化、具体化，从而降低课程的入门难度。

3. 项目的实现过程

项目实现过程主要由 5 个步骤构成：项目分析、理论知识学习、硬件设计、软件编程、调试优化。在这个过程中，学生主动吸收知识、主动收集资料、主动分析和解决问题，他们成了教学中的主角，而教师则转换为引导者和组织者，改变了传统的"教师讲、学生听"的方式。学生在从知识到技术的转化过程中不断学习知识、巩固知识、综合知识、深化知识、应用知识，大大缩短了从学到用之间的距离，同时也显著提高了学生学习的积极性和主动性。

4. 项目结果汇报与评价

完成项目任务后，首先由教师检查项目运行结果是否满足教学要求，提出修改意见。然后，召开项目汇报会，每组以 PPT 形式汇报设计思路、关键环节的实现方法、硬件系统的设计方法、遇到的问题和改进措施等，并当场演示自己制作的系统。

项目评价包括项目实施过程和项目最终结果两部分。项目实施过程着重考查学生学习态度，分析问题、解决问题和团结协作的能力。结果评价着重考查设计方案、运行结果、创新性以及达到预期结果的程度等。

三、课程在线教学模式构建

(一) 课前准备

直播教学不等同于课堂搬家，如果在直播教学中使用与传统课堂教学同样的 PPT、讲课方式和讲课内容，最终的教学效果肯定不尽如人意。接到在线教学任务之后，笔者马上结合本门课程的特点开展了在线课程设计和课前准备工作。

1. 重组课程内容

原先的教学设计按照教材章节顺序开展，理论和实验课程分别以教师讲授、学生操作为主。为了使在线授课取得更好的教学效果，选择运用项目驱动法开展教学，每节课都以项目引入具体的教学内容，完成知识的讲解，并以教学内容引入更深入的问题，以此层层递进，引导学生进行深入思考和学习。因此，教学顺序和课程内容需要进行大范围的调整和重组。

2. 补充和完善教学资源

更新学校教学平台上原有的教学资料，完善题库与作业库，录制课后习题讲解视频，补充一些与课程相关的电子资料。

3. 课程设计方案在线研讨

建立任课教师微信群，开展在线授课模式、课程讲授、直播安排、课程预案、作业辅导、考核评价等教学环节的集体在线研讨，并相互评课，交流心得。

4. 建立授课班级微信群

学生分布在全国各个城市和地区，为了方便联系，在课前建立了班级微信群，以便了解学生情况和发布课程通知。

（二）在线教学过程

有效的在线教学需要高质量的在线课程设计和积极的教学干预。本课程的在线教学方案为"慕课预习+腾讯课堂直播+微信群在线辅导"，采用项目驱动教学法实施教学，运用 Proteus 仿真软件实现边教、边学、边做，尽可能提高学生的课堂参与度和实践动手能力。为了保证教学效果并增强课程的灵活性，在线教学过程分为课前、课中和课后 3 个环节（图 1），下面对每个环节进行详细介绍。

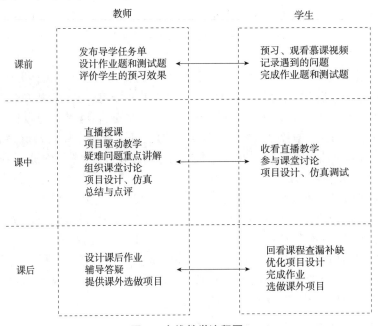

图 1　在线教学流程图

1. 课前：前置预学

本课程教学团队在 2018 年获批学校在线开放课程项目，于 2019 年在"中国大学 MOOC"平台上线，截至 2020 年 2 月，慕课课程已经开设到第 3 轮，并获得广泛好评。笔者将该慕课资源作为在线教学的课前预习资料。

教师在课前按课次发布导学任务单，在任务单中详细列出学习内容和知识点，学生进行相应的慕课学习，记录在预习过程中遇到的问题，并完成专门针对在线教学设计的作业题和测试题，对学生的慕课学习效果进行评价，错误率较高的学生可以反复观看慕课视频。

2. 课中：内化知识

采用腾讯课堂进行直播教学，以一个完整的项目作为学习任务的载体。首先，通过课前预习，让学生基本掌握相关知识点，课堂上借助探究、讨论、分享和比较等多元翻转形式实现协作式学习，教师对于之前学生学习过程中存在的疑难问题、慕课预习测验中错误率较高的知识点进行针对性指导，对薄弱环节和重点问题进行多样化的交流互动。其次，教师对项目的分步实现进行有效引导，组织学生使用 Proteus 仿真软件完成项目的硬件设计和软件编程与调试(图2)，着重培养学生的团队协作意识和解决实际问题的能力。最后，教师对学生的设计方案、硬件搭建、软件编程等方面进行总结和点评，以使学生进一步巩固所学内容，完成知识的二次内化，真正实现对知识的理解和掌握。

实践证明，基于项目驱动教学法设计的在线直播课堂能够有效提升学生的课堂活跃度，显著激发学生的学习热情和兴趣，从而保障教学质量。

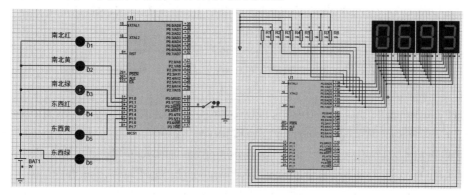

图 2 交通灯和秒表的仿真实现

3. 课后：拓展提升

直播结束后，学生可以回看课程以便对自己的知识薄弱点进行查漏补缺、巩固提升，并根据教师的建议优化项目设计方案和实现方法；教师则可以通过已经建好的微信群布置作业、分享工程案例、辅导答疑。此外，根据课程内容，教师为学生提供选做项目，进一步加强学生的知识运用和实践能力。

(三) 考核方式

采用"在线学习情况+作业+项目完成情况+期末考试"的评价体系，过程评价和结果评价并重，按照在线学习情况、作业、项目完成情况和期末考试成绩各占10%、20%、30%和40%得出总评分。慕课平台能够记录学生的学习行为，包括视频学习情况、作业、测验等；腾讯课堂的回放功能可记录学生在直播课、在线讨论等环节的参与情况。教师可以利用这两个平台细化过程评价，结合期末考试成绩实现对学生学习效果的客观、全面考查。

四、结　语

本文探讨了线上教学过程中引入项目驱动教学法和 Proteus 仿真软件，采用腾讯课堂直播教学模式，进行"单片机原理及应用"的在线教学探索与改革。授课过程由以教师为中心转变为以学生为中心、以课本为中心转变为以项目任务为中心、以课堂理论为中心转变为以实践操作为中心，采用完整的项目作为学习任务的载体，充分调动了学生主动学习的积极性，使学生从被动接受枯燥的知识转为主动探究和运用理论知识，有效地提高了教学质量。

参考文献

[1] 谢延红. 计算机理实结合类课程在线教学模式实践[J]. 计算机时代, 2020, 9: 103-105, 108.
[2] 陈海卫, 盛卫锋, 化春键, 等. 基于虚拟仿真平台的单片机课程教学的思考[J]. 教育教学论坛, 2019, 2: 226-227.
[3] 潘中强, 常新峰. 基于OBE理念的大学计算机课程线上教学实践[J]. 创新应用, 2020, 37(8): 25-27.
[4] 唐炜. 基于"项目驱动"的单片机类课程实践教学改革[J]. 实验室研究与探索, 2010, 29(5): 130-132, 154.
[5] 郭文川. 项目教学法在单片机课程教学中的实践[J]. 中国现代教育装备, 2011, 1: 112-114.

Exploration of on-line teaching of the *Single-Chip Microcomputer* course based on project-driven

Yan Xiaofei   Zhao Yandong   Zhao Yue

(School of Technology, Beijing Forestry University, Beijing 100083)

Abstract According to the characteristics and teaching objectives of the *Single-Chip Microcomputer* course, an online teaching model combining "MOOC previewing+tencent classroom live broadcast+wechat group online tutoring" was developed. The project-driven teaching method based on Proteus simulation platform was introduced to implement teaching, which would break the traditional teaching system and the original knowledge structure. Consequently, we reorganized the knowledge points according to the specific project tasks and combined the theoretical knowledge with the practical training. This paper constructs the basic flow of the online teaching mode from three dimensions: before class, during class and after class. The practice resultsshow that this online teaching mode has good teaching effect, which can improve the initiative and practical innovation ability of the students.

Keywords online teaching, project-driven, Proteus, *Single-Chip Microcomputer*

基于授课内容切割、知识点分解、管理技能养成的"项目管理"在线教学总结

袁畅彦　贺　超

(北京林业大学经济管理学院，北京　100083)

摘要：新冠肺炎疫情对高等教育保证"停课不停教、停课不停学"和"线上线下教学实质等效"提出了严峻挑战。本文结合笔者自身讲授的"项目管理"(专业必修课)，首先回顾了2020年春季学期开展在线教学的特点、困难和应对措施，进而指出该门课程在春季学期确保在线学习与传统的线下课程教学质量达到"实质等效"的关键之处是通过基于授课内容模块化切割、知识点慢动作分解、管理能力技能养成来实现实时交互式在线教学。实践证明，在线教学经过良好设计后，能够较大程度实现管理类课程学生的在线学习成效与以往的课堂学习成效等效。

关键词：项目管理；课程切割；知识点分解；管理技能养成；实质等效

一、在线教学课前必须思考的两道必答题

(一) 如何有力保证"停课不停教、停课不停学"

2020年初，为有效应对新型冠状病毒感染肺炎疫情的严峻挑战，国家紧急做出了大中小学推迟开学的决定，大多数高校和中小学都延期开学。为贯彻落实习近平总书记"要把人民生命安全和身体健康放在第一位，坚决遏制疫情蔓延势头"的坚决打赢疫情防控阻击战的重要指示精神，国家紧急做出了大中小学推迟开学的决定，大多数高校和中小学都将延期开学。教育部也就在疫情防控期间高等学校在线教学组织和管理提出指导意见，明确高等学校应"积极开展线上授课和线上学习等在线教学活动，保证疫情防控期间教学进度和教学质量，实现'停课不停教、停课不停学'"。

在这样的背景下，为有力保证"停课不停教、停课不停学"，教师的"教"与学生的"学"势必发生相应的改变，其中最为热点的话题之一便是如何将教师、在线学习资源和智慧教学工具有机结合，为学生创建一个以线上直播为主，配合其他线上和线下学习活动的有效混合式教学新模式，真正实现"停课不停教、停课不停学"("两不停")，而这也是包括高校教师在内的广大教育工作者必须回答的一道必答题[1]。

(二) 如何有力保证教学效果，实现"实质等效"

面对新型冠状病毒感染肺炎疫情严峻形势，习近平总书记深刻指出，"对我们来说，这是一次危机，也是一次大考。"疫情既是对我国现代化国家治理体系和治理能力的大考，也

作者简介：袁畅彦，北京市海淀区清华东路35号北京林业大学经济管理学院，讲师，yuanchangyan@bjfu.edu.cn；
　　　　　贺　超，北京市海淀区清华东路35号北京林业大学经济管理学院，副教授，hechao@bjfu.edu.cn。
资助项目：北京林业大学教育教学改革项目"基于PBL教学法下全过程管理实践技能养成的'项目管理'(专业必修课)课程教学模式改革研究"(BJFU2020JY034)。

是对高等教育的教学信息技术与教育教学融合水平的大考。为迅速贯彻习近平总书记的讲话精神进而有效应对疫情,教育部及时出台相关指导意见,要求"高校要引导教师择优选用适合的慕课、SPOC以及校内在线课程资源,开展线上教学,组织线上讨论、答疑辅导等教学活动,布置在线作业,进行在线测验等学习考核,保证在线学习与线下课堂教学质量实质等效"。

如何在较长时间内、成建制地面对全体注册学生开展在线教学并确保"在线学习与线下课堂教学质量'实质等效'",这是我国高等教育史上前所未有的挑战和创举。教育管理者和高校教师需要认真考虑如何在半个学期、一个学期、一个学年甚至更长的时间里做好在线教学工作。这既是高校必须直面和解决的问题,也是学校运行管理的基本需要,更是以学生为中心人才培养理念的具体体现。从关注教师的讲授和投入,到关注学生的收获和产出,人才培养理念的转变是开展高质量人才培养的必然趋势。从这个意义上来说,无论疫情导致的在线教学持续多久,都需要对学习成效保持始终如一的高要求。

管理类课程的显著特点是案例教学量大,课程过程互动多、讨论多。根据以往的授课经验,来自同学们对课程的认知是:和多数工科类、经济类课程不同,"项目管理"属于理论多的"水课",干货少,课前就抱着"不听""能不来就不来"或"刷分"的心态。而从面授的过程看,这种心态直接反映在他们的上课积极性指标——座位布局上面,学生们基本都坐在中间靠后(以学研中心A栋可以容纳50人的普通教室为参考)的位置。这就引发了一个问题,怎样把学生认为比较"软"的课,上出硬核干货从而吸引他们?也即应该怎样保证教学效果?回答这一问题,在目前这种创建以直播为主要特征的混合式教学新模式,远程、异地、分散、实时地实现接近课堂教学的效果的状态下,显得尤为迫切!

二、课程准备过程——授课时间"切割"与授课内容"重塑"

(一)"切割"与"重塑"的原因

目前,大部分的在线教学基本模式主要采用"课前-课中-课后"的三段式教学设计和实践(图1)。在这种模式中,也较多采用如基于问题的学习(problem based learning,PBL)、基于项目的学习(project based learning,PBL)、基于产出的教育(outcome based education,OBE)、提问式教学等方法[2]。把传统"面授"的课堂教学途径拓宽到线上教学,由于与"面对面"教学的秩序感和临场感不同,采用直播进行教学过程中实体课堂存在感的缺失会导致教师对学生学习节奏的控制力降低,并且学生很难保证长时间集中注意力(学生掌握核心知识的学习效果降低)以及进行有效的"师—生""生—师"间单向或双向互动(学习兴趣降低)。因此需要更加"精细化"地对每堂课的教学时间及教学内容进行合理设计,体现"精细化"的重要方面就是要把课程根据在线学习的特点做"碎片化"处理,需要根据学生的先修课程学情进行主要包括上课时间"切割"和授课内容"重塑"两个方面的动作。

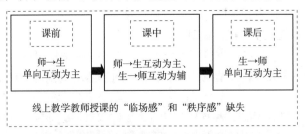

图1 在线教学的一般模式

(二)授课对象学情简要分析

在线教学是一种时间和空间隔离的教学，其教学效果的有效性在一定程度上取决于授课教师了解学生学情的程度，进而对可能存在的问题采取有针对性的措施，达到相对较好的授课效果。按照教育部及学校有关"停课不停教、停课不停学"的教学要求以及课程的培养方案，2019—2020学年春季学期"项目管理"（专业必修）课程遵照既定教学计划按期执行。

该门课程的授课对象是经济管理学院物业管理专业2018级（本科二年级），共21位同学（男生10位，女生11位，选课名单依据学校教务系统确定），生源所在地涵盖北京、山东、新疆等13个省（自治区和直辖市）。通过学情问卷可以发现，在"请用几个关键词，或自己喜欢的一句话介绍你自己"的问题中（图2），大部分同学能够理性客观评价自己，说明虽然疫情冲击下在家封闭学习时间较长，但大部分同学的心理状态仍比较稳健；从生源地的情况可以直观地发现有2位同学来自新疆维吾尔自治区（图3），提示由于经度时差的原因在上课时间节点需要多提醒和关心来自该区域的同学（本学期本门课程安排有一节位于每周四早上8点开始，但此时新疆地区的时间仍未达到正常上班时间）。此外，由于本门课程开课时间为第2周，在经历了一个星期的线上学习实践后（图4），绝大多数同学表示已经适应了网络教学的节奏，但仍有1位同学表示对于这种线上教学模式还是无法跟进（图5）。最后，该专业同学在本科一年级阶段按照工商管理大类专业录取并培养，相对而言有比较扎实的经济学和管理学课程基础，其中涉及管理类的先修课程主要包括"管理学概论""管理模型与决策基础"及"人力资源管理"等。因此，对于"项目管理"课程的认知（图6），多数同学仍然能够较为准确地回答其所涉及的关键知识点。

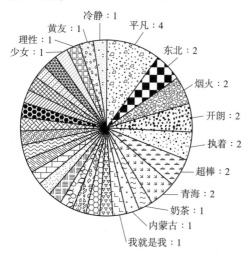

图2 请用几个关键词，或自己喜欢的一句话介绍你自己(样本量：40人)

图3 学生所在省份及城市(样本量：40人)

(三)授课时间"切割"

由于课程的直播时间依托原定课表进行，故每堂直播课的时间"硬边界"（每节45分钟）依然存在。在此前提下，备课过程中以"目标引导→内容讲授→测试互动"为线索、根据教学内容"重塑"的需要分别按照20分钟或30分钟对教学时间做"切割"，从而在每节45分钟的授课时限内形成2~3个相对完整的教学"微模块"。"切割"依据主要来自两个方面：

首先，来自学生的反馈需要。通过提前发送网络问卷对学生学情进行掌握，主要包括学生特征分析和学习需要分析。在学习需要分析中，多数同学认为需要进行时间切割（授课时间主要问题如图7、图8）。需要注意的是，这种时间上的切割并不固定，授课过程中教师还需要多次与学生进行沟通，根据他们的感受和反馈不断调整。

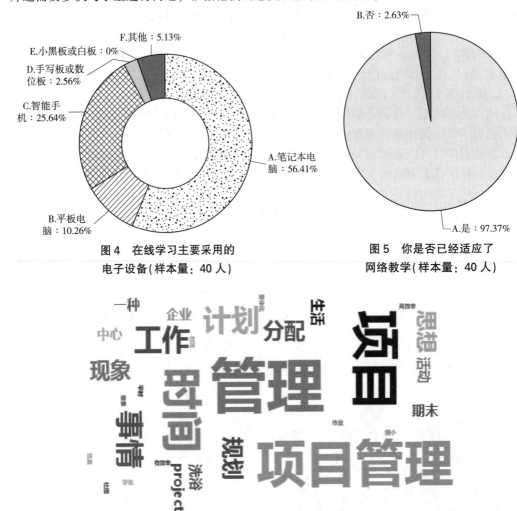

图4　在线学习主要采用的电子设备（样本量：40人）

图5　你是否已经适应了网络教学（样本量：40人）

图6　从你目前的经历看，哪些现象可以用"项目管理"（虽然还没学，就你的理解也无妨）的思想解释？（样本量：40人）

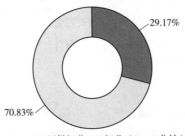

图7　你更倾向于对课程讲授时间进行"切割"（每45分钟切割为20~30分钟）还是不进行"切割"？（样本量：40人）

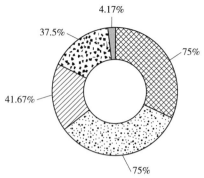

图例：⊠ 无法集中精力　⋯ 学习效率低下　╱ 失去学习兴趣　⋮ 讲课内容过多，跟不上老师进度　▨ 其他

图8　你认为在线授课一节45分钟对你的影响是什么？（多选）（样本量：40人）

其次，来自网络在线学习的认知规律。一般而言，20~30分钟一个学习间断的划分方式，符合网络学习的认知规律。在每一个"微模块"中，都会有一个相对微观的教学目标、相对完整的知识点讲授体系和相对简洁的师生双向互动（包括测试和问答），给学生构建充分交互的环境，这样就有可能用远程、异地、分散的方式实现接近甚至还原课堂教学的效果。

（四）授课内容"重塑"

授课时长"切割"是授课内容知识体系"重塑"的结果。线上教学的"互动"由于缺少了真实课堂环境的约束，学生更容易分神，因此居于学生视角思考授课内容的获取度，就需要对教学目标和教学内容进行"重塑"，不求多而求精。这就要求教师对授课内容需要从以"讲课"为中心，更多转入以"解惑"方式引导学生学习积极性为中心。在学习目标设置、知识点逻辑布局、文献阅读、网络分组讨论、作业反馈等环节需要有更精心的设计，让学生面对的PPT交互载体绝不仅仅是"一晃而过"的幻灯片，而是知识点分解、文献脉络梳理以及讨论要点总结的"慢动作"。

本学期的"项目管理"（必修课）为了更好地保持学生的线上注意力，对授课内容进行了大规模的内容"重塑"。以第一章为例，该章主要讲授项目管理的发展历史、管理特点及概念内涵等理论内容。在传统的面授模式下，该章架构内容以图8的形式展现。为了适应目前在线教学的需要，将图4对应"重塑"为图10，并且把重点内容加粗，同时引入播放动画；进一步地，为了更好地传递本门课程结构化思维的理念，在图11后又引入了以X-Mind为基础的本章知识地图，把本章的具体讲授内容分解并模块化展示给学生（图12）。

这样，该章就被分解为了4个教学"微模块"。继续以第二个"微模块"—"项目管理的发展历史"为例，从目标引导、内容讲授到掌握测试的教学内容"重塑"细节一目了然（图13~图16），其他各章类似（图17~图18）。

（五）管理技能的养成

贯穿"项目管理"课程的一个重要理念是培养学生具备"结构化思维"的思考素质，而这也是进行项目管理工作实践的核心素质[3]。因此，本门课程在授课过程中，不仅仅局限满足于理论知识的传递，更加聚焦通过线上教学工具让学生养成"结构化""模块化"的实践思维理念[4]。为达到目的，要求学生在线上学习上课过程中做"云笔记"，也即采用"幕布"免费平台（图19、图20）进行知识点总结及课后反馈。

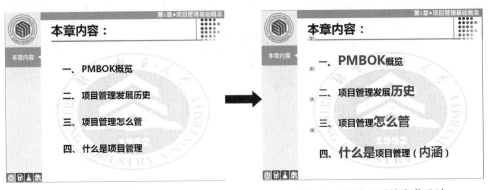

图9 "重塑"前的内容　　　　　图10 "重塑"后的章节设计

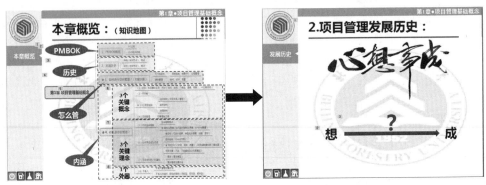

图11 "重塑"后的知识地图　　　图12 "微模块"中的目标

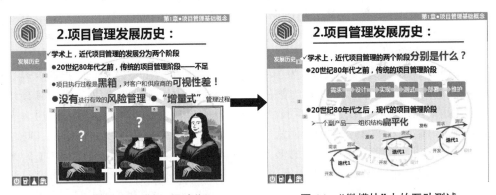

图13 "微模块"中的讲授"慢动作"　　图14 "微模块"中的互动测试

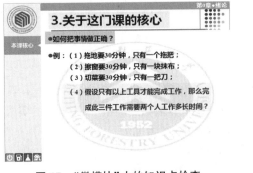

图15 "微模块"中的知识点检查

图16 "微模块"学习情况测试

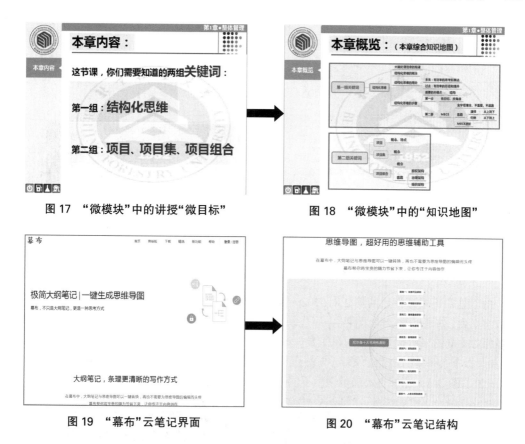

图 17 "微模块"中的讲授"微目标"   图 18 "微模块"中的"知识地图"

图 19 "幕布"云笔记界面   图 20 "幕布"云笔记结构

采用该方式对学生进行笔记的要求,能够满足两个方面的要求:首先满足了互动讨论的教学要求。在每次课程结束后,均要求同学进行笔记整理并将笔记链接发送到课程微信群当中,授课教师进行检查并邀请同伴学习者共同参与当次课程内容知识点梳理(图21);其次,该次笔记完成后客观锻炼学生对于所学知识点的结构化理解,有助于帮助学生掌握所学习的内容,更为重要的是锻炼了同学们的架构化管理技能的养成(学生笔记举例如图22)。

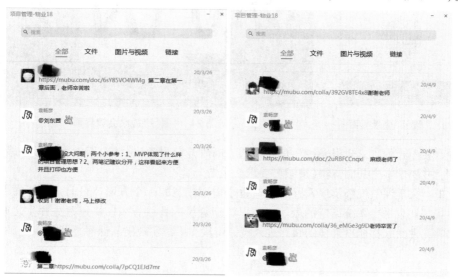

图 21 采用"幕布"笔记与学生进行课后知识点梳理

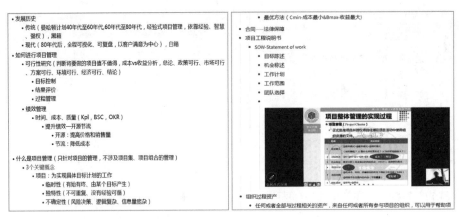

图 22　学生采用"幕布"进行笔记举例

三、课程使用平台、资料选用、工具等

由于是在正式开学后的第 2 周（2020 年 2 月 24 日）开始上课，考虑到使用量比较大的在线教学平台（如雨课堂、腾讯课堂）等容易出现服务器响应时间过长无法登陆的情况，故选择了相对小众的"瞩目"视频云通讯工具。该款平台的主要特点是技术门槛低、在线教学功能（视频、板书、弹幕、语音、文字）齐备，并且占用空间小，在电脑端和手机端使用均比较流畅（图 23、图 24），能够有效满足学生不同使用终端条件、不同网络条件的教学需要。

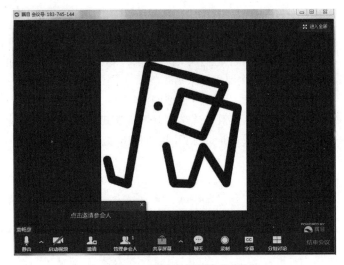

图 23　"瞩目"登录界面图　　　　　图 24　"瞩目"视频会议界面

平台使用过程中，全程采用"直播"形式，同时开启视频（保持对于学生的形象感染力）和音频，并要求学生开启音频（视频可要求学生选开）。

此外，关于课堂气氛及仪式感的营造也是需要注意的一个方面。目前采用了在课前半小时暖场并实现平台系统稳定的做法，配以清新舒缓的背景音乐，快速建立师生之间的信任与共鸣，使大家都能以最佳的状态进入授课阶段，平滑实现前后课时之间的转换。

参考文献

[1] 于歆杰. 以学生为中心的教与学[M]. 2 版. 北京：高等教育出版社，2017：133-160.
[2] 王留芳. 面向多元化学生的实践教学策略研究[J]. 中国大学教学，2016(8).

[3] 黄海燕, 杨福源, 魏长征, 等. 项目导向式的校企合作专业实践教育模式探索[J]. 实验技术与管理, 2015, 32(8): 37-39.
[4] Bergmann J, Sams A. 翻转学习: 如何更好地实践翻转课堂与慕课学习[M]. 王允丽, 译. 北京: 中国青年出版社, 2015.

Project management online teaching summary based on the cutting of teaching content, the decomposition of knowledge points, and the development of management skills

Yuan Changyan　He Chao

(College of Economics and Management, Beijing Forestry University, Beijing　100083)

Abstract　The Novel Coronavirus Pneumonia poses a severe challenge to higher education in terms of how to ensure "classes suspended but teaching continues, classes suspended but learning continues" and "Online and offline teaching is essentially equivalent". Combined with the "Project management" (professional compulsory course) taught by the author, this paper first reviewed the characteristics, difficulties and countermeasures of online teaching in the spring semester of 2020, then pointed out that the key to ensure the "essentially equivalent" between online and traditional off-line courses in spring semester is realizing real-time interactive online teaching through modular cutting based on teaching content, slow-motion decomposition of knowledge points, and development of management skills. Practice has proved that after a good design, for management courses students, the effectiveness of online learning can be achieved to a large extent equivalent to the effectiveness of previous classroom learning.

Keywords　*Project Management*, class cutting, decomposition, management skills development, essentially equivalent

基于探究共同体理论的线上教学实践

尤薇佳

(北京林业大学经济管理学院，北京 100083)

摘要：随着互联网的飞速发展，线上教学已成为教育行业中的重要力量；由于2020年初新冠疫情的影响，线上教学在我校全面开展。以培养具有理想信念、社会责任感、批判精神和创新意识的高素质人才为目标，本文基于线上教学的"探究共同体"理论框架，在线上课程的社会存在建设、认知存在建设和教学存在建设方面做出了一系列的探索和尝试，为进一步提高线上教学质量提供参考。

关键词：线上教学；探究共同体；立德树人

在2018年的全国教育大会上，习近平总书记提出：高等教育要始终把正确解答"培养什么人、怎样培养人、为谁培养人"这一根本问题融入教育教学全过程，在引导学生坚定理想信念、厚植爱国主义情怀、加强品德修养、增长知识见识、培养奋斗精神、增强综合素质等六个方面下功夫。因此，高等教育不是片面的专业教育，是造就完整的人的教育，是面向学生的精神成长与整全素养的全面教育。为了贯彻这一思想，本课程在线上教学的过程中，注重"课程思政"，聚焦学生批判精神和创新能力的培养[1]，基于线上教学的"探究共同体"理论开展了一些初步的探索。

一、探究共同体理论框架

线上教学的"探究共同体(community of Inquiry)"理论[2]提出，教育是一种个人和集体共同体验的学习过程，线上教学需要整合认知存在(cognitive presence)、社会存在(social presence)和教学存在(teaching presence)3个要素来完成这一过程，其中交互和反馈是非常重要的环节。构建探究共同体的目标就是在协作性的交互中培养出具有正确价值理念、独立思考能力、基本理论素养和实践动手能力的人才。在这一理论框架下，"认知存在"指师生在批判性反思和讨论的环境中实现知识获取；"社会存在"指建立情感层面的共同体，在社会化的互动中获得新知；"教学存在"指教师组织和运营教学社区，促进学生有意义的认知过程。有效的学习体验就是指这3个要素的有机平衡[3-4]。

二、线上教学中的实践

(一)线上教学中的"教学存在"建设

在"探究共同体"理论框架(图1)中，教学存在主要是指教学设计、教学管理，及围绕教学大纲，基于线上教学工具的特点，建立教学秩序、设计有效的交互、促进研讨，从而基于学生现有的知识体系，建构和促进学生对本课程知识的理解和应用。在本课程的实践中，具体的工作包括如下几个方面。

作者简介：尤薇佳，北京海淀区清华东路35号北京林业大学经济管理学院，副教授，wjyou@bjfu.edu.cn。

资助项目：北京林业大学教育教学研究项目"课程思政交流平台建设及其数据挖掘"(BJFU2019JY037)。

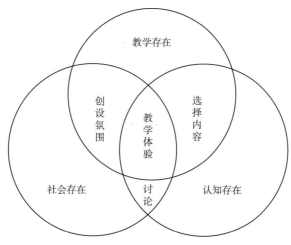

图 1　探究共同体的理论框架

1. 甄选线上资源

通过查询高等教育出版社等机构分享的电子教案和学习资料，学习中国大学 MOOC 开设的公开课程、仔细比对甄选，择优列入课程拓展材料，为学生们提供丰富、优质的自学材料。

2. 编写自学指导

开课前认真编写自学指导大纲，详细标注自学要点，提供自学课件和课程拓展资料。

3. 调整教学设计

通过查阅现有文献和线上主播们的经验分享，理解线上教学和线下教学在教学方案设计、技术设备要求和教学互动方面的差别，为线上教学调整教学设计，穿插契合知识点的小视频，努力对抗注意力疲劳。

4. 测试教学平台

在开课前两天进行 15 分钟的平台试用，全班同学均上线测试了"腾讯课堂"的"签到""答题卡""举手"等功能，并提前约定了备用的教学平台，保证教学活动能够在互动和协作的环境中顺利开展。

5. 提高互动频率

由于远程教学中，缺乏线下课堂中互相监督的氛围，且长时间面对屏幕，无法期望所有学生都有高水准的自律能力，因此在教学内容组织上做了调整：将教学知识单元进行了分割，每 10 分钟左右安排一次问答环节，将学生的发言情况计入平时成绩。

6. 组织课堂讨论

充分利用腾讯课堂的讨论区，请学生们针对焦点问题各抒己见。当意见有较大分歧时，将相近观点的学生组成小组，在小组讨论整理支持性的论据后，使用"举手"功能汇报小组讨论成果。

(二) 线上教学中的"社会存在"建

社会存在建设是指为了形成协作学习的环境而开展的情感表达、开放交流和集体凝聚力构建的过程，对于实现积极正面的教学效果具有非常重要的意义。因此，在课程初开展的自我介绍、在课程中穿插地对新冠疫情中积极成果的分析与讨论、对学生在线上学习中遇到问题的及时关注和了解，对学生身心健康的积极关心，为本课程教学中社会存在建设起到了积极的作用。

1. 明学情

在课程开始前,发放线上问卷,了解学生对课程的理解和期望,对先修课的掌握程度,对自学指导大纲的反馈,以及对线上教学的建议和意见;通过学生的一句话自我介绍来增强对学生性格的了解,形成轻松愉快的教学氛围;在教学过程中,积极响应学生的各项建议对教案进行全方位的调整,因材施教,及时解答学生最关切的问题。

2. 隐思政

(1)积极引导学生将课程所学与当前的社会热点问题相结合,如在介绍电子商务安全的"防护–检测–响应–恢复(PDRR)"安全管理框架时,引导学生将这一模型应用于新冠疫情这一公共卫生事件的管理中,寻找异同点,理解我国在抗疫过程中可圈可点的关键举措。通过讨论,加深学生对安全管理框架的理解,并培养学生为"中华之崛起而读书"的理想信念。

(2)引导学生从所学的专业出发,思考在本次新冠疫情防控战中有哪些工作是管理专业的学生使用已有知识可以贡献力量的,如应用运筹学的方法对资源进行最优配置,又如应用大数据分析的工具和方法来预测疫情走向,等等。引导学生们积极思考、学以致用,主动将所学知识与国家发展的需要、社会民生问题的解决结合起来,唤起他们的使命感和责任感。

(3)通过组织内容贴近学生日常学习生活的焦点案例讨论,如"支付宝月饼事件"知识"乌云网黑帽子白帽子"等,提供给学生批判现实、识别问题、深入诊断、创新解决的研讨机会,在畅所欲言和互相启发中,不断提高自身的批判精神和创新能力。

3. 做眼操

由于本学期所有课程同步转为线上教学,学生们面临较大的用眼压力。本课程是3节连上的学时安排,长时间盯着屏幕非常容易造成视疲劳。因此,在课间播放眼保健操音乐,提示大家采用远眺、做眼保健操等方式积极护眼。

(三)线上教学中的"认知存在"建设

认知存在建设是指为了了解专业知识在教学过程中是否已在学生现有知识体系中成功构建起来而提供的反思、对话、测试等环节的努力。

1. 课中测

和线下教学不同,由于无法从学生或开朗或迷茫的表情中获得教学反馈,线上教学中主要通过知识点学习后的小测试来了解学生的掌握情况。所以,在本课程的教学中,在将知识点组织成10~15分钟的板块之后,准备了围绕各知识点的小测试,通过腾讯课堂的"答题卡"功能和问卷星的答题功能,实时了解学生的知识掌握情况,并对答题不理想的知识点进行有针对性的讲解。

2. 查笔记

为了督促学生听课时保持注意力,要求学生用纸笔随堂做笔记,课后立刻发送到微信群中。这样做,一方面,能了解学生目前识别的知识重点是否有偏差;另一方面,能让学生们互相借鉴笔记、查漏补缺,形成争优赶先、共同进步的探究共同体氛围。

3. 多作业

通过我校的教学平台布置课后作业,引导学生关注社会现实、了解行业动态,积极用课程所学理论剖析问题,让学生们并带着发现的问题更好地进行后续的课程学习。通过批阅作业了解学生的所思所想,及时解答作业中出现的各种问题,调整教学的重点。

三、结 语

本文基于线上教学的探究共同体的理论框架,从教学存在建设、社会存在建设、认知存在建设 3 个要素入手，组合应用腾讯课堂、教学平台、企业微信、问卷星等线上工具，着力在专业知识传授的过程中构建探究共同体，在协作性的交互中培养学生的理想信念、批判精神和创新意识。从评估教学效果的后测问卷来看，学生的获得感较高，对课程的满意度较高。因此，将在在线教学中继续从这 3 个维度加强建设，朝着"立德树人"的目标不断努力。

参考文献

[1] 钟启泉. 批判性思维：概念界定与教学方略[J]. 全球教育展望，2020，49(1)：3-16.

[2] Garrison D R，Anderson T，Archer W. Critical thinking, cognitive presence, and computer conferencing in distance education[J]. American Journal of Distance Education，2001，15(1)：7-23.

[3] Robinson K. The interrelationship of emotion and cognition when students undertake collaborative group work online：an interdisciplinary approach[J]. Computers & Education，2013，62：298-307.

[4] Hilliard L，Stewart M. Time well spent：creating a community of inquiry in blended first-year writing courses[J]. The Internet and Higher Education，2019，41：11-24.

Online Teaching Practices Based on Theory of Community of Inquiry

You Weijia

(School of Economics and Management，Beijing Forestry University，Beijing　100083)

Abstract　As the Internet develops rapidly, online channel has become the major power of the education. Because of the strike of COVID-19, all the courses are transferred to online channel suddenly. In order to cultivate students to be talents with ideal belief, social responsibility, critical spirit and innovative capability, based on the theory of"community of inquiry", this paper outlines the efforts on Cognitive Presence, Social Presence and Teaching Presence, and provides references for further exploration in online education.

Keywords　online teaching, community of inquiry, foster virtue through education

基于翻转课堂的"历史地段城市设计"教学模式研究

达 婷

(北京林业大学园林学院,北京 100083)

摘要:翻转课堂是现代大学教育结合现代化网络教学资源平台实施教育改革的一种教学模式,以一种"先学后教"的方式改变传统教学的时空、流程和范式,以此获得高效的课堂教学组织和积极的学习成果。本文首先分析"翻转课堂"模式下实施城市设计课教学翻转的可行性,并以北京林业大学"历史地段城市设计"线上教学为研究对象,提出基于翻转课堂理念的城市设计课教学模式建构的4个方面,具体包括教学流程设计、教学内容优化、教学方法调整和教学互动方式。

关键词:翻转课堂;历史地段城市设计;教学模式;在线教学

一、引言

"历史地段城市设计"是北京林业大学城乡规划专业为四年级本科生开设的一门80个学时的设计课,教授历史地段保护与更新知识与方法。课程自2011年开设以来,培养的学生参加全国大学生城乡规划专业城市设计竞赛获得了2个二等奖、3个三等奖、13个佳作奖和1个优秀奖的好成绩。这表明"历史地段城市设计"课程教学在教学内容和教学方法上受到了城乡规划教育界的认可。然而2020年春季受新冠病毒疫情影响,"历史地段城市设计"课程教学无法按照传统面授设计课的教学方式展开,课程响应教育部"停课不停学"号召,依托互联网实施线上教学。新教学方式必然需要采用新的教学模式。因此,本课程将"翻转课堂"的新模式引入"历史地段城市设计"的教学中,并对城市设计课程的教学方法和该课程知识结构进行了革新。本文研究"历史地段城市设计"课程线上教学模式,以期为其他城市设计类课程的线上教学提供借鉴。

二、北京林业大学"历史地段城市设计"课程发展现状

"历史地段城市设计"是北京林业大学城市规划系本科城市设计教学(设计课)面对学生本科阶段的最后一门设计课。课程每年参加全国高等学校城乡规划专业指导委员会(以下简称"专指委")组织的城市设计作业评优(竞赛),形成了相对成熟的教学体系:

(1)教学目标:课程不仅需要传授历史地段保护与更新的基本观点和方法,更重要的是教会学生将空间、社会、文化和生态等因素整合起来,以系统的、整体性的城市设计思维方式去解决历史地段保护与更新的现实问题。形体空间设计方法是教学的一个重点;发现问题,系统地分析问题且解决问题是教学的另一个重点,也是难点。

(2)教学阶段:教学阶段是围绕专指委的城市设计竞赛要求展开,分为2个阶段。第一阶段是帮助学生建立历史地段环境整体性观念,选取北京市内0.5~1km²左右的历史地段

作者简介:达 婷,北京市海淀区清华东路35号北京林业大学园林学院,副教授,dtingseunj@126.com。
资助项目:北京林业大学教育教学研究一般项目"基于翻转课堂的'历史地段城市设计'教学模式研究" (BJFU2020JY009)

进行教学。较大规模的历史地段具有较高的环境和社会问题多样性，适合引导学生以多角度从片区层面发现和分析问题。第二阶段是引导学生根据第一阶段发现和分析的问题自行选择5~20hm²用地展开地段级城市设计，完成对历史地段的环境织补设计。

（3）教学运作：由于设计课教学是一个类似于师傅带徒弟的过程，教师与学生面对面深度交流设计思想、手把手改图是设计课程的一大教学特点。学生们每2人成一组，每位教师带5~6组学生。教师从学生最初的选题到最后的绘图、表现、成图，给出具体指导意见；学生则在领会教师传授的思路之后做出相应的设计。在学生取得阶段性成果时，课程教学小组会组织授课的4位教师集体评讲，综合各家所长为学生查缺补漏，提供更综合的意见和建议。

以往"历史地段城市设计"课程教学的成功来自于成熟的面授课程教学运作方式，设计课教学过程往往被理解为师生间手口相传的经验过程[1]。然而，要将"历史地段城市设计"课程改为线上教学，绝不是简单地"互联网+传统课堂"，也不是"MOOC+设计辅导"。线上设计课教学必须正视教师和学生"时空分离"的现实，只有通过全新的教与学的设计[2]，才能达到与传统城市设计面授课堂同样的教学效果。因此，"历史地段城市设计"课程线上教学需要在教学环节、教学内容、教学方法和教学互动上做出革新。

三、"历史地段城市设计"的翻转课堂教学模式构建

"翻转课堂"英文叫"flipped classroom"或"inverted classroom"，是通过调整教与学的顺序，把学生的学习方式由被动转为主动的课堂模式[3]。在翻转课堂教学模式下，学生学习新知识的阶段前置于课堂教学，学生根据教学安排的要求在课前自行通过观看在线视频、讲座或阅读课程书籍，掌握课程相关知识内容[4]。课堂中学生通过与教师和同学讨论问题，解决课前的疑问，完成作业。运用翻转课堂教学模式，教师有更多时间和精力讨论和答疑，加强学习深度，提高教学质量。与传统课堂教学相比，采用翻转课堂模式教学，学生与教师互动会更富个性，教师对学生的指导也会更有针对性。教育学家认为在这种教学模式下，学生能够更有效地利用课堂内的宝贵时间，更专注于主动的基于项目（或问题）的学习，从而获得更深层次的理解。

由此可见，翻转课堂的学习目的和设计课的教学目的有较高的一致性。翻转课堂教学模式对设计课教学在提升学生设计思维能力、方案沟通技能和设计实践技能上是很有帮助的。因此，本课程引入翻转课堂教学模式，以此适应"历史地段城市设计"课程线上教学的新要求。

（一）教学环节设计

翻转课堂设计课教学分为导学、课堂辅导和课后答疑3个阶段。导学是在时间和方式上把历史地段保护与更新的通识性知识上从课上面授转移到课前视频课，这是在流程上为实现翻转课堂迈出的第一步。学生课前通过观看慕课或视频讲座，学习新知识，实现记忆和理解历史地段相关知识的低阶认知目标[5]。

不同于理论教学，学生的设计思维和技能需要通过实践训练来提升。但城市设计课注重空间形态设计的特点，使教师在课程辅导中偏重设计技法的传授，而学生对设计课学习的认知也常停留在"排房子"上。传统设计课教学对学生设计思维的训练不够充分，部分学生在由方案定位向方案构思的发展中感到力不从心，甚至会失去设计的积极性。因此，在课堂辅导阶段，根据翻转课堂的教学理念，教师应先将国内典型历史地段保护与更新案例推荐给学生，设计小组选择感兴趣的案例，自主分析保护与更新策略，并在网络课堂上跟全班交流。教师在讨论中引导学生查找资料并根据案例分析的思路找到解决自己设计问题

的方法，实现设计教学的个性化指导。学生在教师的指导和设计小组同伴的支持下，应用、分析和创新历史地段保护与更新知识，实现高阶认知目标[5]。将学习的主动权转交给学生，提高学生的主动学习能力是实现翻转课堂的第二步。

课后答疑是指教师通过网络（主要通过微信和邮件），针对课程辅导中学生尚未解决的问题，或者学生在课后自学和设计中出现的新问题做出相应的远程指导。

（二）教学内容优化

"历史地段城市设计"课程的教学内容安排服务于设计教学。社会发展对历史地段保护与更新不断提出新要求，专指委每年会依据这些新动态发布竞赛要求。例如，2020年结合新冠病毒疫情，竞赛以"健康家园"为主题，主要探讨历史地段健康因素的传承与发展；而2017年专指委根据历史地段更新中大拆大建带来文脉丧失的问题，提出"城乡修补、活力再塑"的主题，提倡通过微更新设计提升历史地段活力。设计主题的不同，使得设计课教学内容的重点也不相同。设计课的教学内容除了按照竞赛要求有针对性地选择设计地段以外，还需要开展相应设计知识的教学补充。

历史地段保护与更新的保护对象和保护观念在不断地发展和变化，课程的教学内容也需要不断更新。自20世纪60年代国际遗产保护领域将历史地段保护纳入法定范畴，相继提出了《威尼斯宪章》《内罗毕宣言》《华盛顿宪章》和《瓦莱塔原则》等，保护对象从点状纪念物发展为历史城区，保护观念从静态保护转变为当前关注发展的动态叠合[6]。当今，我国的城市发展已经由经济、社会高速发展进入新常态发展的转型期，快速城市化时期遗留的历史环境保护与发展的矛盾以及当下城市更新中历史城市环境保护与发展的矛盾成为城市建设和发展的重要问题。2013年中央在城镇化工作会议提出"要融入现代元素，延续城市历史文脉"，2016年《关于进一步加强城市规划建设管理工作的若干意见》中提出"保护历史文化风貌，更好地延续历史文脉"的要求。保护历史地段场所感和地方性是实现可持续发展、推进新型城镇化建设的内在要求。因此，结合国际国内历史地段保护政策的变化和城镇建设的实际需求，"历史地段城市设计"的教学内容需要在厘清历史保护理论发展脉络的基础上，将现行主要的保护策略和方法传授给学生。

本课程的基本教学内容分为导论和保护与更新模式两部分，见表1。翻转课堂是现代大学教育结合现代化网络教学资源平台实施教育改革的一种教学模式。本课程的教学内容也充分依托优秀的网络教学资源，将"中国大学MOOC网"的"历史城镇保护"和"城市设计概论"作为课程的主要网络教学资源。"历史城镇保护"讲授"文化遗产和历史文化名城制度的发展历程""保护元素""保护战略与模式"和"旧城交通组织"等内容，系统传授历史地段保护的理论与方法。而"城市设计概论"则从文脉分析与设计方法等方面传授历史地段设计和调研的基本方法。学生通过这两门慕课的学习可以掌握"历史地段城市设计"的基本理论与方法。此外，设计课的教学重点是传授设计方法。课程通过分析国内著名的历史地段保护与更新案例，归纳不同类型历史保护与更新策略。案例内容的选取在注重典型性的同时，也兼顾设计策略产生的时间发展顺序。

表1 基本教学内容一览

阶段	知识点	类型	案例	方式
导论	世界文化遗产保护宪章与我国历史街区保护发展历程概论	通识性知识		慕课

(续)

阶段	知识点	类型	案例	方式
保护与更新模式	历史地段整治	市政基础设施改善	绍兴柯桥古镇、镇江西津渡、扬州东关街	网络讲座、教师讲解
		停车、交通体系完善	北京南锣鼓巷	
	历史地段活化	"文化+"活化	北京杨梅竹斜街	
		业态填充	武汉黎黄陂路历史地段	
		业态更新	苏州平江路、浙江桐乡乌镇	
	"有机微循环"理念	空间织补	北京杨梅竹斜街	
	工业遗产保护与更新	改造性再利用	首钢工业区	

(三)教学方法调整

古人有云"教学相长"。翻转课堂教学在努力提高学生主动学习能力的同时，也需要教师摸清学生的困难。本课程提出教师在设计教学中应掌握如下2个关键点。

1. 明确"设计的起点"

"历史地段城市设计"相较于本科阶段其他城市设计课程，其教学难度在于设计地段具有高度的社会复杂性和建成环境的丰富性。这也使学生在对设计地段展开初次调研之后在课堂讨论中会详尽描述他们的所见所闻，虽然学习热情很高但缺少从设计角度的思考。因此，帮助学生厘清他们调研中发现的设计问题，引导学生从问题导向发展设计思路，是教师在此阶段教学中的主要工作。例如，学生在调研了丰台区长辛店二七机车厂地段时，由于二七厂转产导致周边社区衰退，有学生注意到青年人流失和人口老龄化问题，而另一些学生则关注了由于环境衰退带来的该地区房价低谷现象。虽然翻转课堂教学讲究以学生学习为主导，但在设计初期阶段给学生一个"设计的起点"，告诉学生继续发展哪个他们感兴趣的问题比较有设计前途，是教师在设计课教学中帮助学生克服早期设计瓶颈的方法。

2. 寻找"设计的参照系"

历史地段的用地处于复杂的环境中，更新与改造受到各种法规、政策和现实条件的制约。相较于以往课程设计以极少约束条件"描绘理想蓝图"的设计训练，历史地段城市设计需要训练学生环境修补、整合、优化、提升的设计能力。学生需要学会将与历史地段相关的既有设计成果、各类规划意图和自己的方案糅合在一起，实现历史地段的价值提升。由于缺少这种训练，学生往往会感到在历史地段中开展城市设计无从下手。将历史街区形态要素作为设计参照系，指导学生依据设计参照系提供的形态、尺度和体量的参考来做设计，是帮助学生克服设计困难的一剂良药。历史街区的形态要素是多样的，例如在北京市丰台区长辛店镇二七机车厂地段中，有些学生从工业遗产更新活化角度做设计，仔细研究二七机车厂的保留厂房群建筑尺度和组织方式是城市设计的参照系；而另一些学生提出结合长辛店火车站做TOD改造带动片区更新发展，连接长辛店火车站与二七厂区的陈庄路和长辛店火车站就成为设计的参照系。帮助学生把握街区形态要素的基本尺度和织补街区肌理的方法是教师课堂辅导中需要持续关注的重点。

(四)教学互动方式

传统"历史地段城市设计"教学中的师生互动是在课堂上面对面交流，受到时间和地点的约束，课后师生间的互动交流并不多。"历史地段城市设计"课程改为线上教学之后，师生间的交流依托腾讯课堂的网络平台，以在线视频和在讨论区留言的方式展开。虽然理论上认为依托网络平台，师生间的交流和沟通可以摆脱时空束缚，师生间可以充分地交流。

但受到传统教育方式的影响,学生们并不太喜欢在腾讯课堂的平台上讨论和提问。同时,受到网络条件的限制,在线课堂上教师无法同时看到每位学生的课堂学习表现,使得师生间的课堂互动实际上存在很大的盲区。

为了克服在线教学的盲区,掌握每位学生的学习动态,同时也为教师与学生、学生与学生间搭建交流和协作的平台,课程应建立学习微信群。微信群不仅是发布课程通知、学习要求和课程资料的平台,也是设计辅导的平台。由于设计课的特殊性,教师需要通过示范辅导学生的设计作业,微信提供了便利的绘图和语音工具。课上教师一边与设计小组成员通过微信语音通话,一边通过微信的绘图工具修改示范学生的图纸。设计小组与教师一对一讨论交流的积极性非常高,有效地化解了师生在设计课堂上因空间隔离而带来的辅导困难。

四、结 语

信息化时代教学方式的转变给教育注入了新的活力。在教与学的共轭发展中,为学习者创造主动学习的可能性成为衡量教学是否具有活力的一项标准。翻转课堂与传统课堂教学是相辅相成的。传统课堂教学的系统性和深入性是不可替代的,而翻转课堂教学的开放性和灵活性则可以满足信息化时代发展的需要。

基于翻转课堂理念的"历史地段城市设计"课程教学是网络时代的新生产物,为设计课教学提供了一条多元化道路。未来的设计课教学会借助网络平台向着更加交互、更加开放的方式发展,比如邀请专家做网络专题讲座、邀请职业设计师评讲课程作业和参与国际教学与竞赛等。笔者通过"历史地段城市设计"翻转课堂的教学,探索建立设计课翻转课堂教学的模式,为其他类型城市设计课的线上教学提供经验借鉴。

参考文献

[1] 高源,马晓甦,孙世界. 学生视角的东南大学本科四年级城市设计教学探讨[J]. 城市规划,2015,39(10):44-51.

[2] 白琳,袁海霞,杜鹏程. 基于MOOC的在线多元翻转课堂教学实践:以管理沟通课程为例[J/OL]. 内蒙古农业大学学报(社会科学版). [2020-09-23]. http://kns.cnki.net/kcms/detail/15.1207.g.20200909.1652.010.html.

[3] 王才东,李晓科,肖艳秋,等. 翻转课堂在现代设计理论与方法教学中的应用与研究[J]. 高教学刊,2020(28):92-95.

[4] 杨秀玉. 高校翻转课堂教学模式的应用研究[J]. 教育教学论坛,2020(34):274-275.

[5] 张莱湘. 基于U校园翻转课堂模式全流程探析[J]. 高教学刊,2020(16):54-57.

[6] 林源,孟玉.《华盛顿宪章》的终结与新生:《关于历史城市、城镇和城区的维护与管理的瓦莱塔原则》解读[J]. 城市规划,2016,40(3):46-50.

Research on Teaching Mode of Urban Design Course for Historic District based on Flipped Classroom

Da Ting

(School of Landscape Architecture, Beijing Forestry University, Beijing 100083)

Abstract Flipped classroom is a kind of teaching mode which combines modern university education with internet teaching resource platform to carry out education reform. Flipped classroom changes the space and time, process and paradigm of traditional teaching in a way of "learning before teaching", so as to achieve efficient classroom teaching organization and positive learning outcomes. Firstly, the feasibility of implementing the flipped classroom for urban design course under the mode of "flipped classroom" was analyzed in this paper. And then the online teaching course of "Urban Design in Historic District" of Beijing Forestry University was chose as the research object. Based on the flipped classroom concept, four aspects of the construction of urban design course teaching mode were put forward, including teaching process design, teaching concept optimization, teaching method adjustment and teaching interactive mode.

Keywords flipped classroom, urbandesign inhistoric district, teaching mode, online teaching

综合开放，实践引领

——"城市规划经济学原理"线上线下混合教学探索

钱 云　毕 波　杨婷婷

（北京林业大学园林学院，北京　100083）

摘要："城市规划经济学原理"是北京林业大学首批精品在线开放课程，也是全校较早开展线上线下混合教学的课程。在这样的契机下，为了更好地把握时代需要、克服既往教学的局限性，本课程教学在内容、形式、考核方式等多方面均进行了新的探索，使教学内容更具综合性，教学过程更具开放性，培养指向更具实践性，并有利于形成多元化的丰硕教学积累。本文对上述教学探索的思路、过程和成果进行了总结，以期体现在网络在线授课技术带动下专业理论课教学新的导向和收获。

关键词："城市规划经济学原理"；线上线下混合；综合性；开放性；实践性

一、课程发展更新的历程

"城市规划经济学原理"是北京林业大学首批精品在线开放课程，并在开设的第二年开始进行线上线下混合式教学。该课程源自 2010 年为城市规划专业本科四年级设置的必修课程"城市经济学"。自 2015 年起，为促进各本科专业的宽口径培养，该课程由必修改为选修，并吸收与城乡规划相近的物业管理等专业及梁希实验班学生共同学习。2018 年起，该课程的核心理论教学内容被制作为"城市规划经济学原理"课程，在中国大学 MOOC 平台上线运行，全校各专业本科生均可以用线上线下混合教学的模式选修该课程，同时网络平台的教学内容也向其他高校和全社会开放[1]（图 1）。

二、混合教学的新任务与新目标

（一）新时代国家发展和人才培养的新要求

新的教学模式的推出，恰逢新时代国家发展对城乡规划相关领域工作和人才培养要求的转变期。我国城乡规划工作体系建立于计划经济时代，其背景为政府作为城市建设几乎唯一决策和执行者，城市建设开发活动都遵循自上而下的经济规划，城市规划从本质上讲是"经济规划在空间上的反映"[2]，城市经济研究主要聚焦于工程中的经济规则和规律把握，是一个较为封闭的专业知识体系。

而随着市场经济体系的逐步建立和完善，近年来大多数的城市建设和经济活动均由市场力来推动，城市规划建设与宏观经济和诸多产业发展密切相关，逐渐成为几乎所有领域都必须关注和参与的工作。2015 年 12 月，中央城市工作会议时隔 37 年后和中央经济工作会议同时在京召开，会议指出"城市是我国经济、政治、文化、社会等方面活动的中心，在

作者简介：钱 云，北京市海淀区清华东路 35 号北京林业大学园林学院，副教授；qybjfu@126.com；
　　　　　毕 波，北京市海淀区清华东路 35 号北京林业大学园林学院，讲师；bobi0302@bjfu.edu.cn；
　　　　　杨婷婷，北京市海淀区清华东路 35 号北京林业大学园林学院，助教；1306919048@qq.com。
资助项目：北京林业大学教育教学研究重点项目"城市经济学"（BJFU2018JPZXKFKC007）。

图1 线上课程封面

党和国家工作全局中具有举足轻重的地位……""……通过政府有形之手、市场无形之手、市民勤劳之手同向发力。建设和谐宜居、富有活力、各具特色的现代化城市。"习近平总书记还指出："规划科学是最大的效益，规划失误是最大的浪费，规划折腾是最大的忌讳"[3]。充分体现了城乡规划工作不再是一个专项技术领域，而是已经成为国家宏观政策的核心内容，走向了高度综合、体系开放的发展趋势。

在此背景下，涵盖城乡规划、风景园林等专业的北京林业大学"城乡人居生态环境学"入选"北京高校高精尖学科建设"，也对一系列相关课程提出了新的任务要求。由此可见，该课程必须在保持原有基本理论教学框架的同时，更加重视实践性问题，在教学过程中则应当通过更为灵活、生动的方式拓展学生的知识面，鼓励学生加强跨界思考、主动表达个性化观点，进而更加深刻地理解城市规划与经济发展等相关问题之间的关系。

（二）全面克服既往课程内容的局限和缺陷

城市经济学作为一个交叉学科领域，国内各院校既往的相关课程教学一直未能形成稳定明确的内容框架，这一困境在不同版本的教材中均有所体现。多数既往课程内容过于偏重经济学相关规律的探讨，需要较多的先修课基础知识，并不适合作为选修课的本课程教学；有的课程内容依托的教材出版年份较早，在城市建设日新月异的今天很多案例内容已大为过时[4-5]；有的课程内容高度依托从国外引进的经典教材，但在实际问题探讨时基于以美国为代表的自由市场经济环境，与中国现实环境中规划力量高度介入的情况差异较大，学生不易结合现实情况学习运用，参考和启发价值有限[6]；且许多课程主要以课堂理论知识的讲授为主，多以试卷考试的单一形式来评定学生学习成绩。

显而易见，既往的课程教学很难体现本课程的特色，不利于充分激发选修课学生的学习兴趣和积极性，对综合能力的培养也缺少充分的考虑。因此，必须充分利用网络教学技术的发展和线上线下混合教学模式开展的契机，开展诸多新的教学内容和形式的探索，力图事半功倍地实现在有限学时内传授涉及面极为宽广的课程教学的目标。

三、面向综合性、实践性、开放性的混合式教学探索

（一）课程内容重构

基于上述考虑，本课程的内容进行了重新构建，总体教学内容分为四大部分：强化丰

富绪论内容、补充经济基础知识、聚焦专项实践问题、强化线下交流互动。

前3部分主要通过线上教学完成,即:第一部分绪论充分介绍课程内涵和外延,以体现该课程随着时代变化的新意义,同时重视对学习方法、资源途径的提供,帮助学生获得终身学习的可能性;第二部分则针对学生缺少先修课知识的情况,极为概要地补充最基础的经济学基本原理,强化经济学等社会科学所依靠的理性分析逻辑;第三部分专注于介绍当下中国城乡规划实践中面临的最为典型的专项问题,包括详细介绍城市化、城市土地经济、城市住房经济以及城市交通和基础设施经济等热点问题,既包括对大量鲜活事实和现象介绍,也注重对其背后原因尤其是有"中国特色"原因的探讨(表1)。

表1 城市规划经济学原理课程体系

对课程学习的理解	经济学基础知识	专项实践问题
第一讲 绪论	第二讲 微观经济学原理	第四讲 城市化、城市与乡村
1.1 导语	2.1 经济学的定义和范畴	4.1 城市的多元定义
1.2 城市经济学与城乡规划研究	2.2 经济学基本问题和逻辑	4.2 城市化/城镇化
	2.3 生产中的选择	4.3 城市化/城镇化的进程与相关现象
1.3 城市经济学的实践	2.4 市场交易的原理	4.4 中国特色的城市化/城镇化进程
1.4 城市经济学问题	第三讲 宏观经济学原理	第五讲 城市土地经济
1.5 城市经济学的学习方法	3.1 宏观经济学的问题和定义	5.1 土地的特征和土地经济学
	3.2 宏观经济学的目标与测度	5.2 土地价值和土地利用基本原理
	3.3 宏观经济增长与调控	5.3 城乡土地管理制度
	3.4 失业与通货膨胀	5.4 我国城乡土地利用现状及管理特点
	3.5 宏观经济视野中的城市经济学	5.5 我国土地利用规划的编制
		第六讲 城市住房经济
		6.1 住房的商品和福利属性
		6.2 住房市场发展与政策管制的国际经验
		6.3 中国城市住房制度
		第七讲 城市交通和基础设施经济
		7.1 城市基础设施系统的内容和性质
		7.2 城市交通的供给和需求
		7.3 城市基础设施与城市经济

(二)线上教学安排

线上课程自在中国大学MOOC网上开设以来,受到了极为广泛的关注,目前已进入第5个学期周期。在前4个开课周期中,累计选课人数超过了10000人,是之前历年课程人数的100倍以上(表2)。2020春节期间新冠疫情袭来,本课程迅速响应这一新的情况,率先申请提前开课,成为了北京林业大学抗击疫情中第一个正式开课的线上教学课程。很快这门课被教育部城乡规划教学指导委员会选中,成为了面向全国城乡规划专业学生的官方推荐课程。一些学员还特意来信,感谢这门线上课程成为了他们宅家假期中一份慰藉和寄托。

表2 选课人数统计

开课时间/次	选课人数/人	开课时间/次	选课人数/人
2018秋季 第1次开课	3079	2019秋季 第3次开课	2139
2019春季 第2次开课	1361	2020春季 第4次开课	4461

4个学期以来,线上课程讨论区一直保持着较高热度,任课教师充分利用网络平台,对几乎对所有问题进行解答和思维引导,并推动不同背景的选课学生之间进行互动(图2)。同时,根据选课学生的不断反馈,本课程线上教学内容也逐步修正和完善内容讲解和习题中的不充分、不严谨之处,确保每个学期的教学内容都能有一个更大的更新幅度。

图2 线上课程问答讨论

(三)线下教学安排

线下教学的内容则呈现完全不同的安排。其中1/4的课时均用于外请嘉宾专题讲座。课程讲座全部邀请来自规划设计研究一线的中青年专业技术精英,旨在为学生们拓宽视野、拉近理论与现实的距离。讲座嘉宾们主要来自大数据与智慧城市、区域产业规划、房地产经营管理等多个领域,每次讲座都有大量校外观众涌入(图3)。

图3 部分线下讲座海报

约一半课时的线下教学内容为课程作业(开放式城市发展研究报告)交流评讲。该作业要求学生任意选择与城市、片区产业经济发展等相关具体问题展开探讨,课程作业的过程包括自主选题、实地调查、数据查阅、分组讨论、成果汇报多环节能力训练。从历年的作业选题内容来看，作业大多聚集在历史古镇振兴、科技园区创新空间更新、城市更新中的产业提升策划等当前热点领域（表3）。每份作业除在完成过程中充分内部交流外，其成果评审还特邀规划学、地理学、经济学、管理学4个不同领域的专家分别给出评语，确保对学生作业的多元、充分反馈（图4）。

表3 课程作业要求

作业类型	开放式城市发展研究报告	学术热点研究综述分享
作业题目	课程作业：城市更新与产业发展计划/构想	课程作业：文献检索和综述报告撰写
作业要求	自选一个熟悉的具体城市地段，探讨其空间更新与产业发展方向，发表自己的看法	自选一个当前城市经济、社会、地理相关研究的学术热点问题，对其主要研究成果（学术专著、期刊论文为主；新兴问题可运用报刊、网络等各类媒体材料）进行充分检索，并对研究的主要成果、发展现状、缺陷与不足等用自己的话进行总结，撰写综述报告
技能培养目标和成果形式要求	尽量体现学术写作的规范性，但亦应重视可读性。鼓励使用图片、表格、数据、逻辑框图等，应有一定数量的参考文献	训练学术检索、分析与综述、学术写作、格式标准化等方面的技能

图4 开放式研究报告作业成果

剩余的部分线下教学时间，安排开展学术热点问题讨论分享会，引导学生在实践问题探讨的基础上，逐步提升至对学术热点的关注和把握，并培养其文献检索和综述写作的能力，为学生在后续学习中从事第一手研究奠定较为良好的基础（表2、图5）。

（四）课程思政融入

鉴于本课程高度的综合性和实践性，尽管并非必需，但该课程教学中事实上穿插了丰富的"课程思政"内容，将思想政治与专业知识点学习紧密结合。具体而言，本课程在"城市基础设施""城市化""城市住房"等章节中，融入了较多的国情知识教育，也实现了对社会主义城市建设事业的生动展示。并且基于严谨的学术视角，不仅从经济规律、制度等角度，解释了这样的"中国奇迹"的背后原因，也注意发掘和探讨我国城市高速发展背后

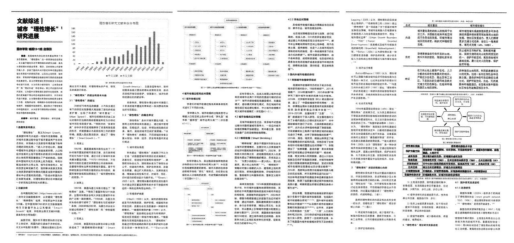

图 5　文献综述作业成果节选

依然存在的不足和隐忧。在此基础上，学生往往能够在之后的学习中进一步把握时代脉搏，对身边的城市、社区发展开展调查，逐步实现立足实践技能、发掘学术潜能的过程。

四、课程教学成果积累

本课程是近年来城乡规划专业学生获得最多优秀成果的相关课程之一。每年都有部分优秀学生作业成果在课程结束后，与后续课程的学习深化结合，形成了理论与实践更加紧密结合、调查内容更为完整的升级版成果。2019年出版的《高等院校本科生优秀城市社会调查及交通创新作品集》收录了10余篇来自本课程的部分优秀作业[7]（图6、图7）。近5年（2015—2019年）学生作业持续参加全国城乡规划专业指导委员会主办的城乡社会综合实践调研报告作业评优，共获得全国二等奖1项，三等奖8项，佳作奖5项的出色成绩。

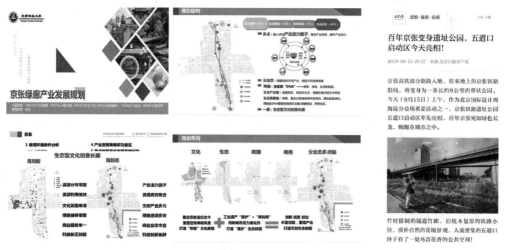

图 6　2016年学生作业——京张绿廊产业发展规划　　图 7　2019《北京日报》报道京张铁路遗址公园落地亮相

部分课程成果进一步发展，形成了学生在毕业班或研究生期间的主要研究方向或课题，其核心内容形成了一批论文，发表在较高水平的学术期刊上[8-10]。而其中《京张铁路绿廊（两侧）产业发展规划》等作业，还与后续与海淀区政府合作完成的"京张铁路遗址公园规划"等实际研究项目相结合，其部分成果被实际项目吸收落地，真正实现了"学以致用"（表4）。

表 4 获得全国城乡规划专业指导委员会社会调查作业评优奖项

年份	等级	学生	作品名称
2019	三等奖	单之然、童琳、高亚楠、陈明璐	白塔无障"爱"——基于体验式调查的历史街区无障碍出行感受及意愿调查
		马春叶、王杉、王晓芳、杨婷婷	书途"童"归——北京市中小学生放学路径及行为调查
2018	三等奖	翟洪雯、王久钰、肖洁、周晓津	青年"共同体"——青年共享社区公共活动的时空特征研究
		彭潇、吴昊阳、李诗尧、李玉婷	学无止"境"——中关村创业大街非正式学习空间特征与提升策略
	佳作奖	谷雨、刘瑾、刘艳林、吴禹澄	交互·多元·共享——大栅栏公共空间交叉使用研究
		魏敏、杨若凡、郭晨曦、陈睿琳	旅游影响下北京郊区传统村落"空间集体记忆"研究——以雾底下村、古北口村、灵水村、琉璃渠村为例
2017	三等奖	潘劲东、何秉慧、蒲叶、叶雅飞	情依喀赞其——基于居民和游客视角的新疆伊宁市前进街地方认同研究
		林戈、李玥、韦婷娜、赵倩羽	关于过去,关于现在——北京旧城东四南历史街区公共空间的变迁调查研究
	佳作奖	邢子博、王琪、王璐瑶、王岱蕾	养老"心"观察——基于两个案例的机构养老群体孤独感调查
		王雨晴、宋莹、贾家妹	联而不合——北京市典型联合办公的发展误区调查
2016	三等奖	傅玮、薛博文、王思凡、伍洋宇	基于十一项潜在因子的历史街区城市意象研究——以北京东四片区为例
	佳作奖	何溪、杨洋琦、余秦、蔡宇琪、潘劲东	为共享而生——OFO校园自行车网络即时租赁平台创新实践调研报告
2015	二等奖	李穆琦、杨俐、索雯雯	体验型书店吸引力评价——以北京"单向空间"书店为例
	三等奖	郑依彤、严易琳、林源、吴锦昱	别了,旧公交时代?——大数据时代北京公交车智慧化转型调研

经过几年的持续积累,本课程相关教学经验的总结形成一系列教学论文,有利的支撑了相关教学成果奖的获评[11-14]。尤其是线上线下混合教学的经验和成果,被遴选为2019年全国生态文明信息化教学B级成果(图8)。

五、教学探索反思与展望

毫无疑问,依托线上线下混合教学的一系列新探索,显著地促进了学习内容的综合性、实践性、开放性——学生与业界人士的更多交流、更多一手案例分析及详实的图片、数据等展示,让课程更具创新性、趣味性、活力和互动性。更有积极主动的同学,整理了课程中的大量教学资料,自发"编写"了精美的《课程回顾》小册子,充分反映了这样的教学效果,令人欣慰(图9)。

有的同学在课程反馈中写道:"'城市规划经济学原理'课程就是门引导我们从另一个角度去理性拆解规划的学科,老师用生动又直观的讲述,带着各位学子一点点拨开复杂的

图 8　教学成果遴选证书

图 9　选课同学自发整理的《课程回顾》小册子

市场与经济之迷雾，在重多知识体系碰撞出的火花中，体会联系与矛盾的美感，在实际问题带来的问号中，对城市规划的价值探索再向上走一步，也在课程的综合思考中，获得大有裨益的职业拓展能力。"

新的时代，新的课程，时代的发展要求未来的城市规划者必须从更高、更全面的视角去察觉思考，才能更有序、有效地利用城市空间、推动城市发展。新的教学尝试和在线平台也为本课程带来了远超既往的学生反馈，这使课程建设未来的进一步提升任务逐渐清晰，主要包括：进一步加强国际化视野，尝试双语教学实践，进一步充分利用网络平台，促进教学资料的电子化，等等。相信在新的时代和技术支撑下，本课程的教学探索将会长期持续，并更加快速地迭代更新。

参考文献

[1] https://www.icourse163.org/course/BJFU-1003755005
[2] 邹德慈. 论城市规划的科学性[J]. 城市规划, 2003(2): 77-79.
[3] 中央城市工作会议在北京召开[J]. 城市规划, 2016, 40(1): 5.
[4] 栾峰, 赵民. 城市经济学[M]. 北京: 中国建筑工业出版社, 2012.
[5] 谢文蕙, 邓卫. 城市经济学[M]. 2版北京: 清华大学出版社, 2008.
[6] 阿瑟·奥莎利文. 城市经济学[M]周京奎, 译. 2版. 北京: 北京大学出版社, 2015.
[7] 李翅, 钱云. 高等院校本科生优秀城市社会调查及交通创新作品集: 北京林业大学园林学院[M]. 北京: 中国建材工业出版社, 2019.
[8] 吴锦昱, 钱云. 中关村创业大街创新创业空间演变研究[J]. 住区, 2019(5): 124-130.
[9] 杨雪, 钱云. "老漂族"的社会融入及影响要素探究: 以北京市回龙观为例[J]. 现代城市研究, 2019, 34(2): 23-29, 37.
[10] 孙悦昕, 李翅, 钱云, 等. 集中式青年公寓的社区文化分析: 以北京市YOU+国际青年社区为例[J]. 城市发展研究, 2018, 25(4): C1-C6.
[11] 钱云, 董晶晶, 李翅. 北林城乡规划专业实践类课程体系研究[M]//高等学校城乡规划专业指导委员会. 新常态·新规划·新教育: 2016中国高等学校城乡规划教育年会论文集. 北京: 中国建筑工业出版社, 2016: 405-411.
[12] 钱云. 城市规划社科理论课研究能力培养与测评[M]//张启翔, 王向荣, 李运远. 北京林业大学园林学院教学改革成果汇编: 卷一, 北京: 中国林业出版社, 2012, pp.108-112.
[13] 钱云. 博采众长, 剖析自身, 塑造特色课堂: 北京林业大学城市规划专业"城市经济学"教学内容探索[J]. 中国林业教育, 2011(5): 64-68.
[14] 钱云. 工学类城市规划专业人文社会类课程教学的挑战与对策: 基于北京林业大学教学实践的思考[A]. 中国城市规划学会、重庆市人民政府. 规划创新: 2010中国城市规划年会论文集[C]. 中国城市规划学会、重庆市人民政府: 中国城市规划学会, 2010: 14.

Integration and inclusion for practical-orientation: Teaching experiments through the online and offline platform for the course of *Principles of Urban Planning Economics*

Qian Yun Bi Bo Yang Tingting

(School of Landscape Architecture, Beijing Forestry University, Beijing 100083)

Abstract "Principles of Urban Planning Economics" is the first round high-quality online open courses in Beijing Forestry University, also an early-operated online and offline mixed-teaching course. Under such an opportunity, a series of teaching experiments of this course firmly grasps the social needs contemporarily, constantly overcomes the limitations of previous teaching, and made new attempts in the content, form, and assessment methods of the course, which then make the teaching process with more integrated, inclusive and practical-oriented. This article summarizes the ideas, processes and results of the above-mentioned teaching experiments, in order to reflect the beneficial reformations for teaching process of such courses by the driven forces ofonline teaching technologies.

Keywords *Principles of Urban Planning Economics*, online and offline hybrid, integration, inclusion, practical-orientation

新冠疫情防控视域下"地信综合实习"课程"云实习"教学模式的探索与实践

——以北京林业大学为例

于 强　曹云锋　岳德鹏

（北京林业大学林学院，北京　100083）

摘要： 新型冠状病毒疫情在2020年初在全国全面爆发，为落实"两不停"，北京林业大学地信学科"地信综合实习"课程采用"云实习"教学模式顺利展开，保证了课程的正常进行，维护了良好的教学秩序。本文通过对比地信2016级完全的线下传统教学模式和地信2017级"云实习"教学模式，发现"云实习"教学模式具有互动性强、参与度高、系统开发成果质量高的特点，未来的"地信综合实习"课程中野外实习宜采取"线上+线下"的教学模式，系统开发宜采取"云实习"教学模式。本文的研究成果为新冠疫情防控下高质量完成课程教学工作提供了一定的借鉴和参考。

关键词： 地信综合实习；"云实习"教学模式；新冠疫情

北京林业大学"地信综合实习"课程是一门针对地理信息系统专业三年级本科生开设的必修课程，实习课程综合性强，需要学生具有测量学、地图学、GPS原理与应用、遥感原理与技术、地理信息系统原理与应用、GIS设计与开发等课程的知识基础。地信综合实习的时间为第六学期末暑假期间，连续5个星期的实习安排中，第一个和第二个星期主要侧重3S技术在林业调查中的应用实习，实习地点位于鹫峰林场，通过测量学、测树学等课程中学习的全站仪、水准仪、经纬仪、角规、测高器、胸径尺等仪器设备，基于森林资源二类调查主要内容展开实习，学生们针对森林生长量和消耗量调查、森林土壤调查、森林病虫害调查、森林火灾调查、森林景观资源调查等专题展开深入调查并积累数据，撰写野外实习报告。第三至第五个星期基于所调查的野外实际数据，结合实习基地公司的实际需求，有针对性地对若干主题进行林业GIS系统的开发与应用过程，深入掌握所学的理论与方法，为以后从事工程技术和科学研究工作打下基础。

但是，2020年伊始新型冠状病毒疫情的发生打乱了原本"地信综合实习"的正常教学秩序，实地的森林调查学习很难正常进行，3个星期的林业GIS软件开发由于需要团队合作完成，也面临较大的困难。但按照"停课不停教、停课不停学"的要求，如何化危机为机遇，通过教学方法、模式和方式的创新改革，推动实习课程顺利进行虽然是难点，但是也是极其有意义的开拓。因此，本文通过对比北京林业大学地信专业2016级纯线下实习教学模式和地信专业2017级"云实习"教学模式，总结经验，旨在优化完善地信综合实习课程"云实习"教学模式，为新冠病毒疫情期间其他实习课程的顺利开展提供借鉴。

作者简介：于　强，北京市海淀区清华东路35号北京林业大学林学院，讲师，yuqiang@bjfu.edu.cn；
　　　　　曹云锋，北京市海淀区清华东路35号北京林业大学林学院，副教授，yfcao@bjfu.edu.cn；
　　　　　岳德鹏，北京市海淀区清华东路35号北京林业大学林学院，教授，yuedepeng@126.com。
资助项目：北京林业大学课程思政教研教改专项课题（2020KCSZ017）

一、"云实习"教学模式的教学理念

"云实习"教学模式是针对新型冠状病毒疫情期间一种纯线上完成的教学模式。"云实习"教学模式中引入"狩猎场"理论,即教师的首要任务并非传统地讲授知识,而是制订学习目标与规则、布置学习任务、设计案例分析并做好激励和监督的工作。对于"地信综合实习"课程第一星期和第二星期的森林资源调查的实习内容,在线上完成简单仪器教学工作后,学生们在居住地附近的林地内,自行完成数据的采集及报告的撰写。第三—第五个星期的林业 GIS 软件开发主要在线上进行内容的学习,针对不同的选题组成 4~5 个小组完成软件的开发和功能的实现。在实习过程中学生们可以在线上通过腾讯会议、企业微信、微信群和 QQ 群等与实习基地公司的开发人员保持联系及咨询问题。学生从以往的被动式灌输式学习转变为主动汲取,从而提升沟通协调能力。

二、传统课堂教学模式与"云实习"教学模式的比较

(一)传统课堂教学模式

以地信 2016 级的"地信综合实习"课程学习为案例,传统的课堂教学模式采用完全线下的模式进行,前两个星期主要以教师讲解为主,学生实际测量采用小组分工模式,并不能保证所有学生均进行了所有指标的量测。在鹫峰林场的两个星期中,白天进行野外森林资源调查,晚上进行内业数据的处理入库。数据的存储及入库利用实习基地公司提供的森林资源野外数据调查记录软件和平板完成。地信 2016 级在鹫峰林场进行森林资源调查如图 1 所示。

图 1 森林资源调查外业图

传统课堂教学模式下的林业 GIS 软件开发在实习基地公司中进行，实习基地公司为学生们配备处于开发一线的技术人员进行内容讲解和问题的解答。学生们的实习作息严格按照实习基地公司的作息进行，周一至周五进行林业 GIS 软件的开发，周六与周日休息。地信 2016 级的实习基地公司的位置距离北京林业大学地铁或者公交车大约一个半小时的车程，路上的时间消耗较多，这也是传统的课堂教学模式的弊端。通过 3 个星期的实习，学生们的实习成果如图 2 所示。

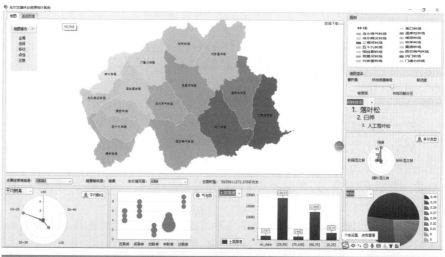

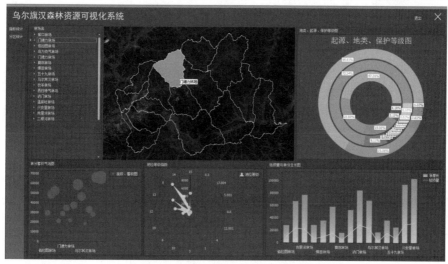

图 2　地信 2016 级林业 GIS 软件开发成果图

通过地信综合实习，地信 2016 级同学全面检验了本科期间地理信息系统专业的理论知识，外业和软件开发成果较好，能够达到地理信息系统专业的培养要求。但是学生们均反映实习基地公司距离学校较远，精力与时间浪费明显，且由于小组分工明确，不能保证每位同学均能通过实习学习到全部的知识，因此改善教学模式势在必行。

（二）"云实习"教学模式

在传统实习教学模式下，由于每节课时间固定，老师只能根据大部分同学的掌握情况进行实习教学安排。然而在"云实习"教学模式下，老师既可以集中授课，把控教学进度，并同时和学生进行互动，又可以在学生线上学习时，提供丰富的教学资源。学生可以根据自身的能力及知识水平分配时间，调整学习计划，提升学习效率，老师也能够通过教学平台，分析每位学生的学习记录，做到因材施教。

以地信 2017 级为例，由于新型冠状病毒疫情的影响，地信 2017 级的"地信综合实习"课程完全采用线上方式进行，由于同学们居住地分布在全国各地，线上"云实习"模式的优势逐渐显现。课程在教学安排上首先进行了调整，压缩了外业实习时间，增加了林业 GIS 软件的开发时间。森林资源调查的外业内容由同学们利用实习基地公司开发的外业数据记录软件完成，同学们通过手机 APP 完成居住地附近森林资源数据的采集、存储和入库。测量距离和树高均由手机 APP 完成，树木的胸径测量利用普通皮尺测量后解算完成，森林病虫害、森林火灾、森林土壤等专题由教师实时答疑完成调查。最终通过同学们的外业报告和数据显示出，疫情期间同学们对森林资源外业调查的内容掌握程度符合培养计划的要求。

"云实习"教学模式下，林业 GIS 软件的开发时间增加了一个星期，且节省了线下去往实习基地公司的时间，周六、周日的时间同学们也用于软件系统的开发，实习基地公司的开发人员可以随时在线上回答同学们的所有问题，同学们小组内部、与公司开发人员、与教师之间的交流大大增加，从而使实习成果获得一致好评，林业 GIS 软件开发十分成功。成果如图 3 所示。

绿色新闻网在 2020 年 9 月 26 日发布题为：《落实"两不停"，地信专业组织线上"云实习"》的新闻，肯定了"云实习"教学模式下实习作品的高质量，也证明了"云实习"教学模式的实际可行。新闻具体内容如下：

按照疫情防控要求和专业教学安排，7 月 6 日至 26 日，林学院地图学与地理信息系统教研室组织 17 级地信专业本科生，利用线上开展暑期综合大实习，31 名同学在 3 名专业教师和 4 名地林伟业公司校外指导教师的联合指导下，在云端高质量完成实习任务。

地信教研室根据"云实习"的特点和限制条件，以确保实习质量为核心，制定了全新的实习方案，拟定了"全国林业热点新闻地图可视化系统""全国生态环境新闻热点地图可视化系统"两个实习课题，内容涵盖 GIS 原理、地图学、GIS 应用开发、软件工程、数据库等，同时增加了前沿的 webGIS 技术和大数据技术。实习采取分组线上开展模式，组内线上研讨、教师线上实时指导、组间线上汇报交流等形式进行。同学们克服困难，积极参与，交出了高质量的实习作品。

本次实习探索了地信专业"云实习"的新模式，得到了同学们的一致认可，达到了预期效果，为防疫背景下开展专业实习积累了经验。

三、教学方式方法的转变与优化模式探索

（一）野外实习宜采取"线上+线下"模式

在传统"地信综合实习"课程教学模式下，野外实习部分要更为完善与全面，学生们掌握的知识更为丰富，教师的作用较大，对于实习过程中的问题只能一对一地解答，实习过程中产生的问题较难回看。但是"云实习"教学模式下，野外实习过程中的线上实时沟通十分便捷，同学们之间、同学们与教师之间的沟通更为灵活，并且可以随时回看课程中所提过的问题，这是"云实习"教学模式下野外实习部分的优势。因此未来"地信综合实习"课程的教学计划中，前两个星期的实习课程应以"线下+线上"的方式进行，这样更能对野外实习过程进行记录、控制和考核。

（二）系统开发宜采取"云实习"教学模式

对比地信 2016 级和地信 2017 级系统开发过程中的时间安排、成果质量和同学们的反馈，地信 2016 级的线下系统开发实习过程中，去往实习基地公司的路程所消耗的时间精力较大，一线开发人员同时要完成公司安排的项目任务和学生们的问题解答任务，教师的精

力也消耗较大，很难同时解决所有学生的问题。

在新型冠状病毒疫情下，地信2017级尝试的新型的"云实习"模式，在完全采取纯线上的教学方式下，同学们的问题均有记录，实习基地公司全部一线开发人员均能实时、及时地回答同学们的提问，解决问题的效率明显提高，最终完成的系统开发成果获得一致好评。因此，在未来的"地信综合实习"课程中，系统开发部分的教学方式宜采取纯线下的"云实习"教学模式。一方面同学们可以合理分配时间，效率很高地完成代码的编写；另一方面同学们与教师之间的交流量增加，且能够回看系统开发过程中所遇到的所有问题，便于下一步的开发学习。

四、结　语

在新型冠状病毒疫情防控视域下，北京林业大学地信教研室利用"云实习"教学模式，针对"地信综合实习"课程进行正常的教学工作。在"云实习"教学模式下，学生们的参与程度更高，成果质量更好，有效地提升了学生们的自我管理水平。在未来的"地信综合实习"课程中，野外实习宜采取"线上+线下"的教学模式，系统开发宜采取"云实习"教学模式。新型冠状病毒为大学课程带来了新的挑战，但是同时也带来了新的机遇。社会发展至今，新的网络时代必然为传统的教学模式带来冲击和新的发展。"云实习"教学模式是对传统教学模式的继承和发展，是未来深化教学课堂改革的重要发展方向。

参考文献

[1]教育部．教育部关于2020春季学期延迟开学的通知[EB/OL]．[2020-01-27]http：//www.moe.gov.cn/jyb_ xwfb/gzdt_ gzdt/s5987/202001/t20200127_ 416672.html.

[2]焦建利，周晓清，陈泽璇．疫情防控背景下"停课不停学"在线教学案例研究[J]．中国电化教育，2020（3）：106-113.

[3]张晨婧仔，焦建利．基于远程视频会议系统的在线辅导教学交互策略[J]．开放教育研究，2014，20(6)：95-102.

[4]蔡磊．利用Zoom在线会议系统创新教学的实践探索：以生物教学为例[J]．创新人才教育，2016，(1)：71-74.

[5]王峻峰．"停课不停学"的误区[N]．民主与法制时报，2020-02-26.

[6]刘玥．基于云教学平台的大学英语视听说课翻转课堂教学模式研究[J]．中国教育信息化·基础教育，2016(20)：64-67.

[7]彭耀宗．"互联网+"时代下的云教学模式[J]．数码世界，2020(4)：184.

The exploration and practice of the Cloud Practice teaching mode of the *Integrated Practice of Local Trust* under the perspective of COVID-19 prevention and control：Take Beijing Forestry University as an example

Yu Qiang　Cao Yunfeng　Yue Depeng

(College of Forestry，Beijing Forestry University，Beijing　100083)

Abstract　The new coronavirus epidemic broke out across the country at the beginning of 2020. In order to implement the"two non-stop", the"Integrated Internship"course of the Department of Geosciences of Beijing Forestry University adopted the "cloud practice" teaching model to ensure the normal progress of the course. Maintain a good teaching order. This paper compares the traditional teaching mode of GIS 16 fully offline and the "Cloud Practice" teaching mode of GIS 17, and finds that the "Cloud Practice" teaching mode has the characteristics of strong interaction, high participation, and high quality of system development results. The "online+offline" teaching mode should be adopted for the field practice in the future "Integrated Practice of Local Trust" and the "cloud practice" teaching mode should be adopted for system development. The research results of this article provide a certain reference and reference for high-quality completion of course teaching under the prevention and control of the new crown epidemic.

Keywords *GIS Comprehensive Internship*, "Cloud Internship" teaching mode, new crown epidemic

融合雨课堂和微信公众号的课程教学改革

——以"高电压技术"课程为例

谢将剑[1]　陈贝贝[2]

（1 北京林业大学工学院，北京　100083；2 北京林业大学林学院，北京　100083）

摘要：在各种移动终端技术不断完善背景下的信息化高速发展时代，移动学习成为新时代教学改革的主要突破口之一。本文提出一种基于雨课堂和微信公众号的教学模式，利用雨课堂串联课前、课中和课后，并建立内容丰富多样的微信公众号学习平台，辅助雨课堂教学，借助其移动性突破课堂的时空限制，以便学生随时、随地完成移动学习。计算得到的课程目标达成度表明，改革后学生的学习效果得到了提升。该授课方式充分体现了以学生为中心的教学理念，易于扩展学生学习的思维和方式，提升高电压技术课程的教学质量，并促进教师提高教学水平。

关键词：高电压技术；雨课堂；微信公众号；教学改革

一、引　言

高电压技术是电气工程及其自动化专业的专业基础课，主要讲授高电压（强电场）下的各种电气问题以及电力系统过电压的防护措施，工程实践性较强，通过这门课的学习可以巩固和完善学生的知识体系，培养学生分析和处理专业问题的能力。本课程要求学生达成以下6个课程目标：

课程目标1：明确高电压技术的概念及其研究内容，能解决实际电力系统中的不同过电压的高电压防护问题。

课程目标2：能应用物理知识分析电介质的电气强度以及电力系统中可能产生和存在的各种过电压，对电力系统过电压防护的关键环节和参数进行识别和抽象。

课程目标3：掌握电气设备绝缘预防性试验的原理及过程，能够根据国家标准规定开展相应的绝缘测试实验。

课程目标4：能够分析高电压、强磁场的产生过程，进而理解其对环境保护和社会可持续发展的影响。

课程目标5：分析高电压下强磁场对环境的影响，能够从环境保护和社会可持续发展的角度，正确理解高压电磁污染等对环境和社会可持续发展可能损害的隐患。

课程目标6：掌握电力系统设备中，综合绝缘性能和经济考虑不同绝缘材料的绝缘配合原则，掌握电气工程领域经济决策方法。

学生对前期课程物理学、工程电磁场和电力系统分析的掌握程度参差不齐，加之高电压技术课程的综合性较强，使得有些学生学习起来比较吃力，多种因素导致单纯地采用传统的板书结合多媒体的授课模式，很难引起学生较高的学习兴趣以及实现一定的学习效果。

作者简介：谢将剑，北京市海淀区清华东路35号北京林业大学工学院，副教授，shyneforce@bjfu.edu.cn；
　　　　　陈贝贝，北京市海淀区清华东路35号北京林业大学林学院，助理研究员，chenbei@bjfu.edu.cn。
资助项目：北京林业大学教育教学改革项目"新工科背景下电力系统继电保护理论、实验课程改革探索"
　　　　　（BJFU2019JY051）。

因此,迫切需要探索一种更为合理的教学模式来改变现有的"高电压技术"课程教学状况。

二、高校实施移动学习的可行性

《国家中长期教育改革和发展规划纲要(2010—2020年)》明确提出要加快教育信息基础设施建设、加强优质教育资源开发与应用、构建国家教育管理信息系统[1]。随着网络、新媒体以及新技术的不断发展及运用,利用移动设备辅助课程改革的方法应运而生,移动学习成为新时代教学改革的新兴思路[2]。当代大学生人手一台智能手机,无线网覆盖度越来越高,移动运营商提供校内不限量流量套餐的门槛降低,这些外部因素都为大学生开展移动学习提供了良好的物质基础。

微信支持通过网络快速发送语音短信、视频、图片和文字,集多平台、多媒体视听于一体,依托上述功能,微信可以实现多样化教学形式。雨课堂是学堂在线与清华大学在线教育办公室共同研发的一款线上混合式教学工具[3]。它将复杂的信息技术融入PPT和微信中,通过创建线上虚拟课堂,营造互动、高效的学习环境,可以确保师生在课前预习、课堂教学与课后复习时进行有效互动,从而提升学生自主学习能力,为学生的个性化学习提供平台。

微信公众号是微信的重要应用之一,可以定时发布信息,并和关注者互动[4]。微信公众号推送的优质资源使学习不再局限于教室,进行相应的移动教学设计可以引导学习者合理利用碎片时间,是实现移动学习的优选方式之一[5-7]。本文探索基于雨课堂和自建微信公众号对高电压技术课程教学进行改革,以弥补学生在课堂上对某个知识点的理解和掌握不足,提升教学效果。

三、基于雨课堂+微信公众号的教学模式

在深入探究相关教学理论的基础上,本文构建了一种基于雨课堂+微信公众号的教学模式,旨在推动高电压技术课程学习的移动化和泛在化,其具体教学过程如图1所示。

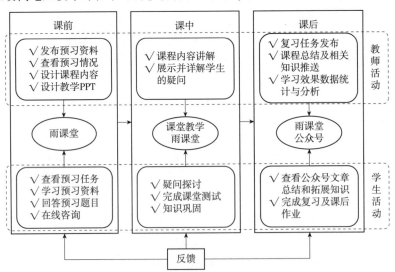

图1 基于雨课堂+微信公众号的教学过程

(一)雨课堂的应用

通过雨课堂可以方便地向学生手机推送课内知识的学习课件,与微信公众号推送的拓展资料相辅相成,共同为学生的移动学习提供丰富的内容基础。教师在课前利用雨课堂发

布课前预习内容，预习的 PPT 要与设计的预习目标相对应，内容层层递进，将学生思维连贯起来，为学生的线下学习提供充分的引导。课前预习任务帮助学生在课堂授课之前形成对知识的初步认知，完成第一轮自主学习环节。

通过雨课堂的统计功能，教师可以实时掌握学生预习的进度、答题的情况以及学生存在疑问的地方，为课堂内容的设计提供数据基础。根据学生预习的答题情况，总结出一些有针对性的探究题目，并对课内学生的活动进行设计。比如，让学生去了解生成新冠病毒电镜照片的电子显微镜是如何成像的，去发现高电压技术的实际应用。

课堂环节和预习环节相呼应，对预习出现频次较多的疑问引入课堂进行讨论。通过雨课堂推送限时课堂测试，学生通过手机参与答题，检测课堂学习的效果。对于个别学生没有听懂的情况，可以通过雨课堂匿名反馈给教师，教师课下可以及时回复。

课后，布置适当的任务，方便学生强化课堂所学，同时可以检查学习的效果。雨课堂具有强大的统计功能，无论哪个课程环节，学生提交作业后，雨课堂都能够对作业进行统计分析。教师可以根据统计分析的结果了解学生的学习以及对知识的掌握情况，以便于开展后期的持续改进。

（二）微信公众号实现雨课堂的扩展

微信公众号推送的资源类型丰富多样，包括文字、图片、语音及视频等多种方式，而且可以便捷地将学习资源推送到每位学生手里，作为雨课堂的扩展可以进一步丰富移动学习的内容。根据教学需要，笔者开通了微信公号平台，旨在给学生提供获取学习资源的集中渠道，供学生在接受课堂授课之前或者之后可以有目的地学习该部分资源，为个性化学习提供支持。

推送的学习资源以每次课程的重要内容为主线。在制作图文消息时候，可以一次性推送多篇文章，从不同层次拓宽学习内容。例如，置顶文章可以包括本次课程的主要部分，即课程导入、核心概念和原理、主要内容总结等；总结部分把主要知识点做成思维导图，对每个 PPT 图片进行文字概括，把课堂讲授的解释语言以文字的形式给予说明。其他文章可以引用案例，以图文配合的方式深化课堂教学内容。例如，在讲雷电过电压的防护时，专门推送人类对雷电的认识过程以及如何巧妙地设计雷电防护等内容。学生通过阅读该文章，可以更好地理解雷电防护的措施及其必要性。

除了推送学习资料外，还可以推送一些树立学生正确的价值观、拓宽学生视野、有利于学生自身发展的文章。公众号推送我国电气行业世界领先技术，可以提升学生对我国电气专业技术的自信，增强学生学习的内在驱动力。例如：公众号推送了《又又又停电？在中国不存在的》一文，着重分析我国电网可靠性世界领先的原因，让学生了解我国电力技术是世界一流的；推送我国电气行业的名人事迹，有利于培养学生建设祖国的责任感和使命感，实现课程思政的引入；推送电气及其相关行业的前沿科技，让学生能提前接触科技的前沿，为后续的学习提供思路；推送有关就业和深造方面的建议，解开学生心头的困惑，有利于学生找到一条更适合于自身发展的道路；对于电气专业学生广泛参加的国网招聘考试，分享了《国家电网总部+68 家单位招聘毕业生》以及《国家电网一批二批进去的有什么区别？》等文章，让学生更好地了解招聘形势，进而做出最优的职位选择。

四、 实施效果分析

（一）授课方式满意度调查

受此次疫情的影响，原有混合教学中的线下面对面课堂教学环节无法实施，采取了腾讯直播的方式来替代。利用问卷星调查学生对本课程授课方式的满意度，选课共 67 名学生，收回有效问卷 55 份，超过 3/4，属于有效调查。85.5%学生总体上对现行的授课方式较为满意，下面对评价结果开展详细分析：

图 2 所示是学生是否按时查看雨课堂复预习内容的结果，80%的同学能按照要求按时提交，20%的同学有时候没法按时提交，其中的大部分同学表示复预习资料发布的时间离上课时间长，容易忘记。图 3 所示是关于雨课堂复预习方式是否有助于课程学习的结果，只有 1 名同学觉得没有必要之外，其他同学都表示了赞同。说明这种方式效果还是比较好的。

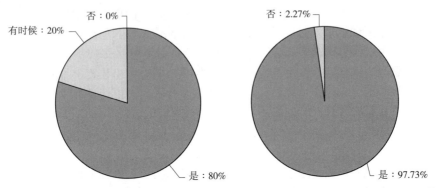

图 2　是否按时查看雨课堂复预习内容　图 3　雨课堂复预习方式是否有助于课程学习

图 4 所示是课后推送的微信文章是否观看的结果，85.45%的同学观看了辅助资料，说明大部分学生还是希望通过获取更多的知识以便将该课程学好。图 5 是观看课后推送文章的学生对内容是否有利于课程学习的结果，97.87%的观看了辅助资料的同学认为资料的内容是有助于课程学习的，说明有必要给学生分享相关课程辅助资料，有助于他们理解课上的内容。

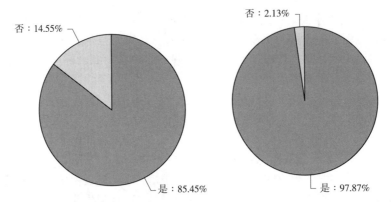

图 4　课后推送文章是否观看的结果图 5　课后推送文章是否有利于课程学习

综合分析上述调查结果可得，学生对该方法的认可度较高，普遍认为现有的授课方式能够提升自身对知识的掌握程度。

（二）达成度分析

本次课程总评成绩为考试成绩（60%）加上平时成绩（40%）。其中，平时成绩由课堂测试（40%）、预习（45%）和课后作业（15%）组成。鉴于疫情原因，期末考试采取线上考试的方式，考试改为开卷形式进行，并适当提升考试难度，考试题型全部为综合分析题。图 6 所示为近两年通过考核结果分析得到的课程目标达成度（总分 1）和学生自评的结果（总分 5）对比，两者均是越高认为越能达到课程目标。

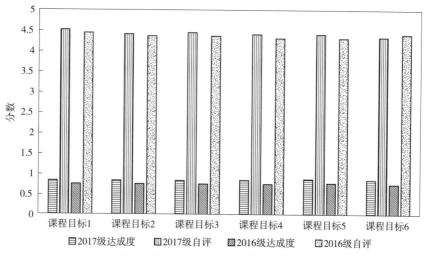

图6　近两年课程目标达成度和学生自评结果对比

从图中可以看出,本次教学改革后,学生对6个课程目标的达成度均有所提升,说明学生对本课程知识的掌握程度有所提升。而在自评结果中,除了课程目标6之外,均有所提升。课程目标6是有关经济决策方面的能力,后期需要进一步加强该部分能力的培养。

总体上看,无论是学生对授课方式的满意度,还是最终课程目标的达成度上,都表明本次课程改革取得了较好的成效,有利于学生更好地达成课程目标,后期将继续推广到其他课程中。

五、结　语

"高电压技术"课程改革融合雨课堂和微信公众号构建移动学习模式,利用雨课堂强大的教学信息化技术以及微信公众号传播速度快、受众面广的特点,进一步突出了学生的主体地位,通过多方面、多形式为学生开展移动学习提供便利,可大大增强高电压技术课程课前、课中以及课后的交互性、便捷性与课程内容的丰富程度,借此吸引学生主动参与,使学生可以利用碎片化的时间完成高电压技术课程知识点的学习,促进学生与教师的交互式沟通或与同学间的讨论,较好地提升学生的学习效率,目标达成度的提升验证了本次改革的有效性。

目前,笔者自建的公众号上已经推出了高电压技术和电力系统继电保护两门课程的资源,订阅量达到207人,大概有1/2的人来自校外,说明该公众号不仅能帮助本校的学生,而且让校外人员也能利用这些文章实现相关知识的学习,使得这些文章的价值被放大。说明,该教学模式可以依托微信平台完成更大范围的推广,让更多的人受益,可以为高电压技术课程的教学改革提供一种新的方法和手段,笔者后期将继续融合自己教授的其他课程内容,更好地普及电力专业知识。

参考文献

[1]国家中长期教育改革和发展规划纲要工作小组办公室.国家中长期教育改革和发展规划纲要(2010—2020)[R].[2010-07-29].
[2]蒋艳.基于微信公众号和雨课堂的高职实用英语教学改革反思[J].海南广播电视大学学报,2019(1):138-143.
[3]杨芳,张欢瑞,张文霞.基于MOOC与雨课堂的混合式教学初探:以"生活英语听说"MOOC与雨课堂的教学实践为例[J].现代教育技术,2017(5):33-39.
[4]沈效良.微信公众平台与微课相结合的课程教学研究[J].电脑知识与技术,2019,15(25):84-85.

[5]唐冰雯,张彦焘. 基于微信公众号的分析化学实践教学模式改革初探[J]. 教育现代化,2019(60):41-42.

[6]朱智. 基于微信公众平台的计算机平面设计课程改革研究[J]. 教育现代化,2019(55):82-83.

[7]朱超胜,程彬伟,李运林,等. 微信公众号在环境工程专业课教学中的应用[J]. 科技风,2019(20):47-47.

Exploration of curriculum teaching reform based on rain classroom and WeChat subscription
——Take the course of high voltage technology as an example

Xie Jiangjian[1]　　Chen Beibei[2]

(1 School of Technology, Beijing Forestry University, Beijing　100083;
2 School of Forestry, Beijing Forestry University, Beijing　100083)

Abstract　In the era of rapid development of information technology with the continuous improvement of various mobile terminal technologies, mobile learning has become one of the main breakthroughs in the new era of teaching reform. Based on this, this paper proposes a teaching mode based on the rain classroom and the WeChat subscription. It uses the rain classroom to connect classes before class, after class and after class, and builds a learning platform of WeChat subscription with rich content to assist the rain classroom teaching, to break through the classroom restrictions to enable students to complete mobile learning at anytime and anywhere. The calculated achievement of curriculum objectives shows the students' learning effect has been improved after the reform. It fully embodies the new student-centered teaching mode, to expand the thinking and mode of students' learning, improve the teaching quality of *High Voltage Technology* course, and promote the teaching level of teachers.

Keywords　*High Voltage Technology*, rain classroom, WeChat subscription, teaching reform

教育扶贫

2020

"以赛促学，教育扶智"乡村阅读空间设计大赛的组织与实践

柯 清 张 帆 常 乐 张宗玲

（北京林业大学材料科学与技术学院，北京 100083）

摘要： "乡村阅读空间设计大赛"由北京林业大学材料科学与技术学院家具系与北京桂馨慈善基金会联合主办，依托"桂馨乡村悦读空间项目"，旨在为乡村小学设计和改造阅读空间。本设计比赛以家具设计与制造方向人才综合能力培养为目标，通过联合行业公信力高的公益性组织，引入"项目驱动""以赛促学"的教学理念，快速打造"教育扶智"项目的"直通车"，努力搭建专业培养与专业人才需求的"立交桥"。本文回顾了近年来大赛组织的过程，总结实践经验，提出未来持续推进和完善大赛并实现常态化"以赛促学，教育扶智"的展望与思路。

关键词： 教育扶智；项目驱动；以赛促学

为响应教育部关于"扶贫先扶智"的号召，北京林业大学材料科学与技术学院与北京桂馨基金会共同发起"乡村阅读空间设计大赛"。大赛依托"桂馨乡村悦读空间项目"，结合乡村小学场地与面积，在试点学校对原有图书阅览场馆进行建设和改造，促进当地及周边学校对儿童阅读教育有更直观的了解，推动更多学校深入且有方向地开展阅读实践，让乡村学童得到更好和持续的阅读环境及阅读引导，通过知识改变命运。

北京林业大学乡村阅读设计大赛已经举办了3届，设计主题始终围绕"悦读空间"，用最环保的材料、最富创意的设计，整合产业链资源，为中国贫困乡村儿童打造最美阅读空间。设计比赛的成果已在多个扶贫定点小学开展落地工作。2019年北林家具专业教师多次走访北林定点扶贫单位科右前旗中小学进行实地勘察与测量，根据各校实际情况提供阅读书屋的设计方案，送设计、送书房到科右前旗，以木为媒，架起知识之屋。

一、设计大赛的背景

（一）发挥高校专业实践经验与人才资源优势，开展"教育扶智"

从救济性资助转型为发展性资助，从单纯的"扶贫"走向"扶贫"与"扶智""扶志"相结合，是新时代对扶贫工作的新要求，是高校定点扶贫工作理念与实践的创新体现。乡村阅读空间设计大赛利用北林材料科学与技术学院家具设计专业师生智力资源，积极打通社会服务工作的渠道，充分发挥专业优势和实践经验，助力"教育扶智"和"乡村振兴"，提升学生专业共情能力、公益心与社会责任感。

作者简介：柯 清，北京市海淀区清华东路35号北京林业大学材料科学与技术学院，讲师，kq1113@bjfu.edu.cn；
张 帆，北京市海淀区清华东路35号北京林业大学材料科学与技术学院，教授，zhangfan1976@163.com；
常 乐，北京市海淀区清华东路35号北京林业大学材料科学与技术学院，讲师，26660740@qq.com；
张宗玲，北京市海淀区清华东路35号北京林业大学材料科学与技术学院，讲师，clxyzzl@bjfu.edu.cn。
资助项目：北京林业大学教育教学研究项目"智慧教学环境下参与式实践教学设计研究"（BJFU2020JY052）。

（二）推动家具专业实践教学模式的改革与创新

家具设计与制造专业的传统实践教学主要包括企业参观、设备的了解与操作、设计图纸的完善、简单的车间实操训练等。大部分学生只能进行平面家具方案图纸的设计，缺乏结合实际的材料、结构及工艺开展科学设计的能力。学生缺少参与实际家具设计项目的机会，更缺乏将设计转化为产品的能力。

组织开展设计大赛是以家具设计与制造方向人才综合能力培养为目标，通过引入"项目驱动""以赛促学"，联合行业信誉度高的公益性组织，创新设计专业课程的实践教学。将设计大赛结果与课程评价体系相结合，调动学生参与设计实践的积极性，同时逐步使教学与生产实际、市场需求相结合，培养学生创新思维。

二、乡村阅读空间设计大赛的特色与创新

（一）"教育扶智——课程思政"，提升北林家具设计品牌

目前国内绝大部分家具设计比赛都是企业赞助方式的商业性设计比赛，涉及错综复杂的商业利益，对于学生作品评价和筛选的流程不透明，设计最终的目标也往往是为了提升企业的原创水平与知名度，服务企业自身发展。学生参赛目的的功利性强，重结果、轻过程，难以实现"课程思政"的融入。乡村阅读空间设计大赛的组织与评选受到慈善基金会、北林材料科学与技术学院和社会公益管理部门、媒体的严格监管，全流程公开、公平、公正，项目最终服务公益事业，旨在促进乡村小学儿童更好阅读成长，助力脱贫攻坚和乡村振兴。设计比赛融入课程教学的项目设计环节，既培养了专业素养，更提升了公益意识，巧妙实现"课程思政"的有效且自然嵌入，使学生切身体会设计师的社会责任与自我价值实现的统一。设计比赛联合行业公信度高的公益性组织，广泛接纳社会资源，邀请新华网、新浪家居、网易家居等知名媒体持续关注与报道，提升了北林家具设计专业的知名度与品牌影响力，巩固了北林在农林院校家具设计行业的领先地位。

（二）"项目驱动——以赛促学"为主导思想

乡村阅读空间设计大赛改变了以往教学中采用的"虚拟设计"的单一形式，为学生创造了与实际项目和生产实践紧密结合的设计实践的机会。将设计比赛以"项目导入"的方式融入课程教学家具设计的实践环节，并逐步形成具有品牌影响力的特色教学活动。通过这样的教学模式，可以将实践教学环节拓展到课堂之外和学校之外，使实践教学的形式更丰富，实际效果更显著。尝试建立"理论教学—设计表达—设计实训—样品制作—小批量生产—实地组装—产品反馈"的理论与实践相结合的教学模式。

建立以"项目驱动，以赛促学"为主导思想的教学模式，充分调动了学生参与实践的积极性，鼓励并启发学生的主动参与意识和设计创新能力，学生在整个过程中，其设计构思、设计表现和创新能力都得到了很大的提高。公益组织在这样的合作中也获得了大量优秀的设计思路和设计方案，从而与学校建立了长期良好的合作关系。新型的特色实践教学体系能够以学生为主体，利用多种形式进行实践训练，培养学生实际设计能力和创新性思维，完善实践教学体系，培养适合家具行业需要的研究型、技术型、管理型、创新型专业技术人才。

（三）项目实际落地，打破"纸上谈兵"

区别以往众多概念设计大赛，本设计比赛具有明确的设计主题、设计受众、场地环境，有严格经费成本控制要求及实际需求，要求学生设计的作品不仅充满创意，同时能够落地，符合工艺生产和材料的安全性与节约性等基本要求。项目后期阶段，由优胜参赛选手组成项目深化组，与校方、施工方、材料加工方通力合作，经过多轮方案讨论、修改，确定最终方案，并利用暑假时间前往现场开始实际监工并参与现场加工和软体装饰设计，直到最

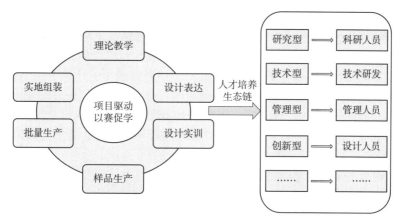

图 1　实践教学培养复合型设计人才思路

终完成方案的落地与验收。设计大赛依托"乡村阅读空间"慈善项目，整合社会资源，确保最终设计方案的落地、管理及维护。通过使用后评价及用户回访，确保教育扶智落到实处，不断完善产品设计库，为实现长期化可持续的大赛工作奠定基础。

三、设计大赛组织与运作经验

（一）新媒体技术全流程宣传与管理

比赛初期阶段，宣传推广采用微信公众号与实体海报相结合的形式。公众号将设计所需参考的现场图纸、设计要求、联系方式等内容采用公众号附件形式广而告之，使参赛者能够随时、便捷地利用移动客户端关注、下载、报名比赛，及时线上答疑。所有参赛者信息均采用微信平台方式管理，通过简道云软件实现初赛第一阶级线上网评投票环节的后台统计与大数据处理分析，为科学确定评价权重提供了依据，也为快速统计评审结果提供了便捷。最终获奖信息与作品欣赏及时通过公众号向外界发布，保证组织过程的公开透明和整个活动的及时宣传报道。

（二）评奖标准与评审制度创新

传统设计比赛的评委组成主要由行业专家、企业负责人组成，评价标准倾向于学术层面的思考和凝聚行业共识，很少引入设计受众的评价与建议。本次设计比赛打破传统单一的专家评审模式，采用线上公众投票、专家评审复议和小学师生代表线下投票相结合的方式。小学从校长到班主任集体组织各年级学生针对方案开展讨论与投票，同时用 VR 记录下每位学生对于设计的期待和功能需求，反馈给深化组的学生，针对性开展设计的完善。多层次、多渠道设计方案评审制度，极具设计专业前瞻性、权威性，又具有项目落地的可操作性，同时能够满足项目甲方的实际需求。

图 2　多层次、多渠道设计作品评审制度

(三)翻转课堂教学方式嵌入

设计比赛通过课程方案展示的组织形式推进。学生分组后，组内同学可在课下分工协作开展设计前期的资料搜集与调研工作，同时独立完成个人初步草图方案。组内成员开展课下第一轮的方案展示与头脑风暴式的组内测评。然后形成小组共识下的个人方案内容。初步草图方案通过雨课堂作业反馈板块推送到教师后台，教师可以提前预览相关作品，并对作品进行初步的评价。教师选择部分较为优秀的方案与设计说明，以优秀作品集锦的方式再次推送到资源共享教学平台，班级各组学生相互学习与借鉴，为之后的同伴互评留下充足的准备时间。

课堂方案展示的环节，学生需要将设计说明制作成开放式的 PPT，用一分钟时间浓缩讲解自己的设计理念和设计要点。学生需要提出对自我方案存在问题或者疑惑的思考，要自己发现问题点，敢于提出问题点，引发同学们共同思考。这个环节锻炼的是学生的设计演讲能力。翻转课堂的教学模式的嵌入打破了设计本身的权威，将传统的"以教师为课堂主导"的课堂形式，转变到"以学生为中心"的教学形式上。教师既是指导者又是参与者，在互动中更好地了解学生，解决学生的问题。学生在互动式的团队学习、协作学习和探究性学习中也培养了自身浓厚的设计兴趣和个性化设计语言的表达，形成了独立思考解决问题的能力。

图 3　课堂现场设计与互动评价

四、大赛的反馈与评价

(一)提升学科影响力与社会服务的综合能力

北林家具专业联合北京桂馨基金会举办设计大赛，相比其他比赛对学生教学的针对性更强，可以具体结合课程的教学需求与公益项目的实际需求，确定每届比赛的主题，能够与实际紧密结合，扩大北林设计品牌和社会影响力，提升学生的社会责任感。在此期间，一些相关媒体，如新华网、新浪家居、网易家居及乡村小学当地教育部门等都对比赛都进行了相关的报道和学生获奖作品的介绍。最终设计比赛颁奖大会上还邀请小学师生代表前往北林，分享阅读空间使用后的感受与学习成长的故事。后期，参与设计指导的组委会评委老师们前往已经完成施工的小学进行回访，倾听师生对阅读空间的设计意见与建议，为后续完善设计比赛和公益项目落实提供了宝贵经验。

(二)课程评价体系改革创新

课程评价体系的改革也是本次设计比赛核心思考的内容，以往家具设计课程对学生的评价主要以课程几个大作业的成绩和平时成绩进行综合评价，但缺乏对学生实践设计能力的评价。本项目将设计比赛的结果与学生的课程成绩评价体系相结合，通过设计比赛的评奖，可以起到激励和引导学生参与实践的作用。同时可以改变传统的以考试和课堂作业来评价学生的单一的评价体系，使学生的学习效果和设计能力在实践中得以检验。设计竞赛与家

图 4　比赛颁奖与社会反馈

具设计课程相结合的实践教学模式开拓了家具设计教学和人才培养的新途径和新方向,为提高家具设计课程的教学质量,培养学生的实际设计能力和创新性思维起到了积极推动作用。

(三)培养学生综合专业素养,提高设计实践能力

设计比赛都结合了设计实践类课程"家具造型与结构设计"的教学进度,通过开放课堂邀请企业设计及技术人员举办相关与市场和生产实际结合紧密的知识讲座,不仅为学生开展设计提供了很好的帮助,也成为家具设计课程教学的重要补充环节。充分引入社会资源,除利用正常课程教学由教师为学生进行辅导外,还在学生设计进行过程中,定期安排设计辅导,由合作的建筑设计师、儿童心理学家、图书管理者和教师共同对学生的设计进行指导。以上这些方法使家具设计课程的实践教学从原本较单一的形式发展为更加丰富灵活的教学模式。

五、比赛的推进与展望

2020 年第三届北京林业大学"乡村阅读空间设计大赛"正在如火如荼地筹备中。为支援疫区建设,助力"扶贫攻坚战",本届大赛落地小学特选定为疫情最为严重的湖北省枣阳市平林镇新集小学。吸取往届经验教训的同时,今年新推出了更加科学的评审与奖金制度,在专业、教学、公益之间寻找到彼此良性促进的机制,立志推动"项目驱动,以赛促学"的校企合作开放式实践教学模式的改革与创新,快速打造学生接触行业的"直通车",努力搭建专业培养与专业人才需求的"立交桥",逐步完善以知识传授、能力培养、素质提高 3 个层次协调发展的多方协同育人模式,凝聚成"共享/共建""共创/共赢""开放/协同"的家具设计与制造专业方向特色教学体系核心理念。

乡村阅读设计大赛将会持续探索将高校扶贫工作与扶智、扶业、扶志紧密地联系在一起,充分发挥专业资源优势,调动学生专业热情与公益积极性。通过改善乡村阅读环境,培养乡村青少年良好的阅读习惯,促使乡村青少年脑海憧憬美好未来,内心澎湃,充满奋进动力。

参考文献

[1] 基于混合学习的翻转课堂教学设计与应用研究[D]. 武汉:华中师范大学,2014.
[2] 郑惠虹. 基于"行动导向"的项目化教学在高职专业课程教学中的应用[J]. 教育与职业,2009(23):132-134.
[3] 王伟,赵桐,钟绍春. 基于翻转课堂模式的网络学习空间设计与案例研究[J]. 远程教育杂志,2014(3):71-77.
[4] 孙亮. 家具设计项目导向课程教学改革与实践[J]. 家具与室内装饰,2011(8):94-95.
[5] 胡孙跃,余肖红,李延军. 家具设计创新人才协同培养模式的探索与实践[J]. 设计教育,2015(9):46-47.

Promoteteaching through competition-Help intelligence through education: Organization and practice of rural reading space design competition

Ke Qing Zhang Fan Chang Le Zhang Zongling

(College of MaterialsScience and Technology, Beijing Forestry University, Beijing 100083)

Abstract The "Rural Reading Space Design Competition" is jointly organized by the Department of Furniture, School of MaterialsScience and Technology, Beijing Forestry University and Beijing Guixin Charity Foundation. Relying on the "Guixin Rural Pleasant Reading Space Project", the competition aims to design and transform reading Spaces for rural primary schools. This design competition in furniture design and manufacturing direction talent comprehensive ability training as the goal, through joint industry high credibility of the nonprofit organizations, the introduction of "project-driven", "Promote teaching through competition" teaching philosophy, to build "through train" through "Help intelligence education" project, strive to build "overpass" of professional training and professional talent demand. This paper reviews the organization process of the contest in recent years, summarizes the practical experience, and puts forward the prospect and idea of continuously promoting and improving the contest to realize the normalization of "Promoting learning through competition-Help intelligence through education" in the future.

Keywords   help intelligence through education, project-driven, promote teaching through competition

附：

乡村阅读空间设计大赛项目最终施工完成照片

近年部分优秀设计作品集锦

乡村振兴背景下林业人才培养的路径探析

杨 超　李芳芳　程宝栋

（北京林业大学经济管理学院，北京　100083）

摘要：林业专业人才是激发山区林区活力最便捷、最有效的途径，当前林业高校的林业人才培养模式与培养质量都难以契合山区林区发展和林业产业现代化的需求，如何培养高质量的林业人才已成为一个亟待解决的现实问题。本文认为，目前林业院校在林科教育与林业人才培养方面存在增量人才"引不来"、存量人才"留不住"、知识迭代"赶不上"林业现代化进程、人才链与产业链不契合等问题。针对这些问题，本文提出了强化复合型人才培养观念、发掘山区林区林业人才潜力、建立多层次人才培养体系、探索"校—地"协同培养模式、优化"校—企"联合培养方案的政策建议。

关键词：林业人才；培养路径；乡村振兴

一、引　言

　　山区林区作为农村脱贫攻坚工作中的重点难点，已成为关乎乡村振兴战略和全面脱贫目标实现的关键环节。专业人才是激发山区林区活力最快捷、最有效的途径。习近平总书记在2018年全国两会中提出了乡村"产业振兴、人才振兴、文化振兴、生态振兴、组织振兴"的科学论断[1]，为山区林区发展与振兴工作指出了着力点和主攻方向。在5个振兴要素中，人才振兴是其他要素振兴的基本驱动力。林业人才水平决定着山区林区的发展潜力，同时林业人才也是我国实现林业现代化的关键要素[2]。但从林业行业整体人力资源水平来看，现有林业从业人员存在综合素质偏低、专业技能单一等问题[3]。长期以来，林业部门偏重于物质资本的投入，忽视对人力资本的投资，加剧了人力资本短缺。基层林业从业人员素质较低，技术人才和职业经理人紧缺，已难以适应我国林业产业的快速发展[4]。如何培养高素质的林业人才，引导这些高素质人才扎根基层、知林爱林，成为当前林业行业院校在人才培养工作上最为紧迫的任务之一。

　　现有文献大多从农业高等教育视角出发，探讨农科教育教学改革如何支撑乡村振兴战略，如：刘春桃、柳松指出农业类高校在本科人才培养中存在学校定位模糊、师资力量薄弱、培养过程粗放等问题[5]；张艳、王梦涵也提出了农业院校生源质量低、按大类招生不合理、招生宣传不够、农学类毕业生就业机会少、农业院校学科布局不合理等问题[6]；王光菊、张俊杰等对地方农林院校校内外师资基础配置改革进行了初步探索[7]；杨肖丽、耿黎在此基础上提出以课外、长期、精英组队、全产业链、委托或自我创业模式为主，开发双创教育与专业教育深度融合的培养模式[8]。与相对广泛的农科教育教学改革讨论相比，近年来针对弱势农学大类下的冷门林科专业如何优化人才培养路径对接乡村振兴战略的讨

作者简介：杨　超，北京市海淀区清华东路35号北京林业大学经济管理学院，讲师，yangchao99@163.com；
　　　　　李芳芳，北京市海淀区清华东路35号北京林业大学经济管理学院，副教授，liff0602@163.com；
　　　　　程宝栋，北京市海淀区清华东路35号北京林业大学经济管理学院，教授，baodongcheng@163.com。
基金项目：北京林业大学教育教学研究林业名师专项项目"'一带一路'背景下国际化经营人才的培养"（BJFU2019MSLY002）

论还相对较少，安黎哲从林业服务生态文明和美丽中国建设等重大国家战略出发，探讨了新林科的内涵特征和建设路径，并对林科高等教育改革提出编制林科高等教育发展总体规划、加强林业院校"双一流"建设、壮大和完善林科学科体系等建议[9]；李志强、张力月等则从竹产业带动角度，探讨了构建"政产学研用"一体化竹学人才培养、强化竹学理论与竹产业的有机结合等教学改革路径的可行性[10]。这些文献为后续研究者提供了坚实的背景知识和思路参考，同时也留有可供进一步深入分析之处。基于此，本文对目前林业高校在林业人才教育现状进行分析，并针对林业人才教育与培养过程中存在的问题提出相应的政策建议，以期对未来林业教育模式改革与林业人才培养方案优化提供参考。

二、林业院校专业人才培养现状

（一）增量人才"引不来"与存量人才"留不住"并存

随着乡村振兴战略由粗入细地推进，我国林业高校的人才供给与山区林区振兴对人才需求的矛盾逐渐凸显。林业主要工作领域在农村[11]，林业生产经营是乡村振兴、精准扶贫工作中的一大亮点，林业高校作为林科专业类人才培养的重要阵地，所培养的人才理应成为山区林区振兴的主力军，承担起山区林区振兴重任。但从现实情况来看，由于农村生产生活条件较城市来说存在较大差距，新生在选择专业时普遍不愿意选择涉林专业，造成林业类高校的涉林专业招生日趋困难。生源萎缩的最终结果是流向林业基层的专业人才严重不足，普遍存在"下不去""留不住"的窘境，涉林专业人才对口就业率低和基层就业率低的现象普遍存在，学生"去林化"趋势明显。受"来源"与"流向"两方面因素叠加，在最为需要技术资本、智力资本投入的林业一线形成人才断层，技术人才、管理人才等实用性人才严重短缺。国家和林业高校为培养农业人才投入较多的人力、物力、财力，学生和家庭也花费了较多时间、金钱、精力，学生最终没有从事与专业相关工作，也是人力资源的一种浪费或是人力资源利用的不合理[12]。

（二）知识迭代"赶不上"林业现代化进程

目前，除了北京林业大学、东北林业大学等5所强调"林业"特色的高校外，各省的林业高等教育主要依托本省农业大学或农林大学。在这些以农为主的大学中，优势学科集中在农业种植、养殖领域，林学、森林经理、野生动植物保护等涉林专业则处于弱势地位，在院系资源分配中难以获得足量的资源，仅处于"维持营业"状态。专业或学科没有充足的资源进行组织内的知识迭代，除了淘汰就业市场上完全不存在需求的个别专业外（如木材采运专业），其他多数专业的人才培养方案多年未变，课程设置较为陈旧，依然基于粗放式林业而设置，未能契合林业信息化、产业化、市场化的转型需求，难以适应林业产业结构调整升级、林区振兴的需要。本文课题组曾对东北国有林区、林业局和浙江南浔木地板产业集群中的企业走访调研，调查结果显示，无论是林区治理还是林业企业经营，超过90%的基层林业局局长和企业负责人希望接收既熟稔林业生产规律又通晓管理技术的综合型、复合型人才。然而就目前涉林专业的培养模式来看，相对于林业产业和林区的发展需求，现有农业大学中涉林专业建设水平与现代林业产业结构升级契合度不高，课堂教学与实践应用脱节，人才培养不适应现代林业发展的需求，学不实、用不上的问题突出。

（三）人才链与产业链"链不联"问题突出

山区林区振兴，产业兴旺是重点，山区林区的发展关键要促进林农增收，而林业产业是带动山区林农致富的主要动力。当前，林业及其外延的产业正加快转型升级，生物技术、信息技术、工程技术、人工智能等发展正在对传统林业产业形成深刻改造，三产融合发展加速推进。然而，农林类高校长期以来形成的以生产分工设置专业的做法和路径依赖，导致涉林专业人才培养模式难以响应林业一、二、三产业加速融合趋势和社会对复合型人才的需求。具体表现在：一是学科设置没有及时对接服务国家重大战略，例如，智能林业机械装备、智慧林业巡线勘察装备与技术、林产品加工与质量检测技术、森林生物开发利用技术等对接装备制造、智能技术、生物医药领域国家战略性新兴产业的林业特色专业在多数农林院校中尚未开设，林业专业人才供给难以满足林业产业升级需求，导致林业机械化、智能化、数字化经营管理水平都不及农业；二是没能摆脱陈旧的"1字型"人才培养模式，伴随着林业现代化进程加速，森林旅游、森林康养、林产品电子商务等林业第三产业对"十字形"复合型人才非常紧缺，然而林业相关专业的设置仍然是以适用计划经济分工体制的专业设置方法来培养"1字型"人才，难以适应现代林业一、二、三产业越来越模糊的界限，与现代林业产业链融通不足；三是产学合作或校企合作的协同育人机制不健全[13]，校外实践基地数量和质量满足不了新型林业人才培养的需要，直面林业生产一线的机会较少且多以观察的方式展开实践课程，培养目标忽视了实践技能和创新创业等产业实践能力，学生难以通过"干中学"的形式提升思维创新能力和综合素质。

当前，与"新工科"改革进程相比，与"新林科"有关的教学整体性改革尚未提上日程，"新农科"改革对涉林专业的影响也尚未显现，尽管大多数农林类高校中的涉林专业的科研和教学人员已经认识到问题并着手改革人才培养模式，但由于缺乏总体性改革方向和目标规划，措施不得力，效果不明显，仍然存在诸多问题，严重影响了人才培养质量，进而导致农林类高校所培养的林业人才难以对林区振兴、林业现代化进程形成显著且有力的支撑。

三、林业高校培养新时代林业人才的政策建议

（一）强化复合型人才培养观念

无论从产业经济角度来看还是从区域经济角度看，林业产业和山区发展都有适应新技术和新业态发展的需要，急需营造林技术、动植物保护、林区社会治理、涉林企业管理等多方面专业知识交叉融合的人才，自然教育、森林康养等新兴领域甚至需要教育、卫生等专业交叉人才。因此，必须打破固有学科壁垒，精准对接区域发展需求和林农实际需求，确定新型林业人才知识、能力和素质结构，科学制定人才培养标准和设计课程体系，注重能力本位，侧重知识应用[14]，加大林学与理工、人文、经管等领域的交叉，同时也强化涉林高校中的理工、人文、经管等非林学专业的林业通识教育，促进林学在其课程体系中的融合。此外，专业不能与之适应、培养体系不全是造成人才缺口大、人才和产业体系不健全的关键问题，还需要多部门、多企业与高校协同配合。在高校授予学生静态的基础性、原理性知识的基础上，由行业大型或龙头企业的一线管理者向学生传授动态的资讯性、实操性技能，同时也需要扶贫、财政、农业农村等对口政府部门中长期参与林业生产经营与林区社会治理的基层管理者的融入，突破方方面面体制机制障碍，才能形成适应新形势、适合新乡村的新型实用性人才培养体系，赋予涉林专业发展动能、支撑林业产业兴旺和林区社会治理有效，推动山区林区真正振兴。

（二）发掘山区林区林业人才潜力

普通高等教育学生个人价值预期高且追求城市就业和继续深造，加之山区林区工作条件和收益限制导致林业行业整体吸引力下降，短期内这种趋势仍无缓和迹象。在这种现实的社会环境约束下，挖掘乡村本土内生性人才资源成为必然选择，特别是有一定文化基础又生活在山区林区的农业户籍生源，还有过去长期被教育忽略的2.87亿庞大的农民工群体，这些长期扎根于山区林区的潜在人才可能是"留得住、用得上"的培养对象。针对前者可参照免费师范生培养模式，定向培养基层林业工作所需的管理人才和技术人才；针对后

者则可发挥继续教育和非学历职业教育等资源优势，就近入读开设林学专业的院校，进行专业化、技能化、知识化培育，实现本土人力资源"当地培养、服务当地"的目标。

(三)建立多层次人才培养体系

特色是行业院校的发展之本，应坚持行业主阵地，面向国家、面向行业、面向区域发展，建设富有特色和竞争力的品牌学科，通过不断的渗透、交叉、嫁接探索新兴学科的发展方向。林业院校作为行业院校的一种，回归林业特色、聚焦山区林区发展应该是林业高校的不二选择。在人才培养目标上，应依据重点围绕乡村经济振兴、乡村环境治理对复合型、通用型人才的需求，以擅长林业经营管理、善于林区治理等德才兼备、全面发展的复合型人才为重点，突出"大林业通识教育+专业技能知识"培养特色，在教育部现有的"一村一名大学生培养工程"基础上，适当调整精准培养对象范围，在以林为主的农村地区实施"新时代林业人才培养工程"，为山区林区定向培养复合型人才，特别是林科院科技特派员、技术推广人员等服务型人才。在人才培养模式上，支持涉林高校适当设置继续教育、非学历教育等灵活培养方案，提升目前工作在林业生产一线的存量人力资源的业务能力。在教学方式上，依托继续教育在线平台和高校实践教学基地，线上线下混合式教学，开放更多选修课程，丰富学生知识和技能结构[14]。在政策保障上，地方财政加强支持力度，完善"奖贷助勤补免"，落实域内人才统筹培养使用制度，参照免费师范生模式，探索以人才定向服务山区林区减免学费、奖补、特殊津贴等机制，对符合条件的学生或毕业生，由国家林业和草原局、高校和当地林业部门共同承担学费或给予适当补贴。

(四)探索"校—地"协同培养模式

随着林业院校划归部属或地方管理之后，其单向服务林业行业的职能定位逐步削弱，取而代之的是促进区域内林业经营生产、森林价值开发的多重角色。林业院校需要在保持自身行业特色和创新优势的同时，逐步增强科研和学科建设与地方经济社会发展的契合度，积极参与所在地区的山区林区建设，主动参与国家重大战略与当地实际发展的对接过程，及时了解地方需求，为政府政策咨询提供有力的支撑。例如可探索校地共建区域性山区振兴学院、林业特色产业学院等协同培养模式，重点解决林业人才供给不适应地方发展需求的问题。依据不同区域的林业现代化路径，精准对接区域发展需求(如东北天然林区的社会治理现代化、广西等林产工业发达地区的林业产业现代化、沿海地区碳汇服务等林业生态服务)，打造与区域内林业创新发展攻关重点相匹配的高水平专业学科群，重点培养创新创业型和专业技能型人才。运行平台和模式上，可重点围绕区域社会发展和当地林业产业特点，整合高校函授站和地方党校培训项目及科技园、试验站等平台资源，与有林业产业发展需求的地方政府合作共建山区发展学院或林业高校的继续教育区域分院，就地合力培养交叉融合型、创新创业型林业人才，探索林场主培育、职业森林经理人等培养方式，注重强化参与体验式、示范模仿式、跟踪辅导式等实践技能培养，促进林农和大学生创新创业；共建山区振兴学院、林区社区学院等实体，学历教育与培训相结合，地方政府建立培养对象登记与分类建档制度，学院根据地方需求制订人才培养与培训计划，实施有针对性的培养，注重实用化、多元化、特色化，强化跨学科甚至跨界培养，使山区振兴学院成为林农、政府和高校的区域性协同发展命运共同体。在政策支持上，将地方建设的山区振兴学院、社区学院等机构纳入地方财政支持和省级财政奖补，为联合培养的学生提供创业场地和孵化资金等支持，鼓励各地积极探索人才、土地、资金、产业一体化"政策包"，形成政策体系、促进良性循环；推行政府购买服务，按不同需求和人才类别核定培养费用；在数字乡村发展战略、信息进村入户工程等大战略大工程的过程中，一体化推进林业网络教育条件建设，将林农在线培训服务纳入政府计划或专项予以财政支持。

(五)优化"校-企"联合培养方案

林业院校与其他行业院校一样,具有深厚的行业基础,往往率先对林业行业的内在发展规律进行深入的研究,在长期服务行业需求的过程中与行业内建立起紧密的联系。因此,林业院校应充分发掘其学科底蕴,围绕国家生态文明建设的总要求,积极支持校企共建企业大学等产教融合培养体系,重点解决人才链与产业链不协调的问题。重点围绕林业行业和产业集群发展需求,以大企或产业联盟为依托,共建企业大学或校企合作办学,探索人才链与产业链有效对接、产教融合、校企合作的人才培养模式,对接森林培育和经济林等林业第一产业重点培养良种壮苗、无性繁育等生物技术方面的技能型人才;对接木材加工和木质家具制造等第二产业,重点培养掌握先进制造技术的工匠型人才;对接森林旅游和森林康养等第三产业重点培养兼具林学、管理学乃至医学、康复等领域知识的跨学科服务型人才。整体模式上,企业和高校应发挥各自比较优势,突出技能训练和职业能力培养,真正协同培养适合林业产业实际需求的人才;教学方式上,采取"学校理论教学+企业实践教学"产学融合型教学方式,注重人才培养与用人单位的无缝对接,融合企业优质人才和技能实践资源、技术标准等要素,充实丰富人才培养内涵,在产业生产中边实践边学习;针对行业重点企业人才需求,借鉴 CBET 模型(图1),引入行业标准,全链条培养,使企业大学成为企业、林业基层从业者、高校的产业创新发展利益联合体,保障人才培养供给侧和产业需求侧在结构、质量、水平上的适度适应[15];共同分析、预测未来一段时间内新技术、新产业发展趋势,创造与之相适应的新专业、新学科。在政策支持上,地方政府对企业大学建设投入可抵扣地方教育附加,对考核优秀的,省级财政予以奖补;引导企业、合作社、社会各界合理投资开发林业人才资源,对林农开展的相关技能培训或教育支出予以奖补,探索构建山区林区人力资本投资主体的激励、约束机制。

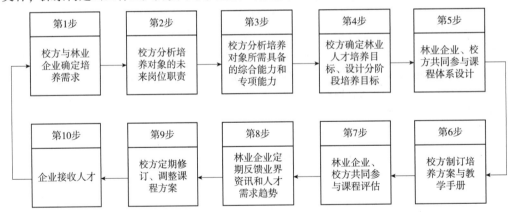

图1 林业院校与林业企业联合培养 CBET 流程模型

参考文献

[1]张逸芳,陈国申.乡村振兴背景下农村组织建设研究的新趋势[J].领导科学论坛,2018(19):13-16.
[2]张海水.林业教育视角下的林业人力资源开发对策研究[J].林业调查规划,2014,39(1):101-104.
[3]张生龙,谢意太.新常态下林业产业发展面临的形势与挑战[J].江西农业,2018(8):86.
[4]石峰,揭昌亮,张忠涛.新常态下林业产业发展面临的形势与挑战[J].林产工业,2015,42(2):3-7.
[5]刘春桃,柳松.乡村振兴战略背景下农业类高校本科人才培养模式改革研究[J].高等农业教育,2018(6):16-21.
[6]张艳,王梦涵.高等农业院校招生工作研究[J].高等农业教育,2019(2):39-44.
[7]王光菊,张俊杰,李文灿.地方农林院校专业学位校内外师资基础配置的改革与探索[J].高等农业教

育，2019(6)：27-32.
[8] 杨肖丽，耿黎，陈珂. 高等农业院校创新创业教育与专业教育深度融合模式及运行机制研究[J]. 高等农业教育，2019(5)：17-22.
[9] 安黎哲. 新时代林科高等教育创新发展的探索与实践[J]. 中国林业教育，2020，38(3)：1-5.
[10] 李志强，张力月，孔令宇，等. 竹及竹产业方向研究生培养趋势及策略的探讨[J]. 中国林业教育，2020，38(4)：36-40.
[11] 张建龙. 全面开启新时代林业现代化建设新征程[J]. 国土绿化，2018(2)：6-9.
[12] 程华东，惠志丹. 乡村振兴视域下农业高校服务乡村人才振兴的路径探析[J]. 高等农业教育，2020(3)：3-8.
[13] 左勇超，谭洪. 新时代四川省民办高校发展瓶颈因素分析[J]. 新西部，2019(30)：38-43.
[14] 江春，王安源，林煦东，等. 农业高校培养"扎根乡村知农爱农"新型实用人才模式创新研究[J]. 高等农业教育，2020(1)：3-6.
[15] 王晓璇. 以工程造价专业推行工作室化人才培养提升的研究[J]. 中小企业管理与科技（上旬刊），2018(7)：124-126.

The Path of Forestry Talent Cultivation in the Context of Rural Revitalization

Yang Chao   Li Fangfang   Cheng Baodong

(School of Economics & Management, Beijing Fonestry University, Beijing   100083)

Abstract   Forestry talent are the most convenient and effective way to stimulate mountainous area. The current forestry talent cultivation mode and quality of forestry colleges or universities cannot meet the needs of the development of mountainous regions and the modernization of forestry industry. How tocultivate high-quality forestry talents has become a practical problem to be solved urgently. This paper argues that there are some problems in forestry education and cultivation in forestry colleges and universities, such as it is difficult to attractincremental talents and to keep existing talents, knowledge updating cannot catch up with forestry industry practice, talent does not match the needs of the forestry industry, and so on. In view of these problems, this paper puts forward some policy suggestions, such as strengthening the concept of cultivating interdisciplinary talents, exploring the potential of forestry talents in mountainous regions, establishing a multi-level system of cultivating talents, exploring colleges-local and colleges-enterprise cooperative cultivation mode.

Keywords   forestry talents, cultivation mode, rural revitalization

北林对口援教前旗二中的经验分析

——以数学教学为例

司 林[1]　李红军[1]　王 远[2]

(1 北京林业大学理学院，北京　100083；北京林业大学工学院，北京　100083)

摘要：北京林业大学2019年首次选派教师到内蒙古科右前旗进行教育扶贫服务。本文以派驻科右前旗第二中学两位教师的一线教学实践经历为基础，分析了前旗二中高一数学教学的基本情况，特别是分析了学生学习的现状并结合实践情况总结了部分适合当地教学实际的教学经验。此外，本文还讨论了新冠疫情影响期间的线上教学情况。

关键词：教育扶贫；高中数学；教学实践

　　为积极响应党中央打响扶贫攻坚战的号召，践行高等学校服务社会的责任义务，北京林业大学对内蒙古科右前旗实施教育扶贫服务，"引导青年教职工在服务脱贫攻坚中加强基层锻炼，保持与人民群众的血肉联系，涵养家国情怀[1]"。2019年6月，北京林业大学在全校范围甄选20名优秀教职员工分赴科右前旗第二中学、第三中学，深入教学一线，做到教育真扶贫。

　　科右前旗位于内蒙古兴安盟中部，属于集中连片特困地区之一的大兴安岭南麓地区，民族贫困地区："贫困人口综合素质较低既是贫困的原因，又是贫困的结果。二者之间存在着一种恶性循环机制，而教育是提高劳动者综合素质，打破贫困恶性循环的重要途径"。

　　教育是一个有机整体，中学教育和大学教育密切相关，北林首批派驻科右前旗支教的20名支教教师大部分都有从事一线高等教育工作多年的经验，全体教师对实施教育扶贫服务具有高度的认同感与使命感。教育扶贫的最终目的是通过教育改变人，并最终改变贫困面貌。为教育精准扶贫攻坚摸索新的可行路径，丰富教育扶贫的理论研究内容。作为教育扶贫服务团的成员，有两位教师被派驻在前旗二中担任高一数学课程教学工作，本文是对这一年来数学教学中部分经验的总结和提炼。

一、前旗二中师生基本情况

　　科右前旗第二中学是科右前旗唯一的汉语授课高中，学校以音体美和开设俄语课程为办学特色，致力于培养学生的"中国心、世界眼、现代脑"。现有专任教师120余人，其中高级教师50余人，个别教师具有研究生学历。前旗二中数学组有专任教师20余人，以中青年教师为主，年龄结构合理，多数毕业于国内高校数学与应用数学专业，业务能力强，

作者简介：司　林，北京市海淀区清华东路35号北京林业大学理学院，副教授，silin@bjfu.edu.cn；
　　　　　李红军，北京市海淀区清华东路35号北京林业大学理学院，教授，lihongjun69@bjfu.edu.cn；
　　　　　王　远，北京市海淀区清华东路35号北京林业大学工学院，副教授，wangyuan@bjfu.edu.cn。
资助项目：北京林业大学研究生课程建设项目"现代数学基础Ⅰ课程建设"(HXKC2005)。

特别是在中学数学教学方面都是很有经验的。

由于前旗二中坐落在兴安盟首府乌兰浩特市西郊，受到市区优质教育资源虹吸效应的影响，入学学生整体学习成绩偏低，生源情况的特殊性也形成了学校整体教学的基本面貌。

(一)家庭经济困难的负面影响

由于兴安盟地区整体经济欠发达，前旗二中的学生又有不少来自于偏远农牧区的困难家庭，家中生活困顿的情况不时会对学生在校时的学习生活产生波浪形的影响，造成了部分学生的学习情绪稳定性较差，课堂不能集中注意力，容易丧失学习兴趣。对这部分同学的鼓励和帮助是教师教学工作中不能推脱的责任。

(二)没有养成好的学习习惯

从初中开始的中学教育阶段对人一生的学习习惯养成是至关重要的。科右前旗的初级中学主要散布在远离城区的欠发展区域，经济社会发展的各方面因素造成升入到前旗二中的部分同学学习自律性不强，没有养成独立规划自己课程学习计划的习惯。这些情况对任课教师平时的教学工作又增加了新的要求——适时培养他们的良好学习习惯。

(三)初中数学知识掌握不牢固

初中数学以抽象代数运算(小学算术的下一阶段)为开端，到二次方程的求解和二次函数为顶点。这其中涉及的关键运算为因式分解，前旗二中很多同学都在偏远的农牧区完成初中教育，对基础知识的掌握极不牢固，课堂上有不少的同学不能够熟练应用十字相乘法来做因式分解，对知识的渴望和自身的惰性纠结在一起就成了学生进步的绊脚石。

学生们的这些表现很大程度上影响了我们整体的教学思路，一定要把基础知识和基本运算讲清楚，督促他们认真完成课本上的基本练习，同时鼓励学得还不错的几个同学做一些稍难的题目。在教学中，把关注点放在对学生基本数学素养的培养，培养学生的学习兴趣、提高学生的数学鉴赏力。

二、数学教学实践情况及分析

高级中学的日常教学除了对青少年进行合格社会主义公民教育之外，最重要的就是以会考、高考为目标，依据学生具体情况，合理设置课程进度，最终完成整个中学阶段的教学任务。我们原本计划春节后不久就继续的紧张教学节奏被2020年初突发的新冠疫情打断了。从2月16日开始，前旗二中开始在线上复课。整个一学年的支教工作也就形成了3个阶段(表1)。

表1 教学时段与相应教学内容

教学时段	第一学期	网课阶段	第二学期
教学内容	集合、函数、立体几何	解析几何	三角函数、平面向量

数学的学习过程一般都是从概念、定义到性质、定理，然后再延展到更广泛或深刻的内容，在这一过程里，穿插于其中的历史脉络一般是有趣的，例如集合论中涉及的康托尔的故事，函数的概念涉及的莱布尼茨、欧拉、狄利克雷等数学家的故事，这些内容教材的主编刘绍学先生及诸位作者们已经很好地把它们融入到课本里了。但是数学知识的学习必然要涉及逻辑推理和代数(或数值)计算，这往往是让学生头疼的地方，随着教学进度的展开，他(她)们很快暴露出了这方面的不足。

依据学生的学习情况，特别是具体的知识缺陷，实时调整教学进度和教学策略，才能尽快完成从大学到中学的教师身份转变，并顺利完成支教使命。正如王洪元书记所讲"中学教学和大学教学不一样，前旗的中学教学和北京的中学教学也不一样"。中学数学教学完全不同于大学的大班数学课,更加需要因人施教,一人一策,更加需要教师的细心和耐心。

结合前旗二中学生的数学学习具体困难,在数学课程教学上,我们以扎实基础知识、训练基本运算能力为主导;强调反映数学本质的知识点之间的内在联系,把有限的教学时数用在主干内容教学方面。与此同时,照顾好学生间的个性化差异,鼓励差生的学习兴趣、激发他们的学习动机,维持好一般学生的学习动力,指导成绩较好的学生稳步提高学习成绩。

(一)强化对基本概念的理解和对基础运算的掌握

高中阶段,数学课以传授给学生基本的代数、几何知识为主,训练他(她)们的基本运算技巧,并在此过程中培养学生逻辑思维能力。学生对基本概念和基础运算的熟练把握应该是他(她)们在考试中的主要得分点,而且是处理综合性题目的基本工具。考虑到前旗二中学生的具体情况,从教师的角度来讲,将涉及基本概念和基础运算内容的更多细节剥开来,讲得更细致些并且适当把内容以不同形式进行重复是我们授课的主要策略。

(二)突出重要知识点

国家制定有明确的《普通高中数学课程标准》[3],在实际的教学过程中按照国家标准重视对学生基本数学素养的培养,不一味地大量做题、做难题,把重点放在培养学生的学习兴趣上来。把握好加强基础训练和迎合高考导向之间的动态平衡问题,针对知识把握不同程度的学生灵活把握好这个度,找到适合所任课班级在数学教学中的着力点。我们在前旗二中一学年授课过程中,所讲授完成的主要数学知识点和重点内容总结在了表2中。

表2 高一数学实授知识点及重点

教学内容	主要知识点	重点
集合	集合及其运算	集合的运算
	集合中元素的计数	
函数	三类基本初等函数	指数函数、对数函数、幂函数
	函数的应用	
立体几何	柱、锥、球	线线、线面、面面的位置关系及判定
	柱、锥、球的表面积与体积	
	空间的直线与平面	
解析几何	直线的方程	直线方程的几何特征、圆的方程的几何特征
	圆的方程	
	直线与圆的位置关系	
三角函数	任意角、弧度	三角函数公式与恒等变换、三角函数的图像与性质
	正弦、余弦、正切	
	三角函数诱导公式	
	三角函数图像与性质	
	三角恒等变换	
平面向量	向量的线性运算	向量的运算与对应坐标的运算、向量的数量积及其应用
	向量坐标表示	
	向量的数量积	

针对高中学习的时间安排特点，课后答疑是很重要的一个教学后环节。答疑过程也是防止学生在学习过程中少走弯路，引导学生关注重点内容的很好契机，同时可以引导他们关注基本的概念和基础的运算。对于这些数学基础比较薄弱的学生来讲，相较于题海战术，还是花些力气针对重要知识点扎实基本功更为重要。

三、疫情期间的线上教学

受新冠疫情影响，原本的线下教学活动不能正常进行了，1月29日，前旗二中开始安排各班级任课教师线上答疑。2月16日，在暂时不能复课的情况下，正式开始线上授课。由于缺乏面对面的交流，线上授课在备课时要把每个知识点中最反映本质的部分考虑得更为细致，将其中涉及的细节书写得更为详细并上传到学生微信群里，以便学生复习。另外，鼓励学生通过其他公开网课查漏补缺，表扬有积极向上苗头的学生榜样，鼓励学生在数学微信群互助学习（有问题的提问，有兴趣和能力的回答问题），维持班级积极的相互竞争环境，这都是一些让他们尽量努力学习的还算有效的小策略。

线上授课的另外一个特点就是家长的作用在网课过程中被充分体现出来。一些同学的父母与学生共同听课，督促他们完成作业，同时能够积极与任课教师互动，这些都是平时线下课堂没有的现象。好的家庭氛围对学生学习有积极的影响，一些平时在学校里调皮捣蛋的学生成绩有了进步。

疫情期间，兴安盟全盟组织了两次高中数学教学会议，一次是就上学期的盟考情况进行总结，另外一次是乌兰浩特一中教学名师的公开示范网课。这也使得平时由于时空而受限的一些教学活动有了新的开展模式。

四、数学课程支教总结及支教意义

授人一瓢，须有一桶。高中的数学课程应该放在大学低年级数学课程的高度来讲授（目前的高中数学知识已涉及微积分初步、最小二乘法、全概率公式等大学数学的内容），本科生课程应以研究生课程的高度来准备。这样才可以抓住要害之处，避免只见树木不见森林。著名的德国数学家和数学教育家克莱因在他为当时德国中学数学教师培训时所著的《高观点下的初等数学》[4]一书中，认为"使学生了解数学并不是孤立的各门学问，而是一个有机的整体，是他作为一个教师的明显职责"。怎样不断地往自己的桶里加水，再把最甘甜的精华让学生喝下去是中学教师和大学教师共同的必修课程。一学年的支教工作很快就结束了，但对科右前旗人民的教育扶贫工作还将以各种形式持续下去。

科右前旗人民在各个时期，都为国家边疆的稳固和发展做出了巨大贡献，前旗人民子弟的教育应该享有和其他教育发达地区一样的教育质量。打赢教育扶贫攻坚战，让"老少边穷"地区的人民享受到改革发展成果，对促进区域协调发展、促进民族团结、保障边疆稳固具有重要的现实意义。

北林教师在教育扶贫一线的工作已经并仍将成为高校前沿的教学工作站、科技服务站、扶贫情报收集站。高校教师成规模、长时间固定深入教育扶贫一线，必将为我国教育扶贫事业摸索出更多的实践经验，总结出校地合作的新模式。

参考文献

[1] 北京林业大学关于选拔青年教职工赴内蒙古科右前旗开展教育扶贫工作的通知[Z]，北林人发[2019]37号．

[2] 司树杰，王文静，李兴洲．中国教育扶贫报告（2016）[M]．北京：社会科学文献出版社，2016, 3.

[3] 中华人民共和国教育部. 普通高中数学课程标准[S]. 2020年修订版. 北京：人民教育出版社，2020.
[4] 克莱因. 上海：高观点下的初等数学(西方数学文化理念传播译丛)[M]. 舒湘芹，陈义章，杨钦樑，等译. 上海：复旦大学出版社，2008，英文版序言.

Teaching Experience in No. 2 Middle School of Qianqi
—from Mathematics point of view

(Si Lin[1]　Li Hongjun[1]　Wang Yuan[2])

(1 College of Science, Beijing Forestry University, Beijing　100083;
2 The School of Technology, Beijing Forestry University, Beijing　100083)

Abstract　In 2019, twenty teachers of Beijing Forestry University serviced as middle school teachers in Inner Mongolia for poverty alleviation in education. Based on the first-line teaching practice of two teachers in Keyouqianqi No. 2 Middle School, the basic situation of mathematics teaching in No. 2 Middle School and the situation of students'learning were analyzed with some teaching advice. In addition, the online teaching during the period of COVID-19 also was discussed.

Keywords　poverty alleviation in education, high school mathematics, teaching practice

高校助力教育扶贫的实践与思考

——以北京林业大学为例

韩 瑜 王 佳 程堂仁 张启翔

（北京林业大学国家花卉工程技术研究中心，北京 100083）

摘要：扶贫一直是我国政府民生工作的重点，"扶贫先扶智"，实施教育扶贫尤为重要和迫切。高校作为服务社会发展进步的人才聚集与知识创新的主体，开展教育扶贫是高校义不容辞的义务与责任。北京林业大学连续8年对内蒙古科右前旗进行定点帮扶，全方位开展教育扶贫，将脱贫事业与教育事业相结合，取得了突出成效，在教育扶贫中发挥了应有的作用。

关键词：高校；教育扶贫；北京林业大学；科右前旗；实践创新

扶贫是我国经济社会发展面临的主要问题之一，也是乡村振兴的首要任务。贫困的多样性和复杂性决定了该工作是一项系统工程，需要各级政府和社会通力合作。教育扶贫是扶贫的重要动力，也是"十三五"规划的重中之重。2015年11月，习近平总书记在中央扶贫开发工作会议上指出："要坚持精准扶贫、精准脱贫，重在提高脱贫攻坚成效。关键是要找准路子、构建好的体制机制，在精准施策上出实招、在精准推进上下实功、在精准落地上见实效。""扶贫先扶智"，教育公平是实现社会公平的起点[1]。教育扶贫需要教师发挥扶贫先锋的作用，大力发展农村教育，使贫困地区的儿童接受高质量的教育，阻断贫困的代际传播[2]。教育在减贫脱贫过程中发挥着非常重要的作用，其肩负着减贫脱贫的历史使命。

大量人才的流失是促使农村教育陷入发展困境的诱因之一。因此，为了解决发展问题，要从人才引进着手。《国务院办公厅转发教育部等部门关于实施教育扶贫工程意见的通知》要求："提高高等教育服务能力，发挥高校在人才扶贫、科技扶贫、智力扶贫、信息扶贫等方面的积极作用。"因此，高校应充分发挥自身优势，实现其在扶贫中的责任和义务。高校作为国家知识创新的主体[3]，聚集了大量高层次人才，高校参与教育扶贫不仅可以满足教书育人的内在需求，也是高校履行其社会职能、发挥价值的重要途径。高校具有庞大的人才队伍，先进的技术设备和完善的教学设施，这些独特优势为高校的扶贫工作提供了实践主体和技术支持，使其成为扶贫格局中的一支重要力量。高等教育扶贫是解决能力贫困的治本良方，提高贫困地区人民的人力资本水平也是高校履行其社会服务职能的重要途径。高校作为精准扶贫的中坚力量，积极响应国家政策，发挥自身优势，充分利用教育、人才、

作者介绍：韩 瑜，北京市海淀区清华东路35号北京林业大学国家花卉工程技术研究中心，副教授，15201425912@126.com；

王 佳，北京市海淀区清华东路35号北京林业大学国家花卉工程技术研究中心，高级工程师，13910229248@163.com；

程堂仁，北京市海淀区清华东路35号北京林业大学国家花卉工程技术研究中心，教授级高级工程师，chengtangren@163.com；

张启翔，北京市海淀区清华东路35号北京林业大学国家花卉工程技术研究中心，教授，zqxbjfu@126.com。

科技成果等资源，与地方政府开展扶贫攻坚，既责无旁贷，也义不容辞。

2013年1月，教育部专门出台了《关于做好直属高校定点扶贫工作的意见》，推动75所教育部直属高校参与定点扶贫工作，支持定点帮扶县的经济和社会发展。根据这项政策，各直属高校都将以帮扶县的脱贫目标、脱贫任务作为重要参照，制订科学的定点扶贫计划，深入推进精准扶贫工作，并探索教育扶贫、产业扶贫、宣传培训和社会动员等方面的多样化扶贫路径，将真正使贫困家庭和贫困人口受益。北京林业大学自2013年在内蒙古科右前旗进行定点扶贫以来，采取了一系列将科教优势与当地自然资源、产业优势等相结合的措施，加强人才教育和科学技术支持，促进当地特色产业发展，精准扶贫工作取得了显著成效。

一、强化顶层设计与组织领导

选派专业知识丰富、组织观念和组织能力强、政治素养高的高校干部担任贫困地区的主要领导，促进农村科学发展，加强农村基层的党组织建设，发挥其关键作用。一方面，在贫困地区任职的高校干部可以准确地理解和掌握精准扶贫的政策措施，通过深入分析调研数据，建立个性化的动态管理档案，精准"识"贫；另一方面，高校可以充分发挥思想教育和文化传承的优势，设立临时党支部，宣传党的帮扶政策和扶贫任务，促进先进文化的传播。北京林业大学积极派出主要领导20余次、干部教师300余人次先后赴科右前旗进行交流调研和指导工作，为科右前旗的脱贫攻坚战注入强大活力。北林派出孟祥刚、张骅等优秀干部到科右前旗挂职，作为执行脱贫攻坚任务的"精锐部队"，他们作风优良、真抓实干，实现了对科右前旗人民脱贫致富的庄严承诺。北林还探索了"一院一品一特色扶贫模式"，其中，材料科学与技术学院依托"家具设计与工程系"专业优势和实践经验，开展"乡村学校悦读空间"项目，建立了两个藏书量达近万册的阅读书屋，为当地学生带来了丰富的精神食粮。

二、因地制宜潜心投身支教

高校是文化传播的重要力量，通过"文化扶贫"可以在精神层面帮助贫困地区的人民脱贫，也是防止脱贫群众重新返贫的重要举措。支教是对农村基础教育师资短缺的有力补充，大学生、研究生和高校教师都具有较高的文化底蕴，观念创新、积极向上，可以为乡村基础教育提供高质量的教育资源，更好地填补了贫困地区教师资源短缺的空白。自2014年以来，北京林业大学继续实施"林翼"计划，选派以优秀青年教师、研究生为主体的教育扶贫团队，并长期驻扎科右前旗接力开展教育帮扶。截至目前，共有包括41名大学教师在内的91名支教成员，深入科右前旗偏远小学、初中、高中，担任各类课程任教老师，开展"零距离、全天候"帮扶，全力守护基础教育的"生命线"。

三、提供技术支持促进校地合作与产教融合

高校的高层次人才和高水平科研成果可以为扶贫攻坚提供人力资本和技术资产。高校如何结合自身的办学特色和学科优势，主动带动农民创新创业、发展并引导贫困地区的主导产业，促进集体经济，带动脱贫致富，其方法和模式值得深入研究和探索。在这方面，北京林业大学做出了很好的示范和带头作用。北京林业大学国家花卉工程技术研究中心对科右前旗远新村的田园综合体枢纽工程和花卉产业发展情况进行调研，详细了解工程基础设施建设、花卉苗木长势、冷棚温度等情况，并提出了指导性意见，与远新村进行党支部结对共建。北林设立"科右前旗沙果深加工设备存在的关键问题开展沙果去核机定向输送机构""科右前旗文冠果高效种植模式研究"等15个科技扶贫项目，搭建技术服务平台，建立种苗引进渠道，改"输血式"扶贫为"造血式"扶贫。在基地建设方面，北林与兴安盟林业和

草原局、科右前旗共建"森林—草原过渡带草原定位试验站",面向科右前旗自然资源监测、草类资源开发与利用、草原生态修复与保护等方面的共性关键技术和产业化集成示范开展科技攻关。共建"科尔沁右翼前旗草原科研教学基地",是国内第一家森林草原过渡带的草原定位试验站,将服务于美丽中国建设和"山水林田湖草系统治理"等国家战略。在过去的8年中,北林累计投入和引进脱贫帮扶资金超过2900万元,培训培养基层干部6200名、技术人员3400名。借助高校资源优势,帮助贫困地区制订产业发展规划,完善其产业发展蓝图;利用新型互联网技术,如网店销售、直播带货等,通过农业特色的扩大宣传,为农产品提供更为便捷、高效的销售渠道。北林挂职干部、驻远新村第一书记张骅化身"网红"与返乡创业大学生共同担当主播,"云"销售科右前旗沙果干、大米、黑玉米等农产品,3个多小时的直播活动吸引到了近20万人在线观看,销售总额突破20万元。帮扶期间,北林采用各种先进方式,组织销售、购买科右前旗农产品,总金额超过2800万元。

四、大学生创新创业教育对接精准扶贫

在新的经济发展形势下,创新创业教育被提出,它具有其他形式的教育所不具备的功能,在提高受教育者的创新精神、创业意识以及创新创业能力方面成效显著,并且可以更好地服务于精准扶贫[4]。高校具有先进的理念、人才和技术优势,肩负着促进优质教学资源和优秀人才向欠发达地区流动的责任。要加强创新创业教育与精准扶贫工作的耦合,必须从产业发展的角度,在共同目标、实现路径和效果反馈等方面发力。这种教育对于扶贫、脱贫工作的推进起到不可替代的作用,是助力精准扶贫的强有力的方式之一。

大学生可以参与"一帮一"的扶助计划,及时关注贫困地区学生的生活和学习,发现问题并及时解决。大学生可以积极协调各方面力量,为贫困地区学生提供经济援助、心理咨询等服务,有效缓解贫困地区学校教师的教学压力和硬件设备短缺等问题。同时,有必要指导大学生树立正确的就业观。加强对大学生的人生观、价值观的引导,增强大学生对扎根基层、服务农村、帮助农民的认识[5]。选派大学生到贫困地区进行挂职锻炼,使大学生对村干部有更直观的体会,提高大学生在基层服务的针对性。参加教育扶贫实践可以为大学生提供自我展示和实践的平台,使他们能够将知识运用到实践中,通过广泛的社会实践认识到自己的优势和不足,并通过参加教育扶贫实践加深对职业身份的认同感。为扶贫大学生提供专项资金,引导他们利用自身优势,结合贫困地区现状,针对当地特色产业进行创业,做到真正地扎根贫困地区,促进贫困地区的经济发展。

五、高校教育扶贫的探索与启示

高校教育扶贫是大扶贫格局下,促进扶贫与"扶志""扶智"相结合的重要途径。但是,高校助力精准扶贫的方式和体系仍然存在很多问题。在一般情况下,高校会根据其专业实力和资源特点有选择地介入脱贫攻坚,建立师生服务团队,在受援助地区设立一个或多个服务点,直接提供社会、教育等服务工作,这种形式是比较常见的。这种形式需要投入大量的人力、物力和精力,服务内容涉及很多方面,效果也比较明显,容易引起关注进而得到更多的支持。但是,如果服务周期短,服务的深度与预期之间可能会有很大的差距。如果服务周期过长,专业教师和学生的时间又不允许,并且这样的社会工作服务团队一旦撤离,前期的服务效果将不可避免退化,容易加剧"返贫"。

为保证高校扶贫工作的"可持续化"和"常态化",需要寻求并建立新型的扶贫工作模式。教育信息化是教育教学实践与信息技术深度融合的产物。在信息社会高速发展的今天,有必要将信息技术与贫困地区的教育教学相结合,使贫困地区能够通过教育信息化摆脱教

育贫困,实现高质量的教育。运用以大数据为支撑的信息管理技术来建立全面的人才师资系统,提供充足的教学与培训资源,互联网的便利性能够打破与贫困地区群众在交流上的时空局限,扩宽教育扶贫的参与渠道。从"互联网+"的角度来看,高校师生参与教育扶贫的主要途径是建立线上教学岗位、搭建网络教育平台、开展各类网上课堂,这些方法可以打破高校与贫困地区人际交流的时空局限,建立两者间的长效联系机制,拓宽高校师生为扶贫教育服务的渠道,加强远程教育扶贫队伍建设和资源共享。高校教育扶贫是社会系统工程,高校必须将教育扶贫放在整个时代的背景下,通过整合教育扶贫力量,形成协同攻关优势,取得教育扶贫的集成效应。高校主导的远程教育扶贫实践,有利于向贫困地区简单、快速地提供优质的教育资源,缓解贫困地区教育资源短缺的困境,同时培养了大学生的社会实践能力,有利于树立新时代青年学生的责任感和使命感,从而达到培养优秀人才和紧密服务社会的办学目标。

参考文献

[1] 常建莲. 教育公平是社会公平的起点[J]. 法制与经济(下旬刊),2008(11):116-117.
[2] 刘新波,文静,刘轶芳. 贫困代际传递研究进展[J]. 经济学动态,2019(8):11.
[3] 刘则渊,李海波,窦锦伟. 高校在创新型国家建设中的发展战略模式研究[J]. 科技与经济,2006,19(3):12-15.
[4] 王丽娟,高志宏. 大学生创新创业教育研究[J]. 中国青年研究,2012,10(96):100.
[5] 王鹏,原广华. 脱贫攻坚融入大学生思想政治教育的路径探析[J]. 河北农业大学学报(农林教育版),2018,20(2):88-92.

Practice and thinking of colleges and universities assisting education in poverty alleviation: Take Beijing Forestry University for example

Han Yu　Wang Jia　Cheng Tangren　Zhang Qixiang

(National Engineering Research Center for Floriculture, Beijing Forestry University, Beijing　100083)

Abstract　Poverty alleviation has always been the focus of the people's livelihood work for Chinese government. "Alleviating the poor must enhance their education firstly." The implementation of the education for poverty alleviation is particularly important and urgent. As the main body of talent aggregation and knowledge innovation for serving the society development and progress, colleges and universities have the bounden duty and responsibility to carry out educational poverty alleviation. Beijing Forestry University has provided fixed-point assistance to Keyouqian Banner in Inner Mongolia for eight consecutive years, carrying out education for poverty alleviation, combining poverty alleviation with education, achieving outstanding results, and playing its due role in educational poverty alleviation.

Keywords　colleges and universities, education in poverty alleviation, Beijing Forestry University, Keyouqian Banner, practice innovation;

基于扶贫攻坚装备的"科教融合"探索与实践

——以"材料力学"为例

苏勋文[1]　**赵　东**[1]　**汤耀宇**[2]

(1. 北京林业大学工学院，北京 100083
2. 宁德时代新能源科技股份有限公司，宁德　352100)

摘要：沙果自动去核切分机是我校为定点扶贫内蒙古自治区科尔沁右翼前旗(科右前旗)研制的沙果深加工关键设备，已经在当地成功应用。作为"材料力学"主要内容的基本杆件、基本变形、合格构件的要求，以及复杂应力状态等内容都在该设备有典型的体现，通过"科教融合"有利于学生切身体验"材料力学"理论和实际相结合，更好地掌握课程相关知识。扶贫攻坚装备研制"科教融合"项目的实施既传授了学生专业基础知识，也使得学生深刻体会到社会服务的价值，激励学生努力学习、报效祖国，也是作为教师立德树人、做"四有"好老师的实践过程。

关键词：扶贫攻坚；装备；科教融合；材料力学

一、引　言

沙果是科右前旗的支柱产业，种植面积达 22 万亩[1]，但沙果品质劣化快，常温一周内将淀粉化，适销期短[2]。恒佳果业是当地沙果生产的龙头企业，其部分关键加工设备属于专用设备，目前存在"四低"问题，即产能低、成品率低、自动化程度低、可靠性低。如果由制造公司改造，改造费用需要上百万元。为提高沙果加工处理能力，经反复探讨，我们提出了设备总体方案，设计了机械、气动、电气系统，并深入研究了各项性能。研制的设备解决了多核果品加工的技术难点和科学问题：①去核定位精度，也是创新之处；②多工序协调运行，节奏统一；③多工序同时运行的大负载；④加工全程自动保护；⑤沙果气动切分机理。中国林学会组织北京林机所、中国农大、中国农机院等行业专家评价认为："成果整体达到国内先进水平，其中气动去核技术处于国内领先水平。"中国农业大学教育部科技查新站对该成果进行了查新，目前该成果已获授权两项实用新型专利，发明专利正在实审。企业应用本成果后，给予高度评价。国家食品机械质量监督检验中心进行了现场检测，并出具测试报告：去核率达到 98.7%，环形切片完整率达到 95.8% 以上。根据企业自己估算，该设备通过提高成品率，可以为当地企业带来直接经济效益 30 万元，而且该设备对于进一步提高产量留出了空间，至少可以提高目前产量的 25%~50%，将多产生经济效益 75

作者简介：苏勋文，北京市海淀区清华东路35号北京林业大学，副教授，suxunwen@bjfu.edu.cn；
　　　　　赵　东，北京市海淀区清华东路35号北京林业大学，教授，zhaodong68@bjfu.edu.cn；
　　　　　汤耀宇，福建省宁德市宁德时代新能源科技股份有限公司，工程师，852009877@qq.com。
资助项目：北京林业大学科教融合项目"基于扶贫攻坚装备研制的'材料力学'课程'科教融合'探索"(BJFU2019KJRHJY006)。

万~150 万元。

2019 年 10 月 23 日，北京林业大学党委书记王洪元在恒佳果业公司现场正式启动了目前国内第一台沙果自动去核切分机。随后获人民网、北京卫视等重要媒体关注，人民网报道本成果的研制成功是"北林定制"助力科右前旗打赢脱贫攻坚战的缩影[3]，北京卫视以"把精彩论文写在祖国大地上"为题报道。目前，恒佳果业沙果干产品获内蒙古自治区扶贫产品认定，直接扶贫 60 户 141 人。同时，通过该项目，我们也帮助企业培训了技术人员 5 名。设备更新换代后，将提高增加目前产能，促进沙果产业发展，将沙果林从摇钱树变为农民愿意种植的生态林，真正践行了"绿水青山就是金山银山"的理念。

二、沙果自动去核切分机全面应用"材料力学"课程的主要内容

（一）"材料力学"课程任务及主要内容

"材料力学"[4-5]的主要任务是为设计合格构件提供足够强度、足够刚度、足够稳定性的理论和方法，主要内容包括 3 种基本构件：杆、轴、梁。3 种基本变形：拉压变形、扭转变形、弯曲变形，以及 3 种基本变形的组合变形等。由于"材料力学"发端于工程实践，与工程实践关系密切，而学生恰恰缺乏实践经验，因此以往课程讲授过程中，学生普遍感到学习抽象、枯燥，公式多，掌握困难。"材料力学"成为相关专业学生普遍感觉难学的课程之一。沙果自动去核切分机全面应用了材料力学知识，引起同学极大兴趣。

（二）沙果自动去核切分机结构与功能

沙果自动去核切分机示意图如图 1 所示，样机如图 2 所示。

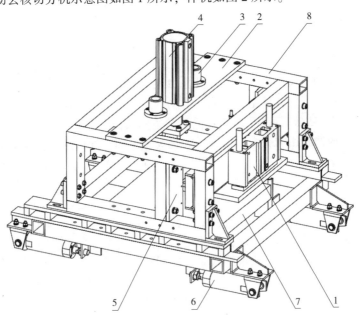

1—压果气缸；2—横梁；3—直线导轨；4—主气缸；5—直线导轨；6—切片气缸；7—沙果托盘；8—框架。

图 1 沙果自动去核切分机示意图

沙果自动去核切分机主要功能：压果气缸压实托盘中的沙果，主气缸驱动去核切刀将沙果去核，并将去核切刀中的果核弹出。随着托盘进一步前进，主气缸驱动顶果装置将去核后的沙果顶出果盘，由切片气缸完成沙果切片。

主要零部件与"材料力学"课程对应情况，见表 1。

图 2 沙果自动去核切分机样机

表 1 "材料力学"课程主要知识点与沙果去核切分机主要零部件对应情况

"材料力学"主要知识点	自动去核切分机零部件
拉压变形(第二章)	各气缸活塞杆,去核刀管,弹核轴
扭转变形(第三章)	三相异步电动机输出轴
弯曲变形(第四章、第五章)	支撑框架横梁
剪切变形(第八章)	沙果去核、切片
组合变形(第七章、第八章)	升降板
压杆稳定(第九章)	气缸活塞杆,弹核轴,去核切刀

由表1可以看出,沙果去核切分机主要零部件的设计贯穿"材料力学"课程讲授过程,具有典型的科教融合特性。

三、扶贫攻坚装备"科教融合"的社会价值

(一)传播工匠精神

以研制者的身份讲述成果研制过程,进一步传播工匠精神。沙果去核切分机的研制起始于2016年课题组参加学习李保国教授服务团,根据调研,课题组提出以产业扶贫服务当地发展,并以"沙果自动去核切分机"为发力点,帮助龙头企业进行产业升级。由于该公司以前委托华南某高校进行过研制,没有达到预期效果,因此存在一些科学问题和技术问题需要课题组进一步研究。

研制过程并非一帆风顺。2019年4月正式立项,要在当年10月沙果收获期交付,课题组担负着学校扶贫攻坚的重托,时间紧、任务重。多次实验效果不理想,企业领导、课题组老师相互鼓励,坚持不懈。距离交付还有30天时,正值天气炎热,课题组早出晚归,最终克服了户外安装、调试、实验等各种困难,按时交付,没有辜负学校和科右前旗人民的期望。当学校党委书记王洪元同志按下启动按钮,设备正常运转时,当得到企业和果农认可时,当人民网等媒体报道时,课题组一次次地感受自身到在脱贫服务中的社会价值。

当学生了解到研制过程的艰辛后,对比学习过程中遇到的困难,顿时增强了克服困难的勇气和决心,立志发奋图强,做对社会有用的人才。

(二)立德树人,做四有好老师

立德树人是教师的本职工作,而做"四有"好老师则是立德树人的本质要求。扶贫攻坚装备研制成功,并通过课堂讲授"材料力学"内容,润物细无声,使学生心中油然而生浓浓

的家国情怀。

只有老师信念坚定，才能影响学生信念坚定，对学生价值观、人生观、世界观的培养离不开教师自己三观的坚定信念，让社会主义核心价值观在师生交流中获得共鸣。通过课堂教学体现坚定的理想信念。身教胜于言教，以身作则影响学生。言必行行必果，诚实守信，以更高的标准要求自己，修身养性，淡泊名利，做让学生信赖的师长。

作为专业老师，毫无疑问专业的扎实学识最能给学生以示范。对科研问题精益求精，打破砂锅问到底，一丝不苟。通过具体的科研实例，传道、授业、解惑，引导学生提出问题，解决问题，提升自己的能力，做到授人以渔，学生不仅学到了知识，更重要的是具备了解决问题的能力。

仁者爱人。善于发现学生的优点，因材施教，在教学过程中，注意以学生为中心及时发现学生学习的困难，为学生及时解惑，也注意课堂和课下的交流，下课的短暂几分钟成为师生加深了解、及时解惑的重要窗口。

四、科教融合教学的反思

实践中科教融合方式授课收到了良好的效果，在实践过程中有些地方还需要进一步完善。

2020年春季，2018级包装工程专业开设"材料力学"课程。由于疫情的原因，包装工程专业采用线上上课。该课程正常需要实验环节，疫情原因只能改用线上虚拟实验。在课程讲解中，同学们还是感觉抽象，如果专业的实验课程与科教融合方式进一步融合，将会起到更好的效果

2020年秋季，2019级土木工程专业开设"材料力学"，在线下进行。由于土木工程专业"材料力学"课程没有实验课时，科教融合的方式就显得尤为重要，由于课题组只研制了一台沙果去核切分机样机，而且远在科右前旗，同学们还是缺乏对实物的感性认识。为此，未来课题组将开发可以用于教学的沙果去核切分机教学模型。

五、结　语

习近平总书记指出："产业扶贫是最直接、最有效的办法，也是增强贫困地区造血功能、帮助群众就地就业的长远之计。"北京林业大学提出了"教育帮扶、科技帮扶、智力扶贫、振兴帮扶、消费帮扶"的"五位一体"北林大扶贫模式，本项目成果正是科技帮扶的典型案例，是践行习近平总书记产业扶贫的扶贫长效机制的具体举措。

在今年疫情期间的线上教学，以及秋季返校线下教学过程中，结合扶贫攻坚设备研制讲授"材料力学"课程，激发了同学们的学习热情和兴趣，使同学感受到"材料力学"课程不仅仅是一门基础理论课，而且有实实在在的专业基础知识，激发了同学们进行社会服务的情怀，同时也是教师践行"四有"好老师的实践过程。

参考文献

[1] 内蒙古日报社融媒体，科右前旗：不愁卖的沙果能致富[N/OL] http：//inews.nmgnews.com.cn/system/2019/11/27/012811328.shtml.

[2] 李殿军，等，呼伦贝尔市沙果产业现状及发展对策[J]. 北方果树，2017(4)：43-45.

[3] 李佳，用"北林定制"助力科右前旗打赢脱贫攻坚战 http：//edu.people.com.cn/n1/2019/1028/c1053-31424542.html.

[4] 孙训方，方孝淑，关来泰. 材料力学(I)[M]. 北京：高等教育出版社，2018.

[5] 刘鸿文，简明材料力学[M]. 北京：高等教育出版社，2016.

Exploration and pactice of science and education integration based on poverty alleviation equipment: Taking *Strength of Materials* as an example

Su Xunwen[1], Zhao Dong[1], Tang Yaoyu[2]

(School of Technology, Beijing Forestry University, Beijing 100083;
Contemporary Amperex Technology Co., Limited, Ningde 352100)

Abstract The Automation Machine of Pit Removal and Slices Cutting for Crab Apples(AMPRSC-CA) is developed for Keyouqianqi County, Inner Mongolia. Beijing Forestry University(BFU) has been designated to help Keyouqianqi to alleviate poverty. The AMPRSCCA is now working smoothly in the local company. The course of Strength of Materials has main subjects such as fundamental bars, fundamental transforms, requirements of qualified members, as well as analysis of stress and strain. All subjects above are relevant with main parts of the AMPRSCCA. The science and education integration would benefit the students to understand *Strength of Materials*, combining practice and theory. The students not only gain major knowledge but also learn the values of serving society. Excite the students working hard to construct our country. It is also a practical process for us to be as good teachers practicing morality education.

Keywords poverty alleviation, equipment, science and education integration, *Strength of Materials*

基于教育扶贫实践的中、高等教育衔接探析

——以中学历史与大学园林史教学为例

黄 晓　王丹丹

（北京林业大学园林学院，北京　100083）

摘要：教育扶贫是阻断贫困代际传递的重要途径。中等教育是贫困地区教育的重要内容，其衡量指标之一是学生能否完成升学、继续接受高等教育。这就涉及人才培养的连续性与系统性。目前不同阶段的教育存在脱节，成为培养合格和优秀人才的障碍，使中等教育与高等教育的衔接成为一项亟待解决的课题。两者衔接的主要执行者包括中学教师和大学教师两个群体，其中后者尤为关键。笔者结合自身的教育扶贫实践，以中学的"中国古代通史"和大学的"中国园林史"为例，从课程的整体框架和具体知识两个层面，探讨大学教师在专业史的讲授中，如何有效激活学生的中学知识储备，引导学生进入大学专业领域的学习，建立全面坚实的知识体系，培养独立思考的探索能力。

关键词：教育扶贫；高等教育；中等教育；衔接性；中国历史；中国园林史

2020年是中国全面打赢脱贫攻坚战的收官之年。对于脱贫工作，习近平总书记特别强调了教育扶贫的意义，指出"让贫困地区的孩子们接受良好教育，是扶贫开发的重要任务，也是阻断贫困代际传递的重要途径。"基于对教育扶贫的深入认识，从2019年开始北京林业大学在常规扶贫支教的基础上，进一步派出由大学教师组成的教育扶贫服务团，支援内蒙古科右前旗的中等教育。2019年笔者作为服务团的第一批成员，到前旗三中讲授为期一年的"中国历史"课程，有机会深度参与到中学的课程教学中，思考高等教育与中等教育衔接的问题。

一、中等教育与高等教育衔接存在的问题

人才的培养和教育具有连续性与系统性，2010年发布的《国家中长期教育改革和发展规划纲要（2010—2020年）》指出，在人才培养方面要"树立系统培养观念，推进小学、中学、大学的有机衔接"。这一理念的提出出于认识到不同阶段的教育存在脱节，其中中学与大学的脱节尤为严重，对培养合格和优秀的人才造成了极大的障碍[1]。

高等教育与中等教育的衔接主要存在3方面的问题：一是互相之间的沟通交流不足，二是教师的衔接意识不足，三是课程设置的关联不足[2]。每方面都涉及大学和中学两者。如第二方面里，中学教师通常以考试为中心，在巨大的应试压力下组织教学；大学教师则

作者简介：黄　晓，北京市海淀区清华东路35号北京林业大学园林学院，副教授，xingying003@163.com；
　　　　　王丹丹，北京市海淀区清华东路35号北京林业大学园林学院，副教授，wangdandanbjfu@126.com。
基金项目：国家自然科学基金青年基金项目"基于图像学的明代私家园林实景绘画的图像生成机制及其应用研究"（51708029）；
　　　　　教育部人文社会科学研究青年基金项目"遗址与图画——圆明园园林遗址区复原创作研究与实践"（19YJC760102）。

侧重科研,即使意识到与中学的衔接问题,也较少将对现状的改变有计划、有目的地纳入自己的教学当中。

通过教育扶贫实践,笔者对以上问题做了深入思考。首先,对中学的教育管理、课程与教学有了较多了解,有助于调整和完善大学的相关课程与教学,完成其与中学课程的对接。第二,教师是衔接中学和大学教育的主体力量,通过这次实践了解到大学教育前一阶段的教育情况,培养起自觉的衔接意识。第三,以上两个方面都需要落实到具体的课程设置和教学中来,才能真正完成不同教育阶段的衔接[3]。

笔者在大学主讲风景园林专业的基础课程"中国园林史",与中学的"中国历史"课程关系密切。本文即以这两门课程为例,在充分了解中学"中国历史"课程的基础上,探讨大学"中国园林史"课程如何讲授,以充分借助中学的教育基础,取得理想的大学教育效果,保证人才培养的连续性与系统性。

二、大学园林史与中学通史课程衔接的改革探索

(一)历史分期:整体框架的衔接

中学"中国历史"属于通识教育,大学"中国园林史"则属于专业史教育。前者意在为不同人群提供通行的知识和价值观教育,结合中学生记忆力较强的特点,以掌握整体框架和学习具体知识为主。后者意在为某一特定专业的人群讲授特定问题、现象和学科在历史上的发展状况,结合大学生理解力较强的特点,以在掌握知识的基础上形成独立思考为目的。中学生的学习具有牢固坚实的特点,对于历史的整体框架和具体知识都有非常好的把握,大学的专业史教学应该充分利用这一优点,避免与中学所学的内容简单重复,而是在已有基础上做进一步的深化,引导学生进行专业史的学习,培养他们独立思考的能力。

教科书是学生学习的主要工具和教师教学的重要参考,也是衔接大学和中学教育的主要媒介[4]。中学有两部中国通史教材——初中一年级的《中国历史》[5]和高中三年级的《中国古代史》[6],风景园林专业的中国园林史课程多以周维权的《中国古典园林史》[7]为教材(图1)。不同阶段和不同类型教育的衔接首先便体现在3部教材的历史阶段划分上,综合三者,有助于从整体框架上引导学生借助已掌握的通史知识,转入到专业史的学习。

图1 初中《中国历史》与大学《中国古典园林史》教材封面

3部教材中前两部以政治史为主线，分期比较近似。初一《中国历史》将中国古代史分为7个阶段：①史前时期，讨论中国境内早期人类与文明的起源；②夏商周时期，讨论早期国家与社会变革；③秦汉时期，讨论统一多民族国家的建立和巩固；④三国两晋南北朝时期，讨论政权分立与民族交融；⑤隋唐时期，为繁荣与开放的时代；⑥辽宋夏金元时期，讨论民族关系发展和社会变化；⑦明清时期，讨论统一多民族国家的巩固与发展。高三《中国古代史》把前两个阶段合并，将中国古代史分为6个阶段：①先秦，为中国历史的开篇；②秦汉，为封建大一统时期；③三国两晋南北朝，为封建国家的分裂和民族融合；④隋唐，为封建社会的繁荣；⑤五代辽宋夏金元，为民族融合的进一步加强和封建经济的继续发展；⑥明清，为统一的多民族国家进一步发展和封建社会由盛而衰（表1）。

《中国古典园林史》的园林发展分期充分借鉴了通史的标准，鉴于早期资料和园林实例保留极少，在高三《中国古代史》的基础上将前两个阶段加以合并，把中国古代园林的发展分为5个阶段：①商周秦汉，为园林的生成期，主体为"帝王之园"，园林主要作为帝王身份的象征；②魏晋南北朝，为园林的转折期，主体为"贵族之园"，这时期门阀贵族崛起，追求山林、田园的自然之美；③隋唐五代，为园林的全盛期，新趋势为"士夫之园"，科举制度实现了士人阶层的跃升，为造园注入了新意；④两宋辽金，为园林的成熟期，新趋势为"公众之园"，无论帝王还是名士的园林，多敞开园门，与众同乐；⑤元明清，为园林的成熟后期，涌现出大批专业造园家，中国园林进入了"大国工匠"时代。需要指出的是，《中国古典园林史》中的第四阶段包括宋、元、明、清初，第五阶段为清中叶和清末，在学界争议较多。书中将清代分割为清初、清中叶和清末，主要是考虑到清代保存实例较多，并不贴合历史发展的实际规律。因此本文综合各方面的观点，将第四阶段调整为两宋辽金，第五阶段调整为元明清（表1、图2）。

表1　初中《中国历史》与大学《中国古典园林史》分期对比

初中《中国历史》	大学《中国古典园林史》
史前时期：中国境内人类的活动	园林的生成期——商周秦汉
夏商周时期：早期国家的产生与社会变革	
秦汉时期：统一多民族国家的建立和巩固	
三国两晋南北朝时期：政权分立与民族交融	园林的转折期——魏晋南北朝
隋唐时期：繁荣与开放的时代	园林的全盛期——隋唐五代
辽宋夏金元时期：民族关系发展和社会变化	园林的成熟期——两宋辽金
明清时期：统一多民族国家的巩固与发展	园林的成熟后期——元明清

大学园林史的分期与中学的历史分期非常贴近，有助于学生迅速掌握，从而与中学的内容衔接起来。但两者的内涵却大不相同，中学历史主要是政治史的脉络，以朝代的强弱为主线，其中汉唐两朝中国的国力达到顶峰。而中国园林史则以园林的发展为主线，具有内在的演变规律，造园艺术的高峰出现在明代，表现出不同于政治史的特点。在充分了解中学历史的基础上，大学教师既可以将相关内容引入专业史中作为铺垫，又能将课程重点放到对专业发展特殊性的思考上。

中国园林史学习的难点之一，在于理解为何明代是中国造园艺术的高峰？在政治史上，唐朝是中国国力的高峰；在文学史上，唐诗是中国诗歌的高峰；在建筑史上，唐朝也是中国建筑的高峰，梁思成认为："唐为中国艺术之全盛及成熟时期，……至宋中叶以后乃趋纤靡文弱之势[8]。"因此学生容易想当然地认为，中国园林也在唐朝达到顶峰，而对唐朝以后

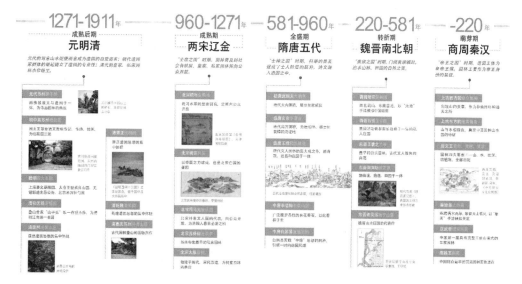

图 2 中国古代园林发展的 5 个阶段及重点案例

的园林重视不够。中国园林作为一种综合艺术，与诗歌和绘画的关系非常密切，它的演变充分体现了艺术发展的内在规律。中国诗歌在唐代达到顶峰，而"诗情"影响到园林则在其后的宋代，宋代园林的名称和景致充满诗情雅韵。中国绘画在宋代达到写实的高峰，在元代达到写意的高峰，因此"画意"影响到造园是在宋元之后的明代。明清的中国园林融入了诗情画意，涌现出大批专业匠师，营造了众多名园，并完成了造园的理论总结，使中国园林成为明清的艺术代表(图 3)。

图 3 唐代王维辋川别业与明代秦燿寄畅园比较

基于中学通史分期的大学园林史学习，可以使学生在了解普遍规律的基础上，认识艺术发展的特殊规律，将普遍性与特殊性结合起来，既保持学习内容的新鲜感，又锻炼了独立思考的能力。

（二）典型案例：具体知识的衔接

除了整体框架，历史学习的另一项内容是具体的知识点。如何与中学通史的知识内容衔接，成为大学专业史的一项重点：既要避免与中学内容的简单重复，令学生感到枯燥乏味；又要找到与中学内容的关联，充分借助学生扎实的知识记忆，进行专业领域深层次的思考。这就需要大学教师熟悉中学的历史知识，将其灵活运用到大学专业史的讲述中。

"中国园林史"的许多内容都与中学历史有关联，可借以激活学生的知识记忆，作为新知识的导入点。如中学历史"史前时期"的远古传说讲到人文初祖黄帝的众多发明；

"中国园林史"开篇为昆仑、蓬莱等神话故事,其中的昆仑山是传说中黄帝的居所,学生对黄帝已有相当程度的了解,可由此切入开始中国园林的学习。中学历史讲解了商朝的甲骨文和青铜器,青铜器上刻有金文,与园林相关的"囿"和"圃",都有与之相应的甲骨文与金文(图4)。学生们熟知春秋五霸,春秋战国时期称霸的各国都建有高台,如齐国桓公台、楚国章华台和吴国姑苏台等,它们都是这一时期园林建筑的代表。秦始皇统一了六国,建立起中国历史上第一个统一的多民族国家,汉武帝则从多个方面巩固了大一统的局面,使中国进入鼎盛时期。学生熟悉的秦皇汉武在园林史上也占有重要地位,秦始皇的阿房宫和兰池宫,汉武帝的建章宫和上林苑,都是第一阶段中国园林生成期"帝王之园"最重要的代表。

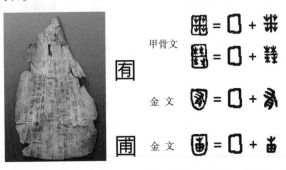

(a)中学历史课本中的甲骨文　　(b)甲骨文与金文中的"囿"与"圃"

图4　甲骨文与园林

中国园林各时期的典型案例,皆与中学历史有着或深或浅的关联。如第二阶段中国园林转折期"贵族园林"的代表,谢灵运的始宁山居始创于他的曾叔祖谢安,后来传给他的祖父谢玄。中学历史介绍谢安和谢玄是东晋淝水之战的坐镇者和指挥者,而他们又是园林的建设者,谢安还留下了"高卧东山"的著名典故。中学历史提到书圣王羲之的《兰亭集序》,被誉为"天下第一行书",兰亭雅集是园林史上的重要事件,对后世造园影响深远(图5)。

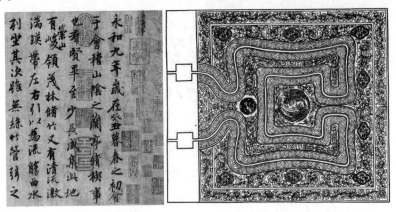

(a)中学历史课本中的《兰亭集序》　　(b)宋代《营造法式》中用来流觞的曲水

图5　典型历史事件与园林

第三阶段是中国园林全盛期,贵族园林有唐太宗和十八学士的园林、唐玄宗和杨贵妃的华清池,新兴的文士园林有王维的辋川别业、白居易的履道里园,他们都是中学生耳熟能详的历史人物。第四阶段是中国园林的成熟期,苏舜钦被贬到苏州建造沧浪亭,是由于支持范仲淹的庆历新政遭到打压;司马光在洛阳建造独乐园,则是因为反对王安石变法而隐居,并在园中编撰了著名的《资治通鉴》,这些也能与中学历史的内容相关联(图6)。

图6　宋人绘制的司马光《独乐园图》

第五阶段是中国园林的成熟后期,南方最重要的园林城市苏州,其发展几经起落,是受到元末张士诚与朱元璋对抗的影响;清初北京香山、静明山、畅春园、圆明园和承德避暑山庄等一系列皇家园林的兴建,与康熙先后平定三藩、收复台湾、统一全国有关,这些都是中学历史学习的重点。随着政治局面的稳定,清政府财力充裕,从而兴起皇家园林建设的高潮(图7)。

图7　清代《圆明园四十景图》之蓬岛瑶台与方壶胜境

以上讨论了大学"中国园林史"与中学"中国历史"相关的部分内容。中学历史往往从某一角度涉及某一方面的知识,成为大学专业史极佳的生发点和扩展点。大学的学习可以多角度补充知识,并将相关知识进一步深化,引导学生建立起更全面的知识体系。

三、结　语

中学教育的特点是以考试大纲为出发点,以提升学生成绩为主要目的,容易忽视学生的个性和兴趣,不能做到因材施教[9];但其优点是学生对于相关知识有牢固熟练的掌握。大学教育注重发挥学生的独特个性,根据学生的能力和兴趣设计教学活动,并不苛求全部学生都为成绩而拼搏。两者之间的这种差异,更凸显了衔接教育的必要性,大学教育应该借助中学的知识基础,把培养知识型人才与特长型人才有机结合起来[10]。

大学与中学教育的衔接,主要执行者涉及两个主体,即大学教师与中学教师。但目前来看,大学教师对此问题较为关注,相应的中学教师则相对缺位。这主要是由于两个阶段教育衔接不良的问题在大学是显性的,大学教师需要经常面对,但在中学则是隐性的,是将来才会发生的问题[11]。这就对大学教师提出了更高的要求,他们需要在教学中做好与中学课程的知识衔接。以本文讨论的中学通史与大学专业史为例,需要大学教师深入了解中学历史的课程内容,与学生共享同样的知识背景和语境,从而有效地激活学生的知识储备,快速进入大学的专业学习,建立全面坚实的知识体系,培养独立思考的探索能力。

参考文献

[1] 李志广,张薇,丁仙. 高中教育向大学教育衔接的实证研究[J]. 山东农业工程学院学报,2018,35(10):127-129.
[2] 官文江. 大学与高中教育衔接的问题与对策[J]. 科技视界,2018(2):98-99.
[3] 綦春霞,周慧. 高中教育与大学教育的衔接:国际经验与本土实践[J]. 教育学报,2014,10(4):26-33.
[4] 王丽. 从教科书看高师与中学历史教学的对接[D]. 曲阜:曲阜师范大学,2015.
[5] 教育部. 中国历史·七年级[M]. 北京:人民教育出版社,2019.
[6] 人民教育出版社组. 高三历史:中国古代史[M]. 北京:人民教育出版社,2005.
[7] 周维权. 中国古典园林史[M]. 3版. 北京:清华大学出版社,2008.
[8] 梁思成. 中国建筑史[M]. 北京:三联书店,2011:11-12.
[9] 刘建中,徐太水,王江然,等. 论高等教育与基础教育的衔接[J]. 河北师范大学学报(教育科学版),2004(6):87-89.
[10] 白华,徐英. 高等教育与基础教育衔接的路径选择[J]. 长安大学学报(社会科学版),2014,16(1):89-92.
[11] 赵淑梅. 大学与高中教育衔接研究的概况与展望[J]. 江苏高教,2014(2):110-112.

Study on the connection between secondary and higher education based on the practice of poverty alleviation through education
——Take Chinese garden history and ancient Chinese history as examples

(Huang Xiao Wang Dandan)

(School of Landscape Architecture, Beijing Forestry University, Beijing 100083)

Abstract Poverty alleviation through education is an important way to block the intergenerational transmission of poverty. Secondary education is an important part of education in poor areas. One of its indicators is whether students can complete their studies and continue to receive higher education. Different stages of education should be continuous and systematic. At present, there are gaps between secondary and higher education, which has caused great obstacles to the education of qualified and outstanding students. The situation makes the connection between secondary education and higher education an urgent problem. The main executors of the two education stages are middle school teachers and university teachers, of which the latter is particularly critical. The paper takes the courses of *Chinese History in middle schools* and *Chinese Garden History* in universities as study cases. It focuses on two different aspects of these two courses, which are the overall framework of the curriculums and specific knowledges. It explores how university teachers can effectively activate students'knowledges from secondary school history education and guide the students to utilize them for the study of the study in professional fields in universities. The aim is to encourage the students to establish a comprehensive and solid knowledge system and to gain the ability to think and explore independently in their study.

Keywords poverty alleviation by education, higher education, secondary education, continuity, *Ancient Chinese History, Chinese Garden History*